21世纪普通高等院校系列规划教材

# 新编人力资源管理

主　编 张建国 夏青
副主编 黄跃辉 梁绮惠 卓玲 张萌

XINBIAN RENLI ZIYUAN GUANLI

西南财经大学出版社

图书在版编目(CIP)数据

新编人力资源管理/张建国,夏青主编.—成都:西南财经大学出版社,2011.12

ISBN 978-7-5504-0478-6

Ⅰ.①新… Ⅱ.①张…②夏… Ⅲ.①人力资源管理 Ⅳ.①F241

中国版本图书馆 CIP 数据核字(2011)第 238651 号

新编人力资源管理

主　编:张建国　夏　青

副主编:黄跃辉　梁绮惠　卓　玲　张　萌

责任编辑:李特军

封面设计:穆志坚

责任印制:封俊川

| | |
|---|---|
| 出版发行 | 西南财经大学出版社(四川省成都市光华村街 55 号) |
| 网　址 | http://www.bookcj.com |
| 电子邮件 | bookcj@foxmail.com |
| 邮政编码 | 610074 |
| 电　话 | 028-87353785　87352368 |
| 印　刷 | 郫县犀浦印刷厂 |
| 成品尺寸 | 185mm×260mm |
| 印　张 | 20.5 |
| 字　数 | 475 千字 |
| 版　次 | 2012 年 1 月第 1 版 |
| 印　次 | 2012 年 1 月第 1 次印刷 |
| 印　数 | 1—3000 册 |
| 书　号 | ISBN 978-7-5504-0478-6 |
| 定　价 | 36.80 元 |

# 前 言

新世纪全球经济发展的关键与竞争的焦点，已无可置疑地转向科技的竞争和知识的竞争。传统经济将逐步为新兴的知识经济所取代，而知识经济的内涵，就是人力资源经济。因此，21世纪的国际竞争，归根到底是人力资源的竞争。土地、厂房、机器、资金等已经不再是国家、地区和组织致富的源泉，只有人力资源才是国家、地区和组织生存之根本。由于人力资源是生产力诸因素中最积极、最活跃，并且是起着动力性作用的因素，因此人力资源在当代已被称为推动经济和社会发展的第一资源。

2011年3月颁布的《国家中长期教育改革和发展规划纲要（2010—2020）》明确指出：到2020年，基本实现教育现代化、基本形成学习型社会、进入人力资源强国行列的战略目标。高等教育承担着培养高级专门人才、发展科学技术文化、促进社会主义现代化建设的重大任务。提高质量是高等教育发展的核心任务，是建设高等教育强国的基本要求；牢固确立人才培养在高校工作中的中心地位；着力培养信念执著、品德优良、知识丰富、本领过硬的高素质专门人才和拔尖创新人才。

人力资源管理是管理科学的重要组成部分，它是一门广泛吸收多门学科知识的边缘科学，具有很强的实践性和应用性。为此，我们根据时代发展需求、《国家中长期教育改革和发展规划纲要（2010—2020）》精神和人力资源学科与专业特点，组织了有多年教学经验的教师共同完成了《新编人力资源管理》一书的编辑。

本书借鉴了现代发达国家人力资源管理的管理思想、研究成果与成功经验，吸收了我国历来人事管理与人力资源管理的精华案例。全书博采众长，力求反映近年来国内外在相关理论与技术方面的最新研究成果，使其在前沿性、系统性、实用性与操作性等方面形成自身特色。

本书由张建国和夏青任主编，负责全书的统稿工作，同时张建国负责第一章、第二章的编写工作，夏青负责第三章、第四章的编写工作。副主编黄跃辉、梁绮惠、卓玲、张萌分别编写了第五章、第六章、第七章、第九章；贲雪峰完成了第八章的编写。另外，陈晶瑛、朱晓影完成全书的编校工作。

在编写本书的过程中，我们参考和借鉴了大量的相关专业研究成果以及出版的书籍，在此谨向本书参考文献的作者表示最诚挚的谢意！

编者

2011年10月

# 目录

# 第一章 人力资源管理概述

## 本章学习要点

▶人力资源的概念与特征

▶人力资源管理的内容、原理与任务

▶人力资源管理与人事管理的异同点

▶人力资源战略的含义

▶中国的人力资源现状

### 引导案例： 飞龙集团在人才队伍建设上的失误

1990年10月，飞龙集团只是一个注册资金75万元、员工几十人的小企业，而1991年实现利润400万元，1992年实现利润6 000万元，1993年和1994年都超过2亿元。短短几年，飞龙集团可谓飞黄腾达，“牛气”冲天。您一定还记得这样的广告语：“大风起兮龙腾飞，五洲蔽日起飞龙”，“问鼎世界，再铸辉煌”。可自1995年6月飞龙集团突然在报纸上登出一则广告——飞龙集团进入休整，然后便不见踪迹，似乎在逃避所有的热点时间和热点场合，过上一种“隐居”生活，谁也说不清他们在干什么。1997年6月，消失两年的飞龙集团总裁姜伟突然从地下“钻”出来了。在记者招待会上坦言：这两年，我拒绝任何采访，完全切断与新闻界的来往，过着一种近乎与世隔绝的生活，闭门思过，修炼内功，以求脱胎换骨，改过自新。

姜伟两年的反省和沉思，姜伟的复出，为中国企业提供了一笔堪称“宝贵财富”的他自称的“总裁的二十大失误”。其中特别提到了关于“人才的四大失误”。

(1) 没有一个长远的人才战略

市场经济的本质是人才的竞争，这是老生常谈的问题。回顾飞龙集团的发展历程，除1992年向社会严格招聘营销人才外，从来没有对人才结构认真地进行过战略性设计。随机招收人员、凭人情招收人员，甚至出现亲情、家庭、联姻等不正常的招收人员的现象，而且持续3年之久。作为已经发展成为国内医药保健品前几名的公司，外人或许难以想象，公司竟没有一个完整的人才结构，竟没有一个完整地选择和培养人才的规章；一个市场经济竞争的前沿企业，竟没有实现人才管理、人才竞聘、人才使用的市场化。人员素质偏低，造成企业处在一种低水平、低质量的运行状态。企业人才素质单一，知识互补能力很弱，不能成为一个有机的快速发展的整体。人才结构的不合理又造成企业各部门发展不均衡，出现弱企业、大市场，弱质检、大生产，弱财务、大营销等发展不均衡或无法协调发展的局面，经常出现由于人才结构的不合理，造成弱人才部门阻碍、破坏、停滞了强人才部门快速发展的局面。最后造成整个公司缓慢甚至停滞发展。

由于没有长远的人才战略，也就没有人才储备构想。当企业发展到涉足新行业或跨入新阶段时，才猛然发现没有人才储备，所以在企业发展中经常处于人才短缺的状况，赶着鸭子上架，又往往付出惨重的代价。

（2）人才机制没有市场化

飞龙集团在人才观上有两个失误：一是人才轻易不流动，二是自己培养人才。长时间忽视了重要部门、关键部门、紧需部门对成熟人才的招聘和使用，导致了目前人员素质偏低、企业难以高质量运行的错误。

（3）单一的人才结构

由于专业的特性，飞龙集团从1993年开始，在无人才结构设计的前提下，盲目地大量招收中医药方向的专业人才，并且安插在企业所有部门和机构，造成企业高层、中层知识结构单一，导致企业人才结构不合理，严重地阻碍了一个大型企业的发展。

（4）人才选拔不畅

1993年3月，一位高层领导的失误造成营销中心主任离开公司，营销中心一度陷入混乱。这件事反映出飞龙集团的一个普遍现象——弱帅强将。造成这一现象的根本原因在于集团内部竞聘的机制没有解决，强将成不了强帅，弱帅占着位置不下来，强将根本不接受弱帅的管理，弱帅从根本上也管理不了强将，这样一来，实际上就造成了无法管理和不管理，出现“军阀割据，占山为王”。铁交椅本是国企病，却在飞龙集团这个民营企业蔓延。

2011年3月颁布的《国家中长期教育改革和发展规划纲要（2010—2020）》明确指出：到2020年，基本实现教育现代化、基本形成学习型社会、进入人力资源强国行列的战略目标。坚持以人为本、全面实施素质教育是教育改革发展的战略主题，是贯彻党的教育方针的时代要求，其核心是解决好培养什么人、怎样培养人的重大问题，重点是面向全体学生、促进学生全面发展，着力提高学生服务国家、服务人民的社会责任感，勇于探索的创新精神和善于解决问题的实践能力；并坚持德育为先，坚持能力为重，坚持全面发展。

21世纪是充满竞争和机遇的新世纪。随着新世纪钟声的敲响，全球经济发展的关键、竞争的焦点，已无可置疑地转向科技的竞争和知识的竞争。传统经济将逐步为新兴的知识经济所取代，而知识经济的内涵，就是人力资源经济。因此，21世纪的国际竞争，归根到底是人力资源的竞争。土地、厂房、机器、资金等已经不再是国家、地区和组织致富的源泉，只有人力资源才是国家、地区和组织生存之根本。由于人力资源是生产力诸因素中最积极、最活跃，并且是起着动力性作用的因素，因此人力资源在当代已被称为推动经济和社会发展的第一资源。当今世界，各国科学技术的进步、产业结构的调整和经济实力的增强，首要的决定因素已经不再是资本的拥有量，而是人才资源的拥有量了。谁能有效地开发和管理人力资源，谁就能掌握科技、掌握市场、掌握生产力，保持持久旺盛的生命力和活力。人力资源作为一国经济发展的关键因素，其重要地位和作用已为世界各国政府、组织界和民众所共识，并已经成为世界各国未来发展战略中一个举足轻重的问题。

# 第一节　人力资源概述

## 一、人力资源的基本概念

1. 人力资源的概念

资源是一个经济学术语，《辞海》解释为“资财的来源”。它泛指社会财富的源泉，指给人们带来新的使用价值和价值的客观存在物。在经济学意义上，人们一般把资源分为两大类：一是物质资源；一是人力资源。当代经济学家又进一步把资源作了划分，认为世界上目前存在四大资源，即人力资源、自然资源、资本资源、信息资源，其中最重要的是人力资源。

(1) 自然资源，指一般用于生产活动的一切未经加工的自然物，如未经开发的土地、山川、森林、矿藏等，它们有待于人们去开发利用。

(2) 资本资源，指一般用于生产活动的一切经人加工的自然物，如资金、机器、厂房、设备。人们并不直接消费资本本身，而是利用它去生产和创造新的产品与新的价值。

(3) 信息资源，指对生产活动及与其有关的一切活动的事、物描述的符号集合。信息是对客观事物的一种描述，与前两种资源不同的是，前两种资源具有明显的独占性，而信息资源具有共享性。

(4) 人力资源。它是存在于人体的经济资源，也称人类资源、劳动资源、劳动力资源，它反映一个国家或地区人口总体中所拥有的劳动力。它是生产活动中最活跃的因素，也是一切资源中最重要的资源。由于该资源具有特殊的重要性，往往被经济学家称为第一资源。

人力资源（Human Resources，HR）可以说是当代颇为时尚的管理术语。那么，究竟什么是人力资源？学术界对此见仁见智，存在不同的认识和看法，经济学家从不同的角度给出了不同的定义。伊凡·伯格（Ivan Berg）认为，人力资源是人类可用于生产产品或提供各种服务的活力、技能和知识。雷西斯·列科（Rensis Lakere）认为，人力资源是组织人力结构的生产力和顾客商誉的价值。内贝尔·埃利斯（Nabil Elias）认为，人力资源是组织内部成员及外部的人即总经理、雇员及顾客等可提供潜在服务及有利于组织预期经营活动的总和。有的学者注重的是现实的人力资源构成，认为人力资源是在生产过程中投入的劳动力的总量，即现有组织内的劳动人口存量。也有的学者从更广泛的意义上使用“人力资源”的范畴，认为人力资源是指一定区域范围内，所有具有劳动能力的人口的总和，它既包括现有生产过程中投入的劳动力人口，也包括即将进入生产过程的潜在的劳动力和暂时失去工作职位但仍有劳动能力的失业或待业人口等。

我们这里把国内外学者从广义和狭义的角度给人力资源下的定义归纳为以下几种：

广义地说，人力资源是指智力正常的人。狭义地定义，常见的有以下几种：

(1) 人力资源是指为社会创造物质财富和精神财富提供劳务和服务的人。

(2) 人力资源是指包含在人体内的一种生产能力，它是表现在劳动者身上的、以劳动者的数量和质量表示的资源。它对经济起着生产性的作用，使国民收入持续增长。

（3）人力资源是指劳动力资源，即一个国家或地区有劳动能力的人口总和。

（4）人力资源是指具有智力劳动或体力劳动能力的人们的总和。

（5）人力资源是指能够推动国民经济和社会发展的、具有智力劳动和体力劳动能力的人们的总和，它包括数量和质量两个方面。

目前人们通常从广义的角度理解人力资源的内涵，以重视各种不同形式的人力资源的发展状态。本书所使用的人力资源概念是从一般意义上来讲的，它的含义是指能够推动整个经济和社会发展的具有智力劳动和体力劳动能力的劳动者，即处在劳动年龄的已直接投入建设和尚未投入建设的人口的能力。它分为现实的人力资源和潜在的人力资源两部分。现实的人力资源指一个国家或地区、组织在一定时间内拥有的实际从事社会经济活动的全部人口，包括正在从事劳动和投入经济运行的人口以及由于非个人原因暂时未能从事劳动的人口，他们有时被称为“劳动力资源”。潜在的人力资源则是指处于储备状态，正在培养成长，逐步具有劳动能力的；虽具有劳动能力，但由于各种原因不能或不愿从事社会劳动的，并在一定条件下可以动员投入社会经济生活的人口的总和。例如在校的青年学生、现役军人、从事家务劳动的家庭妇女等。

人力资源宏观意义上的概念是以国家或地区为单位进行划分和计量的；微观意义的概念则是以单元组织进行划分和计量的。

人力资源的最基本方面，包括体力和智力。如果从现实的应用形态来看，则包括体质、智力、知识和技能四个方面。体质包括力量、速度、耐力、柔韧性、灵敏度等人体运动的功能状态以及对一定劳动负荷的承受能力和消除疲劳的能力；智力，是人们认识事物、运用知识、改造客观世界的能力，包括思维力、记忆力、观察力、想象力、判断力等；知识是人们在实践中所掌握的各种经验和理论；技能是指人们运用知识经验并经由练习而习惯化了的动作体系，或者说是人们合理化、规范化、系列化、熟练化的一种动作能力。这四方面的不同配比组合，形成了内容丰富的人力资源。

2. 人力资源的构成要素

人力资源由数量和质量两个基本方面构成。

人力资源数量是标志人力资源总量的基础性指标，是人力资源量的特征。它是指一国或地区拥有劳动能力的人口的数量，包括实际就业人口、劳动年龄内的就业人口、家务劳动人口以及正在谋求职业的人口等。人口数量又分为绝对数量和相对数量两种。人力资源的绝对量的构成，从宏观上看，指的是一个国家或地区中具有劳动能力、从事社会劳动的人口总数，它是一个国家或地区劳动适龄人口减去其中丧失劳动能力的人口，加上劳动适龄人口之中具有劳动能力的人口，反映了一个国家或地区人力资源绝对量的水平。人力资源的相对量又称人力资源率，是现实的人力资源数量在国家总人口中所占的比重，它也是反映经济实力的重要指标之一，如图 1－1 所示。现实人力资源数量投入得越多，就意味着就业人口越多，从而创造的国民收入也就越多，表明该国家或地区经济发展具有一定的优势。影响人力资源数量的因素有：人口总量及其再生产状况；人口的年龄构成；人口迁移。

为了便于清楚明了地了解人力资源数量构成情况，我们这里把人力资源数量构成概括为八个具体方面：

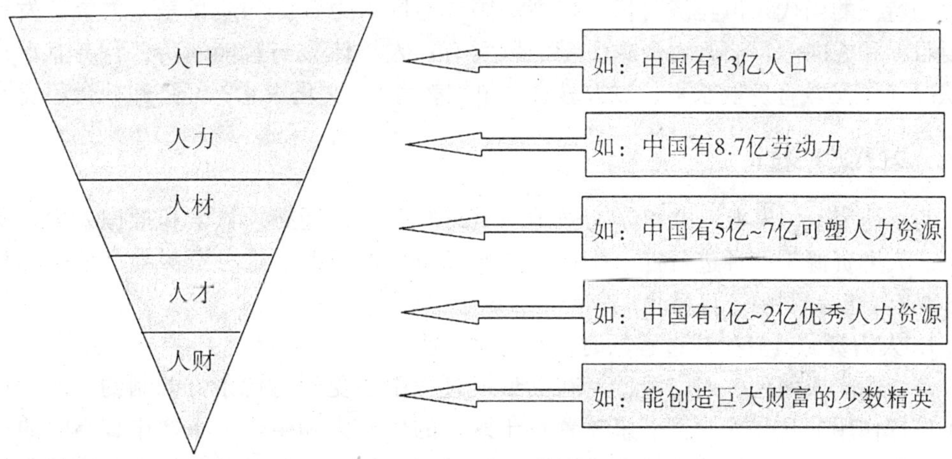


图1－1　人才漏斗示意图

（1）处于劳动年龄之内、正在从事社会劳动的人口，它占据人力资源的大部分，可称为“适龄就业人口”。

（2）尚未达到劳动年龄、已经从事社会劳动的人口，即“未成年劳动者”或“未成年就业人口”。

（3）已经超过劳动年龄、继续从事社会劳动的人口，即“老年劳动者”或“老年就业人口”。以上三部分人口，构成就业人口的总体。

（4）处于劳动年龄之内、具有劳动能力并要求参加社会劳动的人口，这部分可以称做“求业人口”或“待业人口”，它与前三部分一起构成经济活动人口。

其他四种并未构成现实的社会劳动力供给，它们是间接的、尚未开发的、处于潜在形态的人力资源。

（5）处于劳动年龄之内、正在从事学习的人口，即“就学人口”。

（6）处于劳动年龄之内、正在从事家务劳动的人口。

（7）处于劳动年龄之内、正在军队服役的人口。

（8）处于劳动年龄之内的其他人口。

前四部分是现实的社会劳动力供给，这是直接的、已经开发的人力资源；后四部分人力资源质量是国家人力资源总体素质的指标，是反映人力资源质的因素。它是一国或地区拥有劳动能力的人口的身体素质、文化素质、专业知识和劳动技能水平以及劳动者的劳动态度的统一。人力资源的质量综合体现在劳动者个体和人力资源整体的健康情况、知识水平、技能水平和劳动态度等重要方面，它们往往可以用健康卫生指标（如平均寿命、婴儿死亡率、每万人口拥有的医务人员数、人均摄入热量等）、教育状况（如劳动者的人均受教育年限、每万人中大学生拥有量、大中小学入学比例等）、劳动者的技术等级状况（如劳动者技术职称等级的现实比例、每万人中高级职称人员所占的比例等）和劳动态度指标（如对工作的满意程度、工作的努力程度、工作的负责程度、与他人的合作性等）来衡量。因此，与人力资源数量相比，人力资源的质量对于国家和社会经济发展的作用比人力资源的数量因素更为重要。随着社会的发展，现代的科学技术对人力资源的质量提出了更高的要求，尤其是在以信息、知识和技术密集为特征的当代知识经济时代，提高一国或地区人力资源的质量是人力资源发展的重要目标和方向。影响人力资源质量的因素有：人类体质与智能遗传；营养状况；教育状况（国民教育发展水平、成人教育、早期教育）；文化观念；经济和社会环境等。

## 二、人力资源的特征

为了研究人力资源，并科学有效地对其进行管理，还必须认识和把握人力资源的特征。人力资源是一种进行社会生产的特殊又重要的资源。这种资源与其他资源相比较，具有自己鲜明的个性特征。

1. 人力资源具有生成过程的时代性与时间性

一个国家或地区的人力资源，在其形成过程中要受到时代条件的制约。同时在社会上发挥作用的几代人，生下来就置身于既定的生产力和生产关系之中，当时的社会发展水平从整体上制约着这批人力资源的素质。他们只能在时代为他们提供的条件下努力发挥其作用。时代条件制约着人力资源的数量和质量以及人力资源素质。这也就是说，任何人力资源的成长与成熟，都是在一个特定的时代背景条件下进行的。一个时代的社会状况，包括政治的、经济的、教育的、文化的因素，都会影响和制约在这个时代中发展起来的人力资源，培养出一代或几代人力资源特定的价值观念、道德观和认知方式等，并会体现在他们的工作行为和劳动态度上。人力资源生成的时代特征，意味着人力资源管理不能脱离其管理对象的时代性。明确时代留给他们的长处和不足，这样才能在人力资源不断开发过程中确立目标和方向。同时，人力资源具有的知识、能力不是天然就能生成与拓展的，人力资源的培养既需要资金投入，也需要时间。

2. 人力资源具有开发对象的能动性

能动性是人力资源一个根本特征，是人力资源区别于其他资源的本质之所在。其他资源在其开发过程中，完全处于被动的地位，人力资源则不同，在被开发过程中，人有目的、有意识地进行活动，有自己的思想、情感和思维，能对自身行为作出抉择，能主动调节与外部的关系，并利用其他资源去推动社会经济的发展。所谓能动性就是说，当人力资源作为生产要素的一部分进入生产过程后，他在一切活动中居于中心位置，起着主导的作用，能够发挥引导、操纵、控制其他资源的功能。衡量人力资源开发的程度如何，就看它对人的能动性、积极性调动得如何、发挥得如何。更为重要的是，由于人具有创造性思维的潜能，能够在人类各项活动中发挥创造性的作用，不仅能适应社会历史条件和环境的变化，而且能革新旧的思维方式，创新观念，提出新方法，赋予社会发展以新的活力。正是人力资源具有能动的性质，人类社会才能不断地前进，加速了社会和经济的发展。

人力资源的能动性，主要表现在三个方面：

（1）自我强化。人类的教育和学习活动，是人力资源自我强化的主要手段。人们通过正规教育、非正规教育和各种培训，努力学习理论知识和实际技能，刻苦锻炼意志和身体，使自己获得更高的劳动素质和能力，这就是自我强化过程，

（2）选择职业。在市场经济环境中，人力资源主要靠市场来调节。人作为劳动力的所有者可以自主择业。选择职业是人力资源主动与物质资源结合的过程。

（3）积极劳动。敬业、爱业和积极工作、创造性地劳动，这是人力资源能动性的

最主要的方面，也是人力资源发挥潜能的决定性因素。

3. 人力资源具有使用过程的时效性

人力资源使用过程的时效性是指人力资源的形成与作用效率要受其生命周期的限制。在人的少年儿童时期，人力资源的投资始终存在但却不能提供现实的产出；在青壮年时期，人力资源开始产出，并不断增大产出的质与量；而到了老年时期，人力资源的产出量又由于人的体力与精力的下降而在总体上有所下降，及至丧失劳动能力，退出人力资源范围。这也就是说，人力资源存在于人的生命之中，它是一种具有生命的资源，它的形成、开发、配置、使用都要受到时间的限制。作为生物有机体的人有其生命的周期，每个人都要经历幼年期、少年期、青年期、中年期、老年期，由于每个时期人的体能和智力不同，其各个时期的劳动能力各不相同，因而这种资源在各个时期的可利用程度也不相同。特别应当注意的是，每个人的一生要经历一些特定的生理和心理发展阶段，每个发展阶段都有成长的特性，而其中有一段时期，不仅年龄适当、体力充沛，同时随着工作经验和素质的培养，工作各方面的能力也渐入佳境。在这个时期，人力资源的能力表现为曲线的顶端，要求被组织及时地开发和使用，即组织应委以重任。如果组织对这一时期的人力资源储之不用，或没有充分使用，一方面按照素质衰退理论，其才能会逐渐退化，甚至消失；另一方面，过了最佳的生理、心理时期，人力资源的综合素质能力就开始从顶峰下降。因此，如果组织不注意这一点的话，不仅会导致人力资源的浪费，而且甚至会影响到组织工作的绩效以及发展目标。从当代医学、生物学角度看，人有生命周期，不能长期储而不用，否则会荒废、退化。人能从事劳动、能被开发利用的时间又被限制在生命周期中的一段。在这一段中又视人才类别、层次的不同，有其发挥的最佳期、最佳年龄段，期间还有其才能发挥的最佳年、最佳月、最佳日等。如从 25 岁到 45 岁是科技人员的黄金年龄，37 岁为其峰值，如图 1-2 所示；医学人才的最佳年龄一般会后移，这是其研究领域的业务性质决定的。这就要求人力资源部门对人力资源必须做到适时开发、及时利用、讲究时效，并有效地调整人力资源的投入与产出，最大限度地保证人力资源的产出，延长人力资源发挥作用的时间。

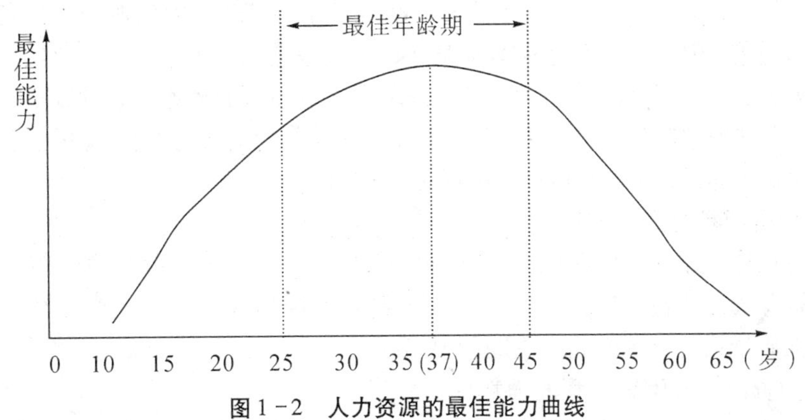


**图 1-2　人力资源的最佳能力曲线**

4. 人力资源开发过程具有持续性

一般的物质资源只有一次开发，或二次开发，形成产品使用之后，就不存在继续开发的问题。人力资源则不同，开发使用之后仍可以继续开发，使用过程同时也是开发过程，而且这种开发过程具有持续性。传统的观念和做法认为，人们毕业后就进入工作阶段，开发与使用界限分明。这种“干电池”理论目前已经被“蓄电池”理论所代替。人力资源“蓄电池”理论认为，人力资源身上具有多种潜在的素质，他们在工作中表现出来的往往只是冰山一角，更多的能力由于缺乏适当的使用环境而被压抑。因此，组织可以通过各种渠道和方式，促使人力资源在使用中被不断地开发出来。当人力资源经过每一次新的开发后，其素质能够不断地积蓄起来，以往开发出来的素质会在新的开发中附加地发挥作用。因此，人们在得到一次开发、二次开发并工作之后，还必须继续不断学习，不断充实和提高自己，尤其是在当代新技术革命的推动使知识更新周期不断缩短的情况下，作为人力资源管理者，应把自己管理的对象视为不断开发的对象，运用培训的方式，不断更新和提高知识结构和认知水平，从而不断增强人力资源自身的能力。

5. 人力资源具有特殊资本性

人力资源作为一种经济性的资源，既具有资本的属性，又与一般的资本存在着重要的区别。这是因为人力资源既是投资的结果，同时又创造财富，或者说，它既是生产者，又是消费者，具有两重性。一方面作为资本的三个最突出的特点，人力资源同样具备：①它是投资的结果和产物。人力资源质量的高低，完全取决于投资的程度。这是因为人的能力获得的后天性。根据舒尔茨人力资本理论，人力资本投资由个人和社会双方同时进行，包括用于教育的投资、用于卫生健康的投资和用于迁移的投资，人力资本投资的程度决定了人力资源的高低。另外，人力资源由于投入了大量的时间用于接受教育，以便提高知识和技能，由此而失去的就业机会和收入就构成了人力资本的间接成本（即机会成本），如图1-3所示。从生产和消费的角度看，人力资本投资是一种消费行为，并且这种消费行为是必需的、先于人力资本的收益，没有这种先前的投入，就不可能有后期的收益。②在一定时期内，它能够不断地给投资者带来收益。这种收益不一定直接地表现为货币形态，也可能以非货币的形式出现。③在使用中会出现有形磨损和无形磨损。在人力资源的所有过程中，劳动者自身的衰老就是有形磨损，而知识和技能的老化就是无形磨损。另一方面，人力资源又不同于一般的资本。虽然人力资源与一般资本一样遵循投入产出规律，但一般的实物资本普遍存在着收益递减的规律；而来自实践的研究结果证明，人力资本在现代社会经济发展中呈现出收益递增的规律。它的收益份额大大超过了自然资源和资本资源。这也就是说，对人力资源的投资无论对社会还是对个人来说，所带来的收益要远远大于对其他资源投资所产生的收益。

6. 人力资源具有高增值性

这一特征体现于人力资源的经济价值呈不断上升的趋势。劳动力的市场价格在上升，人力资源投资收益率在上升，劳动者自己可支配的收入也在上升。其中高质量人力资源与低质量人力资源的收入差距明显地拉大。

7. 人力资源具有闲置过程的消耗性

与一般物质资源的另外一个明显区别是，人力资源若不加以利用，处于闲置状态，具有消耗性。这是因为人力资源在其闲置过程中，为了维持其本身的生存，必须消耗一定数量的物质性资源，比如粮食、水、能源等，这是活资源用以维持生命所必不可少的消耗。这种消耗性意味着，即使一部分人力资源处于闲置状态（如未得到使用或

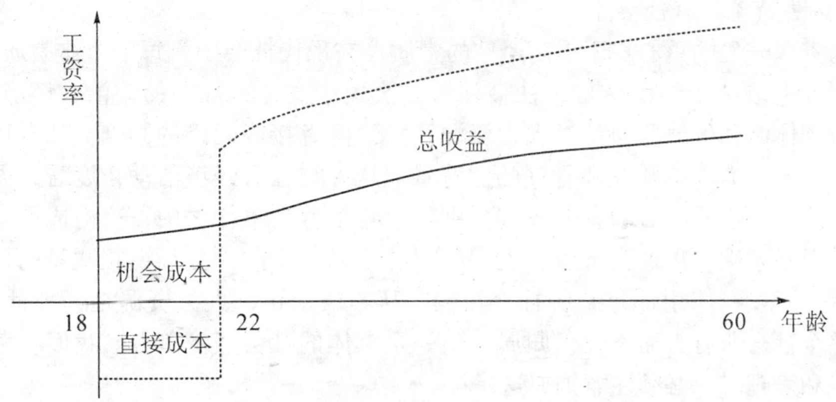


**图 1－3　大学教育投资的成本与收益**

资料来源：全国经济专业技术资格考试用书编写委员会．人力资源管理专业知识与实务［M］．修订版．北京：中国人事出版社，2003：210.

暂时失业)，其组织或社会也必须付出必要的经济性补偿和物质保障。

8. 人力资源具有再生性

人力资源是一种再生资源、“活” 的资源。一方面基于人口的再生产和劳动力的再生产，通过人口体内各个个体的不断替换更新和劳动力“消耗—生产—再消耗—再生产”的过程实现的；另一方面，人的体能在一个生产过程中消耗之后，又可以通过休息和补充能量而得到恢复。此外，如果人的知识陈旧过时了，也可以通过培训和学习等手段得以更新。因此，人本身、人的体能与知识技能都是可以再生的。当然，人力资源的再生性不同于一般生物资源的再生性，除了遵守一般生物学规律之外，它还受到人类自身意识、意志的支配和人类文明发展活动的影响，受新技术革命的制约。保证这种再生过程的顺利进行，将有利于人力资源的开发和利用。

9. 人力资源具有潜力巨大的创造性

人力资源中包含着丰富多彩的知识智力内容。人类通过自己的知识智力，创造了工具，使自己的器官得到延伸和扩大，从而增强了自身能力，制造了丰富的生产资料和生活资料。尤其是新科技革命的兴起，高科技的迅猛发展，知识和智力的急速发展，使人们认识到，世界上的许多事情都是可能做到的。人力资源的这种知识智力性表明，人力资源具有极大潜力，急需花大力气予以挖掘，使之变成财富。

办公司就是办人

深知人才作用的柳传志有一个宗旨是众人皆知的——“办公司就是办人”。联想靠什么发的财？靠人。20 万元创业资本即便点石成金也不能 12 年滚成数十亿。联想将来靠什么发财？还是靠人，没有人，数十亿用不着 12 年就变回 20 万。这是规律。柳传志心里一定清楚，所以他在一次小范围的讨论中说：“小公司做事，大公司做人。”这句话把它咀嚼透彻之后翻过来说更有意思，大概可以说成“做事的公司做不大”。人才是利润最高的商品，能够经营好人才的企业最终是大赢家。依靠人才成就了自己的联想集团今天面临着世界级强手的人才竞争，意欲依靠人才成就百年老字号事业的联想集团始终格外精心地实施着自己的人才战略。

资料来源：陈惠湘．联想为什么［M］．北京：北京大学出版社，1997：68.

10. 人力资源具有社会性

人力资源开发的重心在于提高个体的素质。在现代社会中，每个个体素质的提高，在很大程度上取决于组织结构、社会环境以及民族文化，社会的政治、经济、科技、教育等管理体制和价值取向都对人力资源开发发生直接或间接的影响。社会环境与民族文化构成了人力资源开发和管理的大背景。从人类社会经济活动角度看，人类劳动是群体性劳动，不同的劳动者一般都分别处于各个劳动集体之中，这构成了人力资源社会性的微观基础；从宏观上看，人力资源总是与一定的社会环境相联系的，它的形成、配置、开发和使用都是一种社会活动。从本质上讲，人力资源是一种社会资源，应当归整个社会所有，而不仅仅归属于某一个具体的社会经济单位。我们在考察人力资源开发和管理时，必须注意把握这一点。

## 第二节　人力资源管理

### 一、人力资源管理的概念

人力资源管理（Human Resource Management，HRM）是现代人事管理，它是指对人力资源的生产、开发、配置、使用等诸环节所进行的计划、组织、指挥和控制的管理活动。它是研究组织中人与人的调整、人与事的配合，以充分开发人力资源潜能，调动人的积极性，提高工作效率，改进工作质量，实现组织目标的理论、方法、工具和技术。人力资源管理部门的主要工作涉及对员工的招聘、录用、选拔、任用、考核、奖惩、晋升、使用、培训、工资、福利、社会保险、劳动关系等方面。

人力资源管理可以分为宏观、微观两个方面。宏观人力资源管理主要是指对于全社会人力资源，包括人力资源形成及前期的人口规划管理、教育规划管理、职业定向指导、职业技术培训、人力资源的部门与地区间配置、就业与调配、流动管理、劳动保护管理、劳动保险及社会保障管理等。微观人力资源管理指对于某一具体实体组织，如组织、事业单位人力资源的管理，包括人力资源规划、岗位（职位）工作分析、人员配置与劳动组织设置、薪酬管理、培训管理、绩效考核管理和劳动关系管理等。

为了正确理解人力资源管理这一概念的含义，可以从以下几个方面去把握：

（1）人力资源管理是对社会劳动过程中人与事之间的相互关系进行管理，而不是直接管理社会劳动过程，也不是简单地对人或事进行管理。它是谋求社会劳动过程中人与事、人与人、人与组织的相互适应，做到事得其人，人尽其才。

（2）人力资源管理是通过组织、协调、控制、监督等手段进行的。组织就是在知人、识事的基础上，根据因人择事的原则，使人与事结合起来。协调就是根据人与事各自的变化及时地调整它们之间的关系，保持人事相宜的良好状态。监督就是对人力资源活动的监察。要监督就要把人力资源管理过程公开化，增大透明度，做到人力资源管理法制化，依法管理。依法管理和公开管理是互为前提、相辅相成的。

联想集团的用人标准

联想集团认为：人才的标准是相对于角色的要求而成立的。假定将人才视为可以在企业中承担较高责任者的话，那么他必须具备六个标准。一是共同信念和价值观标准；二是忠诚与牺牲精神的标准；三是审时度势、独当一面的指挥能力；四是搭班子、建队伍的管理能力；五是团结多数、协调一致的合作能力；六是孜孜不倦、吐故纳新的学习能力。

柳传志习惯用更简洁的办法表述他对人才的理解。他认为人才有三种类型：第一种是能够自己独立做好一摊事；第二种是能够带领一群人做事：第三种是能够制定战略。公司比较小的时候，更多的需要第一种人才。公司发展到一定程度，需要较多的是第二种人才。公司发展到比较大以后，第三种人才就尤显珍贵。柳传志是从一种动态、发展的角度来界定人才标准的。

资料来源：陈惠湘．联想为什么［M］．北京：北京大学出版社，1997：71.

(3) 人力资源管理是积极的动态的管理。这就是说，人力资源管理并不是消极地被动地适应事的需要，要根据每个人的能力特点和水平，把人安置在一定的工作岗位上，正是为了给他提供充分施展才华的条件，而不是限制他的发展。因此人力资源管理要根据人的聪明才智的提高和能力的增强，及时调整其工作岗位，给他提高充分施展才华的条件，这是人力资源管理的职能之一。

总之，人力资源管理，就是运用现代化的科学方法，对与一定物力相结合的人力进行合理组织、协调、培训、调配等工作，使人力、物力经常保持最佳的比例，同时对人的思想、心理和行为进行恰当的诱导、控制和监督，以充分发挥人的主观能动性，以实现组织的目标。

## 二、人力资源管理的基本任务

人力资源管理的基本任务就是根据组织发展战略的要求，通过有计划地对人力资源进行配置，搞好组织内员工的培训和人力资源的开发，采取各种措施，激发员工的积极性，充分发挥他们的潜能，做到人尽其才、才尽其用，更好地促进生产效率、工作效率和社会经济效益的提高，进而推动整个组织各项工作的开展，以确保组织战略目标的实现。

具体地讲，人力资源管理的任务主要有以下几个方面：

(1) 保证一定数量和质量的人力资源，以满足组织发展的需要。

(2) 有计划地对现有员工进行培训，不断提高他们的文化知识和技术业务水平。

(3) 结合每一个员工的具体职业发展目标，搞好对员工的选拔、使用、考核和奖惩工作，发现人才、合理使用人才并充分发挥人才的作用。

(4) 采取各种措施激发员工的工作积极性。

(5) 根据现代组织制度的要求，做好工资、福利、安全与健康等工作，协调劳资关系。

## 三、人力资源管理的主要内容

对一个组织来说，人力资源管理的内容主要包括对员工的招聘、录用、选拔、任用、调配、考核、培训、奖惩、晋升、工资、福利、社会保险以及劳动关系的处理等。如果是一个国家、一个地区的人力资源管理，还应包括人力资源的预测、人事监督、人事信息收集、人员分布、人员流动的控制等。

(1) 人力资源规划。通过制定人力资源规划，一方面保证人力资源管理活动与组织的战略目标一致；另一方面，保证人力资源管理活动的各个环节互相协调，避免冲突，同时在实施此规划时还必须在法律和道德观念方面创造一种公平的就业机会。

(2) 人员吸收。当人力资源规划表明有新的员工需求时，组织就需要启动招聘和选择程序以找到合格的劳动者，弥补职位的空缺。

(3) 培训和开发。通过培训和开发提高员工的知识、能力、工作态度和工作绩效，进一步挖掘员工的智力潜能。

(4) 绩效评价。通过考核员工工作绩效，及时作出信息反馈，奖优罚劣，进一步提高和改善员工的工作效率和质量。

(5) 薪酬与福利。根据员工的工作绩效，组织给予不同的报酬、奖励和福利。

(6) 安全与健康。组织为保障员工的安全与健康，必须在减少事故与防止职业直接或潜在侵害、预防职业病等方面采取有力的措施。

(7) 劳动关系。管理者与正式组织（如工会）和非正式组织的员工群体就工资、奖金、福利、工作条件、工作安全等问题进行谈判，协调劳企关系。

## 四、人力资源管理的基本职能

(1) 获取。这方面包括人力资源规划、工作分析、招聘与录用。为了实现组织的使命、目标与战略，人力资源管理部门要根据组织结构确定职务说明书与员工素质要求，制订与组织目标相适应的人力资源需求与供给计划，并根据人力资源的供需计划而开展招聘工作。

(2) 整合。一方面，要使新员工不仅在形式上加入组织，而且在思想上、感情上和心理上也要加入。另一方面，通过整合促使组织内员工之间和睦相处、协调共事、取得群体认同，促使员工与组织之间个人认知与组织理念、个人行为与组织规范的同化，起到人际协调职能与组织同化职能。

(3) 薪酬与激励。它是指对员工为组织所做出的贡献而给予总体报酬的过程，也是人力资源管理的核心。其主要内容有对新招聘的人员采取适当的措施使其对工作的条件和环境感到满意，培养和保持工作热情；根据员工的考评结果，向员工提供公平合理的工资、奖金、福利等。

(4) 控制与调整。这是对员工实施公平、合理的动态管理的过程，是人力资源管理中的控制与调节职能。它包括公平合理的制度的设置与执行；并以考绩与评估的结果为根据，对员工实行动态管理，如晋升、调动、奖惩、解雇、离退等。

(5) 开发。这是人力资源管理的重要职能。它是指组织对员工素质与技能的培养与提高以充分发掘他们的潜能，有效地发挥员工的才干和能力的一系列活动。开发活动的主要环节有人才发现、人才培养、人才使用与人才调剂。它的主要内容包括组织与个人开发计划的制订、组织与个人对培训和继续教育的投入、培训与继续教育的实施、员工职业生涯开发及员工的有效使用。它的目标有两个：一是提高人力资源的质量；二是提高其活力。

以上五个基本职能互相关联，相辅相成，并且都是为实现组织的既定目标与使命而服务的。

## 五、人力资源管理的基本原理

在现代人力资源管理理念的指导下，人们经过长期的管理实践，逐步总结出人力资源管理的基本规律和运行规则。这些基本规律和运行规则是我们在从事人力资源管理活动时应该高度重视和贯彻执行的。

1. 要素有用与同素异构原理

根据现代行为科学的基本理论，在组织中工作的每个人都有知觉、性格、能力、情感、意志等。这些个体的要素都是有用的，关键在于是否存在着发挥要素长处、避免要素弱点的环境。从要素有用原理引申出的人力资源管理思想是，管理者和被管理者必须认识到每个人能力有大小，但是，只要在适合自己能力的岗位上，就能发挥最大的价值，这就是说，任何要素都是有用的，关键是为它创造发挥作用的条件。因此，管理者要善于了解、把握员工的重要特征，善于捕捉每个员工身上的闪光点，使人力资源得到有效的开发和利用。

同素异构原理本来是化学中的一个原理，是指任何要素在空间上的排列次序或结构形式上的变化而引起完全不同的组合结果，甚至要素会发生质的变化的过程。如化学中常看到的，由于几种化学元素的组合方式不同，得出的化学实验结果也完全不同。把化学的同素异构原理移植到人力资源管理领域，意指同样数量的人，用不同的组织网络连接起来，可以取得完全不同的效果。同样数量和素质的一群人，由于排列组合不同会产生不同的效应，这个原理告诉管理者，在实际工作中应针对工作性质和组织目标的要求，将不同的能量要素以适宜的方式组合起来，发挥其协作叠加的功能与优势。因此，管理者在管理中应突破思维习惯和惯例的约束，依据组织目标，寻求比较理想的人与人、人与事之间的组合形式，发挥人力资源管理的最佳效益。

2. 能级匹配与适才适用原理

能级匹配与适才适用原理是现代管理学中的人本主义思想的具体体现和运用，它保证各种类型、各种层次的组织成员得到合理的与最大的使用。

能级和能位的概念出自物理学。在物理学中表示物体做功的能量：能位（能级），表示事物系统内部按个体能量大小形成的结构、次序、层次。在人力资源管理中，能级匹配原理是指把不同能力的人放在组织内部不同职位上，给予不同的权力和责任，保证工作岗位的要求与人的实际能力相适应，实现能力与职位的对应。这就要求管理者准确、全面地掌握下属员工的能力结构和特长，根据员工个体能力的大小和能力的种类，科学地将其安排到相应职级的工作岗位上去，使其能力与具体的职位相称，从而达到人尽其才、各尽所能的管理目的。

“能”是指人的才能，“位”是指工作岗位、职位。人员才能的发挥和提高、工作效果和效率，都与“能位适应度”成函数关系。能位适应度是人员的“能”与其所在的“位”的配合程度。能位适合度越高，说明能位匹配越适当，位得其人、人适其位，在其位、谋其政、行其权、尽其责。这不仅会带来工作的高效率，而且还能促进员工能力的提高和发展。能级匹配是适才适用实现的基础和条件，没有能级与职位的相互适应关系，员工的适才适用就无从谈起。

3. 互补增值与协调优化原理

互补增值与协调优化原理是指充分发挥每个员工的特长，采用协调与优化的方法，扬长避短，聚集团体的优势。人作为个体，不可能十全十美，而是各有长短；但作为群体，则可以通过相互结合，取长补短，组合成最佳的结构，形成整体优势，更好地发挥集体的力量，实现个体不能达到的目标。这就是互补增值原理。在贯彻互补原则时，还要注意协调、优化。协调，就是要保证群体结构与工作目标协调，与组织总任务协调，与生产技术装备、劳动条件和内外生产环境相协调；优化，就是经过比较分析，选择最优方案。互补的内容和形式主要有：个性互补、体力互补、年龄互补、知识技能互补、组织才干互补、关系互补、性别互补等。在组建领导班子和劳动组织时，有意识地应用互补增值原理，往往会收到事半功倍之效。

4. 德才素质统一原理

要素有用和同素异构原理阐明了素质组合对组织发展的重要性，而素质的组合必然以个体、群体的内在素质构成为基本条件和基础。德和才是人力资源素质的主要内容。德才兼备原理是指，在人力资源管理活动中，把组织个体与群体的德的素质和才的素质有机地统一起来，作为育才、选才、用才的决定性内涵和标准，使组织人力资源的德、才素质不断优化，发挥其相得益彰的作用。德的素质包括个体与群体的政治品德、伦理道德和个性品德三个基本方面；而才的素质包括智力、知识、专业与综合能力等。德才素质的统一，意味着在人力资源的开发与使用过程中员工的德才条件是不可或缺、不可偏废的。有才无德的人，缺乏良好的政治品德和伦理道德，往往会利用职权牟求私利，给组织造成重大损失；而才是德的重要表现形式，没有才，难以在为组织工作中有所作为。这正是德才兼备，德以才附，才以德领。正所谓“大德大才，是为圣人；德才兼备，是为君子；有德无才，是为贤人；有才无德，是为小人；无才无德，是为庸人。”如图 1－4 所示。

| 大德大才圣人 |
|---|
| 德才兼备君子 |
| 有德无才贤人 |
| 无德有才小人 |
| 无德无才庸人 |

**图 1－4 “德才”示意图**

5. 激励强化与动态适应原理

所谓激励，就是创造满足员工各种需要的条件，激发员工的动机，使之产生实现组织目标的特定行为的过程。激励是管理的一项重要职能，也是人力资源管理的一项重要内容。激励强化原理是指通过不断地满足员工各种需求，强化期望行为，激发、调动人的积极性，达到提高生产率的目的。因此，管理者的出发点是了解是什么因素构成了人员为组织工作的动力源泉。

动态适应原理是指对人力资源实行动态管理，在动态中用好人、管好人，充分利用和开发人的潜能和聪明才智。从动态原理出发，应该把人事调整作为一种经常性的任务抓好，员工要有上有下、有升有降、有进有出，不断调整，合理流动，采取多种方式方法，如岗位的调整、人员的调整、实行弹性工作时间、一人多岗以及实行动态优化组合等，这样才能充分发挥每个员工的潜力、优势和长处，使组织与个人受益。

6. 奖惩强化与公平竞争原理

奖惩强化原理是指通过奖励和惩罚，使员工明辨是非，对员工的劳动行为实现有效激励。对员工有奖有罚，赏罚分明，才能保证各项制度的贯彻落实，才能使每个员工自觉地遵守纪律，严守工作岗位，各司其职，各尽其力，达到鼓励先进、鞭策落后、带动中间的目的。

公平竞争原理是指在人力资源管理中引进竞争机制，采取的是各方从同样的起点、用同样的规则，公正地进行考核、录用、奖惩、晋升等竞争方式。在劳动人事工作中使用公平竞争原理，可以较好地解决奖勤罚懒、用人所长、优化组合等问题。

7. 开发与使用并重原理

开发与使用并重原理是指在人事管理活动及其资源配置上，根据社会经济及管理的需要，将人力资源的现实使用和不断开发联系在一起，两者互接互补，相辅相成。人力资源的开发是为了人力资源的使用，而人力资源的使用又为开发指明了方向。

8. 文化凝聚与价值共识原理

文化对人力资源开发和管理的影响是有目共睹的，这是因为人力资源管理不只是一门学科，还有它自己的价值观、信仰、工具和语言。因而人力资源管理的一个重要方面就是整体塑造一个组织的文化来提高组织的凝聚力和员工的价值共识。组织的凝聚力强，员工对组织的目标有价值认同，才能吸引人才和留住人才，组织才有竞争力。组织的凝聚力包括两个方面：一是组织对个人的吸引力，或个人对组织的向心力；二是组织内部个人与个人的之间的吸引力或黏结力。组织的凝聚力不仅与物质条件有关，更与精神条件、文化条件有关。可以说，工资、奖金、福利待遇等这些物质条件是组织凝聚力的基础，没有这些就无法满足成员的生存、安全等的物质需要；组织目标、组织道德、组织精神、组织哲学、组织制度、组织形象这些精神文化条件是组织凝聚力的根本，缺了它就无法满足成员的社交、尊重、自我实现、超越自我等精神需要。也就是说，一个组织的凝聚力归根结底不是取决于外在的物质条件，而是取决于内在的共同价值观。一方面员工一旦形成了与组织目标的价值共识，就会与组织风雨同舟、荣辱与共，就不会为外在的各种诱惑所动摇；另一方面是随着社会经济的发展、人们物质文化水平的提高，人们的需求层次也在不断地提高，人们越来越重视精神需要，注重获得尊重、个人发展与自我实现，过去的重奖重罚、“胡萝卜加大棒”、注重控制和监督的管理方式已越来越难以凝聚人才了。在当代，只有建立良好的群体价值观，建立良好的组织文化，实现以人为中心的管理，用高尚的组织目标、组织精神、组织哲学、组织道德、组织风气塑造人才、凝聚队伍，才能获得成功，立于不败之地，并不断发展和壮大。

## 六、人力资源管理与传统人事管理的主要区别

人力资源管理的主要任务就是以人为中心，以人力资源投资为主线，研究人与人、人与组织、人与事的相互关系，掌握其基本理念和管理的内在规律，为充分开发、利

用人力资源，不断提高和改善职业生涯质量，充分调动人的主动性和创造性，促使管理效益的提高和管理目标的实现。

现代人力资源管理源于英国的劳工管理，并经由美国的人事管理演变而来。应当指出的是，人力资源管理与人事管理是两个不同的术语，它代表了在人的管理方面不同的历史发展阶段的不同特点。

人事部门的正式出现是在20世纪20年代初。产业革命促成了工厂系统的生成，给人们提供了选择劳动力的机会，这样，如何用较少的人干更多的事，更好地使用机器来降低成本，如何提高劳动生产率，就成为人事部门必须考虑的问题。随着社会经济的发展和物质文化水平的提高，人们在实践中发现，传统的人事管理已明显不适应，改革人力资源管理方式去开发人的潜力、充分发挥人的主观能动作用，是更为重要的手段，并且认为人力资源是一切资源中最为重要的资源。从20世纪70年代起，由于人力资源在组织中所起的作用越来越大，人事管理的观念、模式、内容、方法等全方位地向人力资源管理转变。

人力资源管理与人事管理既有历史上的渊源关系，又有本质的区别，人力资源管理与传统的人事管理已不仅仅是名词的差别，而是对传统的人事管理的全面更新，是建立在全新的理论和思维之上的，这种本质的差别主要有以下几个方面：

1. 人力资源管理的范围更加广泛

传统人事管理基本上属于行政事务性的工作，活动范围有限，以短期导向为主，考虑的是员工的选拔、使用、考核、报酬、晋升、调动、退休等，主要由人事部门职员执行，很少涉及组织高层战略决策。传统人事管理将事作为重心，把人降格为“执行指令的机器”，着眼于为人找位，为事配人。现代人力资源管理将传统人事管理的职能予以扩大，从行政的事务性的员工控制工作转变为为实现组织的目标，建立一个人力资源规划、开发与管理的系统。打破了职员的界限，统一考虑一个国家或地区、单位所有体力、脑力劳动者的管理；除考虑“从入到出”这个管理过程外，还考虑各类人力资源之间如何以适当的比例平衡发展，这种比例是与国家或地区经济社会发展的需要相适应的，因而人力资源管理更具有战略性、整体性和未来性。人力资源管理将人作为重心，把人作为第一资源，既重视以事择人，也重视为人设事，尤其对特殊的人力资源。

另外，传统人事管理的主体是行政部门，管理制度受到领导人意志左右，个人、组织均是被动的接受者。而人力资源管理的主体也就是市场运行的主体，它们的行为受到市场机制的左右，遵循市场通行规则和人力资源管理自身特有的规律。

2. 人力资源管理的内容更加丰富

传统人事管理的内容比较简单，主要工作是人员的招聘、录用、考核、奖惩、工资发放、档案保管以及其他人事制度的制定等管理活动。人力资源管理则更加丰富，不仅包括传统人事管理的基本内容，而且为适应现代社会发展和人力资源发展的需求，重视和增加了一些新的内容，如人力资源的预测与规划、人员测评与甄选、人力资源的开发培养、人力资源投资收益分析等等，担负起进行工作设计、规划工作流程、协调工作关系的任务，使人力资源管理与组织的发展紧密地结合在一起。特别应当指出的是传统的人事部门视组织编制为固定不变的，只是试图提供所需人力，而随着时代的发展，人们更加关注工作岗位、人与人的关系以及在岗人员积极性、主动性和创造性的发挥，因此对各种岗位进行重新设计，使工作面更宽、内容更丰富、更具有挑战性成为一种必然的要求。人力资源管理充分运用了当代社会学、心理学、管理学、经济学、技术学等学科的最新成果，更加强调管理的系统化、规范化、标准化以及管理手段的现代化，突出了管理者诸要素之间的互动以及管理活动与内外环境间的互动。

3. 人力资源管理更具有主动性

传统人事管理将人视为组织的财产，闲置、压抑等现象严重，只重拥有不重开发使用。传统人事管理一般将组织的工作人员看成是被动的工具，认为他们的存在无非是要满足组织工作性质的需要，与组织工作相比，人的地位是附属性的。它的管理以降低成本为宗旨，把每一个为其所雇佣的人的工资都打入成本之内，因而如何少雇人、多出活是其关心的问题。所以在传统人事管理过程中，组织比较强调管制、监控等方面的功能，关注的是对人力资源的管理而忽略了人的能动性的开发。而现代人力资源管理将人力资源作为劳动者自身的财富。人力资本有增值的本能，因而个人、组织和社会均重视人力资源开发使用，其一旦闲置和遭到压抑，则具有在市场机制作用下重新配置的本能。人力资源管理将组织中的人作为组织发展的主体，人与工作相比，前者具有广泛的能动性，它把人看做是一种可以开发的资源，认为通过开发和管理，可以使其升值，创造出更大的甚至意想不到的价值，能够使他们主动地适应不同工作的需要，完成组织的任务。因此，人力资源管理注重的是塑造组织人才成长的环境，关心如何开发人才的价值，尊重员工的主体地位和发展激励、保障等引导性、开发性的管理功能，从而实现从消极压缩成本到积极开发才能的转化。

4. 人力资源管理更能创造效益

传统人事管理将人视为一种成本或生产、技术要素，是对组织资本资源的消耗。而人力资源管理则将人本身看做资源，而且与其他物质资源的一次性开发、使用不同的是，人力资源可以持续不断地开发和有效使用。它本身就能够给组织带来巨大的投资回报和效益。人力资源管理的根本任务就是用最少的人力投资来实现组织的目标。可以通过工作分析和人力资源规划，确定组织所需的最少的人力数量和最低的人员标准；通过招聘与录用规划，控制招募成本；通过制订人力资源开发计划，可以为组织节约更多的成本；通过人力资源的整合与调控，增加员工的满意度，提高他们的工作生活质量，调动其劳动积极性，发挥人力资源的整体优势，为组织创造更大的效益；通过制定与实行合理的报酬与福利制度，既能调动员工的工作积极性，也可为组织节约大量成本。

5. 人力资源管理更具有系统性

传统人事管理在我国是被分割的，不同的部门各管各的，分散、不系统，缺乏相互衔接、配合，如劳资科管工资及员工的调配，人事科管技术人员及科室的调配、晋升，教育科管员工的培训，党委组织部管各级主管人员。而人力资源管理则是作为组织内部的人力统一管理部门，履行着对组织全体员工的统一组织、协调、控制和监督等系统管理职能与职责，甚至包括有可能利用的组织外人力作为统一的系统加以规划。制定恰当的选拔、培养、任用、调配、激励等政策，以达到尽可能利用人的创造力增加组织效益和效率的目的。

另外，传统人事管理的部门作为组织内的一个人事执行的职能部门，从事日常的事务性工作。而人力资源管理部门被纳入决策层，把人的开发、利用、潜能开发作为重要内容，鼓励成员参与管理。人力资源管理部门是组织战略决策的参与者。

6. 人力资源管理更强调使用与开发并重

传统人事管理关注的是组织成员的现状，它比较注重现有人员的使用，而不重视其素质和能力的进一步开发。人力资源管理则强调的是人力资源的使用与开发并重，一方面强调要充分发挥人员的智慧和才能；另一方面还要充分挖掘人员的潜能，使其在未来的发展中具有较大的弹性，并为组织未来的发展储备各种人才。

7. 人力资源管理的地位更高

传统人事管理的重要性不为人们所重视，主要是人们把人事活动看做是技术含量低的、无须特殊专长的工作。人事管理只属于执行层次的工作，至多处在幕僚地位，只是为领导者提供某些建议，并不参与决策。随着人力资源管理与开发地位的提高，越来越多的人力资源管理部门上升为具有决策职能的业务部门，其主管已出现在组织的高层领导中，并有人出任组织的最高领导；人力资源部门直接参与组织战略决策；人力资源部门在决策和各项管理事务中发言的分量越来越重；人力资源管理部门的员工待遇越来越高，能力要求越来越严。人力资源管理部门的工作人员的职能，已从简单地提供人力过渡到为人力设计安排合适的工作；从只管人过渡到管理人与工作的关系、人与人的关系、工作与工作的关系；从执行过渡到决策，其地位日益重要。

## 第三节　人力资源管理的地位、作用与环境

### 一、人力资源管理的地位与作用

人是一切组织活动的主体，是众多资源中最重要、最宝贵的资源。因此，人力资源管理是整个组织管理的核心。

1. 关系到组织的发展

一个组织的存在和发展，取决于生活在这个组织中的人能否顺利地解决该组织中的各种问题。如果能够顺利解决则组织就能存在和发展，否则就会倒退甚至崩溃。而问题的解决又取决于完成这些任务的人的素质，取决于人与人、人与事是否相宜，是否相适应。因此提高人的素质，搞活人力资源管理是关系到组织发展的大问题。

2. 关系到组织的管理水平

一个组织管理的核心问题就是根据客观事物发展变化的规律及其相互之间的紧密关系，对客观事物进行计划、组织、指挥、控制、协调、监督等活动，使它按其固有的规律发展变化，按其固有的联系发生关系。只有这样才能保证组织正常的发展。但是对组织进行计划、组织、指挥、控制、协调、监督等活动的管理人员，首先要受到某种形式的管理，那就是对人力资源管理、对人事的管理。可以说对人的管理是人对事管理的前提。它直接影响到人对事的管理，影响到人与事的关系。

3. 关系到组织中个人潜能的发挥与职业发展

开发人的智力，发挥人的潜能，这是人类自身给自己提出的永恒的任务。当人处

于孤立、个体的自然状态时，是不可能对智力进行开发和使用的。只有在集体活动中，个人才能获得全面的发展。个人之所以成为社会集体中的成员，是因为他通过所做的事与他人发生联系。以事为媒介的人们之间的关系，构成有机的社会集体，个人无法脱离集体而发展；也只有在集体的协助下，个人才能够得到发展。以事为中心来组织、协调事与人之间的关系，使每个人能够施展才能，充分发挥自己的聪明才智，这正是人力资源管理的基本任务。由此看来，人的智力开发、潜能的发挥和使用也离不开人力资源。

人力资源管理的作用体现在如下几个方面：

第一，人力资源管理对于开发人的智能，调动人的积极和创造性，推动经济与社会的发展具有重要作用。人是生产力中最基本、最活跃、最关键的因素，提高人的素质，充分调动人的积极性、创造性，合理的利用人力资源，是提高生产力的主要途径。而提高人的素质，关键在于对人力资源的开发和管理。人力资源管理部门根据社会经济和社会发展的需要，从本组织战略目标出发，制订出一定时间内本组织各类人才的需求计划，有计划、有步骤地实施人才培养计划并进行吸收、选拔、任用等一系列管理活动，使人才的培养与岗位的要求、个人的发展与组织的目标相适应、相一致，做到人事相宜，才能发挥人的聪明才智，挖掘人的潜力，推动经济和社会的发展。

第二，人力资源管理是组织生存和发展的根本保证。当代社会的发展日益复杂，分工越来越细，竞争越来越激烈，谁拥有了一流的人才，谁就掌握了发展的主动权，就能在竞争中击败对手，为自己赢得更为广阔的空间。因此，人才争夺战会愈演愈烈。在这样的环境下，组织要生存和发展，最根本的就是选好人才、用好人才、留住人才，处理好人与事、人与人、人与组织之间的关系。人力资源管理在认真分析各类人才的特点、研究各类人才的成长规律的基础上，进行合理的培养和使用，通过制定和完善科学有效的系统的人事管理制度，挖掘、发现、培养、使用各类人才，从而为组织的生存和发展奠定坚实的基础。

第三，人力资源管理有助于组织提高效率和效益。应当看到，组织中的人是社会的人，他们有思想、有感情、有尊严，这就决定了人力资源管理必须设法为员工创造一个适合他们多方面需要的工作环境，使他们安于工作、乐于工作、忠于工作，并积极主动地把个人的全部智慧和潜力奉献出来，为组织的发展做出更大的贡献。因此，在人力资源管理过程中，组织必须处理好物质奖励与精神奖励的关系，通过考核、奖惩、晋升、工资、福利等活动，来激励各类员工的积极性和创造性，合理地满足员工的物质需求和精神需求，使员工始终保持旺盛的工作热情，充分发挥自己的专长，努力学习技术和钻研业务，不断改进工作。这不仅可以节省大量人力、财力、物力，有限地减少劳动耗费，而且可使组织科学配置人力资源，显著提高工作效率。

## 二、人力资源管理的环境

世间的万事万物，都不可能是封闭、孤立地存在的，它们都有自己生存、发展、衰亡的环境。人力资源管理活动离不开组织的外部环境和内部环境。

影响人力资源管理的外部环境因素主要有政治因素、经济因素、文化因素、教育与人口因素、技术因素、社会因素等，内部因素主要有工作的性质、工作群体、领导者与监督者、员工、人事政策、组织文化等。

1. 外部环境

组织所处的外部环境涉及社会、政治、经济、文化、教育等方面。

（1）政治因素。人力资源管理是一种社会行为，而一定的社会行为是在一定的政治现实中发生的。影响人力资源管理的政治因素有：未来政治环境中有关人力资源发展的法制建设，即人力资源市场管理法、劳动法、职业法、专利法、知识产权法等方面的立法、司法、检察工作的发展情况；未来政治环境中有关人力资源发展的政治民主化进程，即机会均等、择业自由、言论自由、人格尊重等方面的进展情况。

（2）经济因素。管理活动受到整个社会的经济状况的影响。在市场经济条件下，就业状况、利率、通货膨胀、税收政策，甚至股票市场行情，都有可能对人力资源活动的经济投入、人力资本的投资幅度、人力资源的成本核算、人力资源收益率的评估以及人力资源规模、结构及人员的工资、福利、待遇方案等发生重要影响。例如社会失业率直接影响组织的人员招募；通货膨胀对人员的工资福利待遇会产生直接冲击；经济竞争的压力也可能会迫使组织改变其人力资源管理活动的方式和手段。在日益复杂的经济环境中，要取得经济竞争的胜利，组织就必须争夺人才、稳定人才。

（3）文化因素。每个国家、每个地区都有其独特的文化，文化会影响人的心理活动和行为。文化是指在一定的历史条件下通过社会实践所形成的并为全体成员遵循的共同意识、价值观念、职业道德、行为规范和准则的总和。

教育与人口因素。人口因素指出了一个国家或地区可向社会提供的人力资源的性质、数量、质量、分布、结构、年龄、性别等；而教育因素包括一个国家和地区居民的普遍文化水平、教育制度的完善程度和专业化程度以及受过高等教育和专门训练的人所占的比例，它们对人力资源的来源和构成的影响非常重要。

（4）技术因素。技术因素包括社会上科学与技术的发展水平，以及科学技术作为新的知识或技术手段被社会广泛应用的程度。现代科学技术的发展迅速地改变着组织的业务活动，技术和产品更新周期越来越短，导致新的工作岗位不断产生。新的工作需要掌握新的知识、新的技能的人才来承担。为此，人力资源管理者要密切注视科学技术发展的动向，预测本组织业务及工作岗位对工作技能需求的变化，及时制订和实施有效的人才培训开发计划。

（5）社会因素。社会因素包括一个国家的社会结构、社会制度、社会阶层、社会团体、社会组织、社会控制、贫富差距、社会变迁以及社会管理水平等。

2. 内部环境

人力资源管理的内部环境包含两个层次：一是整体方面的组织战略与组织结构；二是具体的人力资源管理活动的主体和因素。人力资源管理应与组织战略和组织结构相符合、相匹配，战略发挥指导作用，结构发挥支持作用；人力资源管理活动反过来也影响战略的制定和结构的设计。组织中行使人力资源管理活动的基本职能不仅仅是人力资源管理部门的专职，它还广泛地涉及组织中的各个层次和方面。

影响人力资源管理活动的组织内部因素主要有：

（1）工作的性质。组织生产经营的性质决定了工作的性质。工作的性质可以区分为操作类、管理类、商务类、知识类等不同形式。不同类型的工作对人力资源管理活动的要求不同。

（2）工作群体。对工作群体的组织和管理是提高生产效率的一个重要途径。员工之间结成的人际关系会直接影响员工的工作效率。团队是工作群体的一种。在组织工作团队的过程中，人力资源管理职能起着极为重要的作用。例如，为配合团队发展需要，对团队成员的激励和薪酬要采取以团队绩效为基础的激励措施，对团队成员的培训教育也要从培养跨职能、跨专业人才的需要出发。

（3）领导者与监督者。领导方式和方法会影响员工个人和其所在的工作群体，从而也影响人力资源管理的最终结果。有效的人力资源管理，不但要求领导的有效性，而且强调监督和控制的作用。人力资源管理活动的核心是激发和调动员工的积极性，而有效的激励要辅之以有力的监督，监督无力，则领导也将变得虚弱。

（4）员工。员工是组织最重要的资源。每一个员工都是具有需要、动机及价值观和态度的个体，重视员工首先要尊重他们、关心他们、满足他们的需求。员工需求是人力资源工作的导向之一，人力资源管理活动始终要围绕满足员工需求而努力。

（5）人事政策。人事政策是一个组织人力资源管理基本观念的集中体现，是作为一切人力资源管理活动的指导思想。人事政策直接反映组织如何看待人的问题，反映了一种基本的用人观念和价值取向。人事政策的制定受多种因素的影响和制约，具体的人事政策贯彻必须依托适当的工作设计和组织才能实现。

（6）组织文化。组织文化是组织内部环境的综合表现。组织文化具有六项功能特征，即导向性、规范性、约束性、凝聚性、融合性和时代性。它对组织中的人们的行为和态度具有持久、深远的影响，最终使人们形成总体的行为倾向。

总之，在组织战略指导下，以组织结构为依托的组织内部环境是人力资源管理活动赖以存在的基础。工作性质、工作群体、领导者、员工、人事政策、组织文化等各个因素构成的组织综合环境，它们在人力资源的决策和管理工作中起着关键的作用，同时也构成了人力资源管理活动的主体。

## 三、人力资源管理的职能权限分析

在实际工作中，组织所有管理人员都承担一定的人事管理的职能，他们的工作都要涉及选拔、面试、训练和评估等人事管理活动。国外大多数组织和公司都设有专门的人事管理部门和人事经理。人事经理及其下属同其他经理人员的人事职责既有共同之处，又有一些区别。

为了有效地说明上述问题，我们首先需要明确直线职权和职能职权之间的关系。职权是指制定决策、下达命令和指挥别人工作的权利。在组织管理中职权分为直线职权和职能职权。拥有直线职权的经理人是直线经理人，拥有职能职权的经理人是职能经理人。直线经理人拥有完成生产和销售等实际业务的下属，有权直接指挥其下属的工作。因此，直线经理人需要负责完成组织的基本目标。职能经理人不拥有完成生产和销售等实际业务的下属，他们只是协助直线经理人完成组织的基本目标。人事经理就属于职能经理人，他们负责协助生产经理和销售经理等直线经理人处理人员选用、评估和奖励等事务。

直线经理人的人事管理职权包括指导新进组织的员工、训练员工掌握新的技能、分派适当的人员担任适当的工作、帮助下属员工改进工作绩效、培养员工合作的工作关系、向员工宣传公司的各项规定与政策、控制本部门的人事费用、开发手下人员的工作潜力、激发与保护下属的工作积极性和维护下属的身心健康等。当公司规模很小时，直线经理人可以独立完成上述工作。但是，当公司规模很大时，为完成上述各项工作，直线经理人就需要人事职能部门的协助、人力资源管理的专业知识和具体建议。

人事部门职能经理人的人事管理职权既有与直线经理人相似的直线职能，也有人事经理人特有的服务职能。人事经理人的直线职能包含两层含义：一是在人事部门内部，人力资源经理必须行使直线经理职权，指挥自己的下属工作。二是在整个公司范围内，人力资源经理对其他经理人可能行使相当程度的直线职能，这就是所谓的人事主管由于工作关系能够经常接触最高管理层，因此，人事主管所作的建议经常被看做是上级指示，而受到直线经理人的重视。人事经理人的服务职能指的是：一方面，人事主管和人事部门作为最高管理当局的得力助手，要协助组织的最高管理当局保证人事方面的目标、政策和各项规定的贯彻执行。另一方面，人事管理人要为直线经理人提供人事管理方面的服务，其中包括：帮助直线经理人处理所有层次员工的任用、训练、评估、奖励、辅导、晋升和开除等各种事项；帮助直线经理人处理健康、保险、退休和休假等各种员工福利计划；帮助直线经理人遵守国家各项有关劳动和人事方面的法律和规律；帮助直线经理人处理员工的不满和劳工关系。

实际上，组织中的人力资源管理部门对其他的具体业务部门具有重要的支持作用。国外一些组织的人力资源部通过开展工作的人性化活动，使非常技术性的工作与人们的需要相互适应，从而达到了提高组织经营绩效的目的。其具体的实施方法包括工作的丰富化、操作的简单化和工作的轮换制度。有的组织人力资源部门帮助业务部门实行弹性工作时间制度，解决了由于交通不便和员工生物钟不同产生的缺勤率高和工作效率低下的问题。近年来，国外的一些大公司越来越重视员工的职业生涯规划，满足员工对职业生涯的咨询要求，解决他们工作的压力。在这些方面，人力资源部门对整个组织的发展做出了很大的贡献。我们可以将上述的直线经理人和人事经理人的人力资源管理职责的区别总结为表1－1。

**表1－1　　直线经理人和人事经理人的管理职责**

| 职能 | 直线经理责任 | 人事经理责任 |
| --- | --- | --- |
| 录用 | 提供工作分析、工作说明和最低合格要求的资料，使各个部门的人事计划与战略计划相一致，对工作申请人进行面试，综合人事部门收集的资料，作最终的录用决定等 | 工作分析、人力资源计划、招聘、准备申请表、组织笔试、核查背景和推荐资料、身体检查等 |
| 保持 | 公平对待员工、沟通、当面解决抱怨和争端、提倡协作、尊重人格、按照贡献评奖等 | 薪酬和福利政策、劳工关系、健康与安全、员工服务等 |
| 发展 | 在职培训、工作丰富化、应用激励方法、向员工反馈信息等 | 技术培训、管理发展与组织发展、职业生涯规划、咨询服务、人力资源管理研究等 |
| 调整 | 执行纪律、解雇、提升、调动等 | 调查员工抱怨、下岗再就业服务、退休政策咨询等 |

# 第四节　人力资源战略

## 一、人力资源战略及其重要性

1. 组织战略的概念

组织战略是指组织为自己确定的长远的主要目标与任务，并为实现此目标和任务选择的主要行动路线与方法。战略规划是指组织制定战略的过程，即在组织内部优势和劣势以及外部机会和威胁确定的情况下，组织为保持或取得其自身竞争优势而制订行动计划的过程。

组织战略具有重要的意义，它着眼于未来，协调组织内部各个职能部门相互配合，保证组织的均衡发展，并引导组织的变革，以适应新的竞争环境。

组织战略可以分为两种：总体战略和职能战略。总体战略是指组织在对自己内部的优势和劣势以及外部的机会和威胁进行分析和预测的基础上，为了维持自己的优势竞争地位而制定的组织整体上的发展规划。所谓职能战略是指在组织整体战略的指导下，组织各个职能部门的战略。组织的职能战略一般包括人力资源战略、经营战略、成本战略、产品战略、研发战略等。

2. 人力资源管理部门在组织战略规划中的作用

人力资源管理部门在组织的战略制定过程中充当着重要的角色，具体体现在以下三方面：

（1）人力资源管理部门对组织的外部机遇和威胁进行判断和预测。在组织最高管理层的战略规划过程中，人力资源管理部门能够提供有关外部机遇和威胁的重要信息，这些信息包括：劳动力市场的状况；竞争对手的人力资源政策和措施；通过员工调查而获得的客户对组织的意见和建议；有关人力资源方面的法律和社会规范。

（2）分析组织内部的优势和不足。人力资源管理部门对组织内部优势和劣势的分析，是组织战略规划的重要信息来源。这些信息对组织战略的实施有着直接或间接的联系。例如，人力资源管理部门可以协助组织分析诸如新技术的引进对员工的潜在影响，组织的某一职能战略在人力资源方面具有的优势和缺陷等一系列的问题。

（3）协助组织成功地实施战略。组织战略的实施必须要有人力资源管理部门的积极参与。随着市场竞争的加剧、劳动力队伍素质的变化、工作的复杂化以及对信息技术依赖的提高，这些环境的变化要求组织在战略的制定和实施过程中，必须更加注重对人力资源方面的问题的考虑。

人力资源管理部门在组织战略的实施过程中，主要可以提供如下的支持：创造适当的组织文化氛围；保留组织所需的人才；明确员工培训的指导方向和内容；缓解员工工作压力，维护并提高士气；培养员工对组织的认同感和献身精神。

3. 战略性人力资源管理的概念和特点

战略性人力资源管理是指对人力资源管理采用战略的眼光和方法进行组织、实施和控制。传统的人力资源管理只是在观念上转变为把员工视为组织最有价值的资源和资产，而不是被管理和控制的工具，强调了尽量满足员工的各种需要，进而充分发挥其主动性和积极性。这种传统的人力资源管理的主要特点是：人力资源管理部门并不直接参与组织的战略决策；同时，它与诸如营销、财务、生产、研发等部门仍处于相对较为隔离的状态。战略性人力资源管理与传统的人力资源管理相比，其最大的区别就在于：在战略性人力资源管理中，人力资源管理部门能够直接参与组织的战略决策，在明确的组织战略前提下，与其他部门协调合作，针对组织内部和外部环境制定策略，共同实现组织的战略目标。

战略性人力资源管理的特点包括：一是战略性人力资源管理的组织结构具有较高的灵活性，重视放权；二是战略性人力资源管理不强调制度的正规性，它不是以控制为主，而是以支持为主；三是鼓励风险的承担和员工的创造性，不太强调上下以及内外的正式关系，鼓励上下之间以及与外界客户的直接接触和交往；四是重视外部环境对人力资源政策和措施的影响；五是重视决策的制定和选择过程；六是在时间上注重较长时期内的变化和规划；七是注重人力资源战略与组织整体战略以及其他职能战略之间的统一和协调。

## 二、人力资源政策的一致性

1. 人力资源政策一致性的概念

人力资源政策是指组织人力资源管理的各项政策和措施。人力资源政策应当与组织的环境相适应，还应当具有一定的内部一致性。

人力资源政策一致性的概念包括三个方面：个体员工的一致性；员工之间的一致性；时间一致性。

（1）个体员工的一致性。个体员工的一致性是指，组织中人力资源体系不同元素（如薪酬、招聘、绩效评估体系）间对个体作用的一致性。它强调的是，对于同一位员工来说，人力资源各方面的政策——招聘、薪酬、绩效考核、晋升、培训等制度措施——必须是保持一致或者相互补充的，不能相互矛盾或抵触。

例如，一个组织重视对员工进行广泛的培训，而这些培训费用又是比较昂贵的，那么组织就必须有相应的薪酬、晋升以及招聘政策相配合，从而缩减培训周期和避免因被培训人员的流失而造成浪费。

（2）员工之间的一致性。员工之间的一致性是指，在相似的情况下，实施于组织内不同员工的人力资源政策的一致性。也就是说，组织应当确保在一定的范围之内，不同的员工所受到的待遇是一致的。比如，如果员工甲获得的是特定规格的待遇，那么与甲情况相似的其他员工也必须得到相似的待遇。

（3）时间一致性。时间一致性是指，组织的人力资源理念跨时间一致性。当然，时间一致性是有一定范围的，它取决于一系列的因素，而并不仅仅取决于组织环境的变化。但是，总的来看，同一个员工在前后一段时间之内的待遇不应当有根本上的差别。

2. 制定一致性人力资源政策的意义

保持人力资源体系各个元素间的一致性、人力资源政策在不同员工之间的一致性以及人力资源理念跨时间的一致性，会给组织带来以下五方面的益处：

一是有助于形成人力资源管理技术上的优势，并可以有效地促进激励的效果。例如，如果一家组织对其员工严格筛选的同时，还重视员工培训，并为此投入大量资源，这些相互补充和一致的人力资源政策由于降低了员工的流动率，会给组织带来巨大的收益。又例如，如果一家组织鼓励的是对员工进行非正式培训，即希望有更多的资深老员工对新员工进行培训，那么采用以资历为基础的奖励体系可有效地保障老员工的利益，老员工不会因为花时间将自己的技术传给年轻的员工而使自己遭受损失。再例如，一家组织需要充分授权给其研发专家对研究项目和生产技术的选择决定权，却同时采用固定作息制、严格监督出勤、限制行动自由等与充分授权不一致的缺乏弹性的工作方式，就会影响研发人员对公司的授权认同感和信任感，从而降低公司授权的效果。时间一致性和员工之间的一致性还可以降低人力资源管理的费用。

二是有助于员工个人在组织中的学习过程。在大多数情况下，组织通过让员工充分了解其过去所得到的待遇以及同时期中其他相似的员工所得到的待遇，来了解组织对他们的要求和期望。而如果人力资源政策经常变化，或者对情况相近的员工明显地予以区别对待，那么员工学习掌握组织要求和期望的过程就会受到严重干扰。稳定的组织政策有利于员工不断认识、了解组织的期望，也有利于员工澄清自己可以期望从组织中得到什么。

三是有助于员工群体的学习。当组织的人力资源政策与组织所处环境中的社会规范等方面相一致时，组织可以有效地对员工群体的价值观和期望等进行影响。例如，日本组织强调家庭文化，所以在美国投资建厂的时候，常常选择小城镇或郊区。这是因为，在美国，乡村或小城镇与大城市相比，在文化上要更强调家庭意识，所以日本组织在这些地方设厂就能够更有效地影响其美国员工在工作中追求群体意识和家庭气氛。

四是有助于提高招聘和录用的效率。组织中各个员工之间并不是完全一样的，在特定的组织中，员工工作绩效的好坏，在很大程度上取决于他们对组织特性的适应程度。由于人员更换的成本较高，所以一般情况下组织都力图提高招聘和录用的效率，实现更有效率的人与事的配合，从而避免出现员工对组织的不适反应和辞职行为。另外，即使感到不适的员工不辞职，那么由于工作不感兴趣，员工也会产生不满情绪，生产率可能会随之下降。

五是有助于消除不公平的社会比较和分配不公的感觉，所谓社会比较，就是个体通过与他人对比，或与自己的过去对比来评价自己的心理过程。社会比较是个体进行自我评价时的一条重要途径。人们经常选择与自己情况相近的人，或以自己的现实与自己的过去进行收益比较。根据亚当斯公平理论，当员工的待遇明显低于与其相似的人，或少于、或不高于过去收益，而这种差别又没有明显的、充足的理由时，就很可能会产生不满情绪。较好的待遇能够换取员工的好感，但是由于人们非常关注自己所面临的不公平，所以那些没有获得相似待遇的人就会产生不满，进而影响其工作效率。而一致的人力资源政策则可以有效地消除这些对组织不利的社会比较的心理过程。

3. 对人力资源政策一致性的衡量

对人力资源政策的员工个体一致性、时间一致性和员工之间一致性的衡量是不同的。

（1）对时间一致性和员工间一致性的衡量。人力资源政策的时间一致性和员工间一致性的衡量标准是比较直接的，即：对情境相似的员工采取同样的人力资源政策和待遇，并且随着时间的推移，组织的人力资源理念和政策保持不变。

（2）对员工个体一致性的衡量。员工个体一致性的衡量主要从三个方面进行：首先是人力资源理念和政策的互补性。在这一方面应当注意考虑的是人力资源计划之中所体现的理念和采用的具体措施，对组织其他人力资源政策的影响。例如，如果组织准备采用新的培训计划或薪酬系统，是否会对组织现有的招聘、职业保障、工作设计、绩效评估、劳资关系等方面的措施带来有利的影响？如果要采用频繁的工作轮换制度，是否能够与组织现行的计件工资制相一致。其次是组织的人力资源政策与信息沟通之间的一致。即在广泛的社会情境之中，组织的人力资源政策与各方面的信息沟通保持一致，促使员工对他们能够获得的收益和应有的付出形成更加明确、深刻的认识，从而有助于吸引、激励和保留最适合的人员。相应的衡量方法是：一是衡量组织员工在期望上的一致程度，这里的期望包括组织和同事对员工个人的期望以及个人对其同事和组织的期望；二是衡量新员工了解这些期望的速度和效果。最后是组织人力资源政策与人员筛选的一致。对于这一方面的测量包括：员工在人际关系中表现出多大的同质性；组织所要招聘的员工能够在多大程度上决定自己在组织中从事什么工作；组织对所要招聘的员工具有哪些期望以及应聘者所期望的回报是什么。

4. 保持适当的员工间一致性所依赖的因素

组织人力资源政策在员工之间的一致性并不是绝对的，而是允许根据具体情况有一个适当的变化范围。例如，一个组织鼓励在管理人员中营造稳定的、信任的、鼓励承担风险的氛围，并不意味着这个组织不能对装配线上的工人或事务性人员进行严密的监控。

保持适当的员工间一致性依赖以下四个方面的因素，了解这些因素对组织的意义在于：帮助组织明确员工间的一致性的适当程度；帮助组织确定应当在哪些员工范围内保持一致性；帮助组织明确可以在哪些方面不必遵循一致的人力资源政策。

（1）技术因素。技术因素指技术的相互依赖程度，即组织中不同员工在完成其工作的过程中，在多大程度上依赖其他的员工。在技术相互依赖程度较高的情况下，组织应当保持人力资源实务在员工间的一致性。例如，全面质量管理系统要求员工进行广泛的合作，即员工在工作过程中具有很高的相互依赖性。

（2）社会和人口统计因素。社会比较的心理过程表明，人们总是倾向于将他们的状况与和自己相似的人进行比较。通常只是在相似者的群体中存在不同的待遇时，人们才会产生疑惑和不满。因此，组织对所有员工完全实行一致的人力资源政策是没有必要的；组织可以在只有不同社会、经济和人口统计状况的员工之间实行不同的人力资源实务体系，但是对于具有相同或相似背景的员工，应当保持一致性。

（3）经济因素。这些因素主要指劳动力市场上的竞争状况和经济条件，比如劳动力市场的平均薪酬水平、竞争者的薪酬水平等。组织在那些具有相同劳动力市场竞争状况或经济条件的人员中，可以保持一致的人力资源政策；而对于在劳动力市场上处于不同竞争状况和经济条件的人员，则不宜实行一致的人力资源政策。例如，如果一家组织对待其研发人员与销售人员没有丝毫差别，就很可能使人才大量流失，这是因为一般来说，研发人员与销售人员在劳动力竞争状况和经济条件方面通常存在较大的差异。

（4）社会规范因素。这类因素指的是不同员工之间分类的合法性。在属于不同社会类别的员工之间，可以实行一致性相对较低的人力资源政策，而在属于同一社会类别的员工中，则要实行一致性较高的人力资源政策。区分员工社会类别的合法性取决于两个方面：一是劳动力市场的因素。例如，在注重劳动力市场运行机制的社会中，被市场机制所认可的类别——如依据职业群体、工作领域等标准划分的类别——在某种程度上可以变成适用于整个社会的有效标准。二是社会文化的因素。不同社会中，员工社会类别的划分受到所处社会文化的影响。例如，有的强调“论资排辈”，有的则鼓励竞争。

5. 人为分类的局限性

组织中往往还会依据其自身的标准将员工进行人为分类，比如许多组织按照劳动合同将员工分为正式工、合同工或临时工。人为划分的员工类别在组织中十分常见但是这种人为分类存在以下的局限性：

（1）组织采用的劳动力市场形式对人为分类的限制。即，如果组织实行的是内部劳动力市场，那么人为的区分则很难维持。内部劳动力市场的基本特点在于，组织以低层的职位来招聘员工，然后提供较多的内部晋升机会。内部劳动力市场可以加强员工对组织的认同，而不是对那些人为划分的职业类别的认同。如果组织的根本目的是强调员工对组织的认同感，而不是对某种工作或部门的认同感，那么依据级别和职责对员工进行人为的分类就是不合适的。

（2）工作特点对人为分类的限制。即，当工作特点要求属于不同群体的员工进行合作时，此时对这些员工群体进行人为的分类并加以区别对待，就是不恰当的。例如，如果对在同一架客机上工作的飞行员实行双轨制的人力资源政策体系，即机长是年长且资历较深的飞行员，因此能享受工作安全保障、各种福利以及更高的工资，而副驾驶员是最近雇佣的新员工，属于二类职员，不能享受全部的待遇。这就形成对同一工作团队成员间明显的待遇差别，不利于促进整个机组的效率，因为客机的安全飞行要依赖于整个飞行机组的紧密合作，而不只是某一个飞行员。

（3）组织文化特点对人为分类的限制。即，当组织追求的是一种合作的、团结的组织文化时，对不同员工进行人为分类并加以区别对待是非常不妥的。这是因为，这种人为的分类不但会阻碍员工对共同目标产生认同感，而且会导致组织中不同类别员工之间产生分裂。

鉴于以上人为分类的局限性，一些具有浓郁组织文化的组织往往将那些需要实行不同薪酬制度或人力资源实务的部门分离出来，成立相对较为独立的子单位，从而避免由于组织内部不同员工的差异过于显著而造成的不满情绪。

6. 时间一致性的必要性及其适当的范围

组织维持一贯的人力资源政策（即人力资源政策的时间一致性）的必要性体现在两个方面：

（1）保持时间一致性可以促使员工很好地理解组织的人力资源政策，而且与员工个体一致性和员工间一致性一样，稳定的、一贯的人力资源政策可以促进员工的学习和记忆。

（2）时间一致性有助于维护组织管理层与员工之间的关系，从而降低相应的成本。组织的人力资源政策对管理层与员工的相互关系提供了一个框架，员工和管理层可以通过这一框架共同确定一系列对行为的期望和模式。组织频繁地改变这一框架（即破坏时间一致性），就会干扰相应的学习，使员工和管理层花费过多的时间和精力去重新确定相互的关系，大量占用组织资源，增加成本。

但是必须注意，时间一致性同样应当保持在适当的范围之内，即在多长时间里保持不变。保持适当范围的时间一致性并不意味着组织完全不得改变其人力资源政策，尤其在环境发生重大变化时。适当范围的时间一致性的标准是，组织的人力资源实务应当能够维持如下各方面因素的稳定性：组织中员工对自己角色的期望；组织中行为的规范和价值观：员工个体对其同事、主管、组织的期望。

组织在维护上述几方面因素稳定性的同时，可以在其他一些特定的人力资源实务上保持一定的灵活性。

## 第五节　中国人力资源现状

### 一、中国人力资源存量现状

我国自然人力资源十分丰富，但这种优势仅仅表现在人口规模上，并未转化为现实的人才优势，导致我国在全球化激烈的人才竞争中处于明显劣势。

当然，应该看到中国通过多年来不间断的努力，通过一系列政策与措施，在国民教育与人力资源素质提高上取得了巨大成就。尤其是在改革开放 30 多年来，中国文盲人口规模持续大幅度下降，我国从业人员的人均受教育年限提高很多，受教育总年限翻了几番。

然而，中国的人力资源现状也不是非常乐观的。总的来说是整体国民素质偏低，中高层次人才严重缺乏，人力资源整体水平与发达国家和新兴工业化国家相比存在较大差距，产业、行业人力资源结构性矛盾突出，劳动力整体文化素质不能适应产业高度化发展和劳动生产率的持续提升，城乡、地区间劳动力文化素质的不均衡性十分突出。

劳动力的产业结构失衡也是我国面临的重大问题。我国就业结构的总体水平与现代化的就业结构相差甚远，第一产业就业比重过高，第三产业就业比重偏低，农业剩余劳动力转移缓慢。

总的来说，中国在提高人力资源质量方面的成就是巨大的，但同时现实状况并不乐观，存在的问题也相当严重，这就需要我们在相当长一段时间内还要作出艰辛的努力来改变中国人力资源的目前状况。

### 二、中国人力资源管理学科的发展现状

1. 人力资源管理的学科地位

学科是相对独立的知识体系。学科有两层含义，一是指学术的分类，指一定科学领域或一门科学的分支。如自然科学中的化学、物理学；社会科学中的法学、社会学

等。二是“教学科目”的简称，也称“科目”。即教学中按逻辑程序组织的一定知识和技能范围的单位。如中小学的数学、物理、语文、音乐等；高等学校心理学系的普通心理学、儿童心理学、教育心理学等。

由学科为基础构成的学科群则是具有某一共同属性的一组学科。每个学科群包含了若干个分支学科。

（1）学科的设置

目前我国的学科设置有两种方式。一是按照《中华人民共和国学科分类与代码国家标准》设置。二是依照我国高等学校本科教育专业设置，即按“学科门类”、“学科大类（一级学科）”、“专业”（二级学科）三个层次来设置。同时按照国家1997年颁布《授予博士、硕士学位和培养研究生的学科、专业目录》来进行学科设置与分类。

（2）学科分类原则

科学性原则：根据学科研究对象的客观的、本质的属性和主要特征及其之间的关系，划分不同的从属关系，组成一个有序的学科分类体系。

实用性原则：对学科进行分类和编码，直接为科技政策和科技发展规划以及科研经费、科技人才、科研项目、科技成果统计和管理服务。

简明性原则：对学科层次的划分和组合，力求简单明了。

兼容性原则：考虑国内传统分类体系的继承性和实际使用的延续性，并注意提高国际可比性。

扩延性原则：根据现代科学技术体系具有高度动态性特征，应为萌芽中的新兴学科留有余地，以便在分类体系相对稳定的情况下得到扩充和延续。

唯一性原则：在标准体系中，一个学科只能用一个名称、一个代码。

（3）学科分类依据

学科的分类的主要依据是如前所述的《中华人民共和国学科分类与代码国家标准》和《授予博士、硕士学位和培养研究生的学科、专业目录》。下面分别说明一下：

《中华人民共和国学科分类与代码国家标准》学科分类与代码共设五个门类、58个一级学科、573个二级学科、近6 000个三级学科。标准仅对一、二、三级学科进行分类。门类排列顺序是：A 自然科学，代码为110－180；B 农业科学，代码为210－240；C 医药科学，代码为310－360；D 工程与技术科学，代码为410－630；E 人文与社会科学，代码为710－910。如表1－2所示。相应五个门类为科技统计使用，不在标准中出现。

表1－2　　一级学科分类代码与名称（58个）

| A. 自然科学 | D. 工程与技术科学 | E. 人文与社会科学 |
|---|---|---|
| 110 数学 | 410 工程与技术科学基础学科 | 710 马克思主义 |
| 120 信息科学与系统科学 | 420 测绘科学技术 | 720 哲学 |
| 130 力学 | 430 材料科学 | 730 宗教学 |
| 140 物理学 | 440 矿山工程技术 | 740 语言学 |
| 150 化学 | 450 冶金工程技术 | 750 文学 |

表1-2(续)

| A. 自然科学 | D. 工程与技术科学 | E. 人文与社会科学 |
|---|---|---|
| 160 天文学 | 460 机械工程 | 760 艺术学 |
| 170 地球科学 | 470 动力与电气工程 | 770 历史学 |
| 180 生物学 | 480 能源科学技术 | 780 考古学 |
| B. 农业科学 | 490 核科学技术 | 790 经济学 |
| 210 农学 | 510 电子、通信与自动控制技术 | 810 政治学 |
| 220 林学 | 520 计算机科学技术 | 820 法学 |
| 230 畜牧、兽医科学 | 530 化学工程 | 830 军事学 |
| 240 水产学 | 540 纺织科学技术 | 840 社会学 |
| | 550 食品科学技术 | 850 民族学 |
| C. 医药科学 | 560 木建筑工程 | 860 新闻学与传播学 |
| 310 基础医学 | 570 水利工程 | 870 图书馆、情报与文献学 |
| 320 临床医学 | 580 交通运输工程 | 880 教育学 |
| 330 预防医学与卫生学 | 590 航空、航天科学技术 | 890 体育学 |
| 340 军事医学与特种医学 | 610 环境科学技术 | 910 统计学 |
| 350 药学 | 620 安全科学技术 | |
| 360 中医学与中药学 | 630 管理学 * | |

在此分类中，人力资源开发与管理学科是设在工程与技术科学（D门类）中管理学学科（一级学科代码630）中的二级学科（学科代码：630.55）。

另一种分类是根据我国《授予博士、硕士学位和培养研究生的学科、专业目录》，即高等学校本科教育专业设置按“学科门类”、“学科大类（一级学科）”、“专业”（二级学科）三个层次来设置分类。按照《授予博士、硕士学位和培养研究生的学科、专业目录》，分为哲学、经济学、法学、教育学、文学、历史学、理学、工学、农学、医学、军事学和管理学12大门类，每大门类下设若干一级学科，如理学门类下设数学、物理、化学等12个一级学科。人力资源管理（120202）是管理学（第12门类）中的一级学科工商管理（1202）下的一个二级学科。

2. 人力资源管理专业设置

（1）专业概念

《现代汉语词典》：“专业”指“高等学校的一个系里或中等专业学校里，根据科学分工或生产部门的分工把学业分成的门类”。这里，“专业”指学业门类，其划分依据为：科学分工和生产分工。高等学校本科教学一般按专业划分和组织，学生一入学，就进入某一专业学习，并按专业分班。

根据《高等学校本科专业设置规定》（1999年颁布，以下简称“规定”）第五条：高等学校设置和调整专业必须具备下列要求：

符合经学校主管部门（指省、自治区、直辖市教育行政部门、国务院有关部门）批准的学校发展规划，有人才需求论证报告，年招生规模一般不少于60人（特殊专业如艺术类专业执行具体规定）；

有专业建设规划、符合专业培养目标的教学计划和其他必需的教学文件；

能配备完成该专业教学计划所必需的教师队伍及教学辅助人员，一般应有已设相关专业为依托；

具备该专业必需的开办经费和教室、实验室及仪器设备、图书资料、实习场所等办学基本条件。

（2）专业的形成过程

我国现有的专业体制形成于1952年，当时的经济背景是计划经济。计划经济在社会劳动力配置方面采取计划的方法，人事部门力求精确地调查社会每一行业、单位所需人才的数量、类别，教育部门根据这些信息招生培养，并把毕业生分配到提出人才需求的单位中去。这样的工作持续到1985年左右。计划体制根深蒂固的问题有以下三点：①忽视了人的主体性，忽视了人的兴趣可能发生的转变。②计划者的信息来源必定是不完全的。③计划者不能保证人才在单位中得到合理使用，人才的闲置和缺乏没有有效的反馈机制，无法进行后期的有效调节。

改革开放后，中国开始由计划经济向社会主义市场经济转轨，以上问题日益明显。市场体制下的劳动力资源配置通过劳动力市场进行，劳动力的不断流动是其显著特征，这种流动导源于劳动力价格，反映技术和市场条件变化，并成为社会激励机制的一部分：能力高者待遇高、职位高。劳动力市场对劳动力资源连续不断地再配置是经济效率的本质所在。在人才培养方面，国家的宏观经济部门只提出参考性行业需求报告，劳动力市场反映短期直接供求。大学必须对市场需求状况有所了解，个人选择日益重要。

20世纪后半期科学技术发展的显著特征是学科之间相互交叉、渗透，出现了综合化、整体化趋势，这一趋势表现在四个方面：①传统学科之间的边界模糊、淡化，两个传统学科分支领域之间的联合可能超过学科内部两个分支间的联合。②传统学科应用新方法、新技术，拓宽了研究领域，具有了交叉学科的性质。③学术方法、学术思想相互借鉴，导致在学科的边缘与结合部产生了新兴边缘学科和交叉学科。④由于社会需要和多学科相互作用，出现了综合性学科。上述趋势的出现一方面是由于解决复杂的生产和社会大型工程问题的需要，另一方面是由于学科的孤立划分与客观世界本身各部分彼此密切联系相矛盾。科学技术发展的这些特征，要求大学不仅要培养出掌握一种技术的人才，而且要培养出掌握多种技术或综合技术的人才；不仅要培养具有单一学科背景的人才，而且要培养具有交叉学科、跨学科背景的人才。

（3）人力资源管理专业的学习程序

在人力资源管理专业的学习中，应本着先打基础，然后拓展专业知识宽度的原则安排学习的先后顺序。以下以本科教育层次为例来进行学习程序的说明。

第一阶段：第一阶段首先进行政治理论课的学习，包括“马克思主义哲学原理”、“邓小平理论概论”、“法律基础与思想道德修养”、“毛泽东思想概论”。通过学习，掌握方法论，端正政治方向，提高道德修养和法律观念，为专业课学习奠定政治思想基础。然后，可以安排应用基础课的学习，例如外语、“大学语文”和“高等数学”的学习，以培养和提高阅读外文资料的能力、撰写应用文及专业论文的能力、逻辑思维和定量分析的能力。

第二阶段：第二阶段安排学习基础课程，包括“政治经济学（财经类）”、“计算机应用基础”、“基础会计学”、“中国税制”等。学科基础课程的理论和知识对其他专业方向课程的学习具有支撑作用。通过学习，培养用经济原则评价经营管理活动和进行决策的思维模式，熟悉计算机应用和财务分析方法，为后继课程的学习创造条件。

第三阶段：第三阶段安排学习专业方向课程。例如，专科层次的“基础会计学”、“国民经济统计概论”、“经济法概论（财经类）”。“企业管理概论”、“生产与运作管理”、“市场营销学”、“人力资源管理”、“国际企业管理”；本科层次的“管理学原理”、“国际贸易理论与实务”。“财务管理学”、“金融理论与实务”、“企业经营战略”、“组织行为学”、“质量管理”、“企业管理咨询”等。

第四阶段：第四阶段是安排毕业论文撰写。完成本科段的全部课程的考试（含笔试及实践环节考核）后，学生可以开始撰写毕业论文。撰写毕业论文和答辩是考核学生专业综合能力的重要一环。

## 思考题

1. 什么是人力资源？人力资源具有哪些主要特征？
2. 什么是人力资源管理？人力资源管理的特点是什么？
3. 人力资源管理的研究对象是什么？
4. 人力资源管理的影响因素是什么？
5. 人力资源管理的地位和作用是什么？
6. 人力资源管理应包括哪些主要内容？

## 案例阅读

### 福特汽车公司的人员管理

亨利·福特二世对于员工问题十分重视。他曾经在大会上发表了有关此项内容的演讲：“我们应当像过去重视机械要素取得成功那样，重视人的要素，这样才能解决战后的工业问题。而且，劳工契约要像两家公司签订商业合同那样，进行有效率、有良好作风的协商。”

亨利二世说到做到，他启用贝克当总经理来改变他在接替老亨利时，公司员工消极怠工的局面。首先贝克以友好的态度与员工建立联系，使他们消除了被“炒鱿鱼”的顾虑。他也善意批评员工不应该消极怠工、互相扯皮。

贝克表示，为了共同的利益，劳资双方应当同舟共济。他虚心听取了工人们的意见，并积极耐心地着手解决一个个存在的问题。贝克还和工会主席一道制订了一项《雇员参与计划》，在各车间成立了由工人组成的“解决问题”小组。工人们有了发言权，不但解决了他们生活方面的问题，更重要的是对工厂的整个生产工作起到了积极的推动作用。例如，在以前装配车架和车身时，工人得站在一个槽沟里，手拿着沉重的扳手，低着头把螺栓拧上螺母。由于工作十分吃力，因而往往干得马马虎虎，影响了汽车质量，工人格莱姆说："为什么不能把螺母先装在车架上，让工人站在地面上就能拧螺母呢?"这个建议被采纳，既减轻了劳动强度，又使质量和效率大为提高。另一位工人建议，在把车身放到底盘上时，可使装配线先暂停片刻，这样既可以使车身和底盘两部分的工作做好，又能避免发生意外伤害。此建议采纳后达到了预期效果。

为了把《雇员参与计划》辐射开来，福特还经常组织由工人和管理人员组成的代表团到世界各地的协作工厂访问并传经送宝。这充分体现了员工参与决策的重要性。

福特公司内部已形成了"员工参与过程"的气氛。员工投入感、合作性不断提高，福特公司现在一辆车的生产成本减少了很多。从福特二世今朝重振雄风的事例中我们也可以得到许多关于员工管理的启示。

从上述对福特公司人事管理的分析中，我们可以看到，能否采取正确的用人之道是一个组织成败的关键所在，管理不善是最大的浪费，即使拥有最先进的科学技术，也不能发挥作用。所以我们必须从人力资本的观点看问题，组织和管理好人才，才能保证组织目标的实现。

# 第二章　人力资源理论基础与发展演变

本章学习要点

▶人力资本理论的发展过程

▶人力资本与人力资源的相互关系

▶舒尔兹的人力资本理论

▶雇佣关系的实质与质量

▶管理人性观的演变

引导案例：　　　　西奥多·舒尔茨与人力资本理论

美国著名经济学家西奥多·舒尔茨，美国芝加哥大学的教授。曾任美国经济学会会长，并于1972年获该学会最高荣誉勋章——沃克奖章。1952—1972年，他当选为芝加哥大学的查尔斯·哈琴逊特殊贡献教授。舒尔茨对于人力资本理论的研究方向恰好代表了西方人力资本理论兴起的典型进程。

西奥多·舒尔茨在一系列研究人力资本理论的著作和论文中，如《人力资本投资》、《由教育形成的资本》等，比较全面、系统地论述了人类资本投资、人力资本投资与经济增长的关系、教育的作用、人才有效配置以及人力资源迁移、劳动者的安全健康等问题，奠定了现代人力资源管理的基础，被西方公认为“人力资本理论之父”。舒尔茨在人力资本理论领域做出了重大贡献，并极大地推动了这一领域的研究和探索，1979年他由此获得了诺贝尔经济学奖。

舒尔茨是从探索经济增长与社会富裕的秘密而逐步踏上研究人力资本的道路的。在研究中他发现，单纯从自然资源、实物资本和劳动力的角度，不能解释生产力提高的全部原因。因为第二次世界大战以来的统计数字表明，国民收入的增长一直比国家投入资源（包括自然资源、实物资本和劳动人时）的增长要快得多。而且，一些在战争中实物资本遭到巨大破坏的国家如德国、日本等，都奇迹般地迅速恢复和发展起来；另外一些资源条件很差的国家和地区如丹麦、瑞士、亚洲“四小龙”等，也同样能在经济起飞方面取得很大成功。舒尔茨认为，这些现象说明，除了我们已知的因素外，一定还有重要的生产要素被“遗漏”掉了。这个要素就是人力资本。人力资本与物质资本是资本的两种形式。人力资本能够带来经济增长，但也要有相应的资本投资。对人力进行投资的结果，就形成了人的知识和技能，正是这种知识与技能产生了促进经济增长的重要力量。因此，所谓人力资本，就是体现在劳动者身上的、以劳动者的知识与技能或者其质量表现出来的资本。

现代人力资源管理的理念与价值，是以西方经济学家提出的“人力资本”理论为依据和前提的，是资产阶级古典经济学家最早把人力资源当做财富的源泉之一。西方人力资本理论经历了漫长的历史发展进程后，目前形成了结构比较严谨、内容丰富、体系较为完备的理论形态，达到了相当的深度和高度。

人力资本（Human Capital）是对人力资源进行开发性投资所形成的可以带来财富增值的资本形式，它是指人们以某种代价获得并能在劳动力市场上具有一种价格的能力或技能。

# 第一节　人力资本理论

## 一、人力资本理论的发展过程

1. 早期人力资本理论

西方古典经济学家提出了劳动价值学说，确立了人的劳动在财富创造过程中的决定性地位，实际上也确立了人力资源在经济活动中的特殊地位。在谈到劳动对价值的创造时，威廉·配第提出了著名的论断：“土地是财富之母，劳动是财富之父”；布阿吉尔伯特论述了劳动时间决定价值的观点，这是最早的、有代表性的思想。后来，亚当·斯密和大卫·李嘉图又把这些思想推到那个时代的巅峰。亚当·斯密在《国富论》中提出，一个国家全体居民的所有后天获得的有用能力是资本的重要组成部分。因为获得能力需要花费一定的费用，所以它可以被看做是在每个人身上固定的、已经实现了的资本。当这种能力成为个人能力的一部分时，也就成为了社会财富的一部分。一个员工技能的提高如同一部机器或一件工具的改进一样，可以节约劳动，提高效率。虽然提高员工的技能要投入相当多的费用，但由此能生产出更多的利润，足以补偿费用的支出。从这里可以看出，西方经济学家在研究人力资源时，一开始就提出了人力资本的概念。

马克思不仅从哲学的高度阐明了人、自然资源、资本资源的关系，指出人是劳动的主体，自然资源是劳动的客体，资本资源是连接主体和客体的媒介，资本资源实质上是劳动主体的延伸，是人对自然的控制的表现，而且在批判地继承古典经济学家们的劳动价值理论的基础上，从经济学的角度精辟地分析了劳动力是价值和剩余价值的源泉，特别是经过教育的复杂劳动，应当等于加倍的简单劳动。马克思认为，在生产过程中，人作为劳动的主体，通过劳动工具作用于劳动对象，支配着整个劳动过程。然而，由于资本主义生产关系，人又被资本所控制、奴役，劳动过程表现为资本的生产和再生产过程，这是一种“异化”现象，是资本主义经济制度对经济活动中主体和客体关系的一种扭曲。

2. 现代人力资本理论

西方人力资本理论的真正形成，始于20世纪50年代后期。这一时期，由于科学技术、社会生产条件的发展以及其他社会性因素的影响，人力资源在社会生产中的地位发生了很大的变化。这表现为在科学技术进步和社会经济发展的进程中，人力资源的作用越来越明显，它对一国经济增长的贡献也越来越大；而且人们发现，由于人力资源质量的差异，不同国家的等量物质资本投入会带来差别迥异的产出。西方经济学家在对诸如此类的经济现象的分析研究中产生了人力资本理论。

1958 年，出生在波兰的美国经济学家明瑟尔发表了题为《人力资本投资与个人收入分配》一文，首次进行了建立个人收入分配与其接受培训量之间的经济数学模型的尝试。其后，他又发表了《在职培训：成本、收益与某些含义》论文，着重用数学方法来说明劳动者接受教育及获得工作经验年限长短与他们收入差别之间的关系，研究在职培训的投资收益率。

但是，对人力资本作出开创性理论贡献的是美国著名的经济学家舒尔茨（T. Scultz）、贝克尔（G. S. Becker）和丹尼森（E. F. Denison），他们被人们认为是人力资本理论的创始人。

（1）舒尔茨的人力资本理论

舒尔茨的人力资本理论的基本思想可以概括为以下几点：第一，资本总体上可分为物质的（货币的）资本和人力资本两大部分，人力资本的投入对经济技术发展和人类社会进步具有决定性的作用，不应过分看重物资资本的作用。第二，人力的取得不是无代价的，其成长过程需要消耗各种稀缺的资源，也就是说，需要消耗资本投资。人力投资是对获得人的知识、能力和素质付出的各种货币形态的开支，人力即是投资的结果。因此，并不是一切人力资源都是最重要的资源，只有通过一定的方式的投资，掌握了知识和技能的人力资源才是一切生产要素中最重要的资源。人力，即人的知识和技能，是资本的一种形态。第三，人力投资的结果是将货币资本或财富转换为人的知识和能力形态，使人力与其他商品一样，具有了使用价值和价值。人力资本投资的核算集中体现在人力资源身上的知识、技能、资历、经验、工作熟练程度等因素上。当人的素质既定后，人力资本则可以表现为从事工作的总人数以及劳动力市场上的总工作时间。第四，人力投资的目的是要获得投资收益。人力资本的投资收益率要远远高于其他生产要素的投资。第五，人力资本的增长比物资资本的增长要快，因而国民收入的增长比物资资源的增长要快，这正表明了人力资本对经济增长的作用。第六，人力资本最为重要的部分是教育投资。教育能明显地提高人力资源的质量，使之作为人力资本而大大提高生产的效率，而且教育投资对提高人力的素质来说，不仅仅限于经济方面，它还会带来长期的满足。第七，提高人口质量、提高知识水平是不发达国家走向发达的最重要的因素。以往的经济学家对不发达国家的研究中，过高估计了自然资源的作用而过低估计了人口质量的作用，而后者恰恰是不发达国家走向发达的最重要的因素。因此，摆脱一国贫困状态的关键是从事人力资本投资，提高人口质量。

（2）贝克尔的人力资本理论

贝克尔也是芝加哥大学的教授，是芝加哥学派的主要代表人物之一。他的有关人力资本理论的研究成果集中反映在他在 1960 年以后发表的一系列著作中，其中最有代表性的是《生育率的经济分析》、《人力资本》、《家庭论》。尤其是《人力资本》，被西方学术界认为是“经济思想中人力资本投资革命”的起点。

贝克尔认为，教育是人力资本的形式之一。人力资本作为一种资本，它在将来带来收入，是今后收益的源泉。因此，教育就是人力资本的投资。他对人力资源理论的贡献突出表现在注重对人力资源的微观经济分析上。他对家庭生育行为的经济决策和成本效用进行分析，提出了孩子的直接成本和间接成本的概念、家庭时间价值和时间配置的概念、家庭中市场活动和非市场活动的概念等，并且应用经济数学方法对其中的经济变量与关系进行了分析。他在人力资本形成方面，在教育、培训和其他人力资本投资过程的研究方面取得的成果，也都具有开创意义。追求效用最大化、市场均衡和稳定偏好是贝克尔丰富的理论著述中贯彻始终的主线。

(3) 丹尼森的人力资本理论

爱德华·丹尼森是美国经济学家，他对人力资本的经济作用进行了计算和分析，他的计算或分析方法得到了许多国家的承认，包括不同社会制度和不同发达程度的国家，并在许多国家得到了应用。

丹尼森的主要贡献是对“余数”问题作出了最令人信服的定量分析和解释，因而他的分析又称为“余数”分析。他认为，用传统经济分析方法在估算劳动和资本这两个要素对国民收入增长所做出的贡献时，还有大量未被认识的、不能由劳动和资本的投入来解释的“余数”（Residue，又译“残差”），丹尼森把这个“余数”归因于人力资本或教育的贡献。在此基础上，丹尼森运用定量分析方法对美国的经济增长的要素贡献率进行了分解计算。他算出1929—1957年间在美国的经济增长的诸多要素贡献中，有23%的份额要单独归因于美国教育的发展。丹尼森提出了一套自己的分析“余数”的方法：首先，分解“余数”中所包含的多种因素，有规模经济的效用、资源配置和组织管理改善、知识应用上的延时效应、资本的质量提高和劳动力的质量提高等。其次，由于劳动力的质量提高主要来自于教育，因此丹尼森在研究劳动力质量时，先联系教育和收入的差别，并用参数0.6加以校正，得出各级教育的收入系数，将这个系数分别乘以基期年和下一年的各级受教育人数，得出差额以后，用计算复利的公式算出这一差额在报告期内的年平均增长率。将结果乘以劳动产出弹性，就得出教育对经济增长的贡献率。最后，以该贡献率除以报告期内的经济增长率，就得出教育的贡献份额。

3. 当代人力资本理论

从20世纪中期以来，国外人力资源的研究有了更快的发展，人力资本理论得到了广泛的传播和充分的肯定，并被用来说明经济增长中的许多问题。人们对人力资源的重要性已形成了许多共识，认为人力资源是国民财富的最终基础；资本和自然资源是被动的生产因素；人是积累资本、开发自然资源，建立社会、经济和政治组织，并推动国家向前发展的主动力；一个国家如果不能发展人民的技能和知识，就不能发展任何别的东西。西方经济学家还深入地研究了企业家等经营者的人力资本，认为这种高级人力资本是管理企业应对市场风险和不确定性的必要条件。因此，不仅股东作为资本所有者参与利润分配，企业经营者作为资本所有者，即人力资本所有者也要参与企业利润的分配。人力资本在此又发展成西方产权理论的一部分。

随着对人力资源和人力资本理论研究的深入，以人力资本理论为基础，迅速形成了一些新兴经济学的分支学科，其中最主要的有教育经济学、卫生经济学、家庭经济学和人力资源会计学等。教育经济学把教育投资作为形成人力资本的生产性投资，是研究教育的投入和经济收益的一门科学；卫生经济学则从另一角度，将国家与个人对人的健康所作的投资看做人力资本投资，考虑其中的投入与经济收益的关系；家庭经济学把家庭当做经济决策的一个部门，研究在时间分配、人口（尤其是孩子）的数量和质量、家庭的消费、家庭的人力资本投资等方面的选择的收益；人力资源会计学是对企业用于人力资源管理和开发方面的成本和收益，运用会计学的方法进行核算，以期更有效地利用人力资本。

自20世纪80年代以来，人力资本理论的核心已不再把劳动力看做机器，也不仅仅将劳动力看做是被动地接受管理的对象，而是把劳动力看做是社会经济活动中的最积极、最具能动性的资源，是一种战略性资源。人力资源是组织生存发展中的最关键的因素。现代经济理论认为，经济增长的主要途径取决于以下四个方面：新的资本资源的投入；新的可利用自然资源的发现；劳动者的平均水平和劳动效率的提高；科学的、技术的和社会的知识储备的增加。后两项因素是与人力资源质量密切相关的，并且资本资源和自然资源的获取也取决于人力资源的质量。因此，一个国家经济发展的关键在于如何提高人力资源的质量，换句话说，人力资源的开发是生产发展和经济增长的最重要因素。可以说是人力资源决定了经济的增长，这就是当代经济学家为什么把人力资源称作第一资源的原因。因此，对人力资源进行开发和管理，将人力资源挖掘出来，转化为巨大的生产力和社会发展的动力，已成为当代社会各类组织的极为重要的课题。目前发达国家一方面在其国内加大人力资源开发的力度，提高人力资源的质量；另一方面正在不断地从发展中国家引进高素质的人才，增加和提高其人力资源的数量和质量。对于广大的发展中国家来说，面对自己有限的自然资源和极其宝贵的资本资源，如何尽快提高本国的人力资源的质量，加大人力资源开发的力度，是一个更为迫切的现实问题。特别是随着知识经济时代的到来，社会经济的发展已减弱了工业化时代对财力资源、物力资源和劳动者体力的依赖，增强了对劳动者知识的依赖，因而人力资源，尤其是拥有与高科技产业发展相联系的知识的人力资源，就成为当今社会最重要、最具有战略意义的资源。还应当看到，在知识经济时代，人的智力活动扮演了一个极其重要的作用：劳动的过程不再可见；劳动的结果不再易于衡量；劳动者的智力并无机器可以取代，由此劳动的性质以及由它所决定的管理方式也随之发生了根本改变。这也就是说，过去传统的以严格的控制与监督为主的管理方式将失去存在的意义，取代它的是那些更注重人性的、更具有人情味的、更能激发主动性和创造性的、更强调组织文化的人本主义的管理方式。因而在我们面对新世纪挑战的时候，必须把人力资源对整个社会经济生活的重大意义、把人力资源的管理提高到战略的高度来认识和对待。

## 二、人力资本与人力资源的相互关系

1. 一致性

人力资本与人力资源在理论渊源、研究对象、分析目的上有着一致的基础。现代人力资源理论是以人力资本理论为根据的；人力资源理论是人力资本理论的重点内容和基础部分；人力资源经济活动及其收益的核算基于人力资本。

对人力资本应从两个方面加以理解：一方面是人力资本现有的存量，即人力资本积累的状况；另一方面是人力资本的流量，即人力资本投资的状况，它构成人力资本积累的基础。在宏观意义上，人们经常从经济和社会发展的角度，预测和确定社会和个人应当开发什么样的生产能力以及开发多少这样的生产能力，使人力资本的存量和流量与经济社会需要相适应。应当特别指出的是，与物质资本相比，人力资本的投资收益率呈上升趋势，是高增值性资本。从许多工业化国家的实践来看，人力资本存量的迅速扩大、质量不断提高，是一国经济发展和社会进步的越来越重要的源泉，也是构成国家财富的最终基础。在现代市场经济国家，劳动力的市场价格不断提高，人力资本的投资收益率持续上升。在对经济增长的贡献中，人力资本的收益份额迅速超过物质资本和自然资源。与此同时，还出现了另一种异动趋势，即高质量人力资源与低质量人力资源的生产率差距以及收入差距都在迅速扩大。人力资源收益递增及其经济作用日益强化，不仅仅只是人力资源质量提高的结果，而且也是人力资源本身所具有的自我丰富特征所促成的。这是因为人力资源是一种活的、能动的智力型资源，故将资本研究、分析问题的视角和内含推向纵深。人力资源是资本性资源，是人力投资的结果。一般认为，人的能力的形成是先天遗传素质和后天社会教化交互作用的结果。

人力资源质量的提高取决于后天的社会和个人投资的程度。从最低限度讲，每一个掌握劳动技能的人和他出生时相比已有很大的不同。这些不同并非是自动地或毫无代价地发生的，相反，它们是父母、教师、本人或其他许多人精心努力培育的结果。所以，人力资源不是原生劳动力，是一种包含在人体内被生产出来的生产手段。

人们之所以常把人力资本和人力资源相提并论，更主要的是因为人力资本与人力资源二者之间有着十分紧密的关系。它们的区别只是内容递进性和范围拓展性的区别，可以说从人力资本到人力资源是一个简短的智力加工过程，是人力资本内涵的继承、延伸和深化，它们都是在研究人力作为生产要素在经济增长和经济发展中的重要作用时产生的。

2. 区别性

虽然人力资本与人力资源有着一致的基础，但是在说明问题的角度、分析内容上也有一定的区别，这是首先要了解的。第一，两者说明问题的角度有区别，人力资本是通过投资形成的以一定人力存量存在于人体中的资本形式，强调以某种代价获得某种能力或技能，投资的代价可在提高生产过程中以更大的收益收回；人力资源是经过开发而形成的具有一定体力、智力和技能的生产要素在生产过程中的生产、创造能力。第二，两者分析问题的角度有所区别。人力资本强调投资付出的代价及其收回，考虑投资的成本带来多少价值，全社会的人力资本投资为此带来多大收益，研究价值增值的速度和幅度；研究人力资源，除了人力资本所涉及的内容外，还要分析人力资源的形成、开发、使用、配置、管理等多种规律和形式，揭示人力资源在社会经济生活中的作用。第三，作为人力资本理论，它揭示由人力投资所形成的资本的再生、增值能力，可进行人力开发的经济分析和人力投入产出研究，如果从会计学的角度看，进行经济核算的意义十分明确；而人力资源理论，不仅包括了对人力投资的效益分析，而且作为生产要素，其经济学内容更为广泛和丰富。

# 第二节　雇佣关系理论

## 一、雇佣关系

### （一）有效的雇佣关系

人力资源管理的基础是组织的雇佣关系。组织的人力资源政策和措施的主要目的之一就是维持或改变组织现有雇佣关系的状况。战略性人力资源管理的出发点之一也是组织的雇佣关系。

雇佣关系的产生是一种经济行为。但影响这种经济行为的因素不仅仅只是经济利益的交换（即劳动力与货币及非货币利益的交换），还包括许多其他的因素，例如权力均衡、声望等。因此，人力资源战略的经济分析，并不是简单地分析直接的经济要素，而是综合地分析影响雇佣关系的各种因素。

1. 雇佣关系的特点

组织中的雇佣关系具有如下特点：

（1）雇佣是开放式的交易，雇佣关系的具体内容是随着时间推移和偶然事件的出现逐步加以细化的。换句话说，雇佣关系在最初形成时具有相当的不确定性。例如，双方都不知道这一关系的质量如何，是否能从对方得到预期的或更高的期望，这一关系能否维持长久。所有这些问题的澄清是逐渐完成的。就像有顾客去商店买东西，是否一定会买，买多少，买了会不会满意，以后还会不会来买，都是不确定的，即交易是开放式的。双方在相互共处、服务过程中不断尝试并付出努力，才逐渐使交易确定下来，员工不知道在组织里能得到什么，何时得到，是否还继续留在组织中；组织也不知道员工是不是自己所需要的人，能由此人获得什么绩效，是否愿意继续雇佣此人。

（2）雇佣关系的确定方式，要受法律、契约、惯例和传统的约束。就法律和契约而言，员工通常有辞职的权力，组织终止雇佣关系的权力通常受到法律的限制。例如在某些情况下，组织拥有充分的证据才能够解雇员工。契约具有法律效力，它对雇佣关系的确定也具有法律约束作用。

惯例对雇佣关系的明确过程是很重要的。在惯例的作用下，组织和员工之间的关系可以分为三种形式：由组织决定员工的工作内容，即通常由组织告诉员工要去做什么；由员工自己决定工作内容，这是一种自下而上的决策过程；由传统和习惯来决定员工的工作内容。这些传统和习惯通常是非正式的，它是以那些约定俗成的观念以及组织和员工之间固有的关系为基础的。

（3）雇佣关系受到市场竞争状况的制约，但是随着时间的推移和雇佣关系的详细化，市场竞争状况对雇佣关系的制约作用逐渐减小。

（4）除了市场竞争约束以外，雇佣关系还要受到其他因素的制约：雇佣双方良好的自觉性；自我良心的约束；雇佣双方的法定权力；雇佣双方对对方收益的影响力；组织声望；等等。

（5）雇佣关系的效率直接依赖于三类因素：雇佣关系对环境的适应性，对雇佣关系的投资和自我利益的克制。关于这三方面因素，将在后面详细阐述。

（6）雇佣关系的效率受到管辖形式的影响。即要想获得有效的雇佣关系，必须选择适当的管辖形式。所谓管辖是指雇佣关系中存在的决策程序，这些决策程序可以由法律来指定，也可以由社会惯例等指定。有关管辖形式的确定将在后面详细阐述。

2. 促成有效雇佣关系的因素

雇佣关系的效率直接依赖于三类因素：适应性；对雇佣关系的投资；自我利益的克制。

（1）适应性。能够适应环境变化的雇佣关系，具有更高的效率。组织所面临的环境是不断变化的，旧的机会消失，新的机会又随之出现；员工既具有才干，也存在缺陷。显然，如果组织可以利用这些变化的环境和新的信息配置其员工，组织就能够获益。

（2）对雇佣关系的投资。组织和员工能够并且时常采取一定的行为，改善双方有效进行工作的能力，从而提高雇佣关系的效率。例如，员工可以花费时间和精力，在组织中建立一个有效的关系网络，或者努力提高其自身的技能，从而提高其工作效率；而组织可以资助员工进行培训和发展，也可以为员工关系网络的构建提供支持。

（3）自我利益的克制。雇佣关系双方有时为了共同的利益而牺牲短期的自我利益，从而促进雇佣关系的效率。为了共同的利益而牺牲自我利益，这使得组织和员工往往会暂时处于一种需要权衡利弊的境地。例如，一名管理人员为了及时地完成一份重要报告，可能需要加班，而不管这种加班是否有额外的报酬；又如，即使员工并没有明确地提出要求，一线主管可能还是会允许员工晚些上班或者早一点下班，因为这一关照对这个员工是很重要的；再如，即使不会得到组织任何正式的认可和表彰，一个有经验的老员工可能还是会花费相当的时间和精力去帮助一名新员工。

以上三方面因素具有一个共同的基础：组织和员工之间的信任，即组织和员工必须坚信双方都能够分享到通过雇佣关系获得的共同利益。双方互相信任，确信能够得到他们应得的利益，这是获得有效雇佣关系的首要条件。

有三个因素可以增强组织和员工之间的信任：组织和员工的自觉性和道德约束；法律保障；明确的合同规定。

运用法律和合同规定来增进组织和员工之间的信任，具有相当的局限性，这体现在以下三方面：①法律保障与合同规定会增加交易双方的成本，如监督法律遵守情况的管理成本，合同的谈判成本，律师费和可能的诉讼费。②法律及合同保障会影响雇佣关系的适应性。法律一般是相当程式化的工具，它必须适用于多种情况，所以法律提供的是比较死板的保障。合同是事先确定的，所以合同规定经常无法很好地适用于在未来出现的偶然事件。③法律与合同会在一定程度上损害组织和员工的自觉性。如果雇佣双方经常以法律或合同相威胁，这就很可能在双方之间营造敌对的紧张气氛，从而不利于双方养成自觉的良好意愿。

3. 影响雇佣关系的因素

除了市场竞争的约束以外，雇佣关系还要受到其他因素的影响，这些因素包括：

（1）自觉性和道德的约束。自觉性是指雇佣双方自发的良好意愿。道德约束是指，雇佣双方可能都会感到，在当今的社会中损害对方的利益是不道德的，会受到社会的谴责，因此雇佣各方可能不会主动损害对方的利益。

(2) 雇佣双方对收益的影响能力。组织和员工都能够在一定程度上影响对方的收益。如果组织企图压迫员工，并且导致员工辞职，那么雇佣关系的终止将使组织承担巨大的成本，包括：员工的辞职可能使组织陷入人员短缺的境地；如果辞职的员工拥有很多技能，那么在劳动力市场上将很难找到合适的接替者，或者需要付出昂贵的代价才能找到；辞职的员工可能会带走组织的大批客户；员工辞职可能会严重地破坏组织内部沟通的顺畅。

对于员工来讲，辞职也会使其面临巨大的成本，包括：可能会使自己陷入经济上的困境；必须花费大量的时间和精力去寻找新的工作；可能会损失与同事之间宝贵的社会关系；可能会面临长期失业，进而导致心理上的焦虑和精神压力。

破坏雇佣关系会使双方都面临巨大的损失，这促成了雇佣关系的均衡状态。

(3) 组织（或雇主）声望。在特定组织中，组织给予每个员工的待遇可以影响到组织在员工中的声誉。在某种程度上，员工间社会和技术上的关系，促使他们进行频繁的沟通，并产生密切的联系，这就使得组织声望能够在员工中间迅速传播。

如果组织损害员工的利益，破坏了组织在员工中的声望，那么会降低员工对雇佣关系进行长期投资的意愿，并增强员工对短期利益的考虑。这一影响的具体表现是：员工可能会一边为目前的组织工作，一边寻找新的工作机会；员工可能会坚持在自己雇佣合同中加入更多的保障条款，从而降低雇佣关系的适应性：员工可能会要求组织给付更多的报酬，从而增加人力成本；员工可能不愿意为了促进共同利益而放弃短期的自我利益，从而阻碍组织与员工之间的合作；员工在其未来的职业生涯中，可能不会再为这种类型的组织工作，这使得组织在劳动力市场的竞争力受到一定的损害。

4. 管辖形式效率的影响因素

雇佣关系的管辖形式基本上可以归为四种：

(1) 单一层级的管辖形式，即组织占有绝大多数决策权；

(2) 权力分享式的管辖形式，即组织与员工集体共同分享对雇佣关系的决策权；

(3) 员工掌握决策权的管辖形式；

(4) 三方分享决策权的管辖形式，即双方事先约定由独立仲裁人解决双方的争议。

在大多数情况下，雇佣关系管辖形式的确定取决于三方面因素：

传统：现有雇佣关系的决策过程在一定程度上沿袭了过去相似情况下的决策过程。

法律：法律赋予了雇佣双方一定的权力和保障，雇佣关系的决策过程部分是由法律决定的。

效率：用于特定情况中的管辖形式，应当是能够提高雇佣关系效率的管辖形式。效率对于管辖形式的合理性和持久性具有重要的意义：能够提高效率的管辖形式是可以满足雇佣各方的利益要求的，并且有效率的管辖形式能够得到更加广泛的推广和长时期的延续。

如何才能获得有效率的管辖形式呢？这主要有两个决定因素：信息优势和声誉基础。

(1) 信息优势。就效率而言，雇佣关系的决策权应当掌握在具有信息优势的一方手中。在许多情况下，组织占有绝对的信息优势，即组织掌握着绝大部分信息，并且具有使用这些信息的能力。组织获得这些信息优势的主要原因在于：①从工作的重要性来说，作为一个管理者，组织有足够的时间和精力用于信息的获取和处理；②作为众多员工的上级，组织可以更加有效地收集、使用信息，以达到规模经济和范围经济；③组织协调着许多下属的活动，这使得组织可以采用更加广阔的视角分析信息，提高决策效率，从而更好地协调下属的工作。

在某些情况下，组织并不占有绝对的信息优势。当员工组成相应的集体，例如工会和职员委员会等，这些员工集体通常拥有独立的组织体系，从而可以专门对公司的信息进行收集和分析。所以，员工也可以占有一定的信息优势。在这种情况下，强调权力和信息分享的管辖形式能够促进雇佣关系的效率。

事实上，在许多大型组织中，组织管理层通常愿意与员工集体或者个人分享信息。这是因为，通过信息的分享，组织可以有效地利用其内部的员工集体。例如，丰田汽车公司的管理层授予其员工关闭生产线的决定权。这是因为，管理层认为员工拥有关于如何促进生产工序的信息，这些信息是管理层所缺乏的。

而在强调信息和权力分享的管辖形式中，为了使员工有效地使用权力和信息，组织应当在人力资源策略上予以相应的支持。例如，对员工进行充分的工作培训，使其对工作具有更加明确的认识；采用工作轮换制度，提高员工信息搜集的范围和能力；构建并维护开放式的沟通系统，从而提高管理层与员工的信息交换效率；对员工进行持续的培训与开发，从而提高其管理意识和技能；等等。

(2) 声誉基础。为了提高管辖形式的效率，决策权应当掌握在拥有信息优势的一方。但是同时必须为另一方提供充分的保障，使其利益不会受到侵害，从而促成雇佣双方的合作。因此，在特定的管辖形式中，掌握决策权的一方必须具有足够的声誉作为保障对方利益的基础。这种声誉基础是促进管辖形式效率的重要因素。

在不同的管辖形式中，声誉基础的产生过程和分布状况是不同的：

①单一层级的管辖形式。在单一层级的管辖形式中，掌握决策权的组织通常也具有相当的声誉基础。这是因为，在这种管辖形式中，组织可能会与更多的员工发生频繁的接触。因此，一旦组织在某一情形中做出了损害其声誉的行为，那么恢复这种声誉将是相当困难的。所以，如果组织有保护自己声望的愿望，鉴于上述原因，组织会尽力提高其声誉基础。同时，组织声誉的提高也使其能够掌握雇佣关系的决策权。

②权力分享式的管辖形式。在某些雇佣关系中，一旦员工组成相对稳定的、持久的集体组织，并且这一集体组织频繁地与管理层发生接触，就可以具有员工个人所没有的声誉基础。而在这种雇佣关系中，组织与员工集体就应当共同分享决策权。

③员工掌握决策权的管辖形式。在某些情形下，员工个人拥有相当大的声誉基础，例如律师、心理咨询师、电影导演、体育教练、医生、首席执行官等。在这些情形中，员工对于工作内容、时间、地点及方法等方面具有广泛的决定权。但是，如果组织需要给予员工一定的决策权，而员工却并不具备相应的声誉基础时，组织可以采取一些人力资源方面的策略，帮助员工增强维护自身声誉的愿望。例如，激发员工的责任感；实行终生雇佣制；降低人员的流动性，维持稳定的员工群体；等等。

④三方分享决策权的管辖形式。在某些情形中，一方不但具有信息优势，而且拥有足够的声誉基础，那么这一方就会占有大部分决策权。但是在另外一些情形中，这

两种因素可能分别为各方所掌握，因此雇佣双方都无法提供足够的保障。在这种情形下，通常由第三方提供相应的保障。即双方事先约定由独立的仲裁人解决双方的争议。由于第三方的收益要依赖于其仲裁结果的公正性和中立性，因此第三方会十分重视其声誉基础的确立和维护。但是在通常情况下，第三方并不具有信息优势。因此，在大多数三方分享决策权的管辖形式中，不具备信息优势却拥有很强的声望基础的一方，往往掌握着雇佣关系的决策权。这是不同于前面三种管辖形式的。

### （二）长期雇佣

由于雇佣关系通常是开放式的，所以雇佣双方的收益一般也是在较长时期内（比如一年或者几年）才能够逐渐实现。在这种情况下，雇佣双方维持长期的雇佣关系就显得十分重要。当然，并不是所有的雇佣关系都是长期性的，但长期雇佣关系作为一种重要的雇佣形式，具有相当的合理性。

1. 长期雇佣关系的优势

维持长期雇佣关系能够为组织和员工双方都带来直接的收益。

（1）组织的直接收益。维持长期雇佣关系，可以使组织直接获益，这些收益包括如下几方面：

①分摊招聘成本。组织在招聘和选拔新员工时，通常要承担很大的费用。长期雇佣关系降低了这些费用的发生次数，或者使组织可以在较长的期间内摊销这些费用。

②分摊培训成本。许多工作都需要员工具有组织和工作所特需的知识和技能，而不论员工是从工作之外，还是在工作之中获得这些知识和技能，组织都需要承担相当大的费用。维持长期雇佣关系，能够使组织在较长的时期内摊销这些培训费用，从而提高培训的效益。

③促进人员与工作之间的匹配效率。通过维持长期雇佣关系，组织可以更为准确地了解员工的能力，从而使组织能够更好地根据员工的能力，分派给员工合适的工作，提高员工的工作效率。同时，这也可以使组织在较长的时期内摊销或降低由于用人不当造成的成本。

④提高绩效评估和激励的效率。长期雇佣关系常常可以使组织更准确地衡量员工的工作绩效，并且可以从更多方面去考察员工，从而提高了员工绩效评估的效率，有利于组织制定合理、有效的激励方案。

⑤增强员工对同事和组织的忠诚感。当员工相互忠诚时，组织可以将员工组成团队，利用同事之间的相互影响和督促，提高员工个人的工作绩效。

长期雇佣关系可以将员工与组织长期地“捆绑”在一起，从而大大强化了员工与组织之间的联系。而员工与组织的联系越长久，员工就越有可能产生对组织的忠诚感，其原因如下：组织可以对长期员工承诺更高的收益，比如根据员工的资历明显地提高工资，从而鼓励长期雇佣关系中的忠诚感。为了获取组织所承诺的这些利益，员工将会为组织的长期利益而贡献力量；如果在长期雇佣关系中员工获得的待遇是优厚的，那么这种长期雇佣关系常常会使员工对组织产生好感，从而增强了对组织的信任感，这使得员工能够与组织很好地进行合作，从而实现利益的互惠；在长期雇佣关系中，某些心理过程能够促使员工提高对组织的忠诚感。例如，长期雇佣关系能够促使员工将自己的利益与组织的利益结合在一起；员工会逐渐认为自己之所以努力工作，是因为他更喜欢工作，而不一定是因为外部利益的刺激。因此，员工留在组织中的时间越长，其忠诚感就可能越强。

（2）员工的直接收益。长期雇佣也可以使员工直接受益。这些收益主要包括如下几方面：

①长期雇佣能够降低员工失业的可能性。失业会使员工承担巨大的成本，这些成本不仅包括员工在寻找工作时所承担的费用，而且有时还包括员工找到新工作以后，重新安置其家庭的成本。长期雇佣关系可以尽量降低员工失业成本发生的次数。

②长期雇佣关系有助于维护员工的身心健康。许多研究表明，非自愿失业会明显损害员工的身心健康。

③长期雇佣关系有助于维护员工的社会关系。员工通常会与其同事建立一些社会关系，而员工对这些关系通常也是十分重视的。

2. 长期雇佣关系的缺陷

长期雇佣关系也存在一定的缺陷，其中比较重要的缺陷有如下几方面：

（1）难以适应劳动力需求的变化。组织对于劳动力的需求通常随时间而改变。从这一点出发，组织通常希望在员工的数量和人口统计状况上保持一定的灵活性。当然，在人力资源实务中，有许多策略可以使组织既能够保持劳动力的灵活性，又能够为一些重要的核心员工提供长期雇佣。但是即使组织采用了这些策略，长期雇佣关系还是在一定程度上降低了组织对劳动力需求的适配能力。

（2）不利于对员工行为的控制。处于长期雇佣关系的下属可能会试图影响或者游说主管，目的是“拉关系”，搞利益共同体；长期雇佣关系可能会给晋升系统、监控和工作设计带来不利影响；员工之间的联盟会影响绩效评估和激励系统的效果。

（3）可能会助长甚至激化员工之间的矛盾，导致员工之间恶劣的人际关系，从而极大地影响合作。

3. 实现长期雇佣关系的措施

虽然长期雇佣既有优点，又有缺点，但其优点常常是主导性的。雇佣双方通常都希望能够从长期雇佣关系中获益。但是这不意味着在任何情况下组织和员工的愿望都能够与对方相一致。例如，员工常常将自己的意志带到他们的工作中，他们可能会找到一份更好的工作。他们也可能因为对目前的工作丧失了兴趣等个人原因而辞职。为了实现长期雇佣，组织可以采用下列措施：

（1）向员工提供高于市场水平的工资。组织根据高于市场的收益给予高于市场水平的工资和工作条件，所以员工将不愿意离开现在的组织而到别的组织。

（2）利用组织文化的影响作用。组织可以在组织中培养并维持一种强大的、有特色的组织文化；由于组织文化的影响，自我选择而进入该组织的员工将很少会为了其他组织的工作机会而离开现在的组织。

（3）通过内部劳动力市场获得长期雇佣关系。内部劳动力市场的基本特点是：组织与员工之间维持长期的关系。新员工通常早期从事的是较低水平的工作，但会随着工作年限的增加，所从事的工作层次随之上升；采用内部晋升制度，并且强调员工的资历；重视员工的职业生涯发展，给予大量的培训。总之，内部劳动力市场能使员工清晰地看到自己的晋升前景，并促发员工的忠诚感及对组织的认同感，从而降低员工的自愿离职率。所以，内部劳动力市场能够有效地促进长期雇佣关系的形成和维护。

4. 员工对长期雇佣态度的转变

随着职业社会的迅速变化和日益复杂化，人们对长期雇佣的看法也在发生微妙的变化。以往，人们通常把长期雇佣关系的维系同员工对组织的忠诚联系在一起，这在相当程度上促使员工谨慎地对待离职。这种特殊的职业社会文化实际上起到了对员工离职行为的约束作用。

然而，近来职业社会越来越明显的趋势是，人们把组织忠诚与离职意愿相分离而对待；对组织是否忠诚并不取决于是否愿意长期留在组织中服务，而是取决于在多大程度上做好现在的工作。也就是说，组织忠诚不再倾向于对未来留职行为的预测，而倾向于对在职行为效果的预测。这种转变和整个劳动力市场的成熟度、流动率和工业形态的演变如知识密集型行业的发展，有着密切关系。人们越来越倾向于以特定的职业来标定自己的社会地位，显现出职业中心型的雇佣文化，而不是像以往组织中心型雇佣文化那样，更多地以所服务的组织来标定自己的社会地位。这种趋势使人们更灵活地看待雇佣关系，减少了对离职行为的道义上的约束。监测这种趋势的程度与发展，对于组织实施有效的人力资源管理十分重要。

## 二、雇佣关系质量的心理分析

### （一）心理契约

20 世纪 70 年代以来，人们越来越多地注意到雇佣关系的变化，雇佣关系的质量越来越多地取决于雇佣双方心理契约的达成，而不是其中的经济契约。

经济契约是指雇佣双方之间主要在时间、金钱、劳动力上的交换的约定。它是传统雇佣关系的主要内涵。心理契约是指雇佣双方在心理上对对方有更多的期望，如员工希望组织公正公平地对待自己、给自己充分的发展机会和空间、给自己可能的支持和关怀，而组织则希望员工更多地投入、敬业、超额的努力乃至奉献。这种双向的希望通常是非文字性的，也很难量化，是双方内心的期待。

近来的许多研究都表明，雇佣双方能否就这些双向希望达成（通常是内隐的）高质量地履行契约，在很大程度上决定了今天的雇佣关系质量。

### （二）社会知觉和归因

1. 社会知觉的定义

社会知觉也称为社会认知、人际知觉，是指在社会情境中以人为对象的知觉。契约是人们通过社会知觉过程来判断自己和他人的行为。社会知觉的过程是依据知觉者的过去经验及有关线索的分析进行的，社会知觉还必须依赖知觉者的思维活动，包括某种程度上的信息加工、推理、分类及归纳。例如，甲对于乙在许多场合下的行为作了相同的推断之后，就有可能把某些相对稳定的印象归结到乙的身上，并推测乙以后在相似的场合中也将会产生相似的行为。人们就是通过社会知觉过程来判断自己和他人的行为的。

2. 社会知觉的范围

人的社会知觉所涉及的范围很广，主要包括四方面：对他人表情的认知；对他人性格的认知；对人与人之间关系的认知；对行为原因的认知。

（1）对他人表情的认知。在生活中人们往往根据他人的表情来判断其心理，判断的正确性取决于判断者对他人表情的认知与解释。按照表达情绪的身体部位来区分，对表情的知觉可以划分为三类：面部表情知觉；身段表情知觉；言语表情知觉。表情知觉在人际沟通、评价中扮演相当重要的作用。

对他人性格的认知。在对人的知觉中，对性格的认知占有重要的地位。对性格的认知是指对他人形成一定的印象。所谓印象形成是指把一个人的若干有意义的特性进行综合、概括，形成一个具有结论意义的特性。人们对他人性格的认知，具有较大的主观性，存在着很大的个别差异，对于同一个人，不同的评价者可能会作出不同的评价。

（3）对人与人之间关系的认知。对人与人之间关系的认知，包括认识自己与他人的关系以及他人与他人的关系。组织应对人际关系的认知给予重视。因为组织内员工之间的关系融洽与否，对员工的工作具有很大影响。人际关系密切，会产生协调和谐的气氛，在这种气氛下，组织能够较为容易地促成员工之间的相互帮助、支持与激励；人际关系疏远甚至紧张，那么组织就很难培养员工之间的合作。

（4）对行为原因的认知。在现实生活中，人们往往要对自己或他人的行为的原因加以解释和推测，这涉及归因的问题。管理者在评价员工的绩效时，实际上是先对其行为的原因进行解释，才作出绩效判断的。

3. 影响社会知觉的因素

影响社会知觉的因素很多，大致可归为三方面内容：知觉者；知觉对象；知觉情景。

（1）知觉者。知觉者本身具有的许多特点都会影响或反映到社会知觉之中，这些特点包括：知觉者本身的生理条件、知觉者兴趣与动机、知觉者需要与价值、知觉者过去的经验、知觉者的性格。

（2）知觉对象。知觉对象的特征是影响知觉的主要因素，这体现在如下两方面：人们在知觉事物时，会根据知觉对象的特征进行组织、整合。这种组织具有如下的规则：接近律，即空间或时间上较接近的对象易被知觉为一组；相似律，即具有相似性的对象易被知觉为一组；连续性，即具有连续性、封闭性或共同运动特征的对象易被知觉为一组。知觉对象的颜色、形状、大小、运动、新奇性、强度等，影响其对知觉者的吸引程度。

（3）知觉情境。社会知觉离不开一定的社会背景，认识、判断他人在社会中的行为，离不开对当时情境的分析。当知觉对象、活动出现或发生在并非其寻常出现或发生的时间、地点、环境时，就会影响人的知觉，进而影响行为。

4. 组织中常见的社会知觉效应

社会知觉的效应指的是由于社会心理规律的作用，人们在社会知觉过程中，对人这种社会知觉对象的一些特殊的反应效果。社会知觉存在以下几种常见的效应：

（1）社会刻板印象。社会刻板印象是指社会上对于某一类事物产生一种比较固定的、概括而笼统的看法。例如，知觉者根据知觉对象属于哪一类社会团体或阶层，依据这一社会团体或阶层的人所具有的典型行为方式，来判断知觉对象的行为。比如，中国老话里有“文人相轻”，“唯小人与女子难养”，“劳心者治人，劳力者治于人”，如果这些说法成为对各种人的观念，就会使人戴上有色眼镜去看待文人、女人、劳心者、劳力者。用那些固化的行为模式套用每一类中的每一个人。

刻板印象的好处是：刻板印象反映了一群人的共性，有利于从总体上把握人的概貌。但是刻板印象很僵化、不灵活，抹杀了人的个性，因而并不能保证适用于同类中的每一个人。

在组织中，下属对上级、上级对下属都有各种刻板印象。员工往往会觉得管理者不通情达理，只注重绩效，不为员工着想。上级管理者则往往觉得员工只顾个人利益，不与组织同心同德，讲报酬时争先，讲工作时退缩。如果这些刻板印象也带到有关的行为决策开会中，就会产生复杂的往往也是不良的后果，例如，影响绩效评价和晋升决策。所以，人力资源管理中应当尽量避免这类刻板印象的形成。

（2）第一印象。第一印象是指在最初的接触中给别人留下的印象，也称首因效应。第一印象和以后的印象不同，它有特别的固着作用，一旦形成，很难消退，并影响着以后对相应个人的看法。例如，如果一个人第一次见经理时衣着不整，经理就会很可能地认为该人是个不拘礼节、过于随便、目无上司的人，从而产生不好的印象，并且可能会一直左右经理对该人的判断。

（3）月晕效应。月晕效应又称为晕轮效应或光环效应。当人们了解一个人时，可能被该人的某种突出特点所吸引，以至忽视了该人的其他特点或品质，就好像明亮的月光使周围的星斗失色一样，这种现象称作月晕效应。例如，人们常常会特别关注一个人相貌、仪表、文凭、交际能力，并被这些特质所屏蔽，看不到其他特质，从而作出片面的判断。

研究表明，当某种特质在行为上的含义模糊不清、模棱两可、具有道德寓意，或知觉者对其不熟悉时，最容易出现月晕效应。月晕效应的实质在于个别特质掩盖了其他特质，左右了对整体的判断，这对于指导组织的管理具有特殊意义。例如，组织在招聘、选拔员工时，很容易让相貌、仪表支配整个判断。漂亮的女士、英俊的男士会赢得很高的印象分，而其他特质往往易被忽视。在绩效评估时，月晕效应也很容易起到一定的歪曲作用。所以，组织在制定人力资源策略时，应当尽力减小月晕效应出现的可能性。

月晕效应与“辐射效应”

社会心理学实验表明，外貌的魅力会引发明显的月晕效应与“辐射效应”。心理学家兰迪（D. Landy）等人进行了一项研究。他们让男性被试者评价有关电视影响社会的短文。被试者被告知短文的作者都是女性。论文的客观质量有好坏两种。实验分为有魅力组、无魅力组和控制组。有魅力组接到的短文附有作者照片，照片为一个公认有魅力的女性。无魅力组所附的照片则是没有魅力的女性。控制组所读的短文则没有附照片。

结果表明，由于辐射效应的作用，同样的文章，当被认为是有魅力的作者的时候，得到的评价更高，文章本身质量暗藏不好时尤其如此。

资料来源：胡宇辰，等．组织行为学［M］．北京：经济管理出版社，2002：50.

（4）投射作用。投射作用是指知觉者把知觉对象假想成和其自己一样，认为自己有的特质别人也有。例如，知觉者喜欢有挑战性的工作，在投射作用下，他可能会无形中把别人也当做和自己一样喜欢挑战性工作，给别人加大任务难度，或是鼓励别人承担风险。投射作用也是一种知觉他人的简单作法。然而投射作用和月晕效应不同之处在于：月晕效应是被知觉对象的个别特质左右了判断；而投射作用是知觉者的主观特征支配了判断。但是两者的结果都是一样的，都歪曲了事实。

5. 归因

归因，是指人们对他人或自己的行为进行分析，指出其行为的性质或推断行为原因的过程，即对他人或自己的行为的原因加以解释和推测。

有关归因的理论认为，人在解释行为时，要看行为是由自由意志控制所致——内在归因或个人归因，还是由外部力量所驱使——外在归因或情境归因。例如，如果把生产率的下降看做是员工消极对抗管理层的新措施，这是行为的内在归因；如果认为这是由于气候恶劣、生产条件得不到保障所致，便是情境归因。

研究表明，人们在对行为归因时，常常依据三个因素作出判断：独特性，共同性，一贯性。

（1）独特性，独特性也称特殊性，是指一个行为与其他行为相比是否很特殊。如果一个人的行为一反常态，不同于平常的风格，那么可能是外在因素的作用，对此人们可能会作情境归因。但是，如果一种行为与一个人惯常的风格相吻合，人们就很可能会作个人归因。例如，一个人一向认真严谨、一丝不苟，却忘了锁门，人们会觉得可能有其他情境因素发生影响。但如果这个人是马马虎虎、粗心大意的人，结论往往会相反。

（2）共同性。共同性也称普遍性，是指在相同情况下大多数人是否都会做出同样的行为。如果很多人都有同样的行为表现，则往往会作环境归因。如果唯独某人行为与众不同，则很可能就属于个人原因。

（3）一贯性。一贯性也称为一致性，是指一个人的某种行为是否频繁出现。例如，如果一个人上班一向遵守时间，有一天却迟到了，那么就很可能确有其他原因。但若该人总是迟到，这就很可能会归咎于个人。

不妨举例说明上述三个因素如何作为归因的重要依据。假设有一份工作，以前不同的任职者绩效差异很大，有的干得好，有的干得很差，即共同性很低。有一位女职员以往的工作表现很普通，没有什么突出成就，即低特殊性。现在由她承担了这份工作，并且工作表现很稳定，即一贯性高。该如何评价她的工作？一个平常人担任一份并不是任何人都能干得很出色的工作，而且工作表现很稳定，应该说这是合理的结果，可以认为该女职员已经兢兢业业、恪尽职守了。

归因理论的重要价值在于，它说明了解释行为的依据和复杂性，说明对同一行为可以有不同的解释。例如，一个向来工作出色的员工出现了失误，管理者可能会不以为然，认为这只是偶然现象，是由外因所致的——情境归因，不至于影响对该员工的总体评价。但是，若一名平素表现较差的员工犯了同样的过失，则往往会被认为是本性所致——个人归因。

6. 归因对员工承诺的影响

员工承诺是指员工在意愿上对工作的主动的、自发的投入。无疑，组织都希望员工对工作的高承诺，但员工对工作的归因（即为什么工作），对承诺的形成具有重要影响。例如，在工作中，如果一个人对工作付出了额外的努力，而却无法清晰地知道这种努力的原因，那么此人要么认为其努力是白费的，要么就会认为他之所以努力工作是因为他还有某些更高的意图。这在心理学上称为“不充分判断”。由于人们通常不愿意察觉自己在做蠢事或者缺乏功效，所以人们往往具有一种倾向，即参照他人的归因过程以及为其自身的行为赋予一个更高的意图，从而引发对行为过程的承诺。

承诺的过程具有很强的自我强化特性。人们对于一个特定行为过程投入得越多，在心理上就越难舍弃这些投入，对这一活动的承诺倾向就越强烈。当人们自愿地进行某项活动，并已付出了相当的努力，或者行为过程很难或不可能取消时，这一承诺的自我强化就可能表现得非常强烈。

成功与失败的归因

《工业周刊》对大中型公司中的1 300名中层管理干部进行了调查，每个问题至少有500人进行了回答。其中两个问题涉及归因方面的内容：你认为目前的成功取决于哪些因素？你认为阻碍你进一步晋升更高职位的最主要原因是什么？

大多数管理者将他们的发展归功于自己的知识水平和在工作中取得的成就。80%以上的中层管理人员认为，这两项是他们晋升到管理层职位的最主要原因。

当被问及哪些因素阻碍了他们晋升更高管理职位时，56%的人说因为自己没有与“恰当的人”建立关系。23%的人说自己缺乏足够的教育、智力或专业领域方面的知识。

这些结果与我们在归因理论基础上进行的预测相一致，尤其与自我归因偏见相一致，这些管理者把成功归因于内部因素（自己的知识和工作中的成就），而把失败归因于外界因素（“认识恰当的人”这种隐含的政治手段）。

资料来源：胡宇辰，等．组织行为学［M］．北京：经济管理出版社，2002：60.

因此，组织在缺乏明显的外部刺激时，可以通过劝导其员工在工作上付出巨大的努力来引发员工的承诺。许多人力资源策略都利用了这种方法，以增强员工的工作积极性以及对组织的忠诚感。

### （三）内源性动机和外源性动机

1. 内源性动机和外源性动机的概念

内源性动机也称为内部动机，是指人们对活动本身感兴趣，为了活动（而不是其他外在原因）而活动。由于这些活动能使人们获得满足，活动本身就是人们自己的奖励与报酬，无须额外的奖励。例如，一个人创造一种新的工具，虽然外人并未表扬他或奖励他，但他感到自我满足，还想要继续干下去。

外源性动机也称为外部动机，是指那种不是由活动本身引起而是由与活动并没有内在联系的外部刺激或原因引发的动机。例如，有人为了提薪而努力工作，或者为了避免受到惩罚而完成工作指标，这是为了外部物质利益或为了免受外部的批评而做工作，而不是对工作本身发生兴趣。

内源性和外源性两种动机是互补的，必须结合起来才能对个人行为发生更大的推动作用。一方面，通过表扬与批评，促使人们去追求符合社会要求的目标，从而实现社会对其行为的调节与控制。另一方面，要引导人们对共同从事的某项工作发生内在的兴趣，从而使他们更加自觉地做好工作。

2. 内源性和外源性动机在人力资源策略上的应用

内源性和外源性动机在人力资源管理中具有十分广泛的应用。一方面，组织通过各种外部激励措施激发员工动机，影响员工行为。常见的激励方式包括物质奖励、福利、晋升、表扬、批评、惩罚等。这些激励方式都是外附性的，是附加于工作以外的，所以称为外部激励。另一方面，组织力图促进员工的成就感，激励人们把注意力聚焦在工作内部。工作成功本身就是一种有效的激励，也就是通常所称的内部激励。相对来说，内部激励较难控制。

（四）分配公正与程序公正

1. 分配公正

分配公正是指人们是否相信成果或者奖励能够以公正和平等的方式进行分配。分配的标准通常有以下几种：

（1）平等，即每个人所获得的奖励都是完全一样的。这种标准比较适合于群体成员联系紧密、明确确定每一个人的贡献十分困难等情况。

（2）按照家庭、自发的组织和教育制度等方面的需要进行分配。这种标准在社会生活中比较常见，而在组织管理中则较少采用。

（3）简单公正，即个人应当根据他们的成果相应地得到奖励，这种标准是组织中比较常见的。

组织往往很难确定衡量其员工投入程度的公式。因此，组织通常采用的是追求分配公正的薪酬系统。例如，资历是一种常用的分配准则，它并不是直接按照绩效付薪。但是资历作为一种薪酬标准，在许多环境中都被当做是公平的，这是因为，它是薪酬分配的基础，通过它，每个员工能够期望最终得到的收益，而且它能够被客观地、精确地衡量。而当在生产过程中员工之间具有较高的相互依赖性，或者员工行为的结果不能在短期内识别的时候，资历就比较适合用于薪酬分配之中。

分配公正的关键并不在于薪酬系统或其他人力资源实务是否具有绝对的意义，而是员工对它们的知觉是什么。因此对于分配公正而言，组织人力资源策略的制定应当注意如下几方面问题：人们对分配公正的知觉是复杂的问题；分配公正并不简单地是人们所受到的客观待遇的函数；人们对分配公正的知觉是易受影响的。

2. 程序公正

在组织中，员工不但会对其所获得的报酬是否公平产生强烈的知觉，而且对程序是否公平也会有强烈的知觉。这就涉及程序公正的问题，而且对于决策的过程公正的知觉与分配公正的知觉是相关的。通常，如果一个人认为成果是公平的，他更可能相信过程也是公平的，反之亦然。而且，程序公正的知觉与人们对待遇的看法也有关，如果一个人得不到晋升，他往往也会认为已经得到晋升的同事的选拔过程是不公平的。

研究表明，人们在下列情况下通常会认为程序是更相对公正的：决策或分配基于有效的标准（例如与工作有关的标准），并且决策和分配具有较高的连贯性和明确性；组织将分配程序与组织文化相结合，并且与组织文化保持一致（例如，如果组织文化倡导开放沟通的价值，那么程序的运作就是开放的）；分配的准则或程序不会损害个人的名誉（例如，绩效面谈的方式不会使员工感到耻辱和受到蔑视，或者不会侵犯个人的隐私）；决定分配程序的人员具有足够的能力，并且这些人员对于成果没有巨大的利益关系；个人有充足的机会去参加分配程序的决策过程；个人可以通过相应的机构进行上诉或者表达不满意见。

## 第三节　现代人力资源管理演变

### 一、管理人性观的演变

管理人性观是人力资源管理的最基本的价值观，它是指组织及其最高管理层对本组织广大员工本性的基本假设、估计与认识，即管理者对被管理者的需要、劳动态度和工作目的的基本估计，换句话说，就是对劳动者追求什么的基本看法，它决定着该组织的基本管理方针和政策。人力资源管理的对象是人和人的行为，因而对人的本质如何认识，就决定着管理者如何看待自己的管理对象，确定什么样的管理价值思想，制定什么样的管理原则，选择什么样的管理方法以及使用什么样的管理手段。

“人性”假设是关于人本身的特性的理论，试图反映对人类行为的本质的认识。“人性”假设理论的发展代表了现代人事管理理念的发展，在其思想基础上，人们提出了人力资源管理应遵循的价值。自19世纪晚期以来，随着现代管理科学的兴起与发展，在西方管理学中先后存在着与管理有关的四种“人性”假设理论，即经济人假设、社会人假设、自我实现人假设和复杂假设。由于对人性的假设不同，相应的管理措施不同，由此也产生了完全不同的人事管理思想和模式，即X理论、人际关系理论、Y理论、权变理论等。

1.“经济人”假设与X理论

“经济人”又称理性—经济人或实利人。这是西方管理思想形成初期的一种人性假设，这种假设起源于享乐主义的哲学观点，经19世纪合理主义的影响而形成。这种假设的基本观点是，人的一切行为都是为了最大限度地满足自己的利益，工作的动机是为了获得经济报酬。人由经济诱因而引发工作动机，因而人在组织中是被动地受组织操纵、激发和控制的。

著名美国工业心理学家麦格雷戈在他的著作《组织的人性面》中，对以“经济人”假设为基础的传统观点进行了概括，称之为X理论。其主要内容是：一般人天生懒惰，厌恶工作，总是尽可能少干工作和设法逃避工作；多数人没有雄心大志，无进取心，不愿承担任何责任，宁愿接受他人的指挥和管理；人生来以自我为中心，对组织的要求与目标不关心，组织中个人的目标与组织的目标相矛盾；人是缺乏理性的，没有自觉性，本质上不能自律，但又容易受他人影响，他们工作只是为了满足经济上的基本需要，只能靠纪律约束与经济刺激来驱动或拖动。总之，人是自我利益的驱动者，不可能也不会自觉地达到组织目标。因此，对大多数人必须实行强制、控制、指挥和以惩罚相威胁，使之为实现组织目标做出充分的贡献。

由“经济人”假设所指导下的组织管理与人事管理，选择了以下管理价值思想和管理方式：组织要促使员工为组织服务，必须使用强制性的管理措施，即制定严格的工作规范，加强各种纪律和管制，加强规章制度管理；使用“胡萝卜加大棒”的人事政策，使用工资、奖金等金钱刺激提高员工士气，以经济报酬收买员工的效率和服从，对消极怠工的行为采取严厉的惩罚，以权力或控制体系来保护组织本身和引导员工；人具有欺软怕硬、恃强凌弱的特点，因此必须对劳动者实行惩罚，以迫使他们服从；

管理的重点是提高劳动生产率，完成工作任务；组织目标的实现程度取决于管理人员对员工的控制。

在X理论指导下，管理者把人视为经济人和生产的工具，实行强制性劳动和惩罚性的管理，只以金钱物质利益为衡量标准。这种人事管理的方式的重点是，强调对人的控制，不考虑人的感情，认为人的需要是单一的，因此，人事管理机制的设计范围和力度是极为有限的，管理手段过于简单；此理论的最大缺点是扼杀了人力资源本身的创造性与自主性，忽视了个人自尊、自信、自治、自律以及个人自我发展方面的需求。

2. “社会人”假设与组织行为理论

“社会人”的假设为人的需求满足绝非只有金钱和物质的唯一来源，人不只是为经济利益而生存，而且也有社会方面的需求，人在工作中得到的物质利益对于调动其积极性只具有次要意义。事实上，人在社会性需求满足往往比经济上的报酬更能激励组织员工，人最重视的是在工作中与周围人的友好往来，良好的人际关系是调动人的工作积极性的决定因素。

“社会人”假设的基本观点是：人是社会的人，影响人的生产积极性的因素，除物质条件处，还有社会和心理因素；生产率的提高和降低主要取决于员工的“士气”，而士气则取决于家庭和社会生活以及组织中人与人之间的关系；引起人们工作的动机是社会的需求，即人们有安全、社会交往和社会认同的需求；这些需求本身要通过与同事的人际关系和组织认同实现；员工对同事们的社会影响力的重视程度，超过管理者给予的经济诱因和组织的控制力量；员工的工作效率随着上司能满足他们的社会需求的程度而改变；组织中存在着某种非正式群体，这种无形的组织具有特殊的规范，影响着群体成员的行为；领导者要善于倾听员工意见，沟通看法，使正式组织的经济需求与非正式组织的社会需求取得平衡。

由“社会人”假设所指导的组织与人事管理，选择了以下管理价值思想和管理方式：管理者不仅要关心工作任务和工作效率，更重要的是关心员工；不能只注重指挥、监督、计划、控制和组织，更应了解和满足员工的需求，提供更多的激励源泉；重视员工之间的人际关系；培养和形成员工对组织的归属感和合作精神；提倡集体奖励制度，而不主张个人奖励制度；增加管理人员的联络沟通功能。这一理论在人事管理中提出了激励的重要性，强调尊重员工的价值，开发他们的合作精神。这是对“经济人”假设管理方式的进步。组织行为学就是在社会人理论基础上于20世纪50年代形成的。

3. “自我实现人”假设与Y理论

“自我实现人”假设认为，人都具有充分发挥自己潜力，表现自己才能的要求：自我实现是人的最高层次的需求，只有使每个人将自己的才能发挥出来，才能最大限度地调动人的积极性。

麦格雷戈归纳和总结了“自我实现人”假设的基本观点，提出了Y理论。Y理论认为，一般的人都是勤奋的，他们喜爱工作，工作引起的满足感使其自愿工作；如果工作环境有利，工作带给个人的满足感很强；人对工作的态度取决于对工作的理解和感觉；人在工作中具有自我指导和自我控制的愿望和能力，外来的控制和惩罚不是驱使人们工作的唯一手段；大多数人都具有并能发挥高度的想象力、聪明才智和创造力，其自我满足和自我实现的需求往往以达到组织目标作为致力于实现自己目标的最大报酬；只要不为外界因素所指使和控制，这种想象力、独创力和创造力就会得到正常发挥；人们在适当的条件下，不仅会主动接受和承担某种职责，而且还会主动寻求职责；在现代工业条件下，一般人的潜力只利用了一部分。

由“自我实现人”假设所指导的组织与人事管理，选择了以下的管理价值思想和管理方式：组织对员工的积极、创造性诱导，比直接对其控制与监督更为重要；要尽量使工作富有意义和挑战性，使人们从工作中得到满足和自尊。管理者主要职责就是要创造一个允许和鼓励每位员工都能从工作中得到内在奖励的工作环境，让员工自我激励，使个人的需要与组织目标自然和谐地统一起来。在此过程中，组织实现了工作目标，而个人获得了自我满足。因此，人事管理的作用在于动机的引导，提供人才良性发展的环境，开辟员工自我实现的道路。它与“经济人”假设强调管制、监控、惩罚等采取的道路相反，发展了以人为本的管理模式，对现代人力资源管理的价值选择发挥了重要作用。

4. “复杂人”假设与超 Y 理论

“复杂人”假设是针对经济人、社会人、自我实现人假设的局限性而提出的一种人性假设。它认为，人是复杂的，人的差别不仅因人而异，而且同一个人在不同的年龄、不同的地位、不同的时间、不同的地点也会有不同的行为、动机和需求。在“复杂人”假设的基础上，人们提出了超 Y 理论，即权变理论。

超 Y 理论的基本观点是：人的需求是多种多样的，随着人的发展和生活条件的改变，其需求会发生变化；每个人的需求各不相同，需求的层次也因人而异；人在同一时间内有着各种需求和动机，这些需求和动机会发生相互作用，并结合为统一的整体，形成错综复杂的动机模式；人在不断变化的环境中，在不同的单位、不同的部门，会产生新的需求和动机。因此，管理者必须根据不同的人，灵活地采取不同的管理措施。管理方式应根据组织内外条件随机而变的，不存在也没有一套能适合于任何人、任何时期的普遍行之有效的管理模式；一个组织具体采取什么样的管理模式，要根据不同情况权变解决；一个人的需要能否得以满足，取决于其自身的动机结构及其与所在组织的关系。针对人的这种复杂性，管理者要了解组织成员的能力、动机及其差异，及时发现问题，根据差异解决问题。管理者本身要有较大的弹性，其行为应能随时改变和调整，以适应不同人的不同情况。这就是现代管理中的“权变”思想。此外，Z 理论也是当代人力资源管理中有相当代表性的管理理论。威廉·大内（William Ouchi）在 1981 年出版的《Z 理论》一书中提出了 Z 理论，对日本在第二次世界大战以后经济起飞期间日本组织的成功管理理念和实践进行了总结。Z 理论的核心是强调人是整体的统一，其基本观点是认为人能够相互信任，因而组织的宗旨必须为全体员工所理解和接受；组织实现雇佣制，强调集体决策；为处理人与人之间可能难以沟通的矛盾，管理者必须发展人际关系，提倡人的理解和沟通；在组织上应形成一种缓慢而慎重的评价和晋升制度；对于所有的管理职员和非管理人员都给予信赖；人与人有亲和性，人可能会爱他人并为他人和团体作出牺牲，因而要提倡爱心和鼓励爱心，在组织内部创造一个亲密、融洽、合作的家庭气氛，从而使组织结构尽可能稳定化；组织中层次比较少，要维持一个比较公平的阶层制度；强调以工作小组完成工作的方式；采用内在的、非正式的管理方式。

综上所述，社会人性观、自我实现人性观比经济人性观来说，是对员工人性的深化，但其理论出发点仍与经济人人性观一样，只是把员工视为能帮助组织实现其经济目标的手段，给员工提供满足其社会的和自我实现的条件，目的也是在于让他们更好地为组织工作。其实，这与提供物质待遇以满足他们的经济需要的目的并无不同。随着人力资源理论的不断强化，以上各种人性假设理论的合理部分将为新的管理理论提供思想渊源。从人力资源管理理论的发展趋势来看，人的需要和内在动机，组织对其成员的吸引力，对个人的责任感、成就感、事业心的激励，组织和整体性、协调性和稳定性等问题成为今后人力资源管理理论的主要内容。

## 二、以人为本的大趋势

从西方管理的思想发展的历程中，我们可以看到，它的研究重心在转移，由20世纪上半叶侧重研究物流、组织制度、规范等管理逐步转向研究人际关系、行为心理、价值观念、科学决策等管理。随着研究重心的转移，人们的管理思维方式也正发生深刻巨大的变化。

在当代高科技的知识经济中，科技的进步、经济全球化及竞争的加剧，已使任何组织必须依靠其管理人员与技术人员的创造性与主动性来获得竞争优势。于是人本主义管理就必然上升为管理的主流价值观，即把人当做组织的主体，确立人在管理中的主导地位，把组织管理活动主要围绕调动员工自身的积极性、主动性和创造性来进行和展开。以人为本的人力资源管理必须确立以下管理价值思想：必须认识到管理者与被管理者、个人目标与组织目标不是对立和矛盾的，它们通过合理、有效的管理完全可以融合在一起，彼此互为条件、互为发展。组织与个人将由过去的雇佣型转向合作型，管理者的角色将由控制转向引导和帮助。以人为本的管理理念应成为一种观念，贯穿于人力资源管理过程的始终，确立人才是组织的最宝贵的第一资源的思想。这主要是因为：一方面人是组织生产力的重要因素，只有调动人的积极性和创造性才能从根本上促进组织的发展；另一方面人的价值实现是社会发展的终极目标，是社会进步的标志，因此组织设计的管理机制应将组织的发展与个人的发展有机地联系在一起。将以人的主体性作为激励的出发点，以加强人的主体性作用和实现自我激励作为新型管理的目标。对员工发展的要求，必然体现在运用管理措施为员工建立良好的工作与发展环境，保障员工的合法权利，关心其工作生活质量，建立激励机制和人才开发机制，在重视组织的长期发展需求的基础上重视人力资源的培训。提倡参与式管理，让员工对组织的发展和目标有更大的发言权和知情权，以调动员工的工作积极性和主动性，提高员工的工作意愿和热情，建立起员工与组织密切的协调合作关系，提高人力资源管理的效率。人力资源管理确立以人为本为中心的管理价值思想，必将把人力资源管理推向一个新阶段。

## 思考题

1. 早期与现代人力资本理论的发展。
2. 人力资本理论与人力资源管理理论的相互关系。

3. 组织的雇佣关系与人力资源管理。

4. 雇佣关系中的心理特点分析。

5. 管理人性观的演变中的经济人假设、社会人假设、自我实现人假设和复杂假设。

6. 以人为本的大趋势及发展特点。

## 案例阅读

### 了解真实需要

伍德是木材公司的生产经理。他手下的50个人负责把胡桃木加工成高质量的木材和枪托，工作过程包括装卸、堆放、锯和烘干。带锯加工是整个过程中唯一的技术性岗位，其他的岗位都是半技术性的劳动。员工们认为锯木车间的工作环境又脏又吵。木材厂的工人们没有什么不受气温影响的保护性措施，他们要忍受气温从冬季到夏季的剧烈变化，而且开始时的报酬也少得可怜。

这个星期早些时候，伍德查看了公司员工的记录，得到了以下资料：

性别——96%为男性，4%为女性。

年龄——25%的人在20岁以下，18%的处于21岁~24岁之间，40%的处于25岁~29岁之间，17%的为30岁~30岁以上。

文化程度——10%的人读完了小学，15%的人读完了初级中学，52%的人读完了高级中学，23%的人完成了大学学业。

任职时间——50%的人仅工作3个月或更短，20%的人工作不超过1年，20%的人工作不超过5年，10%的人工作5年或5年以上。

伍德关心着员工的需要有没有得到满足，尤其关心着他的部下。在后来的一次主管会议上，他提出了他的假设，并对同事们的发言感到吃惊："我们要满足工人的需要，他们是被金钱激励着，而我们是被成就激励着。""他们所关心的仅仅是通过工作获得外在的报酬，例如能得到多少工资。他们根本不关心内在的报酬。""他们很懒，逃避责任，不全力以赴。问题在于，他们对工作本身根本不关心。"

资料来源：关培兰．组织行为学［M］．北京：中国人民大学出版社，2003.

# 第三章　人力资源规划

## 本章学习要点

▶人力资源规划的概念、种类与内容
▶战略性人力资源规划
▶人力资源供需影响因素
▶人力资源规划制定操作流程
▶人力资源供求关系的平衡
▶人力资源信息系统的建立

**引导案例：　　　　绿色化工公司**

刘洁一周前才调到人力资源部当助理，虽然她进入这家从事垃圾再生的公司已经有5年多了。

刘洁面对桌上一大堆文件、报表，有点晕头转向：我哪知道要我干的是这种事?原来副总经理王浩直接委派她在10天内拟出一份本公司5年人力资源规划。

其实，刘洁已经把这任务仔细看过好几遍了。她觉得要编制好人力资源规划，必须考虑下列各项关键因素。

首先是本公司现状。该公司共有生产与维修工人825人，行政和文秘性白领职员143人，基层与中层管理干部79人，工程技术人员38人，营销人员23人。

其次，据统计，近5年来员工的平均离职率为4%，没有理由认为预计会有什么改变。不过，不同类的员工的离职率并不一样，生产工人离职率高达8%，而技术和管理干部只有3%。

最后，按照既定的扩产计划，白领职员和营销人员要新增10%~15%，工程技术人员要增5%~6%，中层、基层管理人员不增也不减，而生产与维修的蓝领工人要增加5%。

最近，本地政府颁发一项政策，要求当地组织招收新员工时，要优先照顾妇女或下岗员工，本公司一直未曾有意地排斥妇女或下岗员工，只要他们来申请，就会按同一种标准进行选拔，并无歧视，但也未予特殊照顾。如今的事实却是，营销人员几乎全是男的，只有一位女营销人员；中层、基层管理干部除两人是妇女外，其余也都是男的；工程师只有3名是妇女；蓝领工人中约有11%是女工或下岗员工，而且都集中在最底层的劳动岗位上。

刘洁还有7天就得交出人力资源规划，其中包括各类干部和员工的人数，要从外部招聘的各类人员的人数以及如何贯彻市政府关于照顾妇女与下岗人员政策的人力资源规划。另外，该公司刚开发出几种有吸引力的新产品，所以预计公司营销额5年内会翻一番，刘洁还得提出一项应变规划以备应付这种快速增长。

现代科学技术发展对人力资源管理提出了新的素质要求，处于市场竞争中的各种组织，又面临着不断变化的人力资源供求关系。为了保证组织能够得到所需的人力资源，从而实现企业目标，就要求对未来的人力资源供求关系进行预测，并据此制定人力资源规划。

人力资源规划是人力资源管理的重要组成部分，是各项人力资源管理活动的起点和依据，在整个人力资源管理中占有重要地位。在社会快速发展、充满竞争的环境中，任何一个领导者都应该认识到，事业发展需要一个长远的规划，成功的事业来自于成功的规划，好的规划有助于预见未来，减少未来的不确定性，可以更好地帮助组织应对未来不可知的各种变化，解决和处理组织遇到的各种复杂的问题。同时，人力资源规划也是企业规划的重要组成部分，直接影响着企业整体人力资源管理的效率。因此，在组织中，要成功地进行人力资源开发和管理，必须制定切实可行的人力资源规划。

## 第一节　人力资源规划的意义与作用

### 一、人力资源规划的含义和内容

#### （一）人力资源规划的含义

规划是指管理者在实际行动之前，预先对应当追求的具体目标所应当采取的行动方案，并在分析研究的基础之上作出选择与具体安排的一系列活动。

人力资源规划（Human Resource Planning），又称人力资源计划，是指一个组织根据本组织的战略目标和人力资源的现状，为满足本组织在未来环境中人力资源在数量和质量上的需要，科学地预测在未来的环境变化中人力资源的需求和供应的状况，而制定的人力资源获取、利用、保持、开发的策略，以确保组织战略目标的实现和个人价值的体现。简单地说，人力资源规划即指进行人力资源供需预测，并使之平衡的过程。

在以上的定义中，我们可以看到：

（1）组织的战略目标和人力资源现状是人力资源规划的依据，其中，组织的战略目标又是人力资源规划的基础，当组织的战略目标发生变化时，人力资源规划也将随之发生变化。

（2）组织在未来的环境中，根据组织的战略目标，对人力资源在数量和质量上有不同的需要，这是一个动态的过程。

（3）组织所处的未来环境也是一个动态的环境，在未来的环境中，政治、经济、军事、文化、自然等一系列因素都处于一种不断地变化之中，作为社会一因子的组织，要适应这种变化，就要对组织的战略目标进行不断的调整，而战略目标的调整，势必会引起人力资源供应与需求方面的变化，通过对人力资源供需状况的分析与预测，来满足组织在相当长的一个时期内对人力资源的需求。

(4) 为满足组织对人力资源在数量和质量上的需求，要制定相应的人力资源政策，最大限度的对人力资源进行开发，以确保组织战略目标的实现。

(5) 组织战略目标的实现与个人价值的体现要密切地结合起来，人力资源规划在围绕组织战略目标进行规划的同时，要充分尊重组织中每个成员的主观能动性，运用各种激励手段，调动组织成员的积极性和创造性，切实关心组织成员在物质、精神和工作发展方面的需求，让他们在实现组织战略目标的同时，也能实现个人的发展目标。

人力资源规划的目标是：确保组织在适当的时间和适当的岗位获得适当的人员(包括数量、质量、层次和结构等)，实现人力资源的最佳配置，最大限度地开发利用人力资源潜力，使组织和员工的需要得到充分满足。

### (二) 人力资源规划的种类

人力资源规划按计划期的长短可分为：长期人力资源规划、中期人力资源规划和短期人力资源规划。长期人力资源规划适合于组织长期的总体发展目标，对组织有关人力资源开发与管理的总战略、总方针和总目标等进行系统的筹划。其特点是具有战略性和指导性，期限一般为五年至十年甚至以上。短期人力资源规划是指季度、年度人力资源规划。短期人力资源规划的特点是目的明确，内容具体，并具有一定的灵活性。中期人力资源规划是指一年以上五年以内的人力资源规划，它介于长、短期人力资源规划之间，其特点是适合于组织中长期的发展目标、方针、政策和措施，但不像短期人力资源规划那样具体。

人力资源规划按其不同范围，可分为组织整体人力资源规划、部门人力资源规划、某项任务或工作的人力资源规划。

人力资源规划按其不同性质，可分为战略性人力资源规划和战术性人力资源规划。前者主要特点是具有总体性和长期性。后者一般是指具体的人力资源规划，主要包括人员补充计划、人员分配计划、人员接替和提升计划以及工资激励计划等。

### (三) 人力资源规划的内容

组织所要制定的规划是多种多样的，既要制定全组织的战略规划（包括明确宗旨、建立目标、评价优劣势、确立机构、制定战略和方案等），也要制定战术规划或经营计划，同时更要制定人力资源规划。人力资源规划与组织的其他规划是并列平行的，但在某种意义上讲，人力资源规划具有更重要的意义，因为人是组织中活的资源，是最宝贵也是最重要的资源。

人力资源规划的内容主要分为两个层次，一个层次是组织的人力资源规划，即人力资源总体规划；另一个层次是人力资源的各项具体业务规划。

(1) 人力资源总体规划。它是指在计划期内人力资源管理的总目标、总政策、实施步骤及总预算的安排。

(2) 人力资源业务计划。它包括人员补充计划、人员分配计划、人员接替和提升计划、教育培训计划、工资激励计划、退休解聘计划以及劳动关系计划等。

这些业务计划是总体规划的展开和具体化，每一项业务计划都由目标、任务、政策、步骤及预算等部分组成。这些业务计划的执行结果应能保证人力资源总体规划目标的实现。人力资源规划内容如表 3-1 所示。

表 3－1　　人力资源规划一览表

| 计划类别 | 目标 | 政策 | 步骤 | 预算 |
|---|---|---|---|---|
| 总体计划 | 总目标：绩效、人力总量、素质、员工满意度 | 基本政策：扩大、收缩、保持稳定 | 总步骤：按年安排，如完善人力信息系统 | 总预算：××××万元 |
| 人员补充计划 | 类型、数量、层次，对人力素质结构及绩效的改善等 | 人员素质标准、人员来源范围、待遇 | 拟订补充标准、广告吸引、考试、面试、笔试、录用、教育上岗 | 招聘挑选费用 |
| 人员分配计划 | 部门编制、人力结构优化及绩效改善、人力资源能位匹配，职务轮换制度 | 任职条件、职位轮换范围及时间 | 略 | 按使用范围、差别及人员状况决定的工资、福利预算 |
| 人员接替和提升计划 | 后备人员数量保持，提高人才结构及绩效目标 | 全面竞争，择优晋升，选拔标准，提升比例，未提升人员的安置 | 略 | 职务异动引起的工资异动 |
| 教育培训计划 | 素质及绩效改善，培训数量类型，提供新人力，转变态度及作风 | 培训时间的保证，培训效果的保证（如待遇、考核、使用） | 略 | 教育培训总投入，脱产培训损失 |
| 工资激励计划 | 人才流失减少，提高士气，绩效改进 | 工资政策，激励政策，激励重点 | 略 | 增加工资奖金额预算 |
| 劳动关系计划 | 降低非期望离职率，干群关系改进，减少投诉和不满 | 参与管理、加强沟通 | 略 | 法律诉讼费 |
| 退休解聘计划 | 劳动成本降低及生产率提高 | 退休政策及解聘程序 | 略 | 安置费、人员重置费 |

除此之外，人力资源规划内容涉及人员补充、培训、分配使用、晋升、工资等具体方面及其内在联系，因此在制定各项业务计划时应注意相互之间的平衡与协调。若人员通过培训提高了素质，在使用及报酬方面却无相应政策，就容易挫伤员工接受培训的积极性。另外，还要搞好每一项业务计划的配套平衡。

## 二、人力资源规划的意义与作用

### （一）人力资源规划的意义

处于知识经济时代的今天，科学技术飞速发展，产业不断调整，组织的发展目标和战略目标也在不断地发生变化，因此，人力资源也就处于一种不稳定的状态。作为一个组织领导者，要牢牢掌握人力资源应用的主动权，就必须有一切实可行的人力资源规划。另外，任何一个组织，要想有合格的、高效的人员结构，就必须进行人力资源规划。人力资源规划的意义主要表现在以下几个方面：

（1）任何一个组织都处在一定的外部环境中，而外部环境的各种因素均处于不断地变化和运动状态，其中一些因素对组织影响甚大，并且有些因素直接影响到组织的人力情况。例如，国家的有关退离休年龄法规政策的异动就直接影响到组织员工的工作年限。又如，任何一项新技术的采用都会使劳动生产率大幅度提高，这势必会在节省许多劳动力的同时，也要求对在岗的员工进行再培训以适应新技术的要求。所以，异动着的外部环境要求组织对人力资源的数量、质量及人员结构作出相应调整和规划。

（2）组织内部各种因素是在不断地运动和变化的，人力因素自身就处于不断地变化之中。例如，离退休、自然减员、辞职、停薪留职、开除等现象都会导致员工的减少；新招聘的人员会导致员工的增加；在组织内部进行工作岗位的调动、提升、免职、处罚等现象则导致人员结构的改变。为此，要通过人力资源规划等手段预先采取相应的措施，适时引导和恰当调整。

（3）在市场经济体制下，组织内外部各种因素的变化更加激烈。例如，各种资源，包括人力资源靠市场机制的作用进行合理配置，所以组织倒闭、新组织的诞生、劳动力市场的建立、人才的大量流动都会习以为常。为保证组织效率，内部也必然要进行人员结构的调整和优化。若不进行人力资源规划组织就难以生存和发展。

（4）组织人力资源分布可能存在不合理。例如，年龄结构、资历结构、知识结构等，需要进行有计划的调整。如果一个组织中经验丰富与缺乏经验的人很多，而中间人员很少，待这批有经验的人退休之后老资历人员将出现短缺。

### （二）人力资源规划的作用

一般来说，一个理想的人力资源规划应能发挥以下的作用：

（1）有助于管理人员预测员工短缺或过剩的情况。在组织发生异动时，仍能维持员工人数的稳定。

（2）充分利用已有的人力资源，最大限度地实现人尽其才、才尽其用，减少组织人力资源的浪费。

（3）集中注意劳动力供应的来源，吸收人才，提供足够人力，以达到组织预定目标。

（4）有效地分配人力资源，使各个部门在从事生产经营活动时不致缺乏适当人员。

（5）避免新进人员在接受在职培训后，因缺乏挑战性的工作机会而离开组织。

（6）事先做好人力替换计划，防止主要管理人员离开所引起的经营继续问题。

人力资源规划对个人和组织都是极其重要的，因为它可以使人力资源得到最合理的使用。对个人来说，人力资源规划可以帮助员工改进自己的工作技巧，使他的能力和潜能得到充分发挥。同时，通过认识工作发展的机会，可以满足个人的期望，从而提高员工的工作效率和劳动生产率。对组织来说，人力资源规划可以确保有足够的管理和技术人力的供应，以应付不断变化的需求与经济环境。

在组织经营过程中，人力资源规划的重要性不言而喻，了解组织需要的人力资源，特别是管理人员的供应，这是组织管理现代化的必备条件。

人力资源规划主要是从人力资源供应与人力资源需求两个方面去预测在未来一段时间组织所需人力资源的数量，希望达到供求之间的平衡。

（三）人力资源规划的基本要求

对人力资源规划的建立必须达到以下四项基本要求：

1. 人力资源规划必须与组织的经营目标相结合

组织的经营目标是指组织在一定时期内的经营方向和经营计划，组织的各项活动必须围绕着经营目标的实现而进行。人力资源管理同样必须以此为基础，组织的人员配置、培训和教育必须与经营目标决定的岗位设置、人员素质要求及各种协作、合作关系相配合，而且对组织员工的激励必须与工作目标相结合。只有这样，才能充分调动员工的积极性、主动性和创造性，从而保证组织目标的实现。

2. 人力资源规划必须与组织的发展相结合

组织员工的智慧和创造性是促进组织发展的根本源泉，而组织的发展也必须以一定数量和质量的人员为基础。组织人员的招聘、培养等都必须考虑组织长期发展的要求。

3. 人力资源规划必须有利于吸引外部人才

现代化组织的竞争是人才的竞争，但对一个组织来说，单从组织内部很难配齐组织竞争和发展所需的各种人才，因此必须向外招聘优秀人才。组织只有招进所需的各种优秀人才，才能在激烈的市场竞争中立于不败之地。

4. 人力资源规划必须有利于增强组织员工的凝聚力

人是组织的主体，能否把员工团结在组织总目标的周围，是人力资源管理的关键。这就要求组织必须建立“以人为中心”的组织文化，真正关心人、爱护人，充分挖掘人的潜能，使组织总体目标和个人目标同组织文化紧密结合在一起，增强组织员工的凝聚力。

## 第二节　战略性人力资源规划

### 一、战略性人力资源规划的职能

（一）战略性人力资源规划

战略性人力资源规划与组织战略的制定和实施有密切联系，是实现组织战略的重要基础。组织的各种特殊战略导致的各种重大举措，如战略性扩张、战略性收缩与裁员、战略性外包、战略性重组、战略性转移等，都是构成战略性人力资源规划的直接原因。

战略性人力资源规划和一般性人力资源规划有所不同，主要在于它更贴近组织战略，是组织战略制定、实施、实现中的一个重要环节。

（二）战略性人力资源规划与其他人力资源管理职能的关系

战略性人力资源规划与人力资源管理的其他职能有着复杂的联系。实际上，当组织基于新的战略要求进行战略性人力资源规划时，对人力资源管理的其他方面都会带来影响。

（1）与工作分析和工作设计。往往要求对组织中的部分甚至全部重要工作重新进行分析和界定，对工作进行重新设计，并对相应的人力资源进行新的规划。

（2）与人员招聘和录用。由于新的规划，组织对就任者提出新的要求，必须采取新的方法、技术和策略获得新型的人力资源以满足组织的要求。

（3）与绩效考核。或者由于新的考核标准、考核体系，甚至新的文化出现，绩效考核的方法也发生相应的变化。例如，有时根据战略性人力资源规划特殊的扩张、收缩或转型的要求，绩效考核的标准、策略也会作出相应的调整。

（4）与薪酬福利。针对战略性人力资源规划作出的调整，尤其是对人力资源的规格、类型、质量提出的新要求，组织的薪酬福利方式、策略、标准、水平等也需要进行相应调整。例如，一个组织由传统行业向信息业（IT）转型，其人力资源在结构上发生了重大变化，其薪酬体系也势必有所改变。

（5）与培训和开发。战略性人力资源规划对人力资源的调整会提出新的要求，这就需要相应的培训和开发工作迅速跟进，采取配套措施为新的战略的实施和实现保驾护航。

## 二、人力资源规划的动态性

适时、适地、适量地提供人力资源以满足组织和工作的要求，是最经济地使用人力资源的本质要求。人力资源规划的制定是对如何支配、运用人力资源以达成目标进行指导的方法与手段。

在过去的人事管理中缺乏动态的规划和开发观念，把人力资源规划理解为静态的信息收集和相关的人事政策设定，或者一劳永逸，沿袭过去的规划，是与动态的市场需求和人才自身发展的需求极不适应的，往往使人力资源得不到合理的利用，甚至严重地影响了人力资源的稳定性。组织的发展，战略目标、所处的外部环境及内部环境都时刻处在发展变化当中，为了适应这些变化，人力资源的规划必须不断检查、更新，以适应新的情况。

人力资源规划的动态性体现在：①参考信息的动态性；②依据组织内外情境的动态变化，制定和调整人力资源全局规划和具体规划的经常性；③执行规划的灵活性；④具体规划措施的灵活性和动态性；⑤对规划操作的动态监控。

## 三、影响人力资源需求的因素

1. 组织的业务水平和管理水平

一个组织的管理水平是影响人力资源需求预测的决定性因素之一。根据组织的年度计划，可以进行以年为计划期的人力资源需求预测；若进行长期、中期的人力资源需求预测，则要依据组织的长期、中期发展战略目标来进行。实际上，在组织制定年度计划或中期、长期规划的时候，已经将组织的目标或计划指标分解为各业务部门或职能部门的工作指标了，因此，组织内各业务部门和职能部门根据分配给自己的工作指标，可以测算出所需的人力资源需求状况。例如：一家三星级涉外饭店，客房部计划期的业务水平要求达到客房的出租率为70%，该饭店的标准客房间数是200间。按服务员的技术分级，一级服务员每人每天清扫14间客房，二级服务员每人每天清扫12间客房……根据现有的人力资源状况、工作指标以及该客房部的管理水平，便可以测算出在该计划期内，客房部所需的人力资源总额。

2. 组织的结构

组织结构也是影响人力资源需求预测的重要因素。在一个组织的内部，组织结构发生变化，不仅会影响计划期内人力资源需求的增加或减少，而且还将影响到组织内部各级管理人员与普通员工的比例关系。例如：一个组织新增设一个部门，便会增加1~3名中层管理人员，随之还会增加若干名基层管理人员，这样，该组织内，管理人员与普通员工的比例关系则会发生变化，那么，在进行人力资源需求预测的时候，就必须考虑这种比例关系。另外，组织人员的状况对人力资源需求也有重要影响。例如，退休、辞职、辞退人员的多少，合同期满后终止合同人员数量，死亡、休假人数等都直接影响人力资源需求量。

3. 劳动生产率

组织内部工作人员劳动生产率的变化，会对人力资源的需求产生很大的影响。在众多的组织中，工作中操作方法的改变、操作程序的优化、科技水平的提高，都可以减少对人力资源的需求。例如：在星级饭店中，由于总服务台使用了电脑系统，大大提高了效率，那么总服务台的所需人数也随之大幅减少。因此，劳动生产率的高低，将直接影响到人力资源需求的预测。

4. 社会经济发展水平

随着国民经济的进一步发展，进而又促进了第三产业的发展，人力资源也随之向第三产业转移，这样又使得对劳动力的需求构成发生了重大变化，使人的就业机会进一步增加，妇女等劳动力的就业机会也有了明显变化。社会经济增长较快，市场一片繁荣，组织接受的订单增加，自然就对员工的需求增加。否则，对员工的需求就会减少。

5. 组织规模发展计划

生产量和销售量是决定人力资源需求的最重要的因素。销售额大，必然需要更多的员工生产足够的产品，以满足市场的需求。

一个企业组织的扩充计划及其未来规模的大小，可以提供未来所需员工多少的资料。如一家汽车制造公司，其目前生产能量已达到饱和，预计三年后将无法供应市场需求，因此该公司计划两年后着手建新厂，以期望第三年后增加产量。因此，必须扩充计划，我们即可以从未来生产能量大小来预估所需增加的人力资源。

生产方法与技术水平的改变也会对人力资源需求产生重大影响，且既有正方向的影响也有反方向的影响。例如，有了新技术，一方面会生产出新产品，从而扩大对劳动力的需求；另一方面，由于新技术使生产率大大提高，从而可以减少对人力资源的投入。如自动化机器用于工厂及计算机用于会计部门等，可能造成某些人力需求的减少，或者造成其他种类员工需求的增加。

## 第三节　人力资源规划程序

人力资源规划作为人力资源管理的一项基础活动，其核心部分包括；人力资源需求预测、人力资源供应预测和人力资源供需综合平衡三项工作。人力资源规划程序如

图 3－1 所示。

人力资源规划的具体运作分六步进行，其操作流程见图 3－1。

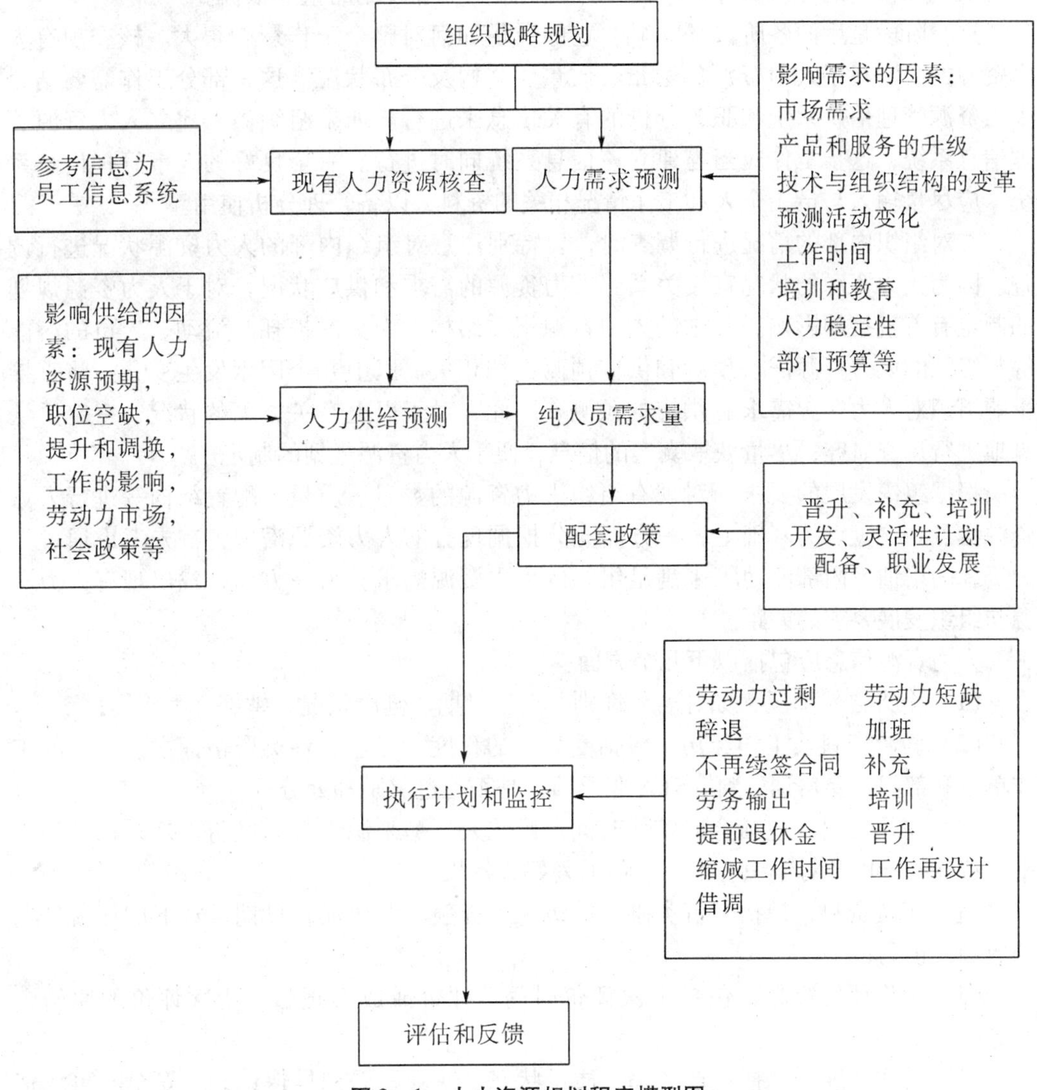


图 3－1　人力资源规划程序模型图

## 一、组织战略信息和现有人力资源状况核查

制定组织人力资源规划的基础是组织的总体发展战略和经营环境。影响组织战略决策的信息有：组织的技术设备特点、产品生产和销售状况、产品结构、消费者结构、组织产品的市场占有率以及经营规模和扩张方向等。如果是跨地区或者跨国组织，还要收集组织所在的国家或地区在政治、经济、文化、人口、法律、教育方面的状况，了解当地的市场竞争状况、劳动力市场的政策、劳动力市场的结构、劳动力的择业期望与倾向等。

制定人力资源规划，又面临着一定的经营环境。组织的外部劳动力市场供求状况、劳动者的文化素质、有关的法律政策以及本地区平均工资水平、人们的择业偏好等，都会对人力资源规划的制定形成制约。因此，对这些经营环境方面的信息，必须有明确的认识和科学的分析，并将它们作为制定人力资源规划的重要依据。

这一阶段是后面各阶段的基础，它的质量如何对整个工作影响很大。核查现有人力资源的关键在于人力资源的数量、质量、结构及分布状况。这一部分工作需要结合人力资源管理信息系统和职务分析的有关信息来进行。如果组织尚未建立人力资源管理信息系统，这步工作应当与建立该信息系统同时进行。一个良好的人事管理信息系统，应尽量输入与员工个人和工作情况相关的资料，以备管理分析使用。

在对组织内部的情况进行调查时，要特别注意对组织内部的人力资源状况进行调查。因为人力资源的状况直接关系到人力资源的需求和供应状况，对于人力资源规划的制定有着直接的影响。其中的人力资源素质结构、人员的损耗与流动、人员的潜能等与组织的人力资源需求预测和供应预测密切相关。以上几个因素发生变化，将直接影响组织对人力资源需求和供应的预测，因此，对于以上有关方面的状况，一定要认真地进行调查研究，尽量获取真实的信息，便于人力资源规划的制定。

根据组织发展的要求，对现有组织人力资源的数量、质量、配置结构等进行人力资源盘点。在盘点的基础上，一方面充分挖掘现有的人力资源潜力，首先考虑通过人力资源的培训、内部流动等来满足组织的人力资源需求；另一方面，找出现有人力资源与组织发展要求的差距。

人力资源信息应包括以下几个方面：

（1）个人自然情况，如姓名、性别、出生日期、健康状况、婚姻、民族等；

（2）教育资料及工作经历，包括受教育的程度、专业、各类资格证书、以往的工作单位和部门、受培训资料、升降职原因、是否受过奖励和处分等；

（3）录用资料，包括合同签订时间、候选人征募来源、管理经历、外语种类和水平、特殊技能以及对组织有潜在价值的爱好或特长；

（4）工资资料，包括工资类别、等级、工资额、上次加薪日期、对下次加薪日期和数量的预测；

（5）工作评价资料，包括上次评价时间、评价或成绩报告、历次评价的原始资料等；

（6）工作态度，包括生产效率、质量状态、缺勤和迟到早退记录、安全与事故资料、有否建议及建议数量和采纳数，有否抱怨以及抱怨的内容和经常性等；

（7）工作或职务情况，工作或职务的历史资料等。

这一阶段必须获取和参考的另一项重要的信息，是职务分析的有关信息情况，因为职位分析明确地指出了每个职位应有的职务、责任、权力以及履行这些职、责、权所需的资格条件，这些条件就是对员工在质量上的要求。

## 三、人力资源供求状况预测

在分析人力资源供给和需求影响因素的基础上，采用定量与定性相结合，以定量为主的各种科学预测方法，对组织未来人力资源的供给与需求进行预测。了解组织对各类人力资源的需求情况，以及可以满足上述需求的内部和外部的人力资源的供给情况，并对其中的缺点进行分析。这是一项技术性较强的工作，其准确程度直接决定了规划的效果和成败，它是整个人力资源规划中最困难，同时也是最关键的工作。

人力资源需求预测要根据组织结构状况和未来的发展目标进行分析，同时，还要根据搜集来的信息进行分析，可以对组织未来的人力资源需求进行预测。在人力资源供应预测中，首先要对组织内部的人力资源利用状况进行调查分析，然后根据组织内部人力资源供应状况以及组织外部人力资源供应状况，结合信息分析结果，对组织未来的人力资源供应进行预测。

### （一）人力需求预测

这一步工作与人力资源核查可同时进行，主要是根据组织的发展战略规划和本组织的内外部条件选择预测技术，然后对人力需求的结构和数量、质量进行预测。

1. 预测因素

在预测人员需求时，应充分考虑以下因素对人员需求的数量、质量以及构成的影响；市场需求；产品和服务的要求；人力稳定性，如计划内更替（辞职和辞退的结果）、人员流失（跳槽）；培训和教育（与公司变化的需求相关）；为提高生产率而进行的技术和组织管理革新；工作时间；预测活动的变化；各部门可用的财务预算。

在预测过程中，预测者及其管理判断能力与预测的准确与否关系重大。一般来说，商业因素是影响员工需要类型、数量的重要变量，可通过分离这些因素，并且收集相应的历史资料，作为预测的基础。要注意的是，从逻辑上讲，人力资源的需要显然是产量、销量、税收等的函数，但对不同的组织，每一因素的影响并不相同。

2. 资料准备

为了获得既实事求是又有远见的预测结果，必须广泛收集影响预测目标的各种相关资料，包括可控与不可控的内部和外部的资料，如：国内外社会经济科技发展趋势的资料；本地区人力资源资料；本行业发展水平及发展趋势资料；本组织业务发展资料；本组织人力资源管理的各种资料；等等。

收集资料的方法可考虑使用文献调查、问卷调查、个人访谈、专家咨询等方法。对调查的资料要加以整理、分析，删除由于偶然因素造成的不准确材料。

3. 人力需求预测的程序和技术方法

一个组织由于改组、成长、员工离退休、辞职等内部环境的变化，或由于经济发展等外部环境的改变，其在每个时期所需的人力资源往往不同。人力资源需求预测，就是根据组织内外部这些影响人力资源需求的因素，针对其可能的变化，预测未来数年组织所需要的人力资源，以便及时制定招聘计划，在最适当的时机供给组织适当的人力资源，以免造成人力资源供需的失调而使组织蒙受重大损失。

（1）人力需求预测程序

人力需求预测在实践应用中采用自上而下的预测程序。从根本上说，组织未来生产经营状况决定着人员需求量，一般说来，对未来生产经营状况的预测，可直接从组织发展战略规划中提炼出来。组织未来生产经营状态，可由各种具体职能活动的水平和分类计划表示，如各职能的增减及职能领域的扩大或缩小、产品结构的改变、目标市场的变化和市场占有率的增减、新技术的引进或采用、销售额的变化、生产率水平的变化等。为了能准确地预测人力需求，上述各种活动和指标要定量描述。

（2）估算各职能工作活动的总量

未来生产经营目标是由各职能活动来实现的，因而必须估算各职能活动的总量及其在不同活动层次的活动总量分布。例如对销售职能活动总量的估算，可根据以往销售活动资料的统计分析和未来目标销售额来估算。如根据以往销售活动资料的统计分析，我们得到每销售千元货物需 1 人/小时，若在未来第五年预计销售额为 2 400 万元，则可得到 2.4 万人/小时的销售活动总量。此时，若不考虑其他因素的影响，则可估算出销售人员需求量为 10 人（按每年 300 个工作日，每天工作 8 小时计算）。

但是，仅有各职能未来活动总量的估算还是不够的，因为这些活动是不同质量或等级的。因此，在总量确定以后，还要将其分配到该职能的不同层次上。还以上例为准，可以把销售活动总量分配到市场推销、市场研究、宣传广告、销售管理等不同领域上，从而为预测各类销售人员需求量提供基础。

（3）确定各职能及各职能内不同层次类别人员的工作负荷

由于生产技术基础在不断改善，工作效率在不断提高，因此在预测时必须充分考虑各因素变化对工作效率的影响，据此确定各职能及各职能内不同层次类别人员的工作负荷。工作效率与工作负荷在不同条件下相关性是不同的。在生产环节，新技术的采用或人员积极性的高度发挥，会使工作效率提高，而工作负荷可以不变或减少。但在销售环节，由于市场竞争的激烈，尽管提高了工作效率，而推销单位价值货物的活动量却可能增加，导致工作负荷增加。

因此，在确定各类人员工作负荷时，要充分考虑各种变量的影响，不能仅从主观愿望出发进行推测。

（4）确定各职能活动及各职能活动内不同层次类别人员的需求量

如若上两步预测活动的结果相当可靠，则这步活动就相当简单了。有一点需要注意的是，要留有充分的余地，以防情况的突变。

（5）人力需求预测技术方法

人力资源预测的方法较多，既有定性分析预测方法，也有定量分析预测方法，每一种预测方法都有一定的适用范围，对于不同对象所采用的预测方法也应有所不同。但是对预测方法的选择必须服从预测目的、占有资料的数量、可靠程度和精度的要求，并要考虑预测费用的预算。下面介绍几种主要预测法。

①上级估算判断法。组织管理者因为业务关系经常接触员工，最了解实际情况，他可以凭借个人经验与直觉，估计组织未来人力资源的需求。例如，管理者可以根据前期任务完成情况，预测未来某一时期内，增加相同任务的量，将需要增加多少员工。也可以预测未来某一时期内，本组织内有哪些岗位上的人员将会离开，如晋升、退休、辞退、调动等。如果组织规模不太大，而管理者具有多年的经验与丰富的学识，这种方法不失为一种简单、快速、易行的人力资源需求估计法。具体做法是，先由组织各职能部门的基层领导根据自己部门在未来各时期的业务增减情况，提出本部门各类人员的需求量，再由上一层领导估算平衡，最后在最高领导层进行决策。这是一种很粗的人力需求预测方法，主要适用于短期预测，若用于中、长期预测，则相当不准确。但组织规模较小、结构简单和发展均衡稳定时，也可用来预测中、长期需求。

②德尔菲（Delphi）法。它又称专家会议预测法，也是一种主观预测方法。它是美

国德兰公司在20世纪40年代后期发明并用于预测的一种方法。这种方法主要依靠专家的知识、经验和分析判断能力对人力资源的未来需求作出预测。

德尔菲法的基本特点是：一是专家参与，即吸收同学科或不同学科的专家共同参与预测，集思广益，博采众长；二是匿名进行，即参与预测的专家互不见面也互不知情，单独作出自己的判断；三是多次反馈，即预测过程必须经过几轮反馈，使专家的意见相互补充、启发，并渐趋一致；四是采取统计方法，即将每一轮反馈来的预测结果用统计方法加以处理，作出定量的判断。它以书面形式背对背地分轮征求和汇总专家意见，专家意见的可靠性根据他们对影响组织的内部因素的了解程度而定，选择组织的内部专家和外部专家均可。例如，可选出公司的计划、人事、市场、生产和销售等部门经理做专家来预测劳动力需求。

德尔菲法一般适合于对人力总额的预测。其步骤为：

第一轮：提出要求。明确预测目标，提供有关情况和资料，征求专家意见及补充资料。

第二轮：提出预测问题。由专家对调查表所列问题进行评价并阐明理由，然后由协调组对专家意见进行统计。

第三轮：修改预测。要求每位专家根据反馈的第二轮统计资料再次进行判断，并要求持异议的专家充分陈述理由。

最后一轮：进行最后预测。请专家提出他们最后的意见及依据，预测结果由此产生。

德尔菲法在实施中应遵循以下原则：一是采取匿名形式进行，消除心理因素的影响，获取尽可能多的意见。二是要分几轮反复发函咨询，每一轮的统计结果都发送给专家，作为反馈供下轮咨询参考。三是给专家提供已收集的历史资料及有关统计分析结果。四是不要求精确，允许专家使用估计数字，并让他们说明预计数字的肯定程度。五是应使用统一的表述，保证所有专家能从一个角度去理解涉及的定义、概念、分类等。六是应向决策层领导说明预测的益处，特别说明预测对生产率和经济收益的影响，争取支持。七是问题尽量简化，所问问题应该是被问者能够回答的问题。

运用德尔菲法还要注意以下几点：要选择好专家。尽量选择对组织有一定了解，对于要预测的内容有一定专长的专家。要决定适当的预测专家的规模。一般以10～50人为宜。要拟定好调查表。调查表的质量好坏直接影响到预测的精确度，尤其是问题提得是否集中、是否确切、是否能定量。

③岗位分析法。岗位分析法也可称之为工作负荷法。这是一个比较简单的定量分析的预测方法。凡是所需时间和所需工时可以计算的部门或工作，都可以使用工作负荷法来预测人力资源的需求。它是通过对具体岗位的工作内容和职责范围进行引申，分析从事该岗位工作应具备的基本条件，先算出对某一特定的工作每单位时间内每人的工作负荷（如产量），再根据未来的生产量目标（或劳务目标）计算出所完成的总工作量，然后根据前一标准折算出所需的人力资源数，从而得出工作量、用人数目等预测意见的预测方法。其步骤为：确定所要预测部门的类别和层次；选择典型单位和岗位；进行岗位调查和分析；进行预测，由工作量计算出岗位的用人数，据此汇总得出典型单位预测目标年度的专门人才需求量；进行全面覆盖预测，用典型单位的预测

结果来推算本系统其他单位、部门的专门人才需求量。

④总体需求结构分析预测法。总体需求结构分析预测法是一种定量分析的预测方法。总体需求结构分析预测法可以用公式来表示：

NHR = P + C − T

公式中的 NHR 是指未来一段时间内需要的人力资源数量；P 是指现有的人力资源；C 是指未来一段时间内需要增减的人力资源数量，如果未来一段时间内业务发展了，那么 C 便是正值，如果未来一段时间内业务萎缩了，那么 C 便是负值；T 是指由于新技术的运用或设备改进后所节省的人力资源。

［例］某饭店目前有员工 400 人，三年后由于业务的新发展需要增加 150 名员工，但是，由于电脑系统在前台的应用和劳动工具的革新，劳动生产率得以提高，这样可以节省 50 人，求三年后需要的人力资源数量。

根据公式：　NHR = P + C − T

其中：P = 400　C = 150　T = 50

引入公式则：

NHR（三年后需要的人力资源数量）= 400 + 150 − 50 = 500（人）

⑤数学预测法。数学预测法主要是通过对过去的变化趋势来预测未来变化趋势的一种方法，需要掌握大量的相关因素及数据资料才能进行。例如，通过对一个组织几年来的离职率的平均统计，就可以预测未来的人员需求量。常用的数学预测法主要有时间序列分析法和回归分析法：

a. 时间序列分析法。时间序列分析法是一种相对简单的方法。预测者必须收集过去一段时间的历史数据，然后用这种数据去作图，以表示其趋势变化。此曲线经过分析后用数学方法进行修正，即可得到预测用的趋势曲线。将此趋势线延长，就可以用来进行预测。这种方法的缺点是没有考虑到将来有重大影响的事件。人力资源的需求水平通常总是和某个因素有关系的，当这种关系是一种高度确定的相关关系时，从而得出一个回归方程，这就是回归分析法。用此方程进行预测就显得非常简单和方便了。这一方法的问题在于找出和人力资源有高度相关性的变量很困难。另外，在应用这一方法时，这些变量的历史数据必须是容易得到的，同时代表实际数值与线性数值的差距越少，这条线就越接近事实，越有助于预估未来。应用线性回归模型可求得一个简单方程式说明曲线的常数和斜率。

下面举例说明这一方法在预测中的应用。

假如我们了解某医院的病床收容量和所需护士成正比关系，根据过去记录和收集其他医院的状况，得出表 3－2。

表 3－2　医院病床数和护士数的记录

| 医院床位（x） | 护士人数（y） |
|---|---|
| 200 | 250（实际） |
| 300 | 270（实际） |
| 400 | 450（实际） |

表3－2(续)

| 医院床位（x） | 护士人数（y） |
| --- | --- |
| 500 | 490（实际） |
| 600 | 640（实际） |
| 650 | 670（预测） |
| 700 | 700（预测） |

根据医院发展计划，要扩充床位，从目前300个床位增加到450个床位，那时需要多少护士？我们可列直线方程式如下：

$y = a + bx$

其中：

a—常数

b—斜率

y—预估护士人数

x—床位数

由表3－3我们可以算出a和b（$a = 20$，$b = 1$），用此模式可以预估，若床位增加到450个，则需要护士470位（$y + 20 + 1 \times 450 = 470$），若床位增加到700个，就需要720位护士。

b. 职位继承图表法。有关职位继承表法，有的学者也可称之人力置换图表法。这是一种阶层组织的表图设计。可以根据在职者的年龄、阶层、工作表现、升迁机会、个人潜能、健康状况、候补人选等资料，预先整理妥当。当组织内员工，特别是高层管理人员，突然辞职或离开时，组织内的职位空缺，能适时地有适当的人选递补。职位继承图表如图3－2所示：

| A | | | | |
| --- | --- | --- | --- | --- |
| B | | | | |
| C | D | | | E |
| $C_1$ | 1 | $D_1$ | $B_1$ | $A_1$ |
| $C_2$ | 2 | $D_2$ | $B_2$ | $A_2$ |
| $C_3$ | 3 | $D_3$ | $B_3$ | $A_3$ |
| $C_E$ | 紧急继任者 | $D_E$ | $B_E$ | |

**图3－2　职位继承图表**

在图3－2中，A的位置用不同的颜色表示晋升的可能性，如黑色表示应该立即晋升；绿色表示可以晋升；黄色表示在1～3年内经过培养可以晋升；红色表示培养3～5年后可以晋升。B的位置上填入职位名称；C的位置填入现任者年龄；D的位置填入现任者的姓名；E的位置填入现任者的任职年限。另外，1、2、3三个序号代表三位可能的继任者，C1、C2、C3分别代表三位可能的继任者的年龄；D1、D2、D3分别填入三位可能的继任者的姓名，B1、B2、B3分别填入三位可能的继任者的现任职务；A1、A2、A3分别填入三位可能的继任者的晋升可能性；最下面一行表示紧急继任者的情况，如现任者出现不能任职的情况（如突然死亡、重病、辞职）时，由紧急继任者继承职位。图3－3A、图3－3B、图3－3C是一个实际应用的案例。

| 乙（黑） | | | | |
|---|---|---|---|---|
| 销售副总经理 | | | | |
| 50岁 | 张建公 | | | 5年 |
| 46岁 | 1 | 王立法 | 销售部经理 | 乙（黑） |
| 41岁 | 2 | 陈志 | 市场部经理 | 丙（绿） |
| 36岁 | 3 | 吴春义 | 销售助理 | 丙（绿） |
| 45岁 | 紧急继任者 | 王立法 | 销售副总经理 | |

图3－3A 实际应用的案例

| 乙（黑） | | | | |
|---|---|---|---|---|
| 销售部经理 | | | | |
| 50岁 | 王立法 | | | 7年 |
| 36岁 | 1 | 吴春义 | 销售助理 | 乙（黑） |
| 40岁 | 2 | 陈明 | 东区经理 | 乙（黑） |
| 38岁 | 3 | 李晓 | 西区经理 | 丙（绿） |
| 42岁 | 紧急继任者 | 王春 | 销售副总经理 | |

图3－3B 实际应用的案例

| 丙（绿） | | | | |
|---|---|---|---|---|
| 市场部经理 | | | | |
| 50岁 | 陈志 | | | 5年 |
| 42岁 | 1 | 王春 | 市场助理 | 乙（黑） |
| 35岁 | 2 | 陈志国 | 广告经理 | 丙（绿） |
| 32岁 | 3 | 张伟宏 | 品牌经理 | 丙（绿） |
| 36岁 | 紧急继任者 | 吴春义 | 销售助理 | |

图3－3C 实际应用的案例

职位继承图表的使用，可以保证组织在遇到某个人突然离开组织时，可以马上有人紧急递补使组织的工作不受太大的影响；另外，职位继承表的制定，如果利用适当，可以成为调动员工积极性的有力手段。

（二）人力供给预测

人力供给预测也称为人员拥有量预测，是人力预测的又一关键环节，只有进行人员拥有量预测并把它与人员需求量相对比之后，才能制定各种具体的规划。人力供给预测包括两部分：一是内部拥有量预测，即根据现有人力资源及其未来异动情况，预测出规划各时间点上的内部人员拥有量；二是对外部人力资源供给量进行预测，确定在规划各时间点上的外部人员的可供量。

1. 内部拥有量预测

在这一阶段要达到对内部人员有用性的了解、对可提升的人员的鉴别以及作出个人发展培训计划。确认全体人员的合格性，对不合格的要进行培训，对配置不合理的要进行调整。对空缺职位，在分析了内部拥有量之后就可以明确哪些可以从组织内部填充，哪些需从外部招聘。

为达到以上目的，需作如下分析：

（1）分析现有人力资源；

（2）对员工跳槽和人力损耗的分析；

（3）对提升和调换工作所带来的影响的分析；

（4）对环境变化和旷工的评估及原因分析。

分析内部人力资源供给首先从现有员工着手。为了避免人力流失或损耗，管理者需对造成职工损耗的因素加以分析。导致员工损耗的因素可分为组织外部因素和组织内部因素。导致劳动力损耗的外部因素有：更高的收入和更好的发展机会、职工已届退休年龄、已婚妇女怀孕，等等。内部因素有：由于组织的人力资源规划欠周详，造成人事政策不稳，裁减职工行为出现等组织管理原因而提高自动辞职率。另外，由于缺勤多、流失多造成人手不足，因而造成现职员工压力过大，自动辞职率也会增加等。

人员拥有量预测中常用的方法如下：

（1）内部人员核查法。内部人员核查法是对现有组织内人力资源质量、数量、结构和在各职位上的分布状态进行核查，以便确切掌握人力拥有量。在组织规模不大时，核查是相当容易的。若组织规模较大，组织结构复杂时，人员核查应建立人力资源的信息系统。但这种方法是静态的，它不能反映人力拥有量未来的变化，因而多用于短期人力拥有量预测。虽然在中、长期预测中使用此法也较普遍，但终究受组织规模的限制。

（2）马尔科夫模型。马尔科夫预测模型是用来预测具有等时间间隔（如一年）的时刻点上各类人员的分布状况的一种方法。该模型规定：在给定时期内从低一级向高一级，或从一职位转移到另一职位的转移人数，是起始时刻该类总人数的一个固定比例，即转移率。若各类人员起始人数、转移率和未来补充人数已给定，则各类人员的未来数（即未来人员分布状况）就可以预测出来。马尔科夫模型有简单型和复杂型，可用计算机进行大规模处理。

该方法的基本思想是：找出过去人事异动的规律，以此来推测未来的人事异动趋势。以一个会计公司人事异动为例来说明分析的方法。分析的第一步是做一个人员异动矩阵表（见表3-3），表中的每一个元素表示从一个时期到另一个时期（如从某一年到下一年）在两个工作之间调动的员工数量的历年平均百分比（以小数表示）。一般以5~10年为周期来估算年平均百分比。周期越长，根据过去人员异动所推测的未来人员异动就越准确。

表3-3（A）表明，在任何一年里，平均80%的高层领导者仍留在该组织内，有20%退出。在任何一年里约有65%的会计留在原工作岗位，15%被提升为高级会计师，20%离职。用这些历年的数据来代表每一种工作中人员异动的概率，就可以推测出未来的人员异动（供给量）的情况。将计划初期每一种工作的人员数量与每一种工作的人员异动概率相乘，然后纵向相加，即得到组织内部未来劳动力的净供给量。

如果下一年与上一年相同，可以预计下一年将有同样数目的高层领导人（40人）以及同样数目的高级会计师（120人），但基层领导人将减少18人，会计员将减少50人。

表3-3　　某公司人力资源供给情况的马尔科夫分析表

| (A) | 人员调动概率 | | | | |
|---|---|---|---|---|---|
| | H | L | S | A | 离职 |
| 高层管理人（H） | 0.80 | | | | 0.20 |
| 基层管理人（L） | 0.10 | 0.70 | | | 0.20 |
| 高级会计师（S） | | 0.05 | 0.80 | 0.05 | 0.10 |
| 会计员（A） | | | 0.15 | 0.65 | 0.20 |

| (B) | 初期人员数量 | H | L | S | A | 离职 |
|---|---|---|---|---|---|---|
| 高层管理人（H） | 40 | 32 | | | | 8 |
| 基层管理人（L） | 80 | 8 | 56 | | | 6 |
| 高级会计师（S） | 120 | | 6 | 36 | 6 | 12 |
| 会计员（A） | 160 | | | 24 | 104 | 32 |
| 预计的人员供应量 | | 40<br>(+0) | 62<br>(+18) | 120<br>(+0) | 110<br>(+50) | 68 |

这些人员异动的数据，与正常的人员扩大、缩减或维持不变的计划相结合，用于决策怎样使预计的劳动力供给与需求相匹配。

2. 外部人力资源供给预测

外部人力供给预测包括对地方劳动力市场以及全国劳动力市场的预测。对于地方劳动力市场的预测，需要考虑的因素有：公司所能及范围内的人口密度；现在或将来来自其他组织对人力的竞争；当地的失业水平；当地传统的雇佣模式以及获得具备所要求资格技能员工的可能性；当地教育系统和培训机构的人才输出状况；等等。对于全国性的劳动力市场，需要考虑的因素有：在校学生人数和劳动力规模的统计学趋向；全国对特殊类别人力的需求以及教育培训机构的人才输出状况；不断变化的教育模式所带来的影响；本地区、本行业的规模和成熟度；等等。

## 四、起草计划，匹配供需

人力资源供求计划落实是通过两个步骤完成：通过计划的制订与实施来完成的。制定人力资源规划，主要是在通过对组织人力资源的需求预测和供应预测分析，确定组织未来人力资源的剩余或缺少的基础上，制定出具体的、切合实际的本组织人力资源管理和开发的总体规划，在这个总体的人力资源规划的基础上，再制订出各项具体的业务计划和相应的人力资源政策，以便在组织内部实施。实施人力资源规划是指对制定的人力资源总体规划和各项具体业务计划贯彻执行，并进行操作检验，确定第一手资料，为人力资源规划的修订做好准备。

### （一）规划的制定

这一步主要是把预测到的规划各时间点上的供给与需求进行比较，确定人员在质量、数量、结构及分布上不一致之处，从而制定各种具体的规划和行动方案，保证需求与供给在各时间点上的匹配。主要包括：晋升规划、补充规划、培训开发规划、配备规划、继任规划、职业规划等。

### （二）具体行动方案

在快速变化的时代，对人力资源需求作非常准确的预测是不现实的，规划的具体方案必须兼顾长期和短期，并保持充分的灵活性。其具体行动方案包括：

1. 全局整体规划

它包括如下内容：

（1）提高对组织所需求的人员的甄别技术。

（2）与高校建立联系，赢得人才对本组织的兴趣。

（3）发展职业生涯规划方案和培训体系，吸引人才。

（4）扩展招募网络，比如招募更多的女性或再就业人员。

（5）寻找开发利用可胜任人员的灵活方式，如聘用兼职员工。

（6）调整工作时间和安排以满足新员工和有家庭责任的员工的需要。

（7）提供更具吸引力的福利项目，例如建立托儿机构。

（8）开发人员潜力，更好地利用现有职工。

（9）给现有的员工和新员工提供再培训，帮助他们掌握新的技能。

2. 人力资源发展计划

人力资源发展计划应指出：

（1）需要接受培训的人员的数量，招募和培训他们的方案。

（2）现存人员中需要培训或再培训的数量以及培训方案。

（3）开发新的学习项目或革新现有的方案和课程。

（4）如何保持可提升的管理人员的必要流量。

3. 招聘计划

要考虑受训人员和再培训人员的数量，着手以下内容的规划：

（1）需要补充的任何空缺职位所要求的人员的数量和类型。

（2）招募的可能来源。

（3）吸引优秀的候选人的方法，包括培训和发展方案，有吸引力的高薪和福利待遇，灵活的工作安排等。

（4）招聘方案如何应付在新人员供给中出现的任何特定问题。

4. 人员保留计划

人员保留计划是基于对人员留在公司的原因分析的基础上而制定的。离职前的面谈可以提供一些信息，但并不可靠，更好的方法是作定期的态度调查。保留计划应关注每一个导致员工忠诚度较低或可能引起不满的领域。并且可以通过提供有竞争力的工资、突出工作的意义、提供学习和发展的机会、加强培训、提高员工的忠诚度、加强团队凝聚力等方法实现人员保留计划。

5. 灵活性规划

灵活性规划的目的在于提供更大的操作灵活性，充分利用员工的技能，减少雇佣成本，促进人员精简计划的顺利进行，提高生产效率。在规划中，引入更为灵活的工作模式的可能性将加大。

在制定灵活性规划时可考虑采取如下方法：

（1）打破传统的雇佣模式，采用其他形式的劳动力取代全日制、终身制员工；

（2）采用新的灵活工时制度；

（3）实行新的加班制度和轮班制度。

## 五、执行规划和实施监控

通过总计划与各项具体的业务计划，并分别提出各种具体的调整供大于求或求大于供的政策措施，使组织未来对人力资源的需求得到满足。人力资源供求达到协调平衡是人力资源规划活动的落脚点和归宿。人力资源供需预测是为这一活动服务的。

由于组织所处的环境是一个动态的环境，组织内外都存在着许多不确定的因素，因此，组织的战略目标也会发生变化，这样，就促使组织的人力资源规划也必须进行不断的变更；另外，在人力资源规划的制定过程中，由于主客观条件的限制，对于组织的人力资源需求预测和供应预测不准确，造成人力资源规划在实施过程中，出现了许多问题，需要对人力资源规划进行修订。

人力资源规划既包括预算、目标和标准设置，也同时承担执行和控制的责任，并建立一整套报告程序来保证对规划的监控。报告内容包括全公司雇员的总数量（确认那些在岗的和正在上岗前期的）和为达到招聘目标而进行的招聘的人员数量，以及与预算相比雇佣费用情况如何，损耗量和雇佣量的比率变化趋势如何等信息。

1. 执行确定的行动计划

在各分类规划的指导下，确定组织如何具体实施规划，是这一步的主要内容。

2. 实施监控

实施监控的目的在于为总体规划和具体规划的修订或调整提供可靠信息，强调监控的重要性。在预测中，由于不可控因素很多，常会发生令人意想不到的变化或问题，如若不对规划进行动态的监控、调整，人力规划最后就可能成为一纸空文，失去了指导意义。因此，执行监控是非常重要的一个环节。此外，监控还有加强执行控制的作用。

## 六、人力资源规划的评估与反馈

对人力资源规划进行评估，是制定人力资源规划的一个重要阶段。过去，我们只注重人力资源规划的制定和实施，而忽略了人力资源规划的评估和反馈工作。实际上，如果不对人力资源规划进行评估，就很难知道我们制定的人力资源规划是否正确？是否与组织的战略目标相吻合？是否能有效地指导组织的人力资源开发与管理？如果不进行评估，规划也就失去了其自身的意义。根据评估的结果，及时地反馈信息，以便修订人力资源规划。虽然人力需求的结果只有过了预测期限才能得到最终检验，但为了给组织人力规划提供正确决策的可靠依据，有必要事先对预测结果进行初步评估。由专家、用户及有关部门主管人员组成评估组来完成评估工作。评估者应考虑以下具体问题：

（1）预测所依据的信息的质量、广泛性、详尽性、可靠性以及信息的误差和原因。

（2）预测所选择的主要因素的影响与人力需求的相关度，预测方法在使用的时间、对象的特点与数据类型等方面的适用性程度、范围。

（3）人力资源规划者熟悉人事问题的程度以及对它们的重视程度，他们与提供数据和使用人力资源规划的人事、财务部门以及各业务部门经理之间的工作关系如何。

（4）在有关部门之间信息交流的难易程度。

（5）决策者对人力资源规划中提出的预测结果、行动方案和建议的利用程度。

（6）规划实施的可行性。评估预测结果是否符合社会、环境条件的基本要求，能否取得达到预测成果所必需的人、财、物、信息、时间等条件。

为了提高人力资源预测的可靠性，有必要使评估连续化，除了上述因素可以对一项人力资源规划评价提供重要参考外，还要对如下几个因素进行比较：

（1）实际招聘人数与预测的人员需求量的比较；

（2）劳动生产率的实际水平与预测水平的比较；

（3）实际的人员流动率与预测的人员流动率的比较；

（4）实际执行的行动方案与规划的行动方案的比较；

（5）实施行动方案后的实际结果与预测结果的比较；

（6）劳动力与行动方案的成本与预算额的比较；

（7）行动方案的收益与成本的比较。

评估要做到客观、公正和准确。同时要进行成本—效益分析并审核规划的有效性。在评估时一定要征求部门经理和基层领导人的意见，因为他们是规划的直接受益者，最有发言权。

在对人力资源规划进行评估时，要有一个客观、公正的态度，要广泛征求组织内部各业务部门领导者的意见。一个规划只有被大多数部门领导者以及被人力资源规划的实施者和直接受益者所接受，才能称其为好的规划。

## 七、人力资源规划与其他规划的协调

组织经营管理和正常运作中的其他规划往往制约着人力资源规划，例如各个部门的活动直接影响人员需要的种类、数目、技能及工资水平等。人力资源规划的目的也是为其他规划服务的，只有和其他规划协调一致才会取得好的成效。因为组织的其他计划往往制约着人力资源规划，而人力资源规划的目的往往又是为其他计划服务的。所以，人力资源规划既受其他计划制约，又为其他计划服务，不协调绝对不行。例如，员工的工资往往取决于财政部门的预算；销售决定生产，生产决定员工的数目、种类和技能等。要使人力资源规划真正奏效，就必须将它与不同层次的组织计划相联系，人力资源规划和其他规划的关系可表述如图 3－4 所示。

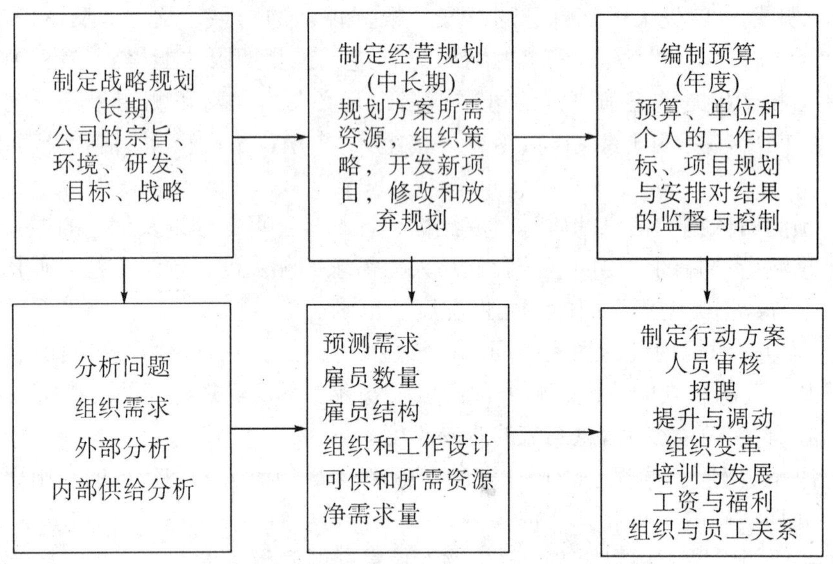


**图 3－4　三个层次的组织规划和人力资源规划的关系**

总之，人事经理在考虑人力资源规划时，应注意以下几点：

（1）发展越快的公司，就越需要有详细的人力资源规划。

（2）组织里的专业人才、经理人才越多，就越需要详尽的人力资源规划。

（3）越是技术导向性组织，就越需要人力资源规划以应付人才供应的不足。

（4）对环境反应越敏感的组织，就越需要人力资源规划。

（5）产品越多，服务项目越多，越需要人力资源规划。

## 第四节　人力资源供应分析方法

当组织预测了未来的人力资源需求后，下一步就是分析人力资源的供应问题。人力资源供应的来源主要来自两个方面：一是来自组织外部的劳动力市场；一是来自组织内部的现有劳动力。

### 一、人力资源的供应

组织人力资源既有外部的供应来源，也有内部的供应来源。

组织外部劳动力供应是受整个社会经济发展及人口结构因素等多方面的影响，特别是受教育政策、劳动人事政策的影响。要分析整体人力资源供应数量是否足够，首先要考虑人口结构、年龄分布、性别、教育水平、就业情况及各行业的特征等。国家的劳动、人事、信息管理、统计、教育等部门，应就国家的整体人力资源情况进行全面翔实的统计分析，包括人力资源的专业分布、学历结构、行业划分、特殊人才概况、供应数量等情况，按年度予以公布，并就供应情况与需求情况进行综合对比分析，作出宏观决策与制定调控措施。同时，要从政策环境和运行机制上努力培育劳动力市场的形成，完善劳动市场体系，充分发挥劳动力市场对人力资源的有效配置作用。

组织内部人力资源供应主要是分析在职员工的年龄分布、岗位结构、离职与离退休人数。从人员损耗和流动性的情况分析来探讨人力资源供应的情况。另外，组织内部人力的流动，如提升、转职等，现有人力资源是否已充分运用等，也是值得研究的。

分析组织内部人力资源供应可从现有人员着手。人力资源供应除受到社会劳动力市场供需情况的影响外，还需要考虑其他组织的竞争对本组织的影响。为了避免人力资源流失或离职，管理人员必须对造成员工离职的因素加以分析。导致员工离职的因素：一是受到组织外部的各种吸引力所产生的“拉力”，例如，组织外部的就业机会、高收入机会、良好的发展机会等都可以形成外部的“拉力”；一是组织内部所引起的“推力”，例如，组织内部的用人办法、管理方式、人际关系、奖酬分配等方面的问题，又可以形成某种“推力”。不少组织人力资源外流，就是这两种力量作用的结果。因此，如何有效地减弱“拉力”和消除“推力”，是搞好组织内部人力资源供应的基本问题，其中首要的问题就是如何把现有的人力资源配置好的问题，也就是如何“用人”的问题。总的要求是用其长、避其短、增其能、稳其心、展其才，改进管理方式，完善管理制度，协调人际关系，创造良好的工作环境等。只有这样，才能有效地克服人力离职的各种因素。

## 二、人力资源离职的有效处理

### （一）影响人力离职的因素

影响人员离职的因素，主要有以下几个方面：

（1）转向较高收入的组织工作。员工可能转向其他组织，以追求较高收入或较好的发展机会。

（2）社会就业机会增多，员工到外边可找到较好的工作。一般来说，社会待业率越高，人员流动率就可能降低，因为员工在外面寻找工作的机会不大，人员的流失率就会降低。

（3）员工心理问题。员工已届退离休年龄、已婚妇女怀孕或因婚姻而不外出工作等，都是导致员工离职的因素。

（4）缺乏周密的人力资源规划。由于组织人力资源规划不妥而裁员，会严重损耗人力。通常规模较小的组织容易受到外来环境的影响，假如人力资源政策不稳定，减员是不可避免的。

（5）员工自身问题。某些青年员工对工作认识不够，或不能适应新的工作环境，加上年纪较轻、未婚、没有家庭负担，他们喜欢经常转换工作，因而造成流失率大增。

（6）工作压力大。组织缺勤者多，流失率高，而造成人力不足，因此现有人员必须更加努力工作或是加班，造成工作压力增大，易导致更多员工辞职。

(7) 人际关系的冲突。如果组织内有人际关系的冲突，加上工作压力大，员工就容易因情绪不满而辞职。

(8) 工作性质或标准的改变。由于工作性质或标准的改变，某些员工不能适应工作要求，或对工作已失去兴趣而导致员工离职。有的加夜班过于频繁，可能困扰员工的家庭生活；工作上要求学习新的技术，可能会超越员工的负荷。

### (二) 对人力离职的有效处理方法

对人力离职的问题，管理人员可以利用管理库存、管理人员替置表和个人技能库存等鉴定组织内现有人力资源。这些分析有助于利用内部人力资源来满足组织需要。一般来说，组织内部调配供应所需人力比从外部获得人力的成本低，而且从内部提升还可以提高员工的士气及积极性。

对人力离职的有效处理，主要有以下几种方法：

1. 常规管理法

常规管理法是指利用常规的管理资料进行人力资源使用情况的分析研究，提出改进管理的措施和内部人力资源调配供应的计划与方案。所谓常规的管理资料，一般包括个人资料和管理库存资料。个人资料包括年龄、性别、婚姻状况、健康状况、教育水平、专业及技术训练记录、工作经历、工作职务及范围和职务升迁记录等。管理库存资料主要包括工资及异动情况，测评考核结果，执行纪律记录以及考勤情况、使用范围、潜能、优点及弱点等内容。通过对这些资料的分析研究，提出人力资源调配供应的计划和草案，以便消除人力离职问题。这些资料虽然项目繁多，但利用电子计算机可方便地储存和应用。

2. 马尔可夫链模型

“马尔可夫链模型”主要是分析一个人在某一阶段内由一个职位调到另一个职位的可能性，即调动的概率。该模型提出了一个基本假设，即过去内部人事异动的模式和概率与未来趋势大体相同。实际上，这种方法是要分析出组织内部人力资源的流动趋势和概率，如升迁、转职、调动或离职等方面的情况，以便为内部人力资源的调配供应提供依据。

马尔可夫认为，组织能否有效地保留现有人才，可以利用人力资源离职曲线来分析，并研究其原因。一般人力离职的模式是用一条曲线来表示的任职时间的长短与离职的关系。在人工作的最初一段时间内，人力离职会比较多，随着时间的推移，人力离职会急剧增加，主要是由于员工未能适应新的工作环境、管理方式、工作要求及人际关系，因此离职率较高，甚至达到一个高峰。但是，过了一段时间，离职率开始递减，其原因是新聘员工过了适应期后，逐步适应了工作，进入胜任阶段，就不会再轻易地提出调动工作的要求。事实上，由于解聘、自动离职、退休等原因，人力离职现象是无法避免的。人力离职曲线如图 3 - 5 所示：

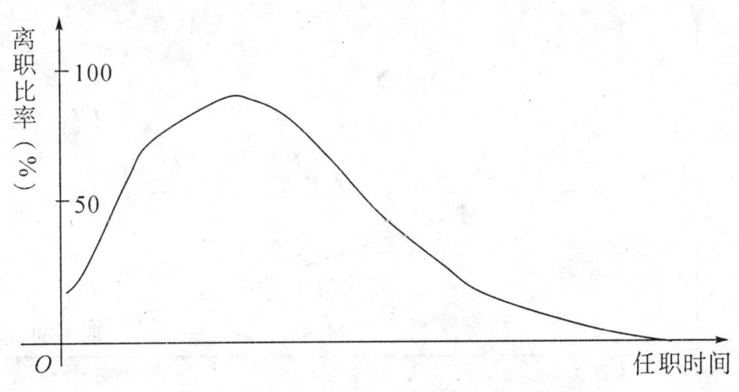


图3－5　人力离职曲线

马尔可夫链模型常用以下几种人力离职指标进行分析：

(1) 人力离职指数。人力离职指数即为离职率，用公式表示如下：

$$人力离职指数=\frac{在同一年内离职的人数}{在某一年内的平均员工人数}\times 100\%$$

这说明，员工离职率越高，组织的人力离职就越大，人力资源的供应就越差。根据这种分析，组织在估计未来人力供应时，必须考虑离职率的实际情况，保证人力供应有充分余地。一般说来，当经济繁荣、失业率低、劳动力短缺时，工作机会就会相应增加，离职也会提高。

(2) 人力稳定指数。这个指数只计算出组织在某一时间内员工任职的人数比例，但没考虑人力的流动问题。用公式表示如下：

$$人力稳定指数=\frac{现时在职满一年或一年以上的人数}{一年前任职的总人数}\times 100\%$$

(3) 服务期间分析。这种方法用于分析员工职位、职务期间与离职等情况的相互关系，以作为预测离职的参考。分析方法主要是观察并详细记录员工离职的情况，并进行横向或纵向的分析。

(4) 留任率。留任率用公式表示如下：

$$留任率=\frac{一定期间后仍在职的人数}{原在职人数}\times 100\%$$

这项指标可以为组织内部未来人力资源的供给提供参考依据，如以横坐标表示服务时间，纵坐标表示留任比率，这样可以画出留任曲线。如图3－6所示的留任曲线显示了过去一段时间内，人力留任率的变化趋势。若组织员工留任率低，说明组织各方面的状况比较差，必然要导致产量下降，效益下滑，人力成本增加。若组织员工留任率太高，也说明组织难以形成新陈代谢的机制，对组织未来发展不利。因此，组织通过分析员工留任率的高低，要抉择最佳的留任率，形成人力资源的有效配置和流动，这样才有利于组织的发展。

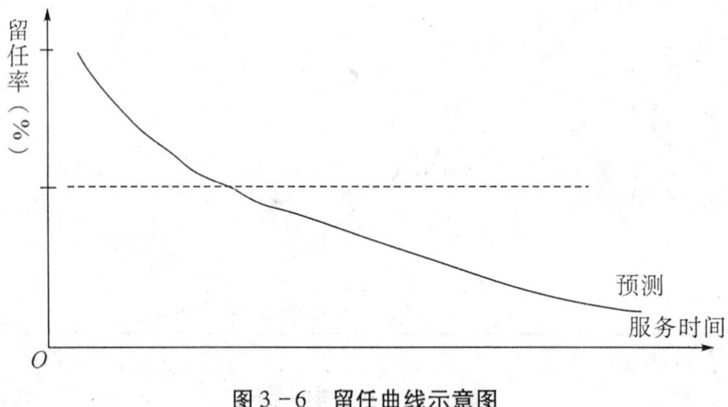


图3-6　留任曲线示意图

（三）人力离职的控制管理

为了保留组织现有的人力，控制人力离职，必须针对影响组织人力离职的不同因素加以控制和管理。

1. 适当提高工资

当低薪是人力离职的主要原因时，组织必须适当提高工资水平。如果员工追求高薪是人力离职的主要原因时，而本组织工资水平与其他组织的比较又已经相当高时（1.5～2倍于本地之平均），则管理人员必须注意其组织内追求高薪的员工，但真正解决这个问题的方法是建立具有数个月临时聘用期的人事招聘制度，在此期间内给予新进员工以较低的工资（接近本地的平均工资），这将使那些仅为了追求高薪者遭受挫折。

2. 提供升迁的机会

如果转到更有发展的组织是人力离职的主要原因时，则可由组织内提供更好的升迁机会来改变这种情况。例如，由组织内提升人员而不是对外招聘（或调入），或是增加不同阶层间工资差别的幅度等。

3. 解决人际关系的冲突

如果冲突是人员离开的主要原因时，那么管理者就必须解决好各种冲突，其办法如下：

（1）加强意见沟通。意见沟通是思想或信息的交流。基本的沟通渠道有自下而上沟通、自上而下沟通和横向沟通。它使人们能够彼此了解，相互信任。

（2）鼓励员工参与管理，提供建议。在美国，有些组织专门制定了建议制度。建议的内容常与生产、销售、作业以及管理方法有关。

（3）激励员工的工作意愿。员工们工作意愿的高低，影响到他们的工作情绪、工作绩效、对企业组织的贡献以及员工自身的满足。只有使员工明确地认识到工作的意义以及自身的价值，并使其受到应有的尊重，得到应有的待遇，才能激发其工作意愿。

（4）善于领导。领导不仅要有妥善的领导方法，还需因时、因事、因人而选择适当的领导方式。成功的领导，一方面能顺利达到企业组织的目标，另一方面又能实现成员个人目标使企业组织与成员目标在某种程度上得到有机的结合。

4. 加强人力资源规划

如果是减员造成人员的离职，管理者就应该更加周密的计划和规划，避免招聘人员过多造成日后的裁员。

5. 避免招聘不稳定人员

如果人员离职的原因是不稳定的新进员工时，就要尽量避免招聘这些不稳定性的员工。

6. 减少员工的工作负荷

如果人员缺乏，组织就应该设法增加人员，避免过分加重员工的工作负荷。

## 第五节 人力资源供求综合平衡

预测了人力资源的需求与供应之后，人力资源规划必须对人力资源的供求关系进行平衡。

### 一、人力资源供求关系的平衡

人力资源供求平衡（包括数量和质量）是人力资源规划的目的。对人力资源供给和需求预测的结果，经常反映出两者不平衡：一是人力资源供求总量平衡，结构不平衡；二是人力资源供大于求，结果是导致组织内部人浮于事，内耗过大，生产或工作效率低下；三是人力资源供小于求，结果是组织设备闲置，固定资产利用率低，造成浪费。

#### （一）人力资源供求总量平衡，结构不平衡

组织人力资源供求完全平衡这种情况极少见，甚至不可能，即使是供求总量上达到平衡，也会在层次、结构上发生不平衡。对于结构性的人力资源供求不平衡，主要通过人力资源规划基础上的一系列人事活动来平衡。首先应根据具体情况，从组织内部人员晋升和调整，以补充那些空缺的职位，满足这部分人力资源的需求。其次，对供过于求的普通人力资源，有针对性地进行专门培训，提高他们的知识技能，让他们转变为组织需要的人才，补充到有需求的岗位上去。最后，可以通过人力资源的外部流动，补充组织的急需人力资源，释放一部分冗员。

#### （二）人力资源供小于求

在人力资源供不应求发生短缺时，必须增加人力资源的供给。首先，应当考虑从组织内部进行调剂，通过组织内部的人力资源岗位流动，增加人力资源的供给。例如：将组织内部符合条件，而又处于相对富余状态的人调往空缺职位。其次，如果高技术人才出现短缺，应拟订培训和晋升计划，或通过人才引进、招聘等外部补充办法，满足人力资源需求。再次，提高组织资本技术有机构成，提高员工的劳动生产率，让机器代替人力资源。最后，制定聘用非全日制临时工计划，如返聘退休者等。

总之，以上措施，虽是解决组织人力资源短缺的有效途径，但最有效的方法是通过科学的激励机制以及通过培训提高员工生产业务技能，改进工艺设计等方式，来调动员工的积极性、主动性和创造性，以提高劳动生产率，减少对人力资源的需求。

（三）人力资源供大于求

在人力资源供给过剩，即组织存在冗员时首先应考虑通过组织自身的发展，即开拓新的组织发展生长点来调整人力资源供给配置。例如，组织可通过扩大经营规模，开拓新产品，实行多种经营等增加人力资源需求的方式来吸收过剩的人力资源供给。其次，组织还可以通过一些专门措施，例如提前退休或内退、减少工作时间和相应降低工资水平、转业培训、冗员辞退等方式来减少人力资源的供应。最后，合并和关闭某些臃肿的机构，以减少人力资源供给。

在制定平衡人力资源供求政策措施的过程中，不可能是单一的供大于求或供小于求，往往出现的是某些部门人力资源供过于求，而另几个部门又可能供不应求，也许高层管理人员供不应求，而基层管理人员供过于求，所以，组织应从实际出发，具体问题具体分析，制定出相应的人力资源规划，使各个部门人力资源的数量、质量、层次、结构等方面达到协调平衡。

人力资源总规划和人力资源各项子计划之间的也要达到平衡。人力资源总规划是人力资源各项活动的基础，人力资源规划又是通过人力资源的补充、分配、接替和提升、教育培训以及工资激励等各项子计划来实施的。因此，应当平衡好人力资源总体规划与人力资源各项子计划之间的关系。例如，人力资源补充计划与教育培训计划之间、人力资源接替计划和提升计划与工资激励计划以及培训计划之间等，都需要相互衔接与协调。只有搞好人力资源总体规划与人力资源各项子计划之间以及各项子计划之间的平衡，才能保证组织目标的实现。

## 二、人力资源目标规划的制定与控制

1. 人力资源目标规划的制定

在确立了组织的人力资源发展目标、对人力资源进行了需求预测和供应预测之后，就可以进行人力资源规划的制定了。人力资源规划的制定是在以上因素确定之后来进行的，一般来说，一个组织的人力资源规划应该是一个连续的过程，如前所述，人力资源规划应该是一个动态的过程，经过一系列的工作，然后形成一个具有操作性的规划。

人力资源规划的目标是人力资源规划的重要内容，在确定人力资源规划的目标时要注意以下几点：

（1）人力资源规划的目标一定要与组织的战略目标紧密地联系在一起，制定人力资源规划就是要为实现组织的发展目标提供人力资源方面的保障，因此，制定的人力资源规划一定要为组织的发展目标服务。

（2）人力资源规划的目标不能太空洞，杜绝说教式的文字游戏；人力资源的各项政策和策略是组织在进行人力资源管理与开发时采用的方法和措施。主要分为两种情况：一种是在人力资源短缺时的政策和策略；另一种是在人力资源多余时的政策和策略。

（3）人力资源规划的目标要简明扼要，不要长篇大论。

2. 人力资源供应的控制

人力资源供应所面临的因素很多，如组织外部的市场的变化、科学技术的发展、大众消费模式的变化、经济环境的变化、社会结构的变革、政府政策的修订等，都会给人力资源供应带来影响。

在人力资源短缺时，要采取有力的措施和方法，弥补人力资源的不足。如制定调动员工积极性的方案、想办法挖掘员工的潜能、对员工进行培训、对外进行招聘等办法。

在人力资源多余时，也要采用有力的措施消化多余人员，不让组织背上沉重的负担。如扩大本单位的业务量、对多余的员工进行再就业培训，提高他们的素质、技能和知识，帮助他们走上新的工作岗位，也可以采取一些如让部分老员工提前退休、减薪、鼓励员工辞职等非积极策略，以减少组织的负担。

（1）年龄。组织内部的人力资源的年龄分布状况对于员工的工资、晋升、士气和福利等都有较大的影响。一般来说，组织内部人力资源的年龄分布偏高，由于工资与年资有关，则老年员工的工资较高，另外由于资深员工占据部分岗位，造成年轻员工的晋升机会减少，将会影响年轻员工的进取态度及士气。

（2）缺勤分析。缺勤通常包括假期、病假、事假、旷工、迟到、早退、工作意外、离职等。造成缺勤的原因还有士气低落、生产率低下、工作表现差、服务水准差等。管理人员应该认真分析缺勤情况，找出解决缺勤的方法，以使组织的人力资源得以充分发挥作用。

（3）发展。为组织内部的人员提供发展机会，充分发挥他们的潜能，是防止人力资源流失的重要方法，也是人力资源管理的重要环节，管理人员应该让员工了解他们将会获得的职位或晋升机会，让他们对于前途充满期望。

（4）裁员。当组织内部需求减少或供过于求的时候，便会出现人力资源过剩，那么，裁员则是国际上通行的办法。一般来说，裁员对于组织是一种浪费，这种做法无论对被裁的员工还是对现有的员工都是一个打击。一个好的人力资源规划应该不会出现人力资源过剩的情况，即便真正需要以裁员的方式来解决人员过剩的问题，也应该通过其他的方法如退休、辞职等实施，并且要以补偿金等方式给予被裁的员工一定的补偿。

## 第六节 人力资源信息系统

### 一、建立人力资源信息系统的意义

人力资源信息系统是企业组织进行有关人及人的工作方面的信息收集、保存、分析和报告的过程。人力资源信息系统可以是人工操作，也可以是电子计算机化的。现代人力资源管理的信息量越来越大，保密程度越来越强，而信息的密度不断提高，光靠传统的管理方法和人工操作手段已经无法搞好人力资源管理。而电子计算机作为当代先进的科技手段，在人力资源管理中正日益发挥重要的作用。

现在美国80%的大公司都配备了一名人力资源信息系统管理人员，他们既有技术方面的能力，又有人力资源管理方面的经验。他们负责把人事资料输入计算机，然后进行分析、整理，并以便于使用的形式打印出来。例如，辛德克斯公司就使用人力资源信息系统进行雇员年龄和活动的相关性分析，帮助公司决定是否建立体育锻炼中心。

在人力资源管理中，有许多技术工作要做。如人员的考核、人员的工资计算、人力资源统计、人力资源档案的填写、贮存等。这些工作既很重要，又比较耗时费力，手工操作已经难以适应形势发展的要求。这就必须采用新的管理手段，即采用计算机技术进行信息的收集、加工、传递和贮存等，才可以使人力资源基础信息得到高效、合理、恰当的管理。这样，人力资源信息系统随着应用电子计算机而发展和完善，电子计算机在人力资源规划系统中的地位也就日益重要。

## 二、人力资源信息系统的建立

人力资源信息系统不仅是进行人力资源规划所必不可少的，而且是现代组织人力资源管理的基础工作。建立人力资源信息系统，事先要进行周密的筹划，并要考虑以下因素：组织发展战略及现有规模；管理人员对人力资源有关数据要求掌握的详细程度；组织内信息复制及传递的潜在可能；人力资源管理部门对本系统的运用程度与期望程度；社会上其他组织人力资源信息系统的建立及运用情况。

在建立人力资源信息系统的过程中，必须做好以下工作：

### （一）对系统进行全面规划

对人力资源信息系统进行全面规划，包括：使组织全体人员充分理解人力资源信息系统的概念；考虑人事资料设计和处理的方案；做好系统发展的时间进度安排；建立各种责任制和规章制度；等等。

### （二）系统的设计和发展

人力资源信息系统的设计与发展包括：分析现有记录、报告和表格，以确定对人力资源信息系统中数据的要求；确定最终的数据库内容和编码结构；说明用于产生更多数据的文件保存和计算过程；规定人事报告的要求和格式；决定人力资源信息系统技术方案的结构、形式和内容；确定录入计算机的员工工资福利表的格式及内容等要求；确定其他工作系统与人力资源信息系统的接口要求。

人力资源信息系统的实施包括；考察目前及以后系统的使用环境以找出潜在的问题；检查计算机硬件结构、所用语言和影响系统设计的软件约束条件；确定输入—输出条件、运行次数和处理量；提供有关实际处理量、对操作过程的要求、使用者的教育情况及所需设施的资料；设计数据输入文件处理程序和对人力资源信息系统的输入控制。

### （三）系统的评价

人力资源信息系统的评价主要包括：估计改进人力资源管理的成本；确定关键管理部门人员对信息资料有何特殊要求；确定人们对特殊信息的要求；对与人力资源信息系统有关的组织问题提出建议；提出保证机密资料安全的建议。

## 三、人力资源信息系统的内容与功能

### （一）人力资源信息系统的内容

人力资源规划的依据是信息，一个比较完善的计算机人力资源信息系统，主要包括以下几个方面的内容：

（1）能够储存大量原始人力资源数据和有用信息的数据库。例如，根据人力资源信息系统贮存的组织战略、经营目标和常规经营计划信息，可以确定人力资源规划的种类及框架。

（2）能够高速自动处理大量人力资源数据的电子计算机系统。

（3）为各级管理人员提供查询、打印和显示人力资源信息的终端设备。

（4）能够迅速地把人力资源信息传输给计算机，并把各种计算中心连接起来的计算机网络系统。

（5）具备一批懂软、硬件的专业技术人员和强有力的领导机构。

（6）若干适合人力资源管理的计算机软件（应用软件包）和数学模型等。如人才预测、人才定量考核等。

（二）人力资源信息系统的功能

人力资源信息系统除为人力资源规划提供信息外，还具有以下功能：

（1）可以为组织制定发展战略提供人力资源数据；

（2）可为组织人力资源管理决策提供信息；

（3）可为组织管理效果的评估提供反馈信息；

（4）可为组织其他有关人力资源的活动提供快捷、准确的信息。

## 四、人力资源信息系统的基础信息

一般来说，人力资源信息系统主要应包括以下具体信息；①自然状况，如性别、年龄、民族、籍贯、体重、健康情况等；②知识状况，如文化程度、专业、学位、所取得的各种证书、职称等；③能力状况，如表达能力，操作能力、管理能力、人际关系协调能力及其他特长等；④经历及经验，如做过何种工作、担任何种职务及任职时间、调动原因、总体评价；⑤心理状况，如兴趣、偏好、积极性水平、心理承受能力；⑥工作状况，目前所属部门、岗位、职级、绩效及适应性；⑦收入状况，如工资、奖金、津贴及职务外收入；⑧家庭背景及生活情况，如家庭生活取向及个人对未来职业生涯的设计；⑨所在部门使用意图，如提升、留任、调动等。

总之，人力资源信息系统是人力资源管理中的一项基础性工作，它可以为决策者提供许多必不可少的决策信息，使管理和决策更加科学化。

## 思考题

1. 何谓人力资源规划？制定人力资源规划的重要性是什么？
2. 简述人力资源规划的内容。
3. 人力资源规划的程序一般包括哪几个步骤？
4. 影响人力资源需求的主要因素是什么？
5. 对人力资源需求预测，主要采取哪几种预测方法？
6. 人力资源供应来源主要有哪几个方面？如何做好人力损耗的控制管理？
7. 如果出现劳动力剩余，组织可能采取什么行动？

8. 建立人力资源信息系统的意义是什么?

## 案例阅读

### 人力资源供需预测

人力资源供需预测是人力资源管理的第一步，是人力资源规划重要的一环。透过预测数据，人力资源管理部门和用人部门可以及早诊断人力供需间的差异、部门人员结构是否合理等问题，采取措施加以解决，并据此进行招聘、培训、绩效评估、奖惩等一系列人力资源开发和管理工作。

流程步骤说明：

(1) 目前联合公司各本部人员有四种职类：管理、营销、技术、辅助。通过核查，搞清现在各职类人员的数量、结构及分布状况，为人力资源供需预测提供准确依据。

(2) 各本部通过人员比例预测法，即根据本年度预计的总营业额、人均营业额，规划出四种职类人数应合理分占部门总人数的比例，并据此分别得出部门本年度预测需求的员工总数及四种职类人员人数。

(3) 各本部通过马尔可夫预测法，根据部门现有各职类人员分布状况以及计划调整状况，确定四种职类相互转移的比例和流失比例，得出部门内部各职类本年度的实际供应人员数。

(4) 各本部汇总、比较本年度人员需求数和内部人员供应数，得出四种职类纯人员需求数量（某职类纯人员需求数、某职类需求人数、某职类内部供应人数），并提交人力资源部。

(5) 人力资源部经审查，确认需求有效，并根据预测得出的纯人员需求数量进行人力资源规划：当纯人员需求数量为负时，说明劳动力过剩，将采取诸如辞退、不再续签、提前退休、内部流动等方法解决。当人员需求量为正时，说明劳动力短缺，将采取诸如培训、加班、招聘、工作再设计、内部流动等方法解决。

(6) 由于在预测中存在一些不可控因素，如外部环境或内部环境发生意想不到的变化，所以人力资源部既要根据人力资源预测得出的纯人员需求数量在全年度跟踪、监督各本部执行情况，还要通过反馈，同用人部门一起对人力资源规划进行动态调整。

# 第四章　工作分析与职（岗）位设计

## 本章学习要点

- ▶工作分析的概念与内容
- ▶工作分析的程序与方法
- ▶工作说明书与工作规范编写
- ▶工作设计与职位设计的含义
- ▶职位设置的依据与分类
- ▶岗位的分类与设置

**引导案例：　　　　某银行贷款助理工作说明书**

工作名称：某银行贷款助理

年龄：25～35岁

性别：男女不限

学历：大学本科以上

工作经验：在银行工作三年以上

体能要求：视力良好，能听见20英尺（1英尺=0.3048米）以外的说话声；对数字口头表达能力强；有充沛的体力巡访客户；能用手书写；无严重的疾病和传染病。

知识与技能：良好的语言沟通能力，如倾听与提问能力；具有一般的会计能力；有良好的书写能力；有良好的综合分析能力，能对财务文件进行研究分析；有能力代表公司的形象；具有销售技能；具有企业管理与财务知识，具有银行信用政策和服务的知识，熟悉和银行相关的法律知识与术语；能熟练运用计算机；有独立工作的能力，能适应高强度的工作；具有面试能力；对经济、政治事件有分析能力。

其他特性：具有驾驶执照；愿意偶尔在下班后或周末加班；愿意在下班后参加各种活动；平时衣着整洁。

资料来源：关淑润. 人力资源管理［M］. 北京：对外经济贸易大学出版社，2001：95.

工作分析是人力资源管理部门用来收集与工作、员工有关的资料，以决定工作的性质和员工适应工作所必须具备的资格。一个好的组织机构对一个组织来说固然很重要，但安排适当的人工作更为重要。如果一个组织在组织机构上很完美，但员工无能，那就永远不能把工作做好。因为“人”固然是组织中最重要的资源，但其之所以重要，是因为他能完成工作或任务。一个不能完成工作的人，对组织来说是无任何意义的，如同一台不能运转的机器一样。所以，从另一个角度来看，人力资源管理的目标不是人，而是人的工作。

## 第一节　工作分析概述

工作分析是组织各项人力资源管理工作的核心，是建立人力资源管理制度的基础。搞好工作分析可为组织设计组织架构、制定人力资源规划、人员招聘、员工培训与发展、绩效管理、薪酬管理等工作提供科学的依据，保证事（职务）得其人，人（员工）尽其才，人事相宜。也可以说工作分析是各项人力资源管理工作的核心，是确定完成各项工作所需技能、责任和知识的系统过程。

组织通过一系列有关工作信息的收集、分析和综合来完整地确认工作整体，并以工作说明书的形式描述工作的内容、要求、责任及胜任素质，为管理活动提供各种有关工作方面的资料。

### 一、工作分析的含义与内容

#### （一）工作分析的含义

工作即职务，是指同类职位或岗位的总称。

工作分析又称职务分析。所谓工作分析，是指对某特定的工作作出明确规定，并确定完成这一工作需要有什么样的行为的过程。工作分析又是通过一系列系统化程序，明确某个职位的工作性质、任务、责任及执行这些工作所需要具备的技能和知识的过程。

根据工作分析所获得的资料，可以编制成工作说明书（职务说明书）和工作规范（职务规范）。原则上，组织内每一个职位，都应有一份工作说明书和工作规范。

#### （二）工作分析的内容

工作分析的内容主要包括以下几个方面：

（1）职务名称的分析。用简洁准确的文字对本工作进行概括，主要包括工种、职称、等级等项目。

（2）工作任务的分析。主要调查研究和分析组织中各个职位的任务性质、内容、形式、完成任务的步骤和方法以及所使用的机器设备、器具等。

（3）工作职责的分析。主要调查研究和分析各职位任务范围、职位责任大小以及重要程度。

（4）职位关系的分析。本职位与相关的上下左右各职位之间的关系。

（5）分析各职位的劳动强度及工作环境。

（6）调查研究和分析各职位所需员工的知识、技能、经验、体力、心理素质等资格条件。

#### （三）工作分析所涉及的概念和术语

工作分析所涉及的概念和术语主要有：职业、工作、任务、职位、职务、职务分析、工作说明书及工作规范等。

职业：职业是指在跨行业、跨部门基础上的综合层次的工作。

工作：它不局限于一个组织的内部。工作是由一组职位组成，它们在任务的构成及重要性方面极其相似。

职位：职位是某人所从事的任务及职责的规定，是指某人需完成的一组任务。例如，打字员需要打字、复印、维修保养打字机、选购打印纸等。职位是根据某项工作的人数而定，即有多少职位就有多少人员。一般来说，职位与个体是一一匹配的，如某办公室需两名秘书，则设两名秘书职位。

职责：职责是指个体所从事的工作的主要组成部分

任务：任务是个体从事工作活动的单元。在完成某项职责时通常要经过一系列必需的步骤，每步都有明显的开始和结束，这些步骤就是任务。具体说，任务也是指安排一名员工所完成的一项具体的工作。例如，打字员打字就是一项任务，包装工人盖上瓶盖也是一项任务。

职务：由许多相同的职位所组成，这些职位的性质、类别完全相同，完成工作所需条件也一样，如秘书就是一个职务。一种职务可以有一至多个职位。

职务分析（工作分析）：通过与员工交谈、工作记录、实地考察等方法去考察一项工作，明确其责任、工作范围及任职资格的过程。

工作说明书（职务说明书或工作描述）：指将工作分析的结果，用书面的形式加以说明整理成文的过程。

工作规范（职务规范）：指完成某一职务所需具备的能力、技巧、知识、学历和工作经历等。

总之，工作分析就是为制定组织正确的人力资源管理决策，收集必需的资料，并据此编制工作说明书和工作规范的过程。

## 二、工作分析的目的与意义

### （一）工作分析的目的

1. 人力资源规划

工作分析为战略性人力资源规划的制定提供以下的信息：年龄结构、知识结构、能力结构、培训需求和工作安排。

2. 招聘与甄选

工作分析得出的工作说明书为招聘提供清楚的指导性文件，从而对申请人进行招聘和甄选。

3. 人力资源开发

工作分析得出的职位规范提供了各项工作所需的特定的知识、技能和经验；工作说明则描述了衡量员工绩效的基本工作内容。所以，工作分析为员工培训与开发提供了一个可行的方向和道路。

4. 绩效考核

工作分析中对各岗位要求和职责的准确说明为设计合理的绩效标准和考核指标提供了科学的依据。考核的过程就是将员工的实际工作业绩同考核指标进行比较，从而得出对员工客观全面的评价。

5. 薪酬设计

工作分析中对各岗位的重要性的说明为薪酬设计提供了科学的依据。

（二）工作分析的意义

工作分析所得的资料应用比较广泛，是人力资源管理工作的基础。它对进一步搞好人力资源管理工作具有十分重要的意义。

（1）工作分析可为人力资源管理决策提供科学的依据。通过全面而深入的工作分析，可以使企业组织充分了解各项工作的具体内容以及对员工的身心要求，这就为正确地制定人力资源管理决策提供了科学的依据。

（2）工作分析有利于提高部门和员工的工作效率。通过工作分析，使新聘员工和现任员工能清楚了解其工作范围和职责。同时，工作分析还可以明确显示各职位之间的关系，用于设计工作及组织机构，可以减少职责的重复和某些工作无人负责的问题。

（3）工作分析可以做到人尽其才。根据工作规范要求，可以制定出每个职位标准与要求，作为招聘员工的资格与条件。同时，可以根据员工的资历、经验、知识和技能安排合适的工作岗位，做到人尽其才。

（4）工作分析可为评价员工工作提供标准。工作说明书所列的职务、工作性质、责任轻重、繁简难易、危险程度及所需的知识技能等，可以作为评价员工工作的依据或标准。

（5）工作分析可以科学评价员工绩效。通过工作分析，每一职位的内容都明确界定。把工作说明书上的要求与员工的实际表现比较，就可以评定他们的工作绩效。这样，以工作分析为依据对员工绩效进行评价就比较合理，比较公平，从而达到科学评价员工绩效的目的。

（6）工作分析可预测组织未来的人力需求。通过工作分析可预测和分析组织未来的人力需求，检查应增加或减少的员工的编制，甚至增加或减少某些职位。

（7）工作分析可以有效地激励员工。工作分析可以在培训、职业开发、安全、工资奖金、人际关系、员工咨询等方面提供建设性意见，组织可以在工作分析的基础上了解员工工作的各种信息，以便全方位地、有效地激励员工。

工作分析是各项人力资源管理工作的核心，是建立人力资源管理制度的基础，也是各项人力资源管理程序所必须依据的文件。如图4－1、图4－2所示。

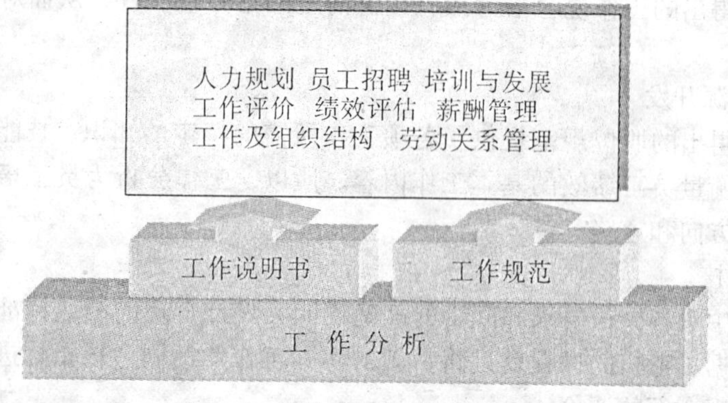


图4－1 工作分析基础作用示意图

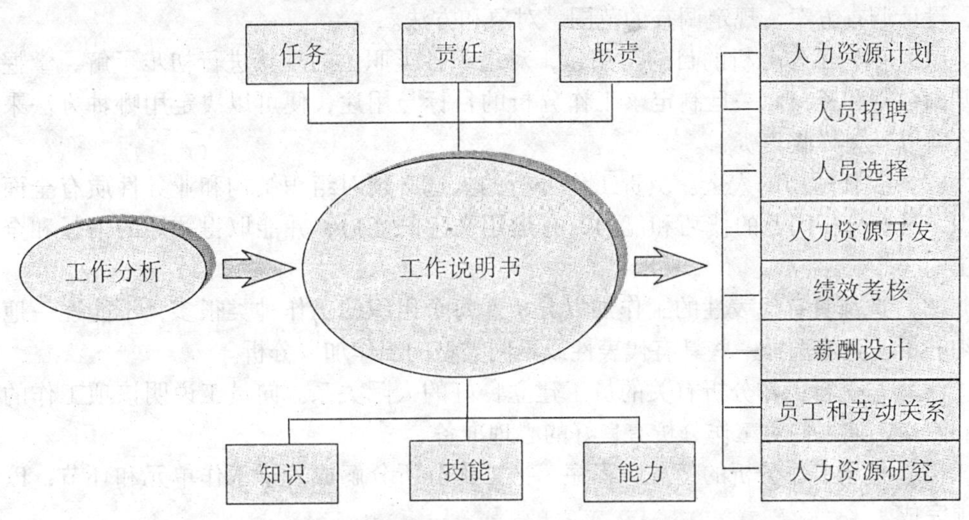


图4－2 工作分析与工作说明书相互关系

（三）工作分析的前提

工作分析要根据工作目标、工作流程、组织战略和市场环境的变化进行相应的动态调整。通常在下面三种情况下需要进行工作分析：

（1）当新组织建立，工作分析首次被正式引进时；

（2）当新的工作产生时；

（3）当工作由于新技术、新方法、新工艺或新系统的产生而发生重要变化时。其中，在工作性质发生变化的时候最需要进行工作分析。

根据工作分析提供的各岗位职责和要求等方面的差异可建立组织中不同工作的相对重要性的排序，并通过量化的形式来确定每个职位的报酬水平。

（四）员工和劳动关系

当考虑对员工进行提升、调动或者降级时，工作说明书能提供一个比较各人才干的标准，从而有助于组织进行客观的人事决策。

（五）人力资源研究

工作分析信息为研究者提供了一个研究起点。

## 第二节 工作分析的程序与方法

### 一、工作分析的程序

工作分析是一项技术性很强、复杂而细致的工作，其工作程序主要包括以下四个阶段：

（一）准备阶段

准备阶段是工作分析的第一个阶段。这一阶段的主要任务是：了解情况，建立联系，设计调查方案，规定调查的范围、对象和方法。

（1）确定工作分析的目的与用途，对组织各类职位的现状进行初步了解，掌握各种基础数据和资料。一旦制定了工作分析的目标与用途，便可以决定用哪种方法来收集资料以及怎样收集资料。

（2）委任适当的人选。负责工作分析的人选必须对组织结构和业务性质有全面的认识，具有分析问题的技巧和能力，有运用文字的能力，并能取得领导的信任和全体员工的合作。

（3）选择具有代表性的工作加以分析。每个组织的工作种类很多，不能逐一地作详细分析，只能选择一些具有代表性或不同类型的工作加以分析。

（4）与进行工作分析有关的员工建立良好的人际关系。向员工说明该项工作的目的和意义，使他们对工作分析有良好的心理准备。

（5）根据工作分析的任务、程序，把工作分析分解成若干工作单元和环节，以便逐项完成。

### （二）调查阶段

调查阶段是工作分析的第二个阶段。这一阶段的主要任务是根据设计的调查方案，对各职位进行认真细致的调查研究。

（1）编制各种调查问卷和提纲。

（2）在调查中，应灵活地运用访谈、问卷、观察、参与等方法。

（3）广泛深入地收集有关职位的工作内容，主要应收集以下几个方面的资料：①职位名称（或工作名称）；②所属部门及主管姓名；③工作地点（工作单位）；④工作概要；⑤任务；⑥机器、工具、设备；⑦工作情况、工作环境、危险因素及安全措施；⑧职责及决策；⑨工作上受何人领导、监督，需领导、监督何人；⑩担任这项工作所必须具备的学历、工作经验、技能及专业训练等。

### （三）分析阶段

分析阶段是工作分析的第三个阶段。这一阶段的主要任务是对有关工作特征和工作人员特征的调查结果进行全面深入的分析。

（1）整理分析资料。将有关工作性质与功能的资料进行加工整理分析，分门别类，编入工作说明书与工作规范的项目内。

（2）核对所得资料。在正式编写工作说明书之前，应先找出某职位的工作内容，然后将初稿交给有关员工及其主管核对，以确定没有遗漏或错误。

（3）创造性地分析、揭示各职位的主要成分和关键因素。

### （四）总结、完成阶段

总结、完成阶段是工作分析最后阶段。这一阶段的主要任务是：在深入分析和总结的基础上，编制工作说明书和工作规范。

（1）召集整个调查中所涉及的基层管理者及任职人员，讨论由工作分析人员制定的工作说明书和工作规范是否完整、准确。

（2）召开工作说明书和工作规范的检验会时，将工作说明书和工作规范初稿复印，分发给到会的每位人员。

（3）讨论、斟酌工作说明书和工作规范中的每一行，甚至每个词语，由工作分析人员记下大家的意见。

（4）根据讨论的结果，最后确定出一份详细的、准确的工作说明书和工作规范。

## 二、工作分析的方法

要做一份完整的工作说明书和工作规范，必须收集有关工作的足够的信息。收集信息的方法有多种，最常用的有以下几种：工作日记法、实地观察法、面谈法、问卷调查法、参与法等。

### （一）工作日记法

为了解员工的实际工作内容、责任、权力、人际关系及工作负荷，每位员工必须详细记录每天所做的各项工作、任务以及所耗费的时间。由于各项活动都有详细的记录，因此可以避免遗漏。工作日记格式，如表4－1所示。

表4－1　工作日记（样表）

| 日期：____年____月____日　星期____　部门________　姓名：________ | | | | | | | | |
|---|---|---|---|---|---|---|---|---|
| 事物序号 | 事物来源 | | | 事物内容及处理 | 处理时间 | 是否完成 | | 备注 |
| | 计划 | 上级 | 例外 | | | 是 | 否 | |
| | | | | | | | | |

认真记录的工作日记可以提供大量信息，如计划工作质量、自主权、例外事务比例、工作负荷、工作效率、工作中涉及的关系等。工作日记不仅对工作分析有用，而且也是自我诊断的工具。

### （二）实地观察法

对于一些比较简单、不断重复，又容易观察的工作，如一些体力劳动或装配线上的工作员，可由工作分析人员到现场实地观察记录有关活动和所耗费的时间等资料。

但是，对于较复杂或工作内容较多样化的工作，如秘书，单凭直接的观察无法获得足够的资料。当一位秘书进行打字时，在旁的观察者是难以知道她打的是一封信件、一份报告，还是会议记录。而且秘书的工作范围比较广泛，观察者也不能长期在她身边进行观察。

在实地观察前，要有一份详细的观察提纲和行为标准。这样，在观察时才能及时记录。工作分析观察提纲格式，如表4－2所示。

表 4-2　　　　工作分析观察提纲（摘要）

被观察者姓名：＿＿＿＿＿＿＿＿＿　日期：＿＿＿＿＿＿＿＿＿。
观察者姓名：＿＿＿＿＿＿＿＿＿＿　观察者时间：＿＿＿＿＿＿＿＿＿＿＿＿。
工作类型：＿＿＿＿＿＿＿＿＿＿＿　工作部门：＿＿＿＿＿＿＿＿＿＿＿＿＿。
观察内容：
工作分析观察提纲（部分）
1. 什么时候开始正式工作？＿＿＿＿＿＿＿＿＿＿＿＿。
2. 上午工作多少小时？＿＿＿＿＿＿＿＿＿＿＿＿。
3. 上午休息几次？＿＿＿＿＿＿＿＿＿＿＿＿。
4. 第一次休息时间从＿＿＿＿＿＿＿＿＿＿＿＿到＿＿＿＿＿＿＿＿＿＿＿＿。
5. 第二次休息时间从＿＿＿＿＿＿＿＿＿＿＿＿到＿＿＿＿＿＿＿＿＿＿＿＿。
6. 上午完成产品多少件＿＿＿＿＿＿＿＿＿＿＿＿。
7. 平均多少时间完成一件产品？＿＿＿＿＿＿＿＿＿＿＿＿。
8. 与同事交谈几次？＿＿＿＿＿＿＿＿＿＿＿＿。
9. 每次交谈约＿＿＿＿＿＿＿＿＿＿＿＿分钟。
10. 室内温度＿＿＿＿＿＿＿＿＿＿＿＿。
11. 抽了几支香烟？＿＿＿＿＿＿＿＿＿＿＿＿。
12. 喝了几次水？＿＿＿＿＿＿＿＿＿＿＿＿。
13. 什么时候开始午休？＿＿＿＿＿＿＿＿＿＿＿＿。
14. 出了多少次品？＿＿＿＿＿＿＿＿＿＿＿＿。
15. 搬了多少原材料？＿＿＿＿＿＿＿＿＿＿＿＿。
16. 噪音分贝是多少？＿＿＿＿＿＿＿＿＿＿＿＿。

（三）面谈法

当上述两种方法不能取得足够的工作资料时，工作分析人员可以直接与员工进行面谈（包括主管人员与一般员工），以便了解其工作情况。但进行面谈之前，工作分析人员应事先拟定调查提纲，列出所有需要调查的问题，并使对方了解面谈的目的。面谈时，应按照问题的顺序一一发问，并作详细的记录。同时，面谈应在轻松愉快的气氛中进行，使被约谈者能畅所欲言，无拘束地讨论他的工作。只有这样，才能掌握经常性和非经常性工作的详细情况。面谈之后，应将所取得的资料与被约谈者的领导讨论，以确定资料是否正确。

（四）问卷调查法

问卷调查法是指利用调查表进行职位调查。问卷调查表是在调查之前，由专业人员设计编制的。被调查者接到问卷调查表后，应按调查表项目一一填写。一般来说，问卷调查表的内容主要包括：工作名称；所在单位名称；被调查者姓名；工作上受何人领导；监督；需领导何人；监督何人；处理工作的程序与方法；需用的材料与设备；需具备的知识；技能和经验等。这种方法的优点是可以节省人力、时间和经费。然而，要取得可靠的材料，需取得被调查者的充分合作，被调查的员工需对工作熟悉，而且能用文字表达意见。工作分析问卷表格式，如表 4-3 所示。

表 4-3　　工作分析问卷

职称：＿＿＿＿＿代号：＿＿＿＿＿职级：＿＿＿＿＿。
所属部门：＿＿＿＿＿工作地点：＿＿＿＿＿。
工作的一般目标：＿＿＿＿＿＿＿＿＿＿
＿＿＿＿＿＿＿＿＿＿。
职责摘要：＿＿＿＿＿＿＿＿＿＿
＿＿＿＿＿＿＿＿＿＿。
详细内容：（包括时间耗费的分配百分比）
定期性工作：＿＿＿＿＿＿＿＿＿＿
＿＿＿＿＿＿＿＿＿＿。
非定期性工作：＿＿＿＿＿＿＿＿＿＿
＿＿＿＿＿＿＿＿＿＿。
通常每天工作时数：＿＿＿＿＿是否轮班：＿＿＿＿＿。
督导：
　向谁直接负责？＿＿＿＿＿＿＿＿＿＿。
　督导者的职位如何？＿＿＿＿＿＿＿＿＿＿。
　对下属员工的监督：＿＿＿＿＿＿＿＿＿＿。
　所受的监督：＿＿＿＿＿＿＿＿＿＿。
设备及物料：
　请指出你所负责的设备与程序：＿＿＿＿＿＿＿＿＿＿。
　请指出你所负责的材料或产品：＿＿＿＿＿＿＿＿＿＿。
工作环境：
　户外工作：＿＿＿＿＿＿＿＿＿＿。
　须派海外工作：＿＿＿＿＿＿＿＿＿＿。
　工作中容易引致的危险，如机器＿＿＿＿举重物＿＿＿＿高温＿＿＿＿
　高压＿＿＿＿毒气＿＿＿＿高空工作＿＿＿＿其他＿＿＿＿
担任此职位所需要的资格或条件：＿＿＿＿＿＿＿＿＿＿
＿＿＿＿＿＿＿＿＿＿。
个人特征：＿＿＿＿＿＿＿＿＿＿。
教育程度：＿＿＿＿＿＿＿＿＿＿。
工作经验：＿＿＿＿＿＿＿＿＿＿。
职业或特殊训练：＿＿＿＿＿＿＿＿＿＿。
知识、技能：＿＿＿＿＿＿＿＿＿＿。
体力（在执行职务时必须具备的生理上的需求，如身高，体力，机敏等）：＿＿＿＿＿。
其他：＿＿＿＿＿＿＿＿＿＿。
填写人姓名：＿＿＿＿＿＿＿＿＿＿。
签字：＿＿＿＿＿＿＿＿＿＿。
日期：＿＿＿＿＿＿＿＿＿＿。
主管复核上述所填各项均属正确无误。
姓名：＿＿＿＿＿＿＿＿＿＿。
职称：＿＿＿＿＿＿＿＿＿＿。
签名：＿＿＿＿＿＿＿＿＿＿。
日期：＿＿＿＿＿＿＿＿＿＿。

资料来源：关淑润．人力资源管理［M］．北京：对外经济贸易大学出版社，2001：92.

### （五）参与法

参与法是指工作分析人员通过直接参与某项工作，从而细致地、深入地体验、了解、分析职务的特点和要求。这种方法比面谈法、问卷法可获得更真实可靠的数据资料，可以克服一些有经验的员工并不是很了解自己完成任务的方式的缺点，也可以克服有些员工不善于表述的缺点和弥补一些观察不到的内容。但是参与法的运用很窄，因为现代组织中的许多工作高度专业化，工作分析人员往往不具备从事某项工作的知识和技能，因此就无法参加。参与法适用于一些比较简单的岗位的工作分析，或者与其他方法结合起来运用。

上述列举了常用的收集信息资料的方法，每种方法均有其优缺点。大部分组织都混合使用这些方法。

# 第三节 工作说明书与工作规范

上面我们讲述了工作分析的方法，通过这些方法，可以收集到组织内各职位的有关工作信息。将这些信息资料整理后，就可以进行工作说明书和工作规范的编制工作。

## 一、工作说明书的编写

工作说明书是对某一特定工作的内容、环境等作一概括性的叙述。其目的是让员工对本身工作的性质和责任有所了解。例如，让员工了解该做什么、如何做以及为何做？另外，工作内容描述还可以作为薪酬管理、员工招聘、培训、员工工作评价等的依据。

### （一）工作说明书的内容

关于工作说明书的内容，一般包括以下各项：

（1）工作识别，包括职务名称（工作名称）、所属部门、工作编号及日期。因工作内容具有时效性，故列出日期，且便于以后工作内容描述的重新评定及改进之用。

（2）工作内容摘要，提供一些简短的描述，使员工初步了解工作的内容。

（3）工作任务。这是工作说明书的核心部分，列明该工作的任务。其目的主要是告诉员工该做什么？如何去做？为何去做？

（4）领导关系，包括接受与给予监督，指出其上司与部属以及在组织中的地位和联系等。

（5）与其他职位或工作的关系，指出某项工作与本部门其他工作，或其他部门工作之间的关系，并指出升迁程序与关系。

（6）工作条件，列明工作地点的环境，如卫生设备、热度、户外工作、有无危险等。

（7）所使用的工具，指出本工作所必须使用或操作的工具。

（8）所有使用词汇的定义，如一些专门或不常见的术语的定义。

（9）备注，如有需要，对上述说明再作补充的解释。如，对于一些专业名词或内行人才懂的名称也尽可能加以注释。

（10）签署与认可。由领导与员工分别签名，认同工作说明书的内容。

工作说明书的格式，请见下面的工作说明书实例。

### （二）对工作说明书编写的要求

工作说明书在组织管理中的地位极为重要，不仅可以帮助任职人员了解其工作，明确其职责范围，而且还可以为管理者的某些决策提供参考。因此，编写工作说明书时，必须注意以下几点要求：

（1）工作说明书的详略与格式不尽相同，每个组织都可能有不同的写法，有些较详细，有些较简单。对于一些技术水平低或简单的工作，工作说明书可以简短而清楚的描述。但对于一些高技术、性质与内容复杂的工作，工作内涵不易详细而具体列明，只能用若干含义极广的词句来概括。

（2）工作说明书的叙述要清晰、完整，文字力求简单、精确，形式必须统一。

（3）各项工作活动，以技术或逻辑顺序排列，或依重要性、所耗费时间多少顺序排列。

（4）必须列明工作或职务最起码要做到的范围。

（5）人力资源管理部门需要经常注意组织内各种工作的异动，对有关工作说明书作出适当修改。

某公司秘书工作说明书

职务名称：秘书

隶　　属：经理

职务摘要：履行一般秘书工作，包括口述的笔录、打字、处理书信文件、安排约会事项。

任　　务：（1）笔录口述的信息或录音的信息。
（2）抄写或打字机打出信件、备忘录或报告文件。
（3）在会议上负责记录工作。
（4）拆阅外来文件并分送各有关单位。
（5）为经理进行电话联系及私人联系。
（6）接听电话并录下信息。
（7）处理零用金。
（8）招待顾客并安排约会。
（9）申领与保管办公用品。
（10）处理机密性文件。

机器设备：打字机及口述录音机。

工作环境：一般办公室所具有的环境。

危险事物：无。

美国 Midway 医院护士部工作说明书（部分节选）

工作职称：注册护士

工作描述：负责病人从入院到转院或出院的全部护理，护理包括病情评估、治疗计划和实施、治疗效果的评价。每个注册护士对值班期间的护理和可以预见的患者和其家庭将来的需要负责。在保证专业护理标准的前提下指导助手。

工作关系：

报告给：护士长

监督下列人员的护理：注册见习护士、助理护士、勤杂工

合作者：协助护理部

外部关系：医生、患者和患者家属

资格：

教育：授权护士学校毕业生

工作经历：关键护理要求一年的医疗/外科护理经验（有特殊护理经验者优先），医疗/外科护理经验（应届毕业生可以考虑非重要职位）。

证书要求：持有注册护士证书或被州政府许可。

身体要求：

1. 能够屈体、运动或帮助运转 50 磅以上的重物。
2. 能够在 8 小时值班中站立或行走 80% 以上的时间。
3. 视力和听力敏锐。

责任：

1. 评估患者的体力、感情和心理方面。

标准：在患者入院 1 小时内或者至少每次值班出具 1 份书面诊断，按照医院规定把这份诊断交给该患者的其他医护人员。

2. 撰写患者从入院到出院的护理书面计划。

标准：在患者入院 24 小时之内设计短期和长期的目标，然后每次值班中根据新的诊断检查和修改护理计划。

3. 实施护理计划。

标准：在日常护理中，按照但不局限于书面的《注册护士技能手册》在指定的护理区域应用这些技能。以一种系统的和及时的方式完成患者护理活动，并恰当地重新评判轻重缓急。

资料来源：George T Milkovich，John W Boudreau. Human Resource Management［M］. Hoomwood：Richard D. Irwin INC. 1994：145.

## 二、工作规范的编写

工作说明书与工作规范两者既相互联系，又存在一定的区别。我们可以从以下两个方面来分析：其一，从编制的直接目的来看，工作规范是在工作说明书的基础上，解决“什么样的人员才能胜任本岗位的工作”的问题，并为组织员工的招聘、培训、考核、晋升、任用提供标准；而工作说明书则是以“事”为中心，对工作岗位进行全面、系统、深入地说明，并为组织人力资源管理提供依据。其二，从内容范围来看，工作说明书的内容范围比较广泛，既包括对工作岗位各事项性质、特征等方面的说明，又包括对担任该项工作岗位人员要求的说明；而工作规范的内容比较简单，主要涉及人员的任职资格条件等方面的问题。从这个意义上讲，工作规范是工作说明书的一个重要组成部分。

工作规范是根据工作内容，拟定员工资格，列明适合从事该项工作的员工所必须具备的资格条件、个人特质与所受训练，以供招聘之用。

（一）工作规范的内容

工作规范的内容主要包括以下各项：①任务（做什么，如何做，为什么做）；②责任；③经验；④教育；⑤训练；⑥判断能力；⑦主动性；⑧体力动作；⑨体力技能；⑩沟通信息技能；⑪情绪特性；⑫嗅觉、视觉、听觉的要求。

（二）确定工作规范的要求

确定工作规范的要求，可从以下几个方面来考虑：

1. 工作性质

根据工作性质所需要的知识、技能和经验等不同，可分为技术类、行政管理类、专业类，而技术类又分为工程类、化学类等。在工程类中又可分为电力工程类、机械工程类、土木工程类等。根据工作性质，可了解需用人员的来源，处理工作所需要的学识、技能和经验等。

2. 工作繁简难易

根据工作繁简难易程度的高低，可分为若干层次，凡工作越繁而难者，处理工作所需要的知识、技能和经验的水平也就越高。否则，相反。

3. 工作责任的轻重

根据工作责任轻重程度的高低，也可分为若干层次，凡工作责任越重者，处理工作所需要学识、技能和经验的水平也就越高。否则，相反。

工作规范的格式如表4－4所示：

表4－4　　公司秘书岗位工作规范

| |
|---|
| 职务名称：秘书<br>隶　　属：经理<br>教育程度：大学毕业或同等学历。<br>工作环境：一般办公室所具有的环境。<br>专业训练：至少半年的秘书实践训练，包括打字及速记训练。<br>技　　巧：双手及手指的正常活动足以胜任微机的操作。每分钟打字速度不少于40字。<br>适应能力：必须能适应经常工作的变化，例如打字、草拟文件、接待、访客、翻阅档案等工作的变换。<br>判断能力：有足够能力判断访客的重要性、事情的轻重缓急，并决定是否立即呈报上司或延缓为之。<br>仪表谈吐：必须仪表端正，谈吐文雅。 |

资料来源：关淑润．人力资源管理［M］．北京：对外经济贸易大学出版社，2001：97.

## 第四节　工作分析的实施操作

### 一、工作分析的信息

工作分析是一个描述和记录工作各个方面的过程，它需要收集和工作相关的各项信息。工作分析的目的不同也会影响信息搜集的种类。一个有效的工作分析中所需的信息类型有：①工作活动，包括工作过程、活动记录、所采用的程序、个人责任等。②人的活动，包括与工作相关的基本动作和行为、工作方式、沟通方式等。③人员的任职要求，包括个性特点、所需要的学历和培训程度、工作经验、工作条件、基本能力要求、基本知识要求、对身体条件的要求等。④工作绩效信息，包括工作衡量方法、业绩考核标准、激励计划、错误分析等。⑤工作联系信息，包括组织内部关系、组织外部关系等。⑥与工作相关的有形和无形内容，包括所涉及或应用的知识、加工的原材料、制造的产品和提供的服务等。

### 二、工作分析的工作程序

#### （一）成立工作分析的工作机构

成立工作分析的工作机构、团队或工作小组，是进行工作分析的组织保证。工作组首先需要对工作人员进行工作分析技术培训、制订工作计划、明确工作分析的范围和主要任务。同时，配合组织做好员工的思想工作，说明工作分析的目的和意义，建立友好的合作关系，使员工对工作分析有良好的心理准备。

其次，工作组还需要确定工作分析的目标和设计调查方案。从一开始应明确工作分析所获得信息的使用目的。因为信息的用途直接决定了需要收集哪些类型的信息以及使用哪些方法来收集这些信息。

#### （二）收集与工作相关的背景信息

工作分析一般应该得到的背景资料包括：劳动组织和生产组织的状况、企业组织机构和管理系统图、各部门工作流程图、各个岗位办事细则、岗位经济责任制度等。这些背景信息能帮助分析人员了解组织中各个部门的岗位，各岗位上的人数和大致的工作职责以及他们在整个组织中处于一个怎样的地位，并可以用一个标准的职位名称来规范岗位。如果有现成的工作说明书的话，它将是你审查并重新编写工作说明书的一个很好的起点。

#### （三）选择有代表性的工作进行分析

当需要分析的工作很多，彼此间又比较相似时，选择一个典型工作进行分析就十分必要了。

#### （四）收集工作分析的信息

根据调查方案开展职位调查，收集有关工作活动、职责、工作特征、环境和任职要求等方面的信息，对组织的各个职位进行全方面的了解。这些信息的真实性和准确性直接关系到工作分析的质量。这一过程可采用之前介绍的一种或多种工作分析技术。

### （五）整理和分析所得到的工作信息

工作分析并不是简单机械地积累工作的信息，而是要在深入分析和认真总结的基础上，对各职位的特征和要求作出全面说明。这就要求把所收集到的信息与从事这些工作的人员以及他们的直接主管进行核对，以减少可能出现的偏差。同时，这一过程还为这些工作的承担者提供了一个审查和修改工作描述的机会，这无疑会有助于这些信息被所有与被分析工作相关的人所理解。

### （六）编写工作说明书

一般而言，工作说明书由工作说明和职位规范两部分组成。工作说明是对有关工作职责、工作内容、工作条件以及工作环境等工作自身特性等方面的书面描述。而职位规范则描述了工作对人的知识、能力、品格、教育背景和工作经历等方面的要求。有时候，工作说明和职位规范分成两份文件来写，有时候也合并在一份工作说明书中。具体编写模式在前面已作了阐述。

## 三、工作分析应注意的问题

### （一）开展工作分析时应注意的问题

参加工作分析的人至少应包括员工及其直接上级。规模大的组织可以有一个以上的工作分析人员，但在规模小的组织里，可能由基层主管负责。缺乏专门人才的组织经常通过外部的顾问来从事工作分析。在进行工作分析及工作说明书的编写活动中，为保证工作的顺利进行，组织必须很好地处理以下问题：

1. 管理层的支持

没有管理层的认同和支持，无法有效地完成工作分析及工作说明书的编写。组织的人事部门应协助管理阶层筹划建立政策和确定方向，并且将这个信息传递给整个组织，以获得一致的支持，传递的信息应包括以下基本内容：①此项活动的目的；②负责带领及管理活动的人或部门（小组）；③完成活动的时间表；④如果遇到争执的局面或疑难，谁来负责解释及作最终决定（通常由总经理做最后的决定）。

2. 管理层与下属的合作

因为主管需要策划及分配每一位直接下属的岗位职权和任务，所以组织的不同层次的主管都应与下属一起直接参与工作说明书的编写活动，并与人力资源部门合作，反复磋商，才能敲定一份工作说明书。

个人在今后的工作表现的评估很大程度上以工作说明书为依据，因此组织应鼓励主管与下属进行沟通，达成彼此理解并愿意接受的说明书。主管可以选择以下的途径完成编写工作说明书的工作。

途径A：给予下属指导后（必要时与人力资源部门负责人一起给予下属指导），由下属自己描写工作说明书，其后由管理者收集、与下属讨论、分析并修订，再由人力资源部门确认，呈交高层领导审核。此种方法具有民主性，可以让下属有被尊重的感觉，会产生较大的工作投入感及积极性。但主管必须有极大的容忍度。

途径B：主管自己负责描写所有直接下属的岗位说明书，完成后与下属讨论，经修订同意后再由人力资源部门确认并呈交高层领导审核。此种方法的好处是省时，但要求主管必须充分了解下属的一切，并获得下属对所分派的工作的认同。

无论采取哪种方法，人力资源部主管都负有以下责任：

（1）协助有关主管及其下属了解如何编写工作说明书；

（2）跟进编写工作说明书的进度；

（3）向最高管理层反映工作分析中遇到的问题；

（4）妥善保存并随时更新工作说明书。

### （二）编写工作说明书时应注意的问题

提供解决方法的建议；

（1）工作说明书编写的要求。工作说明书编写时应内容清楚、责权明确、语言简洁明了。在界定工作时，应尽量使用专门的动词和名词来描述工作的目的和范围、责任权限的程度和类型、技能的要求等。

（2）工作说明书必须随组织的变化而更新。管理者必须随组织的变化而及时修订工作说明书，如果组织机构改变了，而工作说明书仍是原来的一套，其作用就不能够发挥出来。

# 第五节　工作设计

## 一、职位

1. 职位的概念

所谓职位，是指以一定的职务和责任为要素，需要具备一定条件的人员来实施的工作岗位。任何职位都由两个基本要素组成：职务与责任。职务即工作，是应当完成的任务或为实现某一明确目的而从事的工作行为；责任是担任一定职务的人对其工作行为的承诺，表明他应该做什么或不能做什么。

2. 职位的特点

职位具有以下四个特点：

（1）职位是以“事”为中心设置的，不因人而转移。就是说先有职位，后有相应的工作人员。当找不到合适的工作人员时，会出现“职位空缺”的现象。

（2）职位的数量是有限的。它体现一个企业组织的编制，其数量取决于该企业组织规模的大小、任务大小、复杂程度以及经费状况等因素。

（3）职位可以按不同的标准分类，并可划分为若干等级。

（4）职位不能随人走，同一职位可以在不同时间由不同的人担任。人员的去留不影响职位的存在，但如果职位取消了，人员必须变换工作。

## 二、职位设置的依据

职位设置是组织管理中的重要问题，各企业组织系统的职位设置是否合理，直接关系到组织的整体效能。“因事设职”是职位设置的总原则。具体有以下几个应依据的原则：

（一）系统原则

所谓系统，就是由若干既有区别又相互依存的要素所组成的有机整体。任何一个完整的组织机构，都是一个相对独立的系统。因此，职位设置和划分不能孤立地、局部地去看，而应该从各个职位的相互联系上、从整体上去把握。我们在考虑一个职位设置是否合理时，应把它置于组织系统之中。从整体上进行分析，看它在组织系统中发挥什么样的作用，如果某职位对组织系统能发挥积极作用，就应该设置；否则，就不应该设置。

（二）最低职位数原则

任何一个组织机构，其职位设置的数量是有限的。职位设置超过了这个数量就会造成职位虚设、机构膨胀、人浮于事；职位设置低于这个数量，则会造成职位短缺、人手不足，影响企业组织目标的实现。因此，一个企业组织机构的职位数量应限制在有效完成任务所需职位的最低数。最低职位数原则能确保组织机构的高效率和高效益。

（三）能级层次原则

"能级"是借用现代物理学中的一个概念，指原子中的电子处在各个状态时，其能量的等级。能级原则是指一个组织系统中各个职位的功能等级。一个职位功能的大小，是由它在组织中的工作性质、任务大小、工作繁简、责任轻重等因素综合决定的。功能大的职位在组织中的等级就高；反之，就低。职位设置时，应根据能级原则来分析评估不同职位的各自能级，使其各就各位，各得其所。

对于一个组织系统来说，其职位能级从高到低，一般可分为四个层次，因而职位的能级呈梯状结构。职位能级梯状结构如图 4－3 所示。

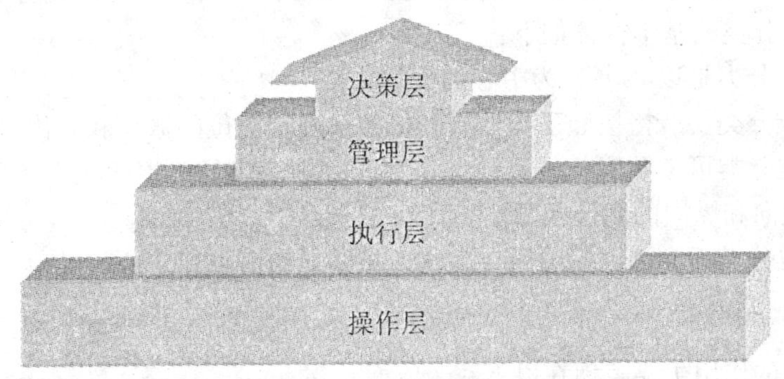


图 4－3　职位能级梯状结构示意图

（1）决策层职位。其职责是确定该组织系统的大政方针，主要功能是制定战略决策和经营决策。决策层职位设置一般较少。

（2）管理层职位。其职责是运用各种管理手段以实现上述决策。一般来讲，其职位设置多于决策层，少于执行层。

（3）执行层职位。其职责是贯彻执行管理命令，直接组织和协调组织的人、财、物等要素，为实现企业组织目标服务。

（4）操作层职位。其职责是从事实际操作，完成具体任务。

### （四）整分合原则

整分合原则是指一个组织机构必须在整体规划下明确分工，在分工的基础上进行有效的综合，以增进组织的效应。首先应该了解该组织系统的总目标，然后进行合理的分工，即把企业组织的总目标层层分解落实到每一个具体职位上，使各职位有明确的分工，并建立职责规范。其次，在目标层层分解的基础上，加强各职位间的密切合作，以保证为企业组织总目标服务。因此，在确定组织机构职位是否设置时，应看其目标是否具体、明确，是否为组织系统总目标服务，是否有利于发挥组织系统的最佳效能。能为组织系统起积极作用的职位就设置；反之，就不设置。同时，在层层分解总目标的基础上，所有职位的具体目标和功能还要进行有效的组织综合，使各职位间的关系协调配套，以发挥组织系统的最大功能和效益。

## 三、职位分类的基本含义和特征

### （一）职位分类的概念

职位分类是组织人力资源管理工作的一项基础工作。所谓职位分类，是指以客观存在的事实为依据，将组织中的职位，按其工作性质、任务的繁简难易程度、责任的大小、承担本项工作的资格及条件，加以分析比较，并根据一定的标准，把每一个职位都归入适当的等级档次，以作为劳动报酬和任用、考核、晋升、调配、奖惩员工的基本依据。也就是说，职位分类是将组织中的工作岗位即职位，在纵向上根据不同的工作性质划分为若干职门、职组、职系；在横向上根据职位的责任轻重、工作繁简难易程度、任职资格条件等因素划分若干职级、职等，对每个职位通过全面调查，认真评价，给予准确的定义和说明，对每一职级、职等制定详细的划分标准和规范，以此作为人力资源管理的基础和依据。职位的基本含义和特点决定了职位分类的基本含义和特征。职位分类的基本特征如下：

（1）职位分类是以“事”为中心的分类。

（2）职位分类要严格按照工作性质和任务来确定职位的数量和名称。

（3）职位分类可按照职位的不同工作性质、繁简难易、责任大小和所需人员的资格条件进行横向和纵向的职位区分。

（4）职位分类不允许因职位所在工作人员的异动而引起职位的异动。

### （二）职位分类的作用

职位分类的作用主要表现在以下几个方面：

1. 职位分类是人力资源管理科学化的重要基础

工作分析与职位分类是科学管理在人力资源管理工作中的应用。职位分类根据工作性质、繁简难易、责任轻重及所需资格条件的不同，将各种职位进行横向的类别区分和纵向的程度区分，将类别和程度相似的职位归入同一职级，然后对各种职级制定出统一明确的职级规范。它为员工的招聘、任用、考核、任免、升降、奖惩、培训、工资福利等各项管理活动提供了科学的依据，从而为人力资源管理科学化创造了条件。

2. 职位分类提供了“因事择人”的用人标准

实行职位分类后，在招考和录用员工时，可以根据职位说明书和职级规范的标准要求进行专业知识、技能等的考核，以便“因事择人”，从而使考试客观公正，而且切合实际工作的需要。这样，可以避免盲目招收以及考非所用、用非所长的弊端。

3. 职位分类是制定合理的工资制度的基础和依据

由于职位分类是根据职位的客观情况，把责任大小、工作难易复杂程度、任职资格条件相当的职位归于同一职等，这样在分配时就可以做到把工资报酬同工作的繁简难易和责任的轻重大小挂起钩来，从而更好地为实行同工同酬、多劳多得的工资制度奠定科学的基础。

4. 职位分类为考核、奖惩、培训组织员工提供了科学依据

职位分类中的职位说明书、职级规范、职等标准均为考核、升降、奖惩、培训组织员工等各项管理活动提供了客观公正、科学合理的依据和标准，从而使人力资源管理活动更具有针对性和目的性。

5. 职位分类有利于推行岗位责任制和提高工作效率

职位分类中的职位说明书和职级规范，明确了每一职级所属各种职位的责、权、利，使每职级上下左右之间职责分明，从而提高了工作效率。

6. 职位分类以法规形式公布实施，有利于人力资源管理的规范化

通过职位分类，将各职位的责、权、利用法规的形式固定下来，按规定对其进行管理。这样，不仅为健全和严格岗位责任制创造了条件，而且使它的实行具有法律保障。

### （三）职位分类体系的几个因素

职位是职位分类结构中最基本的元素，由它可以构成多种多样的职系、职组、职门和高低不等的职级、职等。

（1）职系。职系是指工作性质相同，而责任轻重和困难程度不同的职位系列。一般来说，一个职系就是一种专门职业，如机械工程职系。职系是录用、考核、晋升、培训员工时，从专业性质上进行考核的依据。

（2）职组。性质相近的若干职系构成一个职组，例如医疗职系、护理职系、药理职系、理疗职系等构成的卫生职组。职组的作用在于方便职位分类。

（3）职门。若干工作性质大体接近的职组可以归划为一个部门，例如，行政部门、专业技术部门等，它是职位分类中最粗略的轮廓。

（4）职级。职级是指将工作内容、难易程度、责任大小、所需资格皆很相似的职位划分同一职级，实行同样报酬。职级的职位数量并不相同，少至一个，多至数个。职级是录用、考核、培养、晋级人员时，从专业程度和能力上考虑的依据。

（5）职等。职等是在不同职系之间，把职责轻重、工作繁简复杂情况以及任职资格条件充分相同的职位归入同一等。同一职等上职位的劳动报酬相同，所有的职位都可以归入适当的职等。职等是工资、待遇、奖惩、调整的依据。

### （四）职位分类的结构

职位分类结构应建立在科学化和系统化的基础上，它以职位为基本元素，以职系、职组、职门作为横向分类座标，以职级、职等作为纵向分类座标交叉构造而成。组织中每个员工的职位，都可以在职位分类结构中找到自己的位置。

职位分类的结构并非一成不变，随着职位的增减、社会经济和科学技术的发展可以不断调整。职位分类结构示意图，如图 4－4 所示。

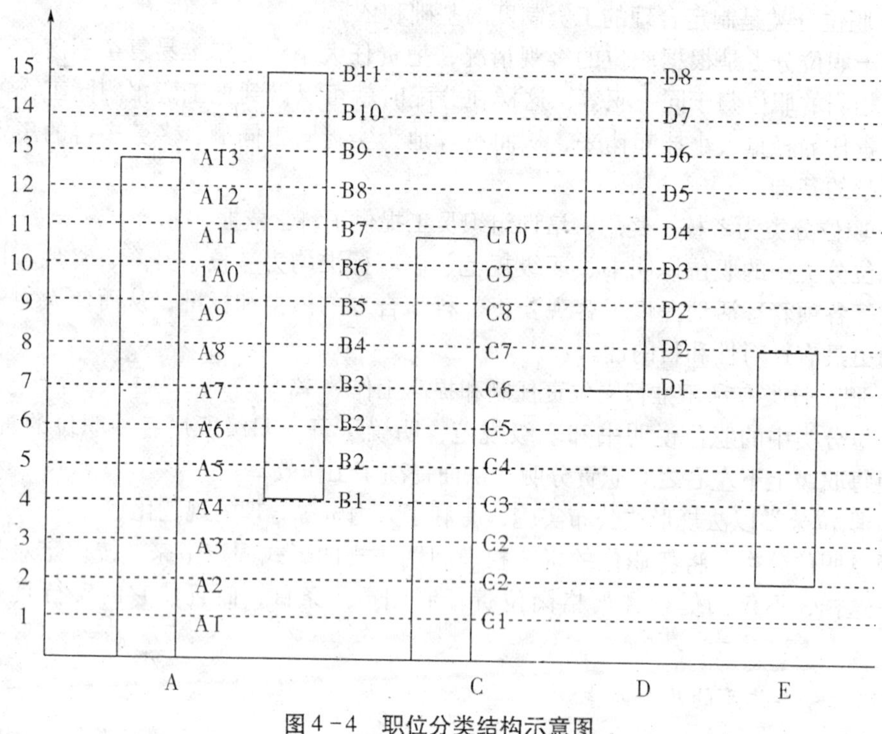


图 4－4　职位分类结构示意图

1. 职位横向分类——区分职级和职等

职位横向分类的依据是职位的业务工作性质。根据职位业务工作性质的不同，将组织中所有职位划分为若干类别，把业务工作性质相同的归为同一职类。

职位横向分类的过程是由粗到细，从一般到具体，要经过以下三个步骤：

（1）将一个单位（或部门、行业等）的职位按业务工作划分为若干大类——职门。职门是业务工作相近的职位群，也是职位分类中最粗略的轮廓。

（2）将各职门内的职位根据业务工作性质的不同继续进行划分，把业务工作性质基本相同的职位划分为相同的级组。

（3）将职组内职位按业务性质继续划分，把业务工作性质相同的职组组成一个职系。

职位横向分类的目的是为了便于根据不同职位的不同要求对组织员工进行分类管理。

2. 职位纵向分类——区分职系职等

职位纵向分类的依据是每一个职位业务工作的繁简、难易程度，职位的责任轻重、大小程度以及职位所需人员的资格条件等，并据此对各职系的职位进行职级和职等的划分。同一职系中的职位，如果职级相同，或者不同职系的职位，如果职等相同，就意味着它们的业务难易、责任轻重以及所需资格条件也相近似，从而劳动报酬也应相接近。

职位纵向分类的过程，一般要经过以下几个步骤：

（1）职位排列，分别把每个职系的职位，根据业务工作的繁简、难易程度，责任轻重及所需人员资格条件等因素进行评价并按评价的结果把每一个职系的职位加以排列。

（2）划分职级，就是分别将各职系已按顺序排列的职位，再进一步分出若干职级。即将工作繁简难易、责任轻重及资格条件充分相似的若干职位划分为一个职级。

（3）职级列等。在各个职系划分职级的基础上，对所有职系划分统一职等；即根据工作繁简、难易程度、责任轻重及所需人员资格条件等因素，对各个职系的职级进行分析，然后将不同职系中上述因素相同的职级归入统一职等。

职位分类作为现代人力资源管理的基础，具有很多优点。但是，职位分类也存在着一定的局限性。

第一，在适用范围方面，职位分类比较适用于专业性、机械性、事务性较强的职位。因为这类职位的工作较容易进行定量化测量，使人们有一个标准，也便于监督与执行。而对于高级领导职位、机密性职位、临时性职位和通用性的职位则不太适用。

第二，实行职位分类的程序复杂，往往需要大量的人力和财力，而且需要富有经验的专家参与，否则难以做好。

第三，职位分类重事不重人，并规定了工作人员的升迁调转途径，这在一定程度上阻碍了人才跨职系和跨行业的流动，从而不利于人才的全面发展。

第四，在进行职位调查时，担任各种职位的工作人员总是倾向于夸大自己本职的重要性和复杂程度，从而使职位分类出现职级膨胀的趋势。

## 第六节　岗位设置

### 一、岗位的概念与职位的区别

1. 岗位的定义

岗位一词原指军警守卫的处所，现泛指职位。在特定的组织中，在一定的时间和空间内，由一名职工承担若干项任务，并具有一定的职务、责任和权限时就构成一个岗位。岗位是职工职务、工作任务和责任、权限的统一。

一定的时间指的是一段时间内，可能两年或者三年。也许因为做得好升职了，或者因为工作需要调动，或者被解聘了，不在这个岗位了。所以，要求在一定时间之内。

一定的空间就是执行任务必定是在一个有限范围内。如果在某家公司工作，一定是在这家公司内履行职责，不可能跑到另外一家公司去。

岗位是组织给予员工的任务、责任和权限的统一。在岗位上，要完成领导交给的任务，要负责任，要把工作做好。如果做不好，可能会受到惩罚或者被解聘。另外，领导会赋予一定的权限，有责便有权。

2. 岗位和职位的区别

人力资源管理经常讲到岗位和职位，岗位与职位在实际意义上相比较，没有太大的区别。那么，在什么情况下称为职位，什么情况下称为岗位呢？通常对于一些知识密集型组织或管理方面的岗位，叫做职位更恰当一点。对于劳动密集型组织或劳动密集型的岗位叫做岗位比较合适，例如工人就不要叫职位。岗位的含义有时更广泛。无论高层还是低层，都可以称为岗位。低层次的人员称为职位就不太合适了。

## 二、岗位分类

在提到岗位的具体设置前，需要先简单介绍一下岗位的分类。组织里有很多岗位，这些岗位按照其性质的不同可以分成若干个类型：生产岗位、执行岗位、专业岗位、监督岗位、管理岗位以及决策岗位等。

生产岗位：主要是指直接从事制造、安装、维护及为制造做辅助工作的岗位。生产岗位的员工主要从事组织基本的生产业务。

执行岗位：主要是指从事行政或者服务性工作岗位。执行岗位的员工根据领导的安排执行自己的任务。

专业岗位：主要是指从事各类专业技术工作的岗位。例如工程师、经济师、会计或者软件设计师等。

监督岗位：指部门科室、办事处等岗位，执行监督工作。例如审计部门、监察部门，或者其他受董事会或股东会委托，监督组织各项工作的人员。

管理岗位：主要是指一些部门、科室的主管或者经理，或者是一家单位的负责人。他们的职责是管理一个部门、科室或者一家小的单位。

决策岗位：主要是指公司的高级管理层。例如公司的总裁、总经理、副总经理或分管各个业务的总监等。

## 三、岗位设置原则

1. 数量最低原则

岗位设置的数目应符合数量最低原则。岗位不要设置很多，岗位数量要尽可能的少，这样做的目的是使所有的工作尽可能的集中，不要特别分散。从经济角度来说，不必花很多人工费。每一个岗位的工作人员都应该承担很多责任。

在设定部门的职责以后，部门人员肯定要来分担整个部门的所有责任。那么，如何划分、确定职责，才符合数量最低原则呢？这里介绍一种岗位责任分工的确定方法。其过程如图 4 -5 所示。

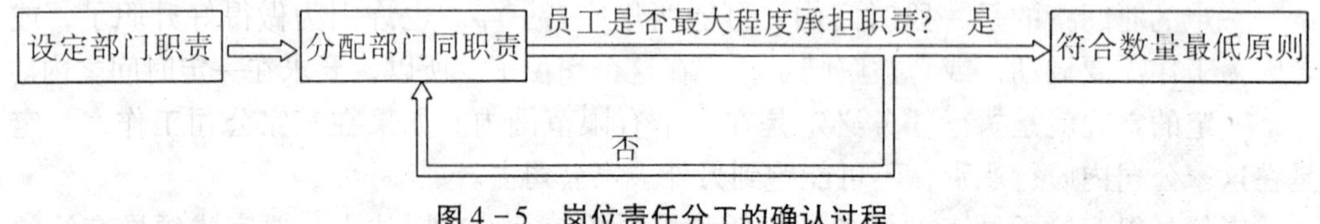


图 4 -5　岗位责任分工的确认过程

例如：人力资源部大概有这样四项工作：一是负责员工管理，如人员招聘、录用、调转、解聘等。二是薪酬福利，如制定薪酬政策、做工资表、发放工资等。三是培训。四是考核。四项工作就设置四个岗位。设计的时候，每一位基层工作人员所负的主要责任一般是二项到五项。因为是基层工作人员，所以只承担一部分责任。如果是中层工作人员，如部门经理、办公室主任、下属单位负责人等，这些人的工作职责一般是五至十项。高层管理人员，例如组织总经理、副总经理、总监等，可能负的主要责任是八项到十二项。这是一个大致数目，仅供参考。如果基层工作人员分工的时候，已经承担了八项或者十项了，可能承担起来有困难，这时可能就要划为两个岗位。中级人员，如果负责的工作超过了十五项，负担可能很重，需要加设一名副经理。高级人员也是这样。按照这个原则划分，符合数量最低原则，使每一个岗位、每一个人承担的职责最合适，而且组织所付出的代价最低。

2. 有效配合原则

所有岗位要求实现最有效配合。岗位设置的时候，要对承担的责任进行划分，一般区分为主责、部分和支持三类，这样来确定配合关系。主责是指某一个人所负的主要责任；部分指只负一部分责任；支持是指责任很轻，只协助他人。每个人的主责、部分和支持一定要划清楚。

3. 发挥作用原则

此原则指每个岗位能否在组织中最积极的发挥作用。岗位在组织设置里面，应该使它发挥最大作用。每一个岗位都要有相应的主责，然后有部分或者支持性工作。例如基层工作人员要有两项到五项的主责，如果工作分工里没有主责，都是部分或支持，那么这个同志的积极性会受影响。一项主要责任都没有，会认为自己是跑龙套的，只给别人摇旗呐喊。

4. 协调统一原则

每个岗位与其他岗位的关系协调是指岗位之间的责任不交叉、没有空白。要避免某一个责任张同志是主责、李同志也是主责，两个人分不清到底谁是主责，出了事谁负主要责任、在工作中谁主动。一项职能没有人负主责，就是岗位职责出现了空白。

如果某一项工作，既有负主责的同志，又有配合的同志，还有做支持性工作的同志，就表示岗位之间配合得很好。

5. 科学系统原则

岗位设置如果体现了经济、科学、合理和系统化的原则，那么岗位设置对组织的经济效益应该是积极的。组织都在追求自己的经济效益，对于人工成本的控制也是组织控制成本的重要组成部分。如果岗位设置得特别多，参与这项工作的人就多，组织支付的费用就多，这不符合经济化原则。如果岗位设置过少，可能某一个事情没有人管，或者某一个岗位的员工负担特别重而产生怨气，这项工作就做不好。所以要体现经济化原则，要符合科学原理。组织规范化管理体系是一个大的完整的系统，岗位设置要和组织结构设计、职能分解吻合，要符合系统化原则。同时，岗位设置也为岗位描述、岗位评价、薪酬福利体系设计提供支持。

## 四、组织定员定编

1. 什么是组织定员定编

组织要按照规范化的要求，根据发展需要，制定发展战略。在组织既定发展战略的指导下，进行组织结构的设计以及职能的分解，根据需要设置岗位，确定组织的编制，然后再确定执行岗位工作的具体工作人员，这一过程就叫做组织的定员定编。

在完成组织的定员定编后，要求能够使各个部门事事有人做、人人有事做、岗位不重复、工作无遗漏，达到规范化、合理化和科学化。

2. 岗位与人员的关系及区别

岗位和人员是两个不同的概念。一个岗位不一定是一个人，可能是几个人。例如财务部会计师的岗位，可能是两个人，也可能是三个人。较小的公司财务工作业务量不大，财务部可能只有一名经理，下设一名会计师、一名出纳，这时会计师岗位就是一个人；如果组织财务工作量很大，会计师岗位可能是两个人或者三个人，分为成本会计、总账会计等。只要岗位是相同的，从事该岗位工作的人员的职责就应该是相同的。

另外，也有可能是一个人同时负责好几个岗位。例如一家公司的人力资源部就有好几项工作，但是如果公司刚刚成立，规模不大，就没有必要设一个经理、四个员工。完全可以只使用三个员工：一名经理下设两个员工，一个负责员工管理和兼管培训部门，另一个负责薪酬和考核管理。将来组织发展了，业务量大了，人员少了工作忙不过来，这时候就需要再添加人员。

## 五、岗位设置表的编制

岗位设置表是岗位设置工作的最后成果，是组织规范化管理的一个正式的、重要的文件。岗位设置表通常有部门职位设置表和公司岗位设置总表两种形式。

1. 部门职位设置表

按照各个部门、各个单位的职位分别做的表称为部门职位设置表。这种表主要是介绍部门内有几个岗位及其工作职责等，每个部门一张表。例如公司一共有 11 个部门，那么就要有 12 张表。其中公司高层，例如公司总经理、各个副总或者总监之间的分工也要有一张岗位设置表。

组织下属单位，例如中心或者实验室也要单独一张表。如果是地区公司或者分公司，可能跟总公司一样要有两个层次：一个层次就是分公司的领导要有一张表；另外分公司各个部门要有一张表。

岗位设置表跟岗位说明书不一样。岗位说明书是把岗位的主要职责、部分责任、支持责任全部写清楚，岗位设置表只写主要职责。

某公司组织管理部岗位设置表如表 4－5 所示。

表 4－5　　管理部岗位设置表

<table>
<tr><td>部门名称</td><td colspan="2">组织管理部</td><td>编号</td><td>G—1001</td></tr>
<tr><td>本部门职位<br>设置总数（个）</td><td>5</td><td colspan="2">本部门总人数</td><td>5</td></tr>
<tr><td>职位名称</td><td>职位人数</td><td colspan="3">主要职责分工</td></tr>
<tr><td>部长</td><td>1</td><td colspan="3">全面负责集团的发展战略研究与管理，集团规章制度管理，组织文化建设管理，合同、法律事务管理以及计算机网络和信息化管理</td></tr>
<tr><td>企划专员</td><td>1</td><td colspan="3">集团发展战略研究与管理、集团刊物的编辑等</td></tr>
</table>

表4－5(续)

| 部门名称 | 组织管理部 | 编号 | G—1001 |
|---|---|---|---|
| 企管专员 | 1 | 组织规章制度的编制、上报、审批，组织文化建设管理 | |
| 网络信息专员 | 1 | 网络软硬件维护、网上信息编辑发布、筹建集团信息化管理系统、办公自动化系统管理 | |
| 合同法律专员 | 1 | 处理集团、各子公司的法律纠纷和各类经济合同管理与法律咨询，参与重大合同谈判及起草以及员工法制教育和其他法律事务 | |
| 备注 | | | |

2. 公司岗位设置总表

公司岗位设置总表即把全公司的岗位统一排成一张大表，上面只写明岗位编号、岗位部门、岗位名称而不写岗位职责。总表包括三个栏目：

（1）岗位编号：规范化管理中，文件前面都有一个英文字母。例如岗位设置用G，G后面的数字表示一个部门，假如公司有11个部门，分别用G—1、G—2等表示，分别表示企管部、生产部等。如果是第一个部门的第一个岗位就叫1001，第二个是1002等。这样编的好处是实现计算机化、信息化管理的时候比较方便。

（2）岗位部门：每家组织都由若干个部门组成，不同的岗位也分别隶属于各个部门。例如生产管理员这个岗位就隶属于生产部。

（3）岗位名称：首先确定称呼方法，例如公司的最高领导有的叫总裁，有的则叫总经理等。各部门的领导有的叫部长，有的叫经理。部长或者经理之下有的单位叫主管，有的单位叫专员。科员里面能承担一定责任的、级别相对高一点的叫主任科员，承担一般责任的可能叫做员工管理员、培训员等。这样就把公司的所有岗位的名称统一起来，列在岗位设置表里。

公司岗位设置总表模式请见后案例之二。

## 第七节　工作设计的实施

### 一、工作设计的概念和形式

工作设计是对工作进行周密的、有目的的计划安排，包括工作本身的结构设计、与工作有关的社会各方面因素的考虑以及对员工的影响。广义的工作设计既可以指工作的某个部分，也可以指工作各部分的总体。图4－6概括了工作设计的方法以及各种方法的相互重叠和联系。

以往的工作设计只专注工作本身的要素，而忽视了人在工作中的地位，现在的工作设计更多地考虑了人性的因素。

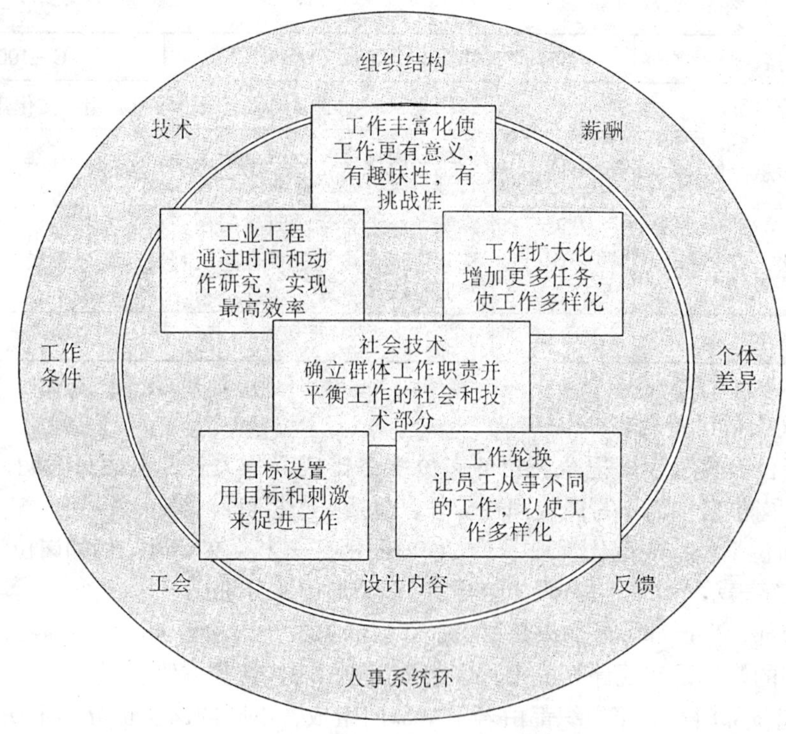


图4-6　工作设计的模式图

### （一）工作轮换

工作轮换是让员工在能力相似的工作之间不断调换，以减少枯燥单调感，同时员工能学到更多的技能，进而也使管理部门在安排工作、应付变化、人事调动上更具弹性。它的缺点是使训练员工的成本增加，而且一个员工在转换工作的最初时期效率较低。

### （二）工作扩大化

工作扩大化是指在横向水平上增加工作任务的数目或变化性，使工作多样化。这种方法从20世纪50年代起开始流行，然而工作扩大化的成效并不十分理想，它只是增加了工作的种类，并没有改善工作的特性。

### （三）工作丰富化

工作丰富化是指从纵向上赋予员工更复杂、更系列化的工作，使员工有更大的控制权，通过参与工作规则的制定、执行、评估，使员工有更大的自由权。

### （四）社会技术系统

社会技术系统是20世纪60年代创建的另一项工作设计。它是确立工作群体的工作职责并平衡工作的社会和技术部分的工具。社会技术系统与其说是一种工作设计技术，不如说是一种哲学观念。其核心思想是：如果工作设计要使员工更具生产力而又能满足他们的成就需要，就必须兼顾技术性与社会性，技术性任务的实施总要受到组织文化、员工价值观及其他社会因素的影响。

（五）目标设置

目标设置是指通过谈判并确定员工应负责完成的目标。明确的目标使人精力充沛、工作效率高，在规定的时间完成任务后又转移到其他活动（目标）。工作设计的目标设置有三个重要因素：目标的明确性、目标的难度、目标的可接受性。

（六）工作生活质量

工作生活质量，旨在改善工作环境，从员工需要考虑，建立各种制度，使员工分享工作内容的决策权。具体而言，改善工作质量的形式有：新增工作的多样性和自主权；允许参与决策；改善工作团体之间的劳动关系；减少监督程度；扩大劳资双方合作；等等。

## 二、工作特性模型

每种工作都有其特性，这些特性可从五个方面予以描述，而这五个方面的特性就构成工作特性模式。这五个核心维度是：

（1）技能多样性程度。完成工作任务而需要员工具备的才能的程度。

（2）任务的完整性。工作是否包括一项任务的完整过程并能明确看到工作结果。

（3）任务的重要性。工作对其他人的生活或工作有多大的影响意义。

（4）自主权。工作使员工具有多大程度的自由、独立性、裁决权、支配权。

（5）反馈程度。工作是否能使员工直接、明确地了解工作的绩效。

这五个维度决定了工作的特性模式，工作特性模式的结构见图4－7。其中前三者使员工了解工作的意义，自主性赋予员工责任感，反馈使员工了解工作成果。员工在这三方面感受越深，工作本身对他提供的内在奖励就越大，其士气、绩效、满足感就越大。因此，可以从这五个方面评估工作的激励程度，方法为：

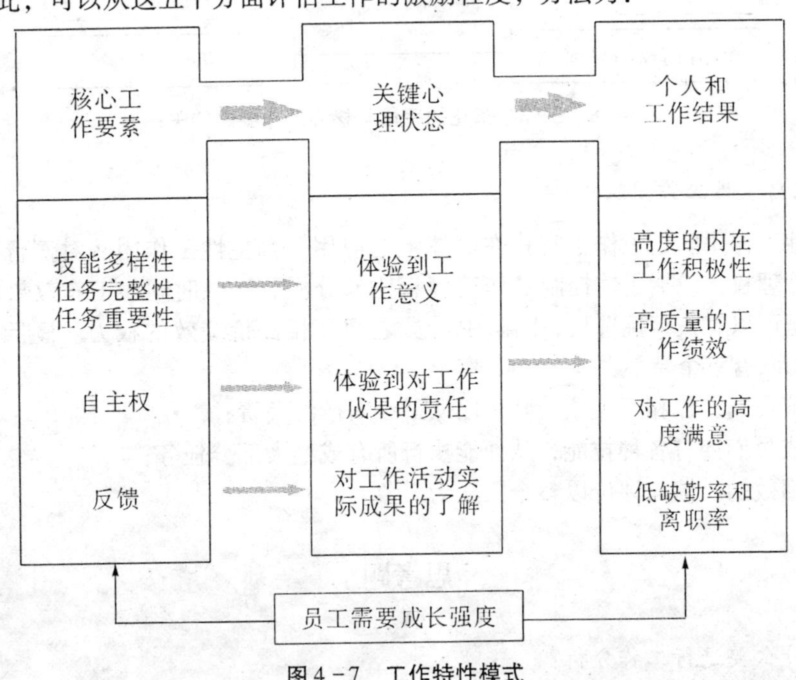


图4－7 工作特性模式

激励度 =（技能多样性 + 任务完整性 + 任务重要性）/3 × 自主性 × 反馈度

这个公式虽然存在争议，但它在一定程度上反映了工作特性与激励的关系。

## 三、工作设计的应用

工作设计的应用具体方法主要有工作丰富化和自主性工作团队。

（1）任务组合，把现有的零碎的任务结合起来，形成范围较大的工作，增加技能多样性和任务完成性。

（2）构成自然性的工作单元，使员工能从事完整的工作，从而看到工作的成果，看到工作的意义和重要性。

（3）与客户建立联系，从而增加工作的技能多样性、自主性、反馈度。

（4）纵向扩充工作负荷，赋予员工一些原本属于上级管理者的职责与控制权，缩短工作的“执行层”与“控制层”之间的距离，增加自主性。

（5）开放反馈的渠道，使员工不仅知道自己的绩效，也知道自己是否进步、退步或没有变化。最理想的是让员工在工作中直接受到反馈，而不是由上司间接转达。

前面介绍的工作特性模式就是工作丰富化的模式，两者的关系如图 4 - 8 所示。

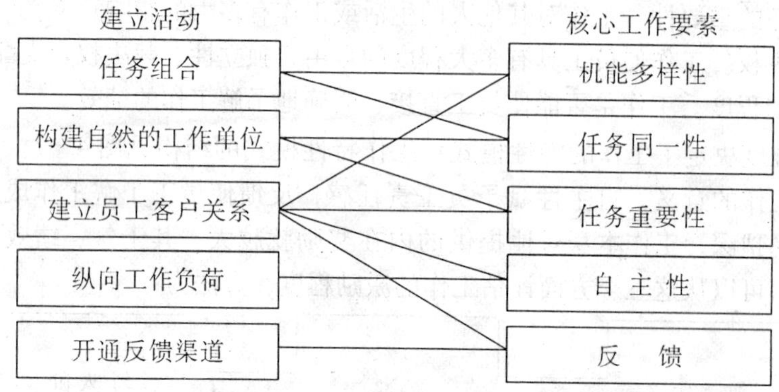


图 4 - 8　工作丰富化的手段与核心工作要素的关系

### （二）组织自主性工作团队

自主性工作团队是工作丰富化在团体上的应用。自主性工作团队对例行工作有很高的自主管理权，包括集体控制工作速度、任务分派、休息时间、工作效果的检查方式等，甚至可以有人事挑选权，团队中成员之间互相评价绩效的权力。概括来说，自主性工作团队有三个特性：

（1）成员间工作相互关联，整个团队最终对产品负责；

（2）成员们拥有各种技能，从而能执行所有或绝大部分任务；

（3）绩效的反馈与评价以整个团队为对象。

## 思考题

1. 为什么要进行工作分析？
2. 工作分析包括哪些步骤？

3. 如何编制工作说明书？
4. 收集工作分析信息的方法有哪些？
5. 试编制人力资源部部长工作说明书。

## 案例阅读

### 之一：某企业工作说明书样表

<table>
<tr><td>厂/分公司</td><td></td><td>部门/单位</td><td></td></tr>
<tr><td>职位</td><td></td><td>职等</td><td></td></tr>
<tr><td>组织关系</td><td colspan="3">直属主管单位<br>同事职位<br>下属职位</td></tr>
<tr><td>个人要求</td><td colspan="3">A. 性别：男/女　　B. 年龄：<br>C. 籍贯：　　D. 其他：</td></tr>
<tr><td>教育程度</td><td colspan="3"></td></tr>
<tr><td>专业训练</td><td colspan="3"></td></tr>
<tr><td>工作经验</td><td colspan="3"></td></tr>
<tr><td>有关技能</td><td colspan="3">A. 语言：　　B. 电脑：　　C. 其他</td></tr>
<tr><td>工作职位/工作说明</td><td colspan="3"></td></tr>
<tr><td>工作关系/接触面</td><td colspan="3">接触对象　　原因　　周　月　季　年<br>______　　___　　________<br>______　　___　　________<br>______　　___　　________</td></tr>
</table>

填表人：　　　　直属/部门主管：

H. R 经理：　　　　总经理：

资料来源：朱瑜．优秀组织人力资源管理实务［M］．深圳：海天出版社，2001：18.

## 之二：某科技集团有限公司岗位设置总表

岗位设置总表

| 部门 | 岗位编号 | 岗位名称 | 职位人数（人） |
|---|---|---|---|
| 公司总部 | HT－G－Ⅰ | 董事长 | 1 |
| | HT－G－Ⅱ | 总裁 | 1 |
| | HT－G－Ⅲ | 运营总监 | 1 |
| | HT－G－Ⅳ | 市场总监 | 1 |
| | HT－G－Ⅴ | 财务总监 | 1 |
| | HT－G－Ⅵ | 行政总监 | 1 |
| | HT－G－Ⅶ | 技术总监 | 1 |
| | | | 董事长不计，合计：6人 |
| 总裁办 | HT－G－1001 | 主任 | 1 |
| | HT－G－1002 | 秘书 | 1 |
| | HT－G－1003 | 司机 | 1 |
| | | | 合计：3人 |
| 企业管理部 | HT－G－2001 | 部长 | 1 |
| | HT－G－2002 | 企划专员 | 1 |
| | HT－G－2003 | 企管专员 | 1 |
| | HT－G－2004 | 网络专员 | 1 |
| | HT－G－2005 | 法律专员 | 1 |
| | | | 合计：5人 |
| 生产部 | HT－G－3001 | 部长 | 1 |
| | HT－G－3002 | 计划统计专员 | 1 |
| | HT－G－3003 | 生产调度专员 | 1 |
| | HT－G－3004 | 设备管理专员 | 1 |
| | HT－G－3005 | 安全管理专员 | 1 |
| | | | 合计：5人 |
| 资产管理部 | HT－G－4001 | 部长 | 1 |
| | HT－G－4002 | 资产管理专员 | 1 |
| | | | 合计：2人 |

表(续)

| 部门 | 岗位编号 | 岗位名称 | 职位人数（人） |
| --- | --- | --- | --- |
| 技术发展部 | HT－G－5001 | 部长 | 1 |
|  | HT－G－5002 | 技术管理专员 | 1 |
|  | HT－G－5003 | 技术研发工程师 | 3 |
|  |  |  | 合计：5 人 |
| 质量管理部 | HT－G－6001 | 部长 | 1 |
|  | HT－G－6002 | 质控工程师 | 1 |
|  | HT－G－6003 | 认证工程师 | 1 |
|  | HT－G－6004 | 质检工程师 | 1 |
|  |  |  | 合计：4 人 |
| 财务部 | HT－G－7001 | 部长 | 1 |
|  | HT－G－7002 | 资金管理专员 | 1 |
|  | HT－G－7003 | 成本管理专员 | 1 |
|  | HT－G－7004 | 会计师 | 1 |
|  | HT－G－7005 | 出纳员 | 1 |
|  |  |  | 合计：5 人 |
| 审计部 | HT－G－8001 | 部长 | 1 |
|  | HT－G－8002 | 审计师 | 1 |
|  |  |  | 合计：2 人 |
| 融投资管理专员 | HT－G－9001 | 部长 | 1 |
|  | HT－G－9002 | 融投资管理专员 | 1 |
|  |  |  | 合计：2 人 |
| 人力资源部 | HT－G－10001 | 部长 | 1 |
|  | HT－G－10002 | 人事培训专员 | 1 |
|  | HT－G－10003 | 薪酬福利专员 | 1 |
|  |  |  | 合计：3 人 |
| 行政部 | HT－G－11001 | 部长 | 1 |
|  | HT－G－11002 | 行政管理员 | 2 |
|  | HT－G－11003 | 基建管理专员 | 1 |
|  | HT－G－11004 | 基建管理员 | 3 |
|  |  |  | 合计：7 人 |
|  | 职能部门总计 | 49 人 |  |

资料来源：尹隆森．岗位说明书的编写与应用［M］．北京：北京大学出版社，2002：56.

# 第五章 员工招聘与录用

## 本章学习要点

- ▶员工招聘原则
- ▶招聘规划及招聘程序
- ▶招聘内部来源和渠道
- ▶筛选与测试的信度和效度
- ▶录用的筛选方法
- ▶招聘与录用的成本评估

### 引导案例：美国通用电气公司（GE）总裁琼斯与杰克·韦尔奇

1998年，美国的GE公司（通用电气公司）以93亿美元的年利润，列世界500强第一。《财富》杂志将GE公司评为全美最受推崇的公司。执掌GE公司董事长、总裁要职达18年之久的杰克·韦尔奇，是GE公司光辉业绩的主要创造者。但是，并非人人都明白，GE公司发展史上最成功的决策，却发生在韦尔奇上任之前。韦尔奇的前任雷吉·琼斯，用7年时间物色了韦尔奇。如果说韦尔奇改写了GE的历史，那么，韦尔奇改写GE公司的过程是从琼斯决定任用韦尔奇的决策开始的。琼斯用7年时间选拔继承人的过程，编织了GE公司历史上最辉煌的一页，也是历史上最成功的决策。

1974年，琼斯担任GE公司董事长才3年，便开始考虑挑选自己的继任人。这时他57岁，离65岁退休年龄还有8年。琼斯一开始就认定，他要挑选的是一位与自己风格不一样、能够领导GE公司改革的继任者。他认为，继任者应当与前任不同，因为公司需要改变：假若继任者仅仅是前任的拷贝，公司无疑会失去活力。

对于继任者，琼斯的脑子中并没有一个现成的人选。他要求公司人事副总裁为他准备一份候选人预先名单，但他的要求被婉言谢绝。人事部门认为，那是10年之后的事情。在琼斯的坚持要求下，人事部门提供了一份包含96位候选人的名单。琼斯发现名单上少了一个应该有的人，那就是负责塑料企业的杰克·韦尔奇。人事部门认为，韦尔奇“为人特别”、“好闹独立”，而且只有39岁，“10年后考虑也不晚”。琼斯以命令方式，将韦尔奇补充进入候选人圈子。综合考虑各种因素后，有效的候选人最后减少到11位，韦尔奇名列其中。

经过3年的考察，各位候选人在琼斯心目中的形象越来越清晰了。为了进一步了解候选人相互之间的印象和对自己本身的感觉，琼斯开始实施他的“机舱面试”计划。

1978年元旦刚过，他把候选人一个个分别召进办公室，谁也不知道为何被召见。每当一个候选人走进他的办公室，琼斯总是故作神秘地把门关好。然后点上烟斗，示意被谈者坐定放松。接着开始说出公式般的第一个问题：“听我说，你和我现在乘着公司的飞机旅行，这架飞机坠毁了。谁该继任GE公司的董事长？”从这样的谈话中，琼斯了解到许多有关候选人对其他候选人的想法和合作的可能性。

韦尔奇也是在意料之外被召去接受“机舱面试”的，他同样是怀着忐忑不安的心情。他对琼斯说，这个公司有过多的程式、牵制因素太多，以致缺乏高效的决策机能。根据琼斯的要求，韦尔奇写下了三个董事长的候选人的姓名，其中包括后来成为他的董事会合作者的胡德、柏林盖姆和他本人。当琼斯问及三人中谁最有资格时，韦尔奇脱口而道：“这还用问吗，当然是我啦。”他们都忘了，韦尔奇已经“坠机遇难”了。此番谈话使琼斯对韦尔奇愈加欣赏。

三个月后，琼斯把候选人压缩到八人，并再次分别召见他们，作第二轮“机舱面试”。当然，问题作了改变：“这回，你我同乘一架飞机。但是，飞机坠毁后，我死了，而你幸免于难。你说谁该来做公司董事长？”琼斯要求每人列出三名候选人，自己可以列在其中。令琼斯高兴的是，他最中意的三名候选人，韦尔奇、胡德和柏林盖姆，各自在三名董事长候选人名单中包含了另外两位。这时，琼斯心目中的继任者形象和姓名已经明确了，他就是：杰克·韦尔奇。

为了让董事会认识韦尔奇，琼斯让韦尔奇、胡德和柏林盖姆进入董事会。经过一段时间的考查，琼斯于1980年11月召集董事会，进行年度人事评价。琼斯让人事部门提交了包括聪明才智、吃苦耐劳、自我管理、同情心在内的15个项目的测评结果。韦尔奇在所有董事长、总裁候选人中得分最高。这次，不仅琼斯本人，GE公司的其他19名董事会成员，都表示同意推举韦尔奇为下一任GE董事长。

韦尔奇无疑是伟大的，但就因为他太伟大，因此GE公司历史上最伟大的决策并不是韦尔奇做了什么，而是他的前任琼斯选择了最合适的接班人。一个组织总裁的选择固然关系到组织的生死存亡，但组织中每一个普通员工作为组成组织人力资本的一分子，其招聘选拔同样是非常重要的。特别现在正处于知识经济时代，知识性员工所占比重日益加大，员工的招聘选拔更为重要，而且难度也比以往大大增加。

员工招聘与录用是组织人力资源管理体系中一个非常重要的环节，它与组织其他的人力资源管理活动之间存在着密切的联系。人力资源管理体系作用于雇员受雇于组织的整个过程，从受雇（招聘、筛选与录用）到雇佣关系的管理（奖励、评绩、开发、劳动关系、申诉与违纪处理），到雇佣关系的结束（退休、辞职、减员和解雇），招聘从过程上讲是整个人力资源管理的开始。员工招聘作为组织获取人力资源的重要手段，其本身又单独成为一个系统，是建立在职务分析和组织人力资源规划基础上的一项科学的工作。

随着我国市场经济的发展以及人事制度的改革，人才的流动性越来越大，频率也越来越高。同时，组织对人才的需求也发生了很大的变化。组织为了谋求更大的发展，就必须从众多人才之中不断地招聘吸纳所需人才，而越来越多的人才也将通过应聘的方式来获得理想的职位。因此，如何花最小的代价在市场上招聘到合适的人才就成为人力资源管理部门的一项重要任务。

# 第一节　员工招聘的概述

## 一、员工招聘的含义

现代人力资源管理中的招聘是指为了实现组织目标和完成任务，由人力资源管理部门和其他部门按照科学的方法，运用先进的手段，选拔岗位所需要的人力资源的一个过程。招聘的任务就是依据科学的方法，按照一定的程序，根据组织当前和未来的需要，选拔和调整人才。

一个组织要想永远留住自己所需要的人才是不现实的，也不是人力资源管理手段所能控制的，再加上组织内部正常的人员退休、人员辞退以及人员调动，所以员工招聘工作是组织人力资源管理经常性的工作。但是招聘是一项巨大的工程，会耗费大量的人力物力，如果盲目招聘，则不但员工队伍的素质无法保证，而且会造成经济上的损失。一般情况下，组织招聘是源于以下几种情况的人员需求：新的组织成立；组织发展了，规模扩大；现有的岗位空缺；现有岗位上的人员不称职；突发的雇员离职造成的缺员补充；岗位原有人员晋升了，形成空缺；机构调整时的人员流动；为使组织的管理风格、经营理念更具活力，而必须从外面招聘新的人员。

如果一个组织只在“缺人”时才想到招聘，说明它还没有树立人力资源管理意识，没有体会到招聘的意义所在。在市场经济的锤炼下，“以人为本”的观念正在逐步树立，人力资源部门成为现代组织中一个关键的部门。

## 二、招聘原则

在招聘中应坚持以下原则：

### （一）效率优先

即在招聘的时候首先考虑的应是组织的效率，可招可不招时尽量不招；可少招可多招时尽量少招。一个岗位宁可暂空缺，也不要让不合适的人占据，招聘来的人员一定要充分发挥其作用，使其产生高效率。

### （二）双向选择

在计划分配成为历史，劳动力市场日渐完善的条件下，双向选择也就成为招聘者和求职者的最佳选择。招聘者在劳动力市场上搜寻令他满意的劳动者，而求职者也在劳动力市场上寻找心仪的用人单位，双方应处于平等的法律地位。

### （三）符合国家法律政策和社会整体利益

在招聘中应坚持平等就业，相互选择、公平竞争，禁止未成年人就业，照顾特殊群众、先培训后就业，不得歧视妇女等原则。由于用人单位的原因订立无效劳动合同或违反劳动合同，组织应承担责任。

### （四）公开、公平

在招聘时应把招聘单位、招聘职位的种类、数量、要求以及考试方法向社会公开。

这样做不仅可以扩大招贤纳士的范围，而且有助于形成公平竞争的氛围，使招聘单位确实招到德才兼备的优秀人才。

与公开原则相适应，招聘单位对应聘者应该一视同仁，努力地为人才提供公平的竞争机会，不得人为地制造不平等条件。如上面提到的性别歧视，常见的还有年龄、地区歧视等，这常常把相当多优秀的求职者排斥在外。

### （五）竞争、择优、全面

竞争、择优是公平、公正的必然选择。人员招聘必须制定科学的考核程序、录用标准，选择合适的测试方法来考核和鉴别人才，只有根据测试结果的优劣来选拔人才，才能真正选到良才。

在强调择优的同时不能忽略全面的原则，即考核时应兼顾德、智、体等诸方面的因素。因为一个人的素质不仅取决于他的智力水平、专业技能，还与他的人格、思想等因素密切相关。当然，在坚持全面原则的同时，对人才也不能求全责备，任何人才都不可能十全十美。

### （六）确保用人的质量和结构

一般说来，选聘人员时应尽量选择素质高、质量好的人才，也不能一味强调高水平，应坚持能级配置和群体相容的原则。简单地说，就是要根据组织机构中各个职务岗位的性质选聘相关人员，而且要求工作群体内部保持较高的相容度，形成群体成员间心理素质差异的互补关系，使得整个组织的人员结构合理。招聘到最优的人才只是手段，最终的目的是每一岗位上用的都是最合适、成本又最低的人员，达到组织整体效益的最优。

### （七）降低招聘成本，提高招聘效率

我们这里所指的招聘成本包括：招聘时所花的费用，即招聘费用；因招聘不慎、重新再招聘时所花费的费用，即重置费用；因人员离职给组织带来的损失，即机会成本。目前招聘单位对招聘成本乃至招聘效率往往不够重视。我们必须看到人力资源招聘工作的投入要素中的招聘资金是有限的资源，在以效益为中心的组织中，招聘同样要讲究效率，以最低的资金消耗招聘到最合适的人才。

## 三、人力资源部门的职责

在现代组织中，人力资源管理已经越来越依赖于全体经理。每个管理者都有其主管的部门的人力资源决策权。在招聘和录用工作方面，这一点也是相同的。

### （一）人力资源管理部门在招聘方面的责任

招聘和录用是人力资源管理专职人员必须具备的专业技能之一，也是最重要的专业技能。他们必须会分析组织或者部门应该招聘多少人以及应该招聘什么样的人。人力资源部门在招聘方面的责任是整体性的。他们通过招聘满足组织或者公司作为一个整体对人力资源的需求。

### （二）其他部门经理在招聘方面的责任

其职责是提出增补雇员、审阅申请表、与应聘者面谈、培训员工、帮助上层管理

人员制订职业生涯发展计划等。

招聘与选拔在直线和职能部门之间的职责划分可用表5－1来表示。

表5－1　招聘与选拔在直线和职能部门之间的职责划分

| | 部门主管人员（直线人员）的活动 | 人力资源管理专业人员的活动 |
|---|---|---|
| 招聘与选拔职责 | 1. 列出特定工作岗位的职责要求，以便协助进行工作分析<br>2. 向人力资源管理人员解释对未来雇员的要求以及所要雇用的人员类型<br>3. 描述出工作对人员素质的要求，以便人力资源管理人员能够设计出适当的甄选和测试方案<br>4. 同候选人进行面谈，作出最后的甄选决策 | 1. 在部门主管人员所提供资料的基础上编写工作描述和工作说明书<br>2. 制订出雇员晋升人事计划<br>3. 开发潜在合格求职者来源并开展招聘活动，力争为组织聚集到一批高质量的求职者<br>4. 对候选人进行初步面试、筛选，然后将可用者推荐给部门主管人员去考虑 |

## 四、招聘的发展趋势

随着信息技术的发展和组织对人力资源的日益重视，招聘工作出现了以下一些的新趋势：

### （一）招聘和选拔工作向着战略化方向发展

随着组织对招聘工作意义的深入了解，各组织对招聘和选拔的重视程度越来越高，招聘和选拔工作开始向战略化方向发展。传统的招聘和选拔工作往往是一种事后的统计，而如今更多的是事前的预测，特别在战略人力资源管理中，越来越需要招聘和选拔工作对组织的战略发展目标有支持作用，因此战略层次的人力资源管理已经越来越讲究进行长远的人力资源计划。

### （二）从传统的关注在合适的时间、合适的地方、聘请合适数量的员工转变为一个获得资源的过程

这一转变实际上是伴随着由劳动力成本转变为人力资源的过程实现的。在传统的招聘过程中，很偏重对劳动力数量需求的满足，而在战略人力资源的招聘过程中，雇员被看成是组织的关键资源。这时招聘和选拔关心得更多的是与应聘者的创造力、创新活动、灵活性、处理高难度工作等有关的决定性问题。

### （三）各职能和专业部门对招聘的参与越来越多

原来的招聘工作一般由人事部门一家包办，但人事部门往往并不是最终的用人部门，他们选聘的人员并不一定符合用人部门的要求。在这种情况下，各个职能和专业部门越来越多地参与到人员的招聘和选拔工作中，按照实际工作需要进行人员选拔。人力资源管理部门的职责则转变为向各个部门提供支持，使他们能够合理、有效地实施相应的招聘计划。

### （四）对招聘者的素质提出了更高的要求

组织对招聘选拔的高度重视，对严重短缺的高素质劳动者的争夺，筛选测试技术

的复杂多样等都需要招聘者具有良好的素质和较广的知识面，招聘者往往不仅要熟知人力资源管理的知识，对社会学、心理、统计学等也要有相当的研究。而且以人才招人才易，以庸才招人才难，只有招聘者本身就是一位人才，才能为组织招来更多的人才。

(五) 员工选拔的方法越来越科学

在招聘阶段计算机技术被广泛运用，例如运用计算机资料库和互联网发布招聘广告和搜选应聘者。在筛选和测验过程中，计算机也被广泛使用，许多前期的筛选工作现在都可以通过计算机来完成。此外心理学、笔迹法学、诚实性测验等新技术也开始得到认可，而且取得了很好的效果。

## 第二节 招聘策划

招聘是组织与潜在的员工接触的第一步，人们通过招聘环节了解组织，并最终决定是否愿意为它服务。从组织的角度看，只有对招聘环节进行有效的计划和良好的管理，才能得到高质量的员工。这种计划在招聘开展以前会准确地描绘怎样填补一个空缺职位：招聘的职位定义是什么；组织准备花多少时间完成整个招聘过程；招聘团队如何组建；等等。

### 一、招聘规划及招聘程序

招聘规划在组织的不同管理层次上分工是非常明确的。组织高级管理层的招聘规划工作包括审核和批准就业计划以及职务分析、制定招聘的总体政策、确定招聘雇用的标准、设立雇员的起始薪水水平，等等。组织部门经理的主要工作是向人力资源部门提供本部门空缺职位的数量和类型的信息，部门经理还需要参加对本部门应聘者的面谈、筛选工作。人力资源部门在招聘规划中是当然的核心单位，由最高管理层决定的招聘总政策需要由人力资源管理部来具体实行。人力资源管理部门需要制定具体的招聘策略、招聘程序，同有关部门一起研究雇员需求情况，进行具体的招聘工作，对候选人进行招聘、筛选和录用。

(一) 招聘规划的主要内容

招聘规划的工作简单地说就是把对工作空缺的描述变成系列目标，并把这些目标和相关求职者的数量和类型具体化。

1. 招聘人数

一般说来，需要招聘的数量往往要多于实际录用的人数。这是由于一些应聘者可能资格不够；一些应聘者可能发现对申请的职位没有兴趣而退出；一些应聘者可能是脚踏两只船，认为其他组织更好；等等。

那么，究竟应该吸引多少应聘者才是合适的呢？招聘计划要在人数确定方面达到尽善尽美是不可能的，但可以运用一定的技术使得计划尽可能准确。在这里招聘收益金字塔是一个比较有用的工具，所谓的招聘收益是指经过招聘过程的各个环节筛选后留下的应聘者的数量。使用这种方法，可以帮助人力资源管理部门决定为了要获得最终的一定数目的雇员，在招聘之初必须吸引多少个申请者才能有保证。

如图 5－1 所示，假设根据组织过去的经验，每成功地录用到一名销售人员，需要对 5 个候选人进行试用，而要挑选到 5 个理想的候选人又需要有 15 人来参加招聘测试和面谈筛选程序，而挑选出 15 名合格的测试和筛选对象又需要有 20 人提出求职申请。那么，如果组织现在想最终能够招聘到 10 名合格的销售人员，就需要至少 200 人递交求职信和个人简历，而且组织发出的招聘信息必须有比 200 人多很多的人能够接收到。

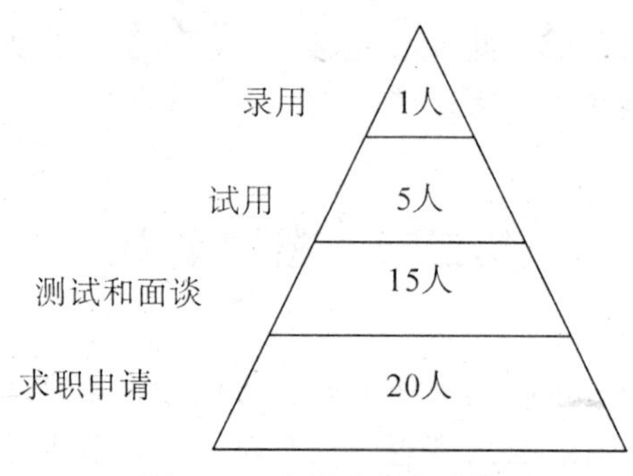


**图 5－1　招聘收益金字塔**

不同的岗位、不同的地区、不同的时期，每一个步骤的收益率都会有所不同。这些比例的变化与劳动力市场的供给直接相关，劳动力供给越充足，收益率越小，反之亦然。需要的劳动力素质越高，收益率越小。这些比率的确定需要依靠丰富的招聘经验。当然每一步骤的收益率是可以调整的。比如，在招聘广告中如果雇佣要求说得非常详细，那么就可以提高申请阶段的收益率，因为详细的说明会使一些不合格的潜在的申请者进行自我淘汰。

2. 招聘标准

招聘标准就是决定录用什么样的人才。其内容包括：年龄、性别、学历、工作经验、工作能力、个性品质等。招聘标准的设立是建立在职务分析的基础之上的。

设置招聘标准，最合理的办法是将资格要求分为两大类：必备条件和择优条件。所谓必备条件，就是对候选人的最低限度的资格要求，它不能依靠其他力量、学习新的技艺或从其他途径获得帮助等加以弥补。例如，如果要求汽车司机能驾驭复杂的路况，那么他的基本驾驶能力则不可缺少。一旦必备条件确定以后，另一组与此对应的要求也就需要确定，这就是带有倾向性的资格要求，也就是所谓的择优条件。在候选人其他方面都相当的情况下，择优条件可以帮助你比较候选人的相对优劣。

3. 招聘经费预算

除了参与招聘工作的有关人员的工资外，还需要广告费、考核费、差旅费、电话费、通信费、文具费等。尽量压缩招聘的单位成本是招聘成功的一个方面。

### （二）招聘程序

在招聘的主要内容确定以后，下一步的工作就是拟定可以具体操作的行动计划安排。这是整个前期工作的关键。招聘人员往往需要花很大的精力充分估计所要执行的具体细节。如果没有特殊的雇员需要，招聘往往会以如下程序进行：

（1）根据组织人力资源规划，确定人员的净需求量，并制定人员选拔、录用政策，在组织的中期经营规划和年度经营计划的指导下制定出不同时期、不同人员的补充规划、调配计划、晋升计划。

（2）得到职务分析报告之后，确认缺职的任职资格及招聘选拔的内容和标准。据此再确定招聘甄选的技术。

（3）拟定具体招聘计划，上报组织领导批准。

（4）人力资源部门开展招聘的宣传广告及其他准备工作。

（5）审查求职申请表，进行初次筛选。

（6）面试或笔试。

（7）测验。

（8）录用人员体检及背景调查。

（9）试用。

（10）录用决策，签订劳动合同。

（11）对招聘工作进行评估。

## 二、招聘策略

招聘策略是招聘计划的具体体现，是为实现招聘计划而采取的具体策略。招聘策略包括招聘地点策略、招聘时间策略、招聘的渠道和方法的选择和招聘时的组织宣传策略。

### （一）招聘地点策略

选择在哪个地方进行招聘，应考虑人才分布规律、求职者活动范围、组织的位置、劳动力市场状况及招聘成本等因素。一般招聘地点选择的规则是：

（1）全国乃至世界范围招聘组织的高级管理人才或专家教授。例如美国把在世界范围内争夺科技人才作为一项国策，使其在第二次世界大战之后经济飞速发展。我国海南建省初期，曾经在全国开放式地广招省一级的高级管理人员。

（2）在跨地区的市场上招聘中级管理人员和专业技术人才。目前我国已经建立了不少跨地区的人才交流市场，举办人才交流括动，为招聘单位和应聘人才在更大范围内进行双向选择创造了有利的条件。

（3）在招聘单位所在地区招聘一般工作人员和技术工人。组织之所以在这样的地理范围内进行选择，是因为在不同的范围内，劳动力的供给是不同的，尤其是不同的市场倾向于提供不同素质的劳动力。

表5－2显示了由职业和地理因素共同决定的相关劳动力市场范围。

表5－2　　按照地理范围和雇员群体划分的劳动力市场

| 地理范围 | 雇员群体/职业 | | | | | |
|---|---|---|---|---|---|---|
| | 生产工人 | 文职和办公人员 | 技术人员 | 科学家和工程师 | 管理人员 | 主管 |
| 地方市场 | 可能性很大 | 可能性很大 | 可能性很大 | | | |

表5-2(续)

| 地理范围 | 雇员群体/职业 | | | | | |
|---|---|---|---|---|---|---|
| | 生产工人 | 文职和办公人员 | 技术人员 | 科学家和工程师 | 管理人员 | 主管 |
| 区域市场 | 只有在短缺或紧急情况 | 只有在短缺或紧急情况 | 可能性很大 | 可能性很大 | 可能性很大 | |
| 全国市场 | | | | 可能性很大 | 可能性很大 | 可能性很大 |
| 国际市场 | | | | 只有在极为短缺或针对特殊技能 | 只有在极为短缺或针对特殊技能 | 可能性很大 |

资料来源：Milkovich，G，Newman J. Compennsation［J］. Business Publication，1984.

### （二）招聘的时间策略

招聘过程中一个重要的问题是在保证招聘质量的前提下确定一个科学合理的时间耗费。寻找高质量的应聘者以及作出一个好的招聘决定所应耗费的时间经常为许多雇主所低估。招聘截止日期的压力连同组织日常运行的压力综合发生作用，常促使雇主降低自己的招聘标准，缩短招聘过程，对组织的长期运行产生十分不利的影响。

在出现工作空缺以前，组织必须仔细确定每一个招聘步骤可能占用的时间，以便决定填补空缺职位需要花费的全部时间，设置一个实际的时间线。从你希望雇员实际在职和从事生产的那一天开始进行倒算。我们可以用一个例子来说明招聘时间的选择。

某组织欲招聘30名推销员。根据预测，招聘中每个阶段的时间占用分别为：征集个人简历需10天，邮寄面谈邀请信需4天，作面谈准备安排需7天，组织聘用与否的决定需4天，接到聘用通知的候选人在10天内作出接受与否的决定，受聘者21天后到组织参加工作，前后需耗费56天的时间。那么招聘广告必须在活动前2个月登出，即如果希望招聘的30名推销员能在6月1日上班，则招聘广告必须在4月1日左右登出。有经验的组织，一般都预先编制好招聘工作流程图，然后按照招聘工作的时间顺序，一步步地实施。

### （三）招聘渠道或方法的选择

任何一个确定的招聘方案中招聘的渠道和方法的选择都是最重要的组成部分。采用哪一种方式招聘人员，应根据劳动力市场、职位性质、组织规模等具体情况而定。如果组织进行大规模招聘，仅使用一种招聘渠道往往是不够的，这时需要采用不同的招聘渠道的组合，才能保证组织在确定的时间内招聘到足够的、合适的雇员。

鉴于招聘渠道和方式选择的重要性，本章第三节将对此进行专门的讨论。

### （四）组织宣传策略

招聘工作不仅受到组织形象和声誉的影响，其本身也是直接影响组织形象和声誉的过程之一。因此，在招聘过程中，组织一方面要尽可能地吸引应聘者；另一方面还必须利用招聘的机会进行组织形象或者声誉的宣传。

在推销组织提供的职位时，应该向求职者传递准确、有效的组织信息。一般说来，职位的薪水、工作类型、工作安全程度等，是影响众人选择工作职位和工作单位的最重要因素。其次是晋升机会、组织的位置等。组织的管理方式、组织文化、工作条件、同事、工作时间等是影响稍微小一些的因素。组织在传递信息时，应该根据影响择业的因素以及求职者的类型，有针对性地提供信息，而不要把这些信息平等看待。当然，这不是说招聘者可以过高地宣传职位好的一面，而过低地反映职位不足的一面。招聘者传递信息时，应该是诚实和讲道德的；否则，不仅不能给组织带来好处，反而可能给组织带来负面影响。

此外，组织一定要处理好与未录用者的关系，这关系到整个招聘能否善始善终。对未录用人员发一封情真意切的感谢函，说明未录用原因并进行致歉，还可赠送公关小礼品，以维系感情。这样未录用人员还会为本单位做正面宣传，而不至于有负面影响。

## 三、招聘者

在招聘过程中，工作申请人是与组织的招聘者接触而不是与组织直接接触。在对组织的特征了解甚少的情况下，申请人会根据组织在招聘活动中的表现来推断组织其他方面的情况，招聘者的表现将直接影响招聘中组织树立形象，也直接影响到申请者是否愿意接受组织提供的工作岗位。因此，招聘人员的选择是一项非常关键的人力资源管理决策，组织对此应该慎重行事。

### （一）招聘者的素质要求

在现代组织中，人力资源管理的作用越来越具有战略性，人力资源管理实践对招聘者的要求也越来越高。进行招聘工作的人员应该具备的素质、能力和知识已经越来越不同于过去。

1. 良好的个人品质与修养

招聘者所拥有的品质不仅反映其个人的修养，更重要的是他代表组织、代表组织文化的特征，从他们身上可以反映出组织的风范。因此，组织对招聘者的个人品质有很高的要求，它要求招聘者必须热情、公正、认真、诚实。

2. 具备多方面的能力

作为一个招聘者，一般需要具备以下几种能力：表达能力、观察能力、协调和交流技巧、自我认知能力。

3. 广阔的知识面

认识和了解人是招聘工作最基本的内容，而人是非常复杂的，为此，招聘者需要了解许多方面的知识。心理学、社会学、法学、管理学、组织行为学等学问自不用说，甚至血型学、星象学、笔迹学等有关学问也应该有所了解。

4. 掌握一定的技术

招聘是一项复杂的工作，并且具有很强的科学性，招聘者必须掌握一定的招聘技术才能保证招聘过程的有效实施。在招聘中可能用到的技术主要有：人员测评技术、策略性谈话的技术、观察的技术、设计招聘环境的技术、设计问题的技术等。

### （二）招聘团队的组建

招聘是一项繁杂的工作，不可能由一两个人来完成，而必须依靠团队的力量。前面已经说过，招聘者应该具有多方面的能力和良好的素质。当然不可能每个招聘者都具备良好的综合素质，但他们如果能够按知识、气质、能力、性别、年龄、技能相互补充组合在一起，则可以使各个招聘者的优势互补、扬长避短，使整个招聘团队的功能最优，从而达到招聘的目的。因此，招聘团队的组建应遵循知识互补、能力互补、气质互补、性别互补、年龄互补的原则。

## 四、招聘计划

### （一）制订招聘计划的意义

招聘是能及时地、足够多地吸引具备资格的个人并鼓励他们申请在组织中工作的过程。人员招聘录用计划的主要功能是，通过定期或不定期地招聘录用组织所需要的各类人才，为组织人力资源系统补充新生力量，实现组织内部人力资源的合理配置，为组织扩大生产规模和调整生产结构提供人力资源的可靠保证，同时弥补人力资源的不足。

更重要的是，人员招聘录用计划作为组织人力资源规划的重要组成部分，为组织人力资源管理提供了一个基本的框架，为人员招聘录用工作提供了客观的依据、科学的规范和实用的方法，能够避免人员招聘录用过程中的盲目性和随意性。

### （二）招聘计划的主要内容

1. 录用人数以及达到规定录用率所需要的人员

各年度的录用人数应确保组织人力资源构成的合理性，尤其是在年龄、智力结构上要符合组织运作和发展的需要。录用人数的确定，还要兼顾到录用后员工的配置、晋升等问题。此外，还要根据以往的招聘经验，确定为了达到规定录用率至少应吸引多少人员前来应聘。

2. 从候选人应聘到雇佣之间的时间间隔

有效的招聘计划还应该注意另外一种信息，即精确地估计从候选人应聘到雇佣之间的时间间隔。随着劳动力市场条件的变化，这些数据也要相应地发生变化。

3. 录用基准

录用基准即确定录用人才的标准。除个人基本情况外（年龄、性别等），录用人才的标准可以归结为以下五个方面：与工作相关的知识背景、工作技能、工作经验、个性品质、身体素质。这里要明确哪些素质是职位要求所必需的，哪些是希望应聘者具有的。

4. 录用来源

确定从哪里录用人才，是从内部提升或移动，还是从外部选聘。如果从外部选聘，又应该从哪里入手，这都是应该事先考虑的问题。确定录用来源有助于组织有效地把时间花费在某一劳动力市场上。费用最高的来源通常是猎头公司，组织招聘高级管理人才时比较适用；而一般人员的招聘可到职业介绍所，费用较低。组织应根据成本及时间间隔数据定期收集、评价招聘来源信息，对各种信息来源进行分类，选择那些最快、最廉价地提供适当人选的信息来源。

5. 招聘录用成本计算

一般来讲，雇佣一个人所需要的费用可以用招聘总费用除以雇佣人数得出。除此之外，下列的成本计算也是必不可少的：

（1）人事费用：工资、福利及加班费等。

（2）业务费用：通信费、专业服务费、信息服务费、广告费、物资及邮资费用等。

（3）组织一般管理费：租用临时设备、办公用具等的费用。

## 第三节　招聘渠道

招聘来源是指能够发现具备资格的员工的地方。一般来说，招聘的来源可以划分为两类：一是组织内部来源；另一类是组织外部来源。在每一类招聘来源中，又有许多不同的招聘渠道。采取哪种招聘来源，选择哪种招聘渠道，取决于组织所在地的劳动力市场，拟招聘职位的性质、层次和类型以及组织的规模等一系列因素。

### 一、内部来源和渠道

一说到招聘，许多人首先想到的是广告、人才市场和大学校园等，而已在组织任职的雇员作为一个非常重要的招聘来源往往被人忽视。内部招聘是员工招聘的比较特殊的形式，包括内部晋升、岗位轮换等。严格说来，内部招聘不但属于人力资源招聘的范畴，而且应该属于人力资源开发的范畴。

在组织内部进行人员调整，可以最大限度地发挥组织现有人力资源的潜力。组织在进行人员招聘录用工作时，内部调整应先于组织外部招聘，尤其对于高级职位或重要职位的人员选聘工作更应如此。因为内部招聘具有如下优势：

（1）有利于员工的职业发展，能够促进组织中现有人员的工作积极性；

（2）可以利用已有人事资料简化招聘、录用程序，节约人力、财力等资源；

（3）内部员工对组织熟悉，对新职务的适应期更短；

（4）可以控制人力成本，减少培训期和费用。

组织内招聘可以通过公布现有职位空缺，鼓励员工自我推荐的方法来实现。组织内招聘需要注意的一点是要保证筛选的公开、公正性。不透明及不合理的选拔往往容易挫伤员工的积极性，反而会降低员工工作绩效。另外，对于不被选用的员工，管理者要详细说明原因，并提出期望，展示将来的机会。

#### （一）内部招聘的渠道

内部招聘的渠道很多，其中最主要的是职位公告和职位投标、职位技术档案筛选和雇员推荐三种。

1. 职位公告和职位投标

职位公告和职位投标是组织内部招聘人员的普通方法。过去的做法是在公司或组织的布告栏发布工作岗位空缺的信息，现在则开始采用多种方法发布招聘信息，如内部电视台、内部报刊、局域网络等。职位公告应该包括职位的责任、义务、必需的资格、工资水平以及其他相关信息，如公告的日期和截止申请的日期、申请的程序、联系电话、联系地点和时间、该职位是否同时也在组织外部进行招聘，在面谈过程中应聘者是否需要演示他们的技能等。具有合格资格的雇员可以提交正式的申请或者在职位投标单上签名，参加投标。

对组织来说，采用职位公告既有优点也有缺点。其优点在于职位公告可以使组织发现那些可能被忽视的潜在的内部应聘者。职位公告的短处之一是必须让每一个雇员都知道空缺职位的信息，文件处理的工作量会变得很大，而且必须对所有没有被选上的雇员解释他们没有被选上的原因。另外，如果没有一项政策限制一个雇员在一定时期内变换职位的次数，职位公告可能在组织内造成过高的职位流动，从而造成不必要的不稳定。对于组织比较高级职位的内部招聘，更多地使用职位清单、个人记录、技能银行等方法，职位公告在这种情况下不常使用。

2. 职位技术档案筛选

随着计算机的普及，那些保持了计算机化的技能档案资料的组织，越来越多地利用技能档案来进行内部招聘。技能档案包括了诸如雇员的资格、技能、智力、教育和培训等方面的信息，而且这些信息是经常更新的，能够很全面和及时地反映所有雇员的最新的技能状况。这些信息不仅能够帮助决策者获得有关职位投标者的相关信息，而且还可以帮助组织发现那些具备了相应资格但由于种种原因没有进行申请的雇员。

利用职位技术档案的优点是可以在整个组织内发掘合适的候选人，同时职位技术档案可以作为人力资源信息系统的一部分。如果经过适当的准备，并且职位技术档案包含的信息比较全面，采用这种方法比较便宜和省时。

3. 雇员推荐

许多组织都采取雇员推荐的方法来招聘新员工。这一方法主要具有以下一些优点：首先，雇员在推荐候选人时，他们对组织的要求和候选人的条件都有一定的了解，会先在心目中进行一次筛选。其次，被推荐者通过推荐者可以对组织有一个比较现实的基本了解，如组织文化等。最后，作为推荐者的雇员，通常会认为被推荐者的素质与他们自己有关，只有在他们认为被推荐者不会给他带来不好的影响时，才会主动推荐他人。所以有的人认为雇员推荐是所有招聘渠道中最好的一种。当然，这种做法也并非没有缺点，因为一旦雇员所推荐的人被拒绝，则这个雇员可能会产生不满。而且如果引荐的人数过多，容易形成小团体和非正式组织，对组织可能形成致命的伤害。

除了以上三种重要的方式外，职位转换也是组织填补职位空缺的一个很常见的方法。组织管理者经常会发现，一个雇员如果离开现有的职位，转移到其他职位，对组织和这个雇员的发展都会更有利。

### （二）内部招聘的优缺点

内部招聘对于组织的管理职位来说是最重要的来源，在美国，抽样调查资料显示，有90%的管理职位是由内部招聘来填补的。正是因为内部招聘有许多优点，才会有这么多组织采取这种方式：

（1）内部招聘对现有的雇员来说是一种重要的晋升渠道，得到升迁的员工会认为自己的才干得到组织的承认，因此他的积极性和绩效都会提高。

（2）由于现有的雇员在组织已经工作了一段时间，他们可能对组织更有效忠的意愿，因此流失的可能性也比较小。

（3）提拔内部员工可以提高所有员工对组织的忠诚度，使他们在制定管理决策时，能作比较长远的考虑。

(4) 由于组织对雇员的技能、才能比较了解，因此从内部提拔在某种程度上讲也比较保险。

(5) 内部晋升对组织来说，不仅可以节约大量的招聘广告费和筛选录用方面的相关费用，还可以节约相应的培训费用。通过内部招聘，雇员在组织已经受到的培训得到了肯定。雇员对组织的贡献也通过这种内部晋升得到了最好的回报。

当然，作为一种选择范围相对狭小的招聘方式，内部招聘也有许多的不足之处：

(1) 那些申请了但却没有得到职位或者没有得到空缺信息的员工可能会感觉到不公平、失望甚至心生不满，从而影响其工作的积极性，因此需要做解释和鼓励的工作。

(2) 在内部招聘时，常常会在雇员群体中引起嫉妒、攀比等心理问题，而且还可能会引发拉帮结派等派生问题。

(3) 如果组织已经有了内部补充的惯例，当组织出现创新需要而急需从外部招聘人才时，就可能会遇到现有员工的抵制，损害员工工作的积极性。

(4) 从内部晋升也会产生新的空缺，即被提升的人所空缺出的职位。这一职位也是需要填补的。因此，有时从内部提升，在培训上并不节约。因为一次产生了两个需要培训的雇员，一个是晋升的人，一个是填补被晋升的人留下空缺的人。

(5) 内部招聘的最大问题是近亲繁殖。如果组织的整个管理队伍都是迈着同样的阶梯晋升上来的，在管理决策上就会缺乏差异，整个管理阶层就会缺乏创新意识。

如何平衡内部招聘的优点和缺点，扬长避短，是一项具有挑战性的工作。应该说，内部招聘的缺陷，都可以通过细致的工作来补或者消除。如更广泛地通知，使有关信息传达到组织的每一个角落等。又如，对于被考虑将从内部晋升的雇员，应该让他们知道，尽管他们在被考虑之列，但并不能保证他们就一定能够被晋升，这样做可以消除误解，减少因为没有被晋升而带来的情绪，避免对士气的影响。

## 二、外部来源和渠道

外部招聘是根据一定的标准和程序，从组织外部的众多候选人中选拔符合空缺职位工作要求的人员。虽然在上一节我们谈到内部招聘的种种好处，但组织过分依赖内部招聘也是一种失误，从外部招聘则可以弥补内部招聘的缺点。

### (一) 外部招聘的优缺点

1. 外部招聘的优点

(1) 有利于平息和缓和内部竞争者之间的紧张关系

每个内部竞争者都希望能得到晋升的机会，但空缺职位却总是那么少。当员工发现自己的同事，特别是原来与自己处于同一层次、具有同等能力的同事提升而自己竞争失败时，就可能产生不满情绪，懈怠工作，不服管理，甚至拆台。而从外部选聘就可能使这些竞争者得到某种心理上的平衡，从而有利于缓和他们之间的紧张关系。

(2) 能够为组织带来新鲜空气

来自外部的应聘者可以为组织带来新的管理方法和经验。他们没有太多的框框程序束缚，工作起来可以放开手脚，从而给组织带来较多的创新机会。此外，由于他们新近加入组织，没有与上级或下属历史上的个人恩怨关系，从而在工作中可以很少顾忌复杂的人情网络。

(3) 树立组织形象的好机会

外部招聘是一种与外部交流的机会，借此机会组织可以在潜在的雇员、客户和其他外界人士中树立良好的形象。

2. 外部招聘的局限性

(1) 外聘人员不熟悉组织流程

外聘人员不熟悉组织的内部情况，同时也缺乏基础，因此需要一段时期的适应才能进行有效的工作。

(2) 组织对应聘者的情况缺乏深入的了解

虽然在进行选拔的时候可以借助一定的测试、评估方法，但一个人的能力是很难通过几次短暂的会晤，几次书面测试就能得到正确反映的。被聘者的实际工作能力与选聘时的评估能力可能存在很大差距，因此组织可能聘用一些不符合要求的人员。这种错误的选聘可能给组织造成极大的危害。

(3) 对内部员工的积极性造成打击

这是外部招聘最大的局限性。多数员工都希望在组织中有发展机会，都希望能够担任越来越重要的工作。如果组织经常从外部招聘人员，而且形成制度和习惯，则会堵死内部员工的升迁之路，从而挫伤他们的工作积极性，影响他们的士气。同时，有才华、有潜力的外部人才了解到这种情况后也不敢应聘，因为一旦应聘，虽然在组织中工作的起点很高，但今后提升的希望却很小。

由于内外招聘各有优缺点，所以大多数组织都实行内外招聘并举。如果一个组织的外部环境和竞争情况变化非常迅速，它就既需要开发利用内部人力资源，又必须侧重利用外部人力资源。而对那些外部环境变化缓慢的组织来说，从内部进行提拔往往更为有利。内部选拔的重点是管理人才，外部招聘的重点是技术人才。

### (二) 外部招聘的渠道

外部招聘的渠道可谓多种多样，组织应根据具体情况作出灵活的选择。比较重要的有：被推荐者和随机求职者、招聘广告、就业机构、校园招聘、网络招聘等。

1. 被推荐者和随机求职者

在上一节我们已经讨论了作为内部招聘渠道的员工推荐。当然，向公司推荐新员工的也不一定非得仅仅局限于公司现有的内部人员。公司的关系单位、上级部门、所在社区或者同行业协会都可作为推荐人。同行业协会推荐相关的人才的优点也是相互之间比较了解，但是同行业间容易形成小圈子，一般适用于大型组织的一些高层人员。

随机地“走进来”，这种直接到你办公室里来求职的人，对你的组织来说是一个重要的工作候选人来源。他们通常都是一些蓝领工人或者低级文员。尽管这些走进来的求职者可能没有其他来源的申请者的素质那么高，但组织必须礼貌对待，妥善处理，因为这不仅是尊重求职者自尊的问题，更是关系到组织在社会上的声誉问题。

2. 广告

招聘广告是补充各种工作岗位都可以使用的吸引方法，而且能够比其他的招聘方式吸引来更多的应聘者，因此已经成为应用最为普遍的一种招聘方式。组织可以通过广播、报纸、电视和行业出版物等媒介向公众传送公司的就业需求信息。在设计广告内容时，公司必须注意树立其组织形象。公司应该给未来的员工一个准确的工作或组织说明，同时公司应尽力吸引那些注重自身发展的员工，强调工作或组织的独特吸引力。广告必须给求职者提供足够的信息，包括对工作的简要说明、必要的学历、素质要求以及求职者申请的形式：电话、简历，或直接去公司面谈，等等。

利用广告招聘具有传播范围广、接受人群多、可以同时进行组织宣传等优点。并且，广告可以激发潜在的求职者对组织的兴趣，并进一步寻求有关公司的更多的信息和提供的工作机会。存在的问题是广告的作用效果较短，对于求职者来说信息量不足。

招聘广告的传播媒体可以是报纸、杂志、广播电视、互联网、宣传单等。不同的媒体各有其优缺点，也各有其适用范围，招聘者应对这些烂熟于心，使用起来才能得心应手。

（1）报纸

用报纸进行招聘广告的优点是：标题短小精炼、广告大小可以灵活选择；发行集中于某一特定的地域；各种栏目分类编排，便于积极的求职者查找。报纸招聘广告也有其不足之处：容易被未来可能的求职者所忽视；集中的招聘广告容易导致招聘竞争的出现；发行对象没有特定性，企业不得不为大量无效的读者付费；广告的印刷质量相对较差。

当企业想把申请者局限在一个特殊的地理范围时；当可能的求职者大量集中于某一地区时；当有大量的求职者在翻看报纸，并且希望被雇佣时，报纸广告是最合适的选择。另外，报纸可以说是招聘那些高流失率行业人员的最好方法。有些行业，如零售业、饮食业，其高流失率在一定程度上是不可避免的，而且也是很普遍的，这些行业在报纸上进行招聘广告是比较好的选择。

（2）杂志

利用杂志进行招聘广告的优点在于：专业性杂志能够使广告到达哪怕是很小的职业群体；广告大小也很有灵活性；广告的印刷质量一般比较高；有较高的编辑声誉；时限长，求职者可能会将杂志保存起来再次翻看。

杂志招聘广告的缺点在于：发行的地域太广，当希望将招聘限定在某一特定区域内时一般不宜使用；每期的发行时间间隔较长，需要较长的广告预约期。杂志招聘广告的优缺点决定了这种方式特别适合于专业技术人才的招聘。当然，当时间和地区限制不是最重要的时候，也可以选择杂志招聘广告。

（3）广播电视

广播电视的优点是：只要观众收听或者收看了节目，一般都不会被忽略；能够比报纸和杂志更好地让那些不是很积极的求职者了解到招聘信息；可以将求职者来源限定在某一特定地域；极富灵活性；比印刷广告更能有效地渲染雇佣气氛；较少因广告集中而引起竞争激烈的情况下，没有足够的求职者看你的印刷广告时；当职位空缺有许多种，而在某一特定地区又有足够求职者时；当需要迅速扩大影响时；当在两周或更短的时间内对某一地区展开“闪电式轰炸”时，组织都可以考虑使用广播电视进行招聘广告。

这种方式的缺点是：只能传递简短的、不是很复杂的信息；缺乏持久性，求职者不能回头再了解（需要不断地重复播出才能给人留下印象）：商业设计和制作（尤其是电视）不仅耗时而且成本很高；缺乏特定的兴趣选择，为无效的广告接收者付费。

（4）其他印刷品

海报、公告、招贴、传单、宣传旗帜、小册子、直接邮寄、随信附寄等都是在特殊的场合有特别效果的方法。这些方法可以在求职者可能采取某种立即行动的时候，引起他们对组织雇佣的兴趣，而且极富灵活性。但是这些方式自身的作用非常有限，必须与其他招聘方法相结合，方能产生良好的效果。

在一些特殊场合，如为劳动者提供就业服务的就业交流会、公开招聘会、定期举行的就业服务会上，可以布置海报、标语、旗帜、视听设备等，当求职者访问组织的某一工作地时，可以向他们散发招聘宣传材料。

3. 就业服务机构

随着劳动力市场的日臻完善，我国的就业服务机构也出现了分化，目前我国的就业服务机构可以分为两类：一类是私人机构，一类是公共机构。而公共机构又可区分为劳动力市场和人才市场。

（1）私人就业服务机构

我国的私人就业服务机构产生得比较晚，在经营上尚存在一些不规范的问题，发展受到一定的限制。通常组织只是在招聘临时雇员时才会利用私人就业机构。

但近几年在我国兴起的猎头公司，作为主要为组织搜寻高级人才的就业服务机构，在搜寻高层管理人才和专门技术人才方面具有很大的利用价值。它们同许多已经被雇佣并且没有太大积极性变换工作的高级人才都保持着联系；能够对组织的名称保守秘密，一直到职位候选人搜寻过程到最后阶段为止；可以帮助组织的高层管理人员节约时间；能够帮助组织一开始就接触到高素质的应聘者。因此，尽管利用这类机构进行招聘活动所费不菲，但的确是物有所值。猎头公司与职业介绍机构的不同之处在于，猎头公司一般定位在对中、高层管理人员和高级技术人员的招募。猎头公司收取的费用通常按招聘职位第一年薪酬的25%～33%提取，一般由组织支付。

（2）公共就业服务机构。我国的公共就业服务机构相对私人机构来说相当的发达。由于在计划经济体制下我国就存在劳动局和人事局的传统分割，因此现在的公共就业服务机构也分化为劳动力市场和人才市场，组织一般在劳动力市场上招聘“蓝领”工人，而在人才市场上招聘“白领”员工。

就业服务机构作为一种专业的中介机构，自然拥有比单个组织更多的人力资源的资料，而且招聘筛选的方法也比较科学，效率较高，可以为组织节省时间。另外，就业机构作为第三方，能够坚持公事公办、公开考核、择优录用，公正地为组织选择人才。

但正因为就业服务机构并不是组织本身，因此在进行筛选时，可能会使较差的求职者通过初选阶段而直接送到负责雇用他们的主管人员那里，监督人员又可能不作过多的选择就相信就业服务机构的挑选，最终雇用这些不合格的人。而且组织必须支付中介费，从而增加招聘的费用。因此在招聘普通员工时利用这些就业服务机构效果会比较好，而招聘高级或专门技术人员则效果不佳。

4. 校园招聘

校园招聘是组织获得潜在管理人员以及专业技术人员的一条重要途径。许多有晋升潜力的工作候选人最初就是组织从大学中直接招聘来的。在这里，可以发现潜在的专业人员、技术人员和管理人员。公司一般都派招聘人员去学校进行招聘宣传和筛选工作。由于从校园招聘对组织和大学双方都有益，所以双方都采取一定的措施来发展和保持密切的联系。对很多组织来说，学院和大学是发掘潜在人才的最佳途径，他们通过设立奖学金，提供实习、勤工俭学的机会等方法吸引毕业生加入他们的组织。

大学校园是高素质的人相对比较集中的地方，组织能够在校园招聘中找到相当多数量的具有比较高素质的合格申请者，招聘录用的手续也相对比较简便。而且年轻的毕业生们充满活力、富有工作热情、可塑性强，对自己的第一份工作具有较强的敬业精神。但校园招聘也有明显的不足之处：许多毕业生，尤其是优秀的毕业生在校园招聘中常常有多手准备；刚刚进入劳动力市场的毕业生，由于缺乏实际的工作经历，对工作和职位容易产生一种不现实的期望；招聘来的毕业生缺乏解决具体问题的经验，需要大量的培训并组织文化融合；校园招聘相对于其他一些招聘形式来说，成本比较高，花费的时间也较长，因此必须提前相当长的时间进行准备。

组织也往往从职业学校中招聘办事员或其他初级操作性员工。例如，许多家用电器修理、小机械装配、服务礼仪等专业职业学校，都可以给组织提供合格的初级员工。有些公司甚至与职业学校合作，以保证这种经过培训并且具有特殊工作技能的员工的供应。倾向于从学校招聘员工的组织往往具备很好的培训体系，不强调新员工的社会经验和工作经验。同时对于那些十分强调培养独特的组织文化的组织来说，没有在其他组织中长期服务过的毕业生也较容易被塑造和培养。

5. 海外招聘

前面我们已经谈到在招聘高级管理人才或一些尖端技术的专门人才时很有可能需要到全球范围进行选择。而且当组织在超越国界向海外扩大经营时，对它们来说，获得海外招聘来源就成为一个越来越重要的问题。所以，海外招聘也是具有向世界进军的组织所不可忽视的来源。

进行海外招聘的好处不言而喻，可以在世界范围内进行人才的选择，候选人的数量及质量都与局限于国内的招聘不可同日而语。但是在海外进行招聘也会遇到许多的困难，比如要想证明和核查外国人的各种证书是很困难的，对其背景进行调查也是一项很难进行的工作。而且雇用外国人在手续上也较为繁琐。当然这些问题可以通过选择合理的招聘渠道和筛选手段得到一定程度的解决。

6. 其他招聘来源

（1）竞争对手或其他公司。对手一个要求具有近期工作经验的职位来说，其竞争对手和同一行业中的其他公司可能是一个较好的招聘来源。随着人员的流动性日益加大，这个渠道越来越显示出其重要性。对于那些没有能力提供完备的培训过程的小公司来说，他们更加注重寻求那些受过大公司良好培训的员工。

（2）失业者、下岗人员。失业者、下岗人员也是重要的招聘来源。有许多合格的求职者由于不同的原因加入到失业队伍中。例如，公司破产、削减业务或被其他公司兼并，都使许多合格的员工失去了工作。这些员工往往薪酬要求不高，有利于组织节约人力资本。

（3）退伍、转业军人。退伍、转业军人往往具有明确的目标和团队取向，有高度责任感和纪律性，并具备优秀的身体素质和道德品质。对那些强调全面质量管理和组织忠诚度的组织来说，这是一个很好的员工来源。

（4）老年人。那些已退休的老工人也是一个宝贵的员工来源。由于老年人具有丰富的社会经验，较为稳重和可靠，他们可以弥补年轻员工的一些不足。曾有调查显示，大多数组织对他们的老工人评价很高，因为他们具有良好的知识、技能、职业道德、忠诚感。

（5）个体劳动者。个体劳动者也是一个良好的潜在招聘来源，对于要求具备公司内部技术、专业、管理或组织专门知识的各种工作来说，这些人也构成了一种求职者的来源。

## 三、网络招聘

随着信息技术的发展，网络招聘以其独特的优势已经成为招聘的一个发展趋势。网络招聘是指人力资源管理部门通过互联网或内部网发布招聘信息，并通过电子邮件或简历库收集应聘信息，经过信息处理后，初步确定所需岗位人选的一种招聘方法。

### （一）网络招聘的优点

（1）扩大招聘选择的范围。通过网络招聘，组织可以获得更大规模的求职者储备库，因为组织的招聘信息可以在全世界范围内被人们看到——而不是只能从某一地方性报纸或某一份专业杂志上才能看到。另外，组织还可以从因特网上直接获得大量现成的求职书，需要招聘雇员的组织可以根据一些像工商管理硕士、财经、英语流利等关键词进行电子查询。

（2）获得高素质的求职者。对某些高技术性的工作来说，网络招聘吸引的应聘者的素质会比较高。

（3）缩短组织招聘的时间。对网络上所公布的空缺职位感兴趣的应聘者，可以直接通过网络将求职简历传送给招聘的组织。而同样的一个过程如果是在刊登报纸广告的情况下，通常需要 6 ~7 天才能完成。

（4）降低招聘成本。网络招聘没有空间、时间、地域的限制，供需双方足不出户便可直接交流。而且，在互联网上发布招聘信息也比较便宜。比如，在美国，如果在《波士顿环球日报》上刊登一个星期的广告大约需要花费 1 500 美元，而要将招聘广告粘贴在 E－span 上却只需花 75 美元。

（5）提高了招聘信息的处理能力。利用搜索引擎，自动配比分类装置，公司可以迅速找到符合公司要求的潜在人选。而自动反馈功能可以使求职者立即得到确认提示。

### （二）网络招聘的缺陷

由于网络招聘是通过网站这样一个中介来进行招聘的，求职者与招聘者不能面对面地交流，这也使得网络招聘不可能尽善尽美。

（1）由于缺乏面对面的交流，组织无法深入考察应聘者的综合能力、内在素质、语言表达能力、思维敏捷程度、外在气质形象等，而且网上简历也存在失实的现象。通常组织在确定初步人选后，还需要对应聘者面试，以进一步考察。因此，网络招聘只是完成了招聘的第一步。

（2）目前网站良莠不齐，加上缺乏规范管理和有序竞争，许多网站之间的竞争演化成获得信息的竞争，一些网站不经授权转载报纸杂志的招聘信息或者网站之间互相抄袭信息，导致公布的信息失真失效，对应聘者产生误导。

(3) 由于网络招聘与网络硬件、信息技术密切相关，因此在一些欠发达地区，网络招聘缺乏足够的生存空间。

大型公司招聘人才，目前多采用“两条腿走路”的方法。一方面，它们仍然向相关的报纸杂志发布征聘广告；另一方面，它们利用公用网站的人才数据库或公司自己的网站来进行人才征询。

### (三) 网络招聘的方式

互联网的飞速发展和计算机的普及为网络招聘提供了良好的基础。组织通过网络招聘人才有两个选择：其一是通过商业性的职业招聘网站；其二是在自己公司的主页上发布招聘信息。

1. 加入商业性的职业招聘网站

一些非营利性的职业招聘网站一般都只有松散的介绍作用，服务内容详略各异。而营利性的职业招聘网站工作方式大为不同。这些网站不仅建有职业数据库，而且建有丰富的人才数据库。若将招聘或求职信息存入数据库，就要缴纳相应的费用。

2. 利用自己公司的主页

如今许多公司都拥有自己的网站，并将本组织的职位空缺在自己的网站上公布。求职者如希望到某个组织去工作，就可以直接访问该组织的网点。像公司对应聘者的要求一样，公司也应该在网站提供一份自我履历。这份文件应该言简意赅、通俗易懂，包含所有求职者希望了解的情况，比如说公司所在地、曾经取得的成就和未来的发展潜力。和求职者履历不同的是，公司简历还应该包括营业额、利润、具体办公环境、公司的技术能力以及相对同行业其他公司的付酬标准。

### (四) 网络招聘的步骤

网络招聘过程可以被分解为以下四个步骤：

1. 吸引求职者

综合的招聘措施和全面的市场战略，是公司确保网络招聘成功的至关重要的因素。比如组织可以在招聘广告中用类似的结构、颜色和式样的产品广告，用产品品牌塑造人力资源品牌，还可以在组织的促销产品上印制组织网址，这可以增加求职者对组织网站的访问率。公司主页是求职者经常关注的地方，并常常以此作为公司评估的基本因素。因此，在设计中要注入潜在的招聘意识。

2. 人才分类

网络招聘使得求职者提交求职材料变得轻松，由此导致的一个问题是组织招聘网站的个人简历大有泛滥之势，而其中有相当部分是不称职的。将求职者迅速分类而不漏掉优秀人才，这成为网络招聘的决定性技术。目前有许多公司开发出了不同的筛选程序，为组织这方面的需求提供了一定的支持。

3. 迅速取得联系

一旦确认了优秀的申请者，速度是必要的。在许多公司同时竞争的情况下，第一个与求职者取得联系的公司往往拥有极大的优势。这就要求招聘者必须具备相当的灵活性和市场创造力。

4. 达成一致

在这一阶段，招聘者不能过多地依赖网络技术，面对面地交流是一个关键的步骤。网络招聘最大的误区是：招聘者往往花费了过多的时间去寻找潜在合适人选，但缺乏足够的沟通时间用以说服对方接受这个职位。这个错误方式导致的直接结果是，大批优秀人才与公司擦肩而过。因此，有些公司的招聘者会接受销售技巧训练，并由此学会怎样在沟通方面与对方取得共识。

（五）网络招聘的发展趋势

随着网络技术的不断完善和发展，网络管理的进一步法制化、规范化和制度化，网络招聘将成为未来人才招聘的主要方式。公司网站可以成为公司招聘的主要渠道，尤其对大型公司而言，因为这些网站的访问量很大。公司还可制订一个全局性的招聘计划加以配合，把所有的空缺职位列在公司网站的求职区内。

目前已经实现了网络招聘的公司，有一半以上并未充分利用网上招聘的优势，只是把它作为传统的纸上招聘程序的一种补充，用来收集应聘者的资料。在今后几年中，公司面临的挑战将是如何将招聘过程完全数字化，即从求职者身份验证、简历的初步筛选到来信的回复、信息分档存储等一系列工作都由互联网来进行，使人力资源经理们能够更大程度地享受网络招聘带来的便利和轻松。

## 四、招聘方法和来源的匹配方案设计

人力资源专业人员在选择方法之前必须首先识别未来员工的来源。

表 5－3 列出了一名会计部经理的招聘方法和来源的匹配方案。假定一家大公司立即需要一位至少具有 5 年工作经验的会计部经理，并且这个公司内部没有一个人具备这种资格。最大的可能便是，这样的一个人已被另一家公司所雇佣，该公司可能是自己的竞争对手或其他公司。招聘人员就必须选择恰当的方法，使之能够吸引合格的候选者。招聘者可以在行业相关的报刊上的分类广告中刊登招聘广告，或者通过一家猎头公司寻找一位合格的人选。

表 5－3　会计部经理的招聘方法与来源的匹配

| 外部招聘的方法 | | | | | | | |
|---|---|---|---|---|---|---|---|
| 来源 | 广告 | 职业介绍所 | 入校招聘 | 招聘会 | 猎头公司 | 自荐求职者 | 员工推荐 |
| 职业学校 | | | | | | | |
| 学院和大学 | | | | | | | |
| 竞争对手和其他公司 | * | * | | | * | * | |
| 失业者 | | | | | | | |
| 个体劳动者 | | | | | | | |

如果一家公司需要20位初级机械操作工，并且这家公司愿意对他们进行培训，那么，职业学校就可能是很好的招聘渠道。招聘的方法可以采用报纸广告、公共职业介绍所、派招聘人员入校招聘以及内部员工推荐的方式。

特定的招聘方法的使用会受到外部环境因素（市场供给和工作要求等）的影响。为了在不同的情况下，判定哪种招聘来源和方法是最合适的，每个组织都应保持良好的招聘记录，并对最优的招聘方式进行统计和研究。

## 第四节　筛选与测试

确定了招聘的来源和渠道后，组织面临的问题就是如何从为数众多的应聘者中筛选出符合组织需要的应聘者。如果能够有效地从应聘者中选择出最优秀的人才，无疑有利于组织。而如果选择不当，则会给组织带来时间和财富的浪费，影响组织的生产率，降低组织的士气。而且筛选的费用越来越高，几乎占到了整个招聘费用的绝大多数。因此，筛选在整个招聘过程中居于核心地位。作为招聘过程的重要决策阶段，筛选应该借助于多种手段来公平、客观地作出正确的决策。

### 一、筛选与测试的信度和效度

筛选测试的目的，就是要从应聘者中区分哪些人具有完成任务的能力，哪些人则不能完成任务，但并不是所有的筛选技术都能保证你录用到合适的人选，只有那些可靠和有效的技术才能把你在招聘中的失误降到最低，这就要求筛选技术具有较高的信度和效度。

#### （一）信度

信度是指测试的可靠程度和客观程度，即测验的一致性。好的测验应当有较高的信度，它要求对同一个人用同一个等值形式的测验反复进行测量时应当取得相同的结果，不随测量的时间、地点或者主考人的变化而发生变化。测试的信度很重要，如果某人在周一的智力测试中得90分，而在周二的测试中却得了130分，你可能不会对此测试表示信任，当然也不可能用它来进行筛选。

估计测试的信度的方法有很多种，以下是几种比较常用的系数：

（1）再测信度。再测信度指对某一应聘者进行测验后，再对其进行同一测验，两次测验之间的相关系数即为再测信度。一般情况下，这种方法较为有效，但却不适合于受熟练程度影响大的测验，因为被测者在头一次测验中，可能记住某些东西，提高了第二次测验的分数。

（2）对等信度。在测验的时候，编制两套在出题方式、内容等方面几乎一样的题目，在连续的时间内，让同一组受测于两个测验，计算所得到的两组分数之间的相关系数即为对等信度。这一方法减少了再测信度中前一次测验对后一次测验的影响，但两次测验间的相互作用，在一定程度上依然存在。

（3）分半信度。将对同一组受测者进行的同一测验分为两部分加以考察，这两部分结果之间的相关系数，即为分半信度。这种方法既省时，又避免了前后两次测验间的相互影响。

（4）同质性信度。其又称为内部一致性系数，是指同一个测验内部不同题目之间的一致性程度。这种方法能对内部信度进行测量，也是你经常发现某些问卷中有重复性问题的原因之一。在其他条件不变的情况下，测试的信度越高，则越有可能依据测试结果所揭示出的差异性来作决策。

### （二）效度

效度也就是有效性或者正确性，是指一种评判技术能够真正衡量它所要衡量的对象的程度。也就是说，只有在能够对影响工作绩效的因素进行评判时，这一技术或者方法才是有效的。测试首先必须有效，在缺乏效度的情况下继续使用测试是不合逻辑的。在雇佣测试中，效标效度和内容效度是证明测试效度的两种主要方法。

1. 效标效度

效标效度是通过测试分数（预测因子）与工作绩效（效标）相关来证明测试是有效的一种效度类型。效标效度要证明那些测试中表现好的受试者，在工作中表现亦好，在测试中表现不好的，在工作中亦表现不好。因此，测试分数高的人工作绩效高，则测验有效度。

对于效标效度来说，最关键的是效标的选取。选取的效标可以是实际活动中的表现，也可以是某一个本身已经被证明有良好信度的同类测验。效标效度有两种类型：预测效度和同测效度。

（1）预测效度

预测效度指对所有应聘者都实施某种测验，但并不依其结果决定录用与否，而以其他选拔手段，如申请表、面试等来录用人员。待这些被录用人员工作一段时间后，对其工作绩效加以考核，然后再将绩效考核的得分与当初的测验结果加以比较，求两者的相关系数：相关系数越大，说明此测验效度越高，可以依其来预测应聘者的潜力；若相关系数很小，或不相关，则说明此测验无法预测人员的工作潜力。

（2）同测效度

由于进行预测效度研究要花费大量的时间和精力，因此，许多雇主采用了另一种效度研究——同测效度。它首先对已经处在工作岗位上的在职者进行测试，然后再考察所得到的测试分数与这些被测者在目前岗位上的工作绩效之间存在怎样的相关关系。如果目前工作绩效最好的员工在测试中所得到的分数比那些在当前岗位上工作绩效较差的员工所得到的分数更高，那么就说明这种测试是有效的。

一般说来，一种甄选测试得分与工作绩效得分之间的相关程度越高越好，而这种相关关系所赖以建立的样本规模大小对于效度也同样起着很大的作用。建立在小样本基础上的效度研究几乎从一开始时便注定是要失败的。因此，许多小公司由于规模太小，所以很难在其大多数工作的甄选中采用效标效度战略。

2. 内容效度

当样本规模较小时，可以使用另外一种效度战略，即内容效度战略。所谓内容效度，就是要证明在人员测试中所设计的项目、所提出的问题或者所设置的难题，在多大程度上能够代表实际的工作情境或反映出在实际工作中所存在的典型问题。一份具有较高内容效度的测试将会把求职者置身于与实际工作非常类似的情境之中，然后再来测试求职者目前是否有足够的知识、技术或者能力来处理所面临的情况。例如，招聘打字员时，对应聘者的打字速度及准确性进行测验，这种实际操作测验的内容效度是最高的。

一个测验要具有内容效度必须具备两个条件：要有定义得完好的内容范围；测验题目应该是所界定的内容范围的代表取样。与效标效度不同的是，内容效度不用测验结果与工作绩效考核得分的相关系数来表示，而是凭借招聘人员或者测验编制人员的经验来判断。表5－4列出了一些筛选工具和测验的效度系数。

表5－4 员工未来工作绩效预测方法的效度系数

| 招聘新雇员并进行培训时的预测方法 | | 根据当前绩效预测未来绩效时的方法 | |
|---|---|---|---|
| 智力测验 | 0.53 | 工作实例测试 | 0.54 |
| 工作试用 | 0.44 | 智力测验 | 0.53 |
| 个人简历 | 0.37 | 同事评价 | 0.49 |
| 背景调查 | 0.26 | 以往工作绩效评价 | 0.49 |
| 实际工作 | 0.18 | 专业知识测验 | 0.48 |
| 面试 | 0.14 | 评价中心 | 0.43 |
| 培训和实际工作成绩 | 0.13 | | |
| 学术成果 | 0.11 | | |
| 教育背景 | 0.10 | | |
| 兴趣 | 0.10 | | |
| 年龄 | －0.01 | | |

资料来源：Wayne F Casio. Managing Human Resources［M］. New York：McGraw－Hill，1995：206.

## 二、筛选方法

组织在招聘选拔的环节上需要开展许多具体工作来为录用决策寻找依据，也即要采用一些筛选方法。常用的筛选方法主要有简历、申请表、推荐检测、笔迹学法、笔试、试用、心理测试、面试、评估中心等。

### （一）简历

简历是求职者的第一份材料，因此，求职者最愿意在简历上下工夫。这也就导致了简历的一些问题，比如，有些人总禁不住要隐瞒不好的方面，夸大自己的成绩。用简历筛选还有一个明显的问题，就是你对简历的内容和风格缺少控制，求职者的简历中可能并没有你想要知道的信息。

当然，用简历方式提出求职申请也有积极的一面。简历可以提供一些与应聘者有关的额外信息。比如要招聘一位设计员，如果要求求职者按自己的想法提供一份简历，通过这份简历看看他如何表达自己也是非常有价值的。

### （二）工作申请表

工作申请表是一种比较古老而且运用最为广泛的筛选技术。不同的组织和公司在招聘中使用的申请表的项目是不同的，比如，对于技术或管理类申请人员来说，通常要求他们较为详细地回答与教育程度有关的个人情况，而适用于工厂计时工人的申请表则可能会集中于像曾经使用过的工具或设备等诸如此类的问题。但是不管何种形式的申请表，一般说来都应能反映以下一些信息：

（1）识别应聘者的信息，如姓名、性别、住址、电话等。

（2）应聘者个人信息，如婚姻状况、家庭负担、子女情况等。

（3）应聘者身体特征，如身高、体重、健康状况、是否残疾等。

（4）应聘者受教育状况，如教育水平、学历、职业培训情况等。

（5）应聘者过去的工作经验及业绩，特别是与欲申请的职位相关的工作经验。

在设计和使用工作申请书时，应注意以下一些问题：

（1）内容的设计要根据工作说明书来确定。

（2）设计时还要注意有关法律和政策。

（3）即使已经有一个现成的表格，也不要简单地直接使用。要先审查，确保这份申请表可以提供你为填补职位空缺而需要从申请人那里了解的情况。

（4）在审查申请表时，要估计背景材料的可信程度。

（5）通过审查申请表，把其中的疑点一一列出，以便在面试时加以了解。

### （三）推荐检测

推荐检测也是组织在对外部工作申请人进行初选的最常用的方法之一。许多组织要求应聘者在提供申请材料的时候，同时附上有关推荐人的信息，包括联系人的姓名、地址等。

收集推荐资料的方法主要有三种：电话问讯、书面推荐和个人访谈。雇主们都希望能从推荐者那里获得有价值的关于应聘者的信息，但关于对这种检测方式的信度与效度研究却表明，这种方法对求职者未来工作绩效的预测能力是很差的。这种甄选手段效度较低的一个主要原因是：大多数推荐材料对求职者所提供的评价都是非常积极的，因而很难利用它们来对求职者进行区分。

推荐检测这一筛选手段的效度比较低，这并不是说这一方式毫无价值，通过采取一些办法，可以使得推荐检测更富有成果。比如利用结构化的表格，以免漏掉重要的问题；进行彻底的推荐书核查，与求职者的每一前任工作的至少两名上级、两名同事、两名下属进行接触。在这样做的过程中，你会发现关于求职者的可靠概念会逐步形成。

### （四）笔试

笔试也是一种既古老又基本的测试法。它是让求职者在试卷上回答事先拟好的试题，然后由主考人根据求职者解答的正确程度予以评定成绩的一种测试方法。通过笔试，组织通常可以测量求职者的基本知识、专业知识、管理知识、相关知识以及综合分析能力、文字表达能力等。

笔试的长处是一次考试能提出十几道乃至上百道试题。考试的“取样”较多，对知识、技能和能力的考查信度和效度越高。笔试也可以大规模地进行评价，因此所花时间少，效率高，比较经济。受测者的心理压力较小，容易发挥正常水平。成绩评定比较客观，而且可以保存受测者回答问题的真实材料。笔试的上述优点使得笔试至今仍是组织选拔人才的重要方法。

笔试的局限性主要是：不能直接与应聘者见面，不直观，不能全面考察求职者的工作态度、品德修养及组织管理能力、口头表达能力和操作技能等，而且不能排除作弊和偶然性。因此，组织还需要采用其他测试方法进行补充。一般说来，在人员招聘与选择的程序中，笔试往往作为应聘者的初次竞争，成绩合格者才能继续参加面试或者下一轮的测试。一般来说，专业知识考试（营销知识、会计知识考试）和一般知识测试（外语考试、计算机知识考试）往往采用笔试的方式。

### （五）笔迹学法

笔迹学法是以字迹分析为基础，预测未来业绩的一种方法。笔迹分析的赞成者相信笔迹能显示出一个人的潜力和能力，而这些通过简历和申请表内容的调查是得不出的。

目前我国对笔迹学法运用得还不是很广泛，除了组织对这种方法缺乏了解之外，运用这种方法还必须要有心理学家的帮助才行，而且对这种方法的有效性还缺乏必要的证明。因此，在使用时也应该慎重行事。

### （六）试用

组织拟录用一位新员工，一般都有一个月至六个月的试用期，经过这一时期后，再最终确定是否予以正式录用。

通过试用，组织把求职者放在实际工作岗位上进行考察，根据其在实际工作中的表现来进行录用决策，可以比较好地观测到简历、申请表或测试等筛选方式所难以发现的一些情况，而且，求职者也可以通过试用，更为深入地了解组织，再进行一次自我筛选。因此，这种筛选方式的效度应该说是比较高的。

但是这个方式也有一些不足之处，比如耗费时间很长，花费的人力、物力也不少。在试用期间，求职者的归属感和忠诚度都比较低，可能不安于现状，影响其工作绩效。因此，这一方式一般只有在求职者通过了其他一切筛选方式后，放到最后阶段来进行。

### （七）心理测试

所谓心理测试就是指通过一系列的科学方法来测量被试者的能力和个性等方面的差异的一种方法。心理测试在西方国家的组织的人员招聘录用中应用十分广泛，许多组织不但用心理测试来挑选员工，而且还用来确定哪些员工有比现任职位更高的能力。

心理测试有许多类型，能力测验和人格测验是其两个主要组成部分。能力测试试图根据个人能做的事情对他们进行分类，而人格测验则是根据个人是什么来对他们进行归类。常见的能力测试包括一般能力测验、特殊能力测验、创造力测验、一般职业适应性测试等。目前常使用的人格测验方法多达数百种，依据理论不同，所采用的方法也不同，主要有自陈量表法、投射法、情境法、评定量表法，等等。

### （八）诚信度测验

诚信度测验是继能力测验和人格测验后，引入人力资源选拔中的又一种选拔测验方法，是一种评价应聘者或雇员诚实及诚信度的纸笔测验，用于评估员工的怠工行为倾向。诚信度测验开发后就成为筛选应聘者的主要工具，其应用一直飞速发展。诚信测验的应用价值，即测验是否有效的问题，也受到了专业人员的关注。

心理学家的研究表明，诚信测验对工作绩效有较好的预测力，具有积极的应用价值。但诚信度测验对测验使用者有严格的要求，而且测验过于依赖划分分数线。由于使用分数线可能导致错误地拒绝一个被雇用后可能表现诚实的应聘者的问题，因此，服务于组织管理实践的心理学专业工作者和组织使用者在应用时应注意以下几个问题：心理学家应以严谨和慎重的态度开发诚信测验；勿将测验结果和数据散播给不具备资质使用这些信息的人；在应用中应规范使用程序，严格筛选使用者，并对使用者进行必要的培训；当心理学家为测验使用者服务时，必须熟悉其效度、信度和标准化，确认作出肯定预测的局限性，考虑不同的测验因素和个人特质将影响解释的准确性等。

（九）面试

面试是一种通过考官与考生直接交谈或置考生于某种特定情境中进行观察，了解考生的知识状况、能力特征及求职应聘动机等情况，从而完成对考生适应职位的可能性和发展潜力的评价的一种十分有用的测评技术。筛选面试是组织专门设计以从应聘者对口头询问的回答中获得信息的过程，从这些信息中，招聘者可以预测应聘者未来的工作表现。面试已成为全部筛选技术中使用得最广泛的一种。面试的优点在于：它比笔试或看简历资料更为直观、灵活、深入。缺点在于：评价的主观性大，考官容易产生偏见，难于防范和识别考生的社会赞许倾向和表演行为。

尽管几乎每个雇主都使用筛选面试，但具有讽刺意义的是，关于面试的效度和信度的统计是不尽如人意的。近年的研究显示，面试的效度和信度如何，最关键的问题是如何实施面试。理想的面试包括五个步骤：准备、开始、正式提问、结束以及复审。

1. 面试准备

首先，你应当提前做好面试准备，确定面试的时间和地点等。特别是要审查求职者的申请表和履历表，并注明模糊或表明求职者优点或缺点的地方。你应当查阅工作规范，这样你将带着理想求职者特征的清晰图像进入面试。如果可能，应该印制面试评价量表，对进行大量招聘的组织或者公司来说更应该这样。如果没有面试评价表，至少应该将需要问的问题事先写下来，即制定面试问话提纲。

2. 面试开始

面试的主要目的是发现关于应聘者的与工作有关的特质。为了做到这一点，必须采取措施使他们不感到拘束。面试开始的前3～4分钟，考官要努力创造一种和谐的面谈气氛，使面试双方建立一种信任、亲密的关系，解除对方的紧张和顾虑。常用的方法是寒暄、问候并采用微笑、放松的姿势。可以先让对方简要介绍一下自己的情况。最好的方法就是开一个好头，制造一种气氛，让应聘者感到很轻松，能够全面和明智地回答你的提问。你可以通过问一些没有争议的问题，如天气或交通状况来开始整个面试。在这个阶段，面试考官要注意倾听和观察。

3. 正式提问

正式提问的方式主要有三种：非结构化面试、结构化面试和混合式面试。

在非结构化面试中，考官可以随时发问，无固定的提问程序。针对每位被评估者的不同情况，考官可以了解到不同的特定情况，但缺乏全面性、效率较低。你可以问你随机想起的问题。面试没有应遵循的特别形式，谈话可以向各个方面展开。作为主试者，可以在一定的工作规范指导下，向每位候选人提出不同的问题，面试的非结构化性质允许你根据候选人的最后陈述提问。这使得你在一些关键点上可以进行追踪提问。这种面试的好处是主考者和应聘者在问答过程中都比较自然，应聘者回答问题时也可能更容易敞开心扉。但是由于对每个应聘者所问的问题是不一样的，面试的效度和信度都受到了影响。这种面试最大的问题在于可能会把关键的问题遗漏。

在典型的结构化面试中，主考者要问的问题事先已经安排好了，而且根据应聘者回答的情况还可以进行评分。其好处是一般不会发生漏掉重要问题的情况，可以对不同的应聘者的回答进行比较，因为向应聘者问的问题都是一样的。这种面试的有效性和可靠性也更高。但是这种面试不可能进行话题外的提问，局限了谈话的深入。而且由于每个问题都是事先安排好的，进行起来可能显得不自然，问题可能显得唐突。

一个招聘主管的字迹分析识才自述

初步筛选

我所在的部门需要招聘一名文员，要求英语专业的女性。作为一家全国知名公司，我们的招聘消息在网上发布后没多久，就接到了大量的求职信。经过对几十个人的初筛后，我选定了一些人来面试。经过层层考核，其中几个人实力相当，难以取舍。在最终抉择中，是笔迹分析让我迅速作出了判断。我让每个应聘者写一篇800字以内的中文作文，一方面考查她们的文字表达能力，更重要的是我要通过分析笔迹来判断谁最合适这个岗位。

三种不合适的字体

A小姐：有光鲜的在加拿大的留学经历，我们面试中发现她的英语口语和写作都非常出色。但由于部门文员需要做大量琐碎日常的工作，所以除了英语水平外，日常工作的严谨、上进和办事细腻程度也是我考查的重点内容。

我仔细看了她的作文，不整洁，很多地方有大团涂抹的污迹。整个字体给人的感觉是懒惰、不思进取、散漫和得过且过的。这也可以从她说话极慢的语速和不是很灵活的眼神得到印证。我知道她不是一个合适的文员人选。

B小姐：英语水平和中文表达能力都极其出色，而且由于她看过很多书，谈吐非常得体。面试时我对她的印象很好，已经把她作为第一考虑人选。但我仔细研究她的笔迹后发现，她的字体非常大、棱角过于突出，经常有一些竖笔画画到下一行的现象。通篇有一种不可一世、压倒一切的霸气。

经过分析，我知道这是个很有才气同时又很有野心的女孩，她不会安心于终日做一些琐碎日常的工作。而且由于她自信心极强，她也不可能很随和地与部门里的人相处。作为经理，会非常难领导这样的下属。有这样字体的女孩子更适合做营销、业务等能带来高度挑战性的工作。所以我选择了放弃她。

C小姐：人长得非常漂亮，口齿伶俐，在面试时的一问一答都反应机灵而敏捷。她的英语口语非常出色，但我在研究她的笔迹后发现，她的字体非常小而粘连，弱弱娇娇，字没有一点骨架，有很强的讨好别人的谄媚之相。研究后我强烈地感觉这是个心胸很小、娇滴滴的、吃不了一点苦的而且还有极强虚荣心的人。我联想起她反复问我进了公司后是不是经常有机会出国，我判断这是个极爱出风头的花瓶一类摆在那里看的女孩，所以我不予考虑。

合适的人选

D小姐：表面看她没有任何优势，她是通过英语自学考试拿到的英语本科文凭，无法与其他人光鲜的大学背景相比。虽然通过考试发现她英语口语和写作都不错，但由于人长得非常不起眼，而且说话很少，声音很轻，刚面试时没有给留下什么印象，恰恰是她的字让我立刻注意了她。经过仔细研究，我知道部门文员就是她了。

混合式面试则既有结构性又有非结构性，综合了两种方法的优点，因此是面试中常用的一种方法。

4. 结束面试

在面试结束之际，应留有时间回答求职者的问题。主考官应努力以积极的调子结束面试。应当告知求职者公司是否对其感兴趣，如果感兴趣，公司的下一步将怎么办。另外，拒绝求职者时要讲策略，例如采用以下说法："虽然你的背景给人印象深刻，但其他某些候选人的经历更接近我们的要求。"如果正在考虑求职者，但不能马上作出决策，就应当告诉求职者公司将尽快以书面形式通知面试的结果。

正式面试中要注意掌握技巧，面试中多采用开放式提问，让被评估者充分阐明自己的观点和看法。由于面试的目的是评估应试者，所以在面试中考官要避免过分展现自己的观点和负性情绪。面试中，考官可以提一些用于澄清或结束无关话语的提问，但不要随便打断对方的谈话，也不要随声附和。正式面试将要结束时，可以给被评估者提问的机会。

5. 回顾面试

求职者离开后，你应当检查面试记录，填写结构化面试表格，并趁面试在头脑中尚清晰时回顾面试的场面。在所有的面试结束后，需要将多位主考官的评价结果综合，形成对应征者的统一认识。

6. 面试考察的主要内容

面试考核的内容可根据不同需要进行调整。一般来说，面试分两部分进行：第一部分，考察应试者的综合能力；第二部分，考察应试者的专业知识和技术性能力。另外，在面试中，考官应根据对考生背景情况的了解，有针对性地提出需考察的个别问题，判定考生的特殊能力。

（1）综合能力的考察。针对不同职务、职位，面试中所需考察的综合能力的内容和侧重点不同。在制定面试方案前，需要分析各种职位对应要求的能力有哪些，其各自相对的重要性如何。一般来说，面试中需考察的方面可归为以下八个要素：

①举止仪表：应试者的体格外貌、穿着举止、精神状态。

②言语表达：应试者言语表达的流畅性、清晰性、组织性、逻辑性和说服性。

③综合分析能力：能否抓住问题的本质、要点，充分、全面、透彻而有条理地加以分析。

④动机与岗位的匹配性：对职位的选择是否源于对事业的追求，是否有奋斗目标、积极努力、兢兢业业、尽职尽责。

⑤人际协调能力：人际交往方面的倾向与技巧，善于处理复杂人际关系，调和各种利益冲突。

⑥计划、组织、协调能力：能清楚地设定完成工作所需步骤，并对工作的实施进行合理安排，妥当协调工作中所需要的各方面的支持。

⑦应变能力：在实际情景中，解决突发性事件的能力，能快速、妥当地解决棘手问题。

⑧情绪的稳定性：情绪的自我控制能力，语调、语速的控制，遣词造句是否有理智和节制，反映耐心、韧性以及对压力、挫折、批评的承受能力。

（2）专业知识和技术性能力考察。针对不同职务，有对应的专业知识和技术性能力要求。主考官可根据具体需要考察考生的专业知识，考察形式一般有以下几种：

①提出专业性问题，让考生作答。

②给考生一个具体的任务让考生现场操作。

③假定一个工作情境，让考生设想在假定条件下的行为表现。

另外，有时还需要考核应试者一般技术性能力，例如，计算机应用水平，英语熟练程度等。对这些能力的考核，主考官只需根据具体需要选择实际操作或回答问题的考核形式即可。

### （十）行为模拟法

行为模拟法也称情境模拟法，是一种在控制的情境模拟状态下进行的练习，在行为模拟过程中，求职者表现出与组织目标方面相关的行为。例如，如果要了解销售行为，求职者就可能得到一份推销某种产品的“作业”。他们会得到有关该产品和顾客的信息。该求职者的行为受到扮演顾客的组织代表或第三方人员的直接观察。然后，针对有关评价“维度”来评价该练习中的行为。在人员评估中常用的行为模拟法有以下几种形式：

1. 工作任务完成测试

工作任务完成测试是一种常见的行为模拟方式，测量的是完成该目标职位上必须完成的各种任务的能力。对秘书进行的打字测试，对档案员进行的档案管理测试以及对出纳员的算术测验，均属工作任务完成测试。大多数这类测试都可得到客观的评价，而大多数其他的行为模拟则是由经过训练的观察员根据严格的提纲进行的比较主观的评价。与所有的行为模拟方式一样，工作任务完成测试也是根据某一目标岗位的专门要求而仔细设计的，力图反映工作的内容。

2. 角色扮演（推销员与顾客、上司与下属、服务人员与客户）

许多工作要求人在困难的情况下与顾客、同事或下属和善相处。这些情况可以被模拟：由求职者扮演一个角色，评价员扮演一个与之相对的角色。组织的代表在观察求职者处理模拟活动的过程中，可以评价其规划与组织能力、领导能力、敏感性、倾听技能、行为的灵活性、口头交流能力、坚韧性、分析能力、控制能力、记忆力、承受压力的能力等方面的内容。

### （十一）评估中心

所谓评估中心，并不是一个地理概念，而是一种人事测评的综合方法。它综合使用了多种测评技术，如个性测验、认知能力测验、情景模拟等方法。评估中心是近几十年来西方组织中流行的一种选拔和评估管理人员尤其是中高级管理人员的一种人员测评方法。评测人员一般由组织招聘部门的高级管理人员和组织外聘的心理专家共同组成。

评价中心的核心手段是情境模拟测验，即把应试者置于模拟的工作情景中，让他们进行某些规定的工作或活动，考官对他们的行为表现作出评价，以此作为鉴定、选拔管理人员的依据。评价中心技术具有很高的信度、效度，有很大的预测价值。评价中心最重要的方法是模拟情境测验，其中又包括公文筐测验、角色扮演、小组互动测验。

1. 公文筐测验

公文筐测验又称为处理公文测验。测验时发给应试者一包公文（事先由各类专家共同鉴定、标准化)，包括该级管理人员应处理的，来自组织内外、上下级的各种日常文件，要求应试者在规定的时间内处理完所有文件。评价人员对应试者的工作进行整体评价。评价的主要依据为应试者是否能按主次、轻重、缓急有条不紊地着手工作，并对各种公文作出恰当的处理，由此鉴定应试者的管理才能。公文筐测验尤其适合于测试应试者的工作独立性，计划、预测、分析、判断和决策能力以及书面沟通能力等。

2. 角色扮演

角色扮演测验在前面已作介绍。在评价中心中，角色扮演主要模拟上下级对话的形式，请应试者扮演某级管理者，安排同“模拟下级”谈话，针对下级的各种问题做工作。考官对谈话的全部内容进行记录、分析，对应试者的表达力、说服力、解决问题的能力和效果作出评价。

3. 小组互动测验

小组互动测验也称为无领导小组讨论测验。测验中，通常把应试者分成6~8人一组，不指定小组的领导人，由主试（测验主持人员）说明要求，给出要讨论的问题(一般是一个实际业务上的问题)，请应试者小组自由讨论，并最终给出统一的讨论结果。评价者观察讨论中谁最擅长根据现有材料集中正确意见，最擅长说服他人，把讨论引向一致或作出大家公认的结论，从而对每位应试者的领导能力、说服力、民主意识、言语表达等作出评价。

评估中心的最突出的特点是使用情景性的测验方法对应聘者的某一特定行为进行观察和评价，它可以包括许多内容，如公文处理、小组讨论、即席发言、角色扮演、与人谈话、案例分析、面谈模拟、事实判断、小组任务等。

评估中心技术得到较广泛的认可，同该技术的优点是分不开的。其优点主要有：①信度和效度都比较高；②使被试者进行了一次系统的模拟练习，提高了管理水平；③可以使应聘者得到反馈信息，帮助他们了解自己的优点。当然，评估中心也有一定的不足处：①评价的主观程度很高，制定统一标准比较困难；②对评价者的要求较高；③评估中心的费用成本高，所需时间多，不够经济。所以此方法一般只用在对高级管理人员的聘用上。

## 第五节　评估与审核

招聘过程结束以后，应该对招聘活动进行评估和审核，这是被许多组织忽视的一个环节。

评价招聘工作的成绩可以用多种方法来检验。但是归根结底，所有的评价方法都要落实到在花费的资源既定的条件下，招到的员工的适用性上来。这种适用性可以用全部申请中合格的数量所占的比重、合格申请人的数量与工作空缺的比率、实际录用的数量与计划招聘数量的比率、录用后新员工绩效的水平、新员工总体的辞职率以及各种招聘来源得到的新员工的辞职率等指标来衡量。当然，不管使用什么方法，都需要考虑招聘的成本，其中包括整个招聘工作的成本和所使用的各种招聘方式的成本；不仅要计算各种招聘方式的总成本，也要计算各种招聘方式招聘到的每位新员工的平均水平。

在评价过程结束以后，还应撰写招聘小结，作为重要资料存档。通过这样一个评估与审核的过程，可以发现组织招聘工作中的不足以及适用的招聘手段，从而提高以后招聘工作的效率。

## 一、成本评估

招聘成本评估是指对招聘中的费用进行调查、核实，并对照预算进行评价的过程。招聘成本是鉴定招聘效率的一个重要指标，如果成本低，录用人员质量高，就意味着招聘效率高；反之，则意味着招聘效率低。从另一个角度来看，成本低，录用人数多，就意味着招聘效率高；反之则意味着招聘效率低。

招聘工作进行之前，组织每年在进行全年人力资源开发与管理的总预算时，必须要认真考虑招聘工作的预算。招聘预算主要包括：招聘广告预算、招聘测试预算、体格检查预算、其他预算等。其中，招聘广告预算占据相当大的比例，每个组织可以根据自己的实际情况来决定招聘预算。

招聘工作结束之后，要对招聘工作进行核算。招聘核算是对招聘的经费使用情况进行度量、审计、计算、记录等的总称。通过核算，组织可以了解招聘中经费的精确使用情况，是否符合预算以及主要差异出现在哪个环节上。

### （一）招聘成本

招聘成本包括招募、选拔、安置以及适应性培训的成本。

1. 招募成本

招募成本是为吸引和确定组织所需内外人力资源而发生的费用，主要包括招募人员的直接劳务费用、直接业务费用（如会议费、差旅费、代理费、广告费、宣传材料费、办公费、水电费等）、间接费用（如行政管理费、临时场地及设备使用费）等。招募成本既包括在组织内部或外部招募人员的费用，又包括吸引可能成为组织成员的人选的费用，如为吸引高校研究生所预先支付的委托代培费。其计算公式如下：

招募成本＝直接劳务费＋直接业务费＋间接管理费＋预付费用

2. 选拔成本

选拔成本由对应聘人员进行鉴别选择，以作出决定录用或不录用这些人员时所支付的费用构成。一般情况下，主要包括以下几个方面工作的费用：①初步口头面谈，进行人员初选；②填写申请表，并汇总候选人员资料；③进行各种书面或口语测试，评定成绩；④进行各种调查和比较分析，提出评论意见；⑤根据候选人员资料、考核成绩、调查分析评论意见，召开负责人会议，讨论决策录用方案；⑥最后的口头面谈，与候选人讨论录用后职位、待遇等条件；⑦获取有关证明材料，通知候选人体检；⑧体检，在体检后通知候选人录取与否。以上每一步骤所发生的选拔费用不同，其成本的计算方法也不同，如：

选拔面谈的时间费用＝（每人面谈前的准备时间＋每人面谈的需要时间）×选拔者工资率×候选人数

汇总申请资料费用＝（印发每份申请表的资料费＋每人资料汇总费）×候选人数

考试费用＝（平均每人的材料费＋平均每人的评分成本）×参加考试人数×考试次数

评审费用 = 测试所需时间 ×（人事部门人员的工资率 + 各部门代表的工资率）× 次数

选拔成本随着应聘人员所从事的工作不同而不同。一般来说，选择外部人员比选择内部人员的成本要高，选择技术人员比选择操作人员的成本要高，选择管理人员比选择一般人员的成本要高。总之，选择成本随着被选择人员的职位增高以及对组织影响的加大而增加。

3. 录用成本

录用成本是指经过招募选择后，把合适的人员录用到某一企事业单位中所发生的费用。录用成本包括录取手续费、调动补偿费、搬迁费和旅途补助费等。这些费用一般都是直接费用。被录用者职务越高，录用成本也就越高。从组织内部录用职工仅是工作调动，一般不会再发生录用成本。录用成本的计算公式如下：

录用成本 = 录取手续费 + 调动补偿费 + 搬迁费 + 旅途补助费等

4. 安置成本

安置成本是为安置已录取职工到具体的工作岗位上时所发生的费用。安置成本由为安排新职工的工作所必须发生的各种行政管理费用、为新职工提供工作所需要的装备条件以及录用部门因安置人员所损失的时间成本而发生的费用构成。被录用者职务的高低对安置成本的高低有一定的影响。安置成本的计算公式如下：

安置成本 = 各种行政管理费用 + 必要装备费 + 安置人员时间损失成本

### （二）重置成本与离职成本

以上讨论的招聘成本是招聘过程中实际发生的各种费用。但招聘工作只是整个人力资源管理工作的起点，招聘工作效率的高低直接影响着员工的质量。因此，对招聘工作的效率进行评价不能仅限于招聘这一独立的阶段。招聘的成本也应包括因招聘不慎，使得员工离职给组织带来的损失，即离职成本，以及重新再招聘时所花费的费用，即重置成本。

员工离职成本可以分为直接成本和间接成本两个部分，直接成本是那些通过检查记录、准确估计时间和资源可以被量化的成本。这些成本有时很难准确衡量，但确实存在，主要包括以下内容：①由于处理离职带来的管理时间的额外支出；②解聘费（公证、法律手续）；③离职面谈的成本支出；④临时性的加班补位；⑤策略性外包成本；⑥应付的工资和福利。

员工离职的间接成本要比直接成本高得多。研究表明，80% 的员工离职成本都是间接的。间接成本主要包括以下内容：①员工离职后保留下来的员工生产力降低；②替补人员学习过程中的低效成本；③现金或资产的潜在损失；④顾客或公司交易的损失；⑤留下来的员工士气降低；⑥销售战斗力下降。

重置成本则除了招聘过程的成本和离职成本外，还包括人力资源开发的成本以及医疗保健费用。人力资源开发成本包括在职培训成本、特殊培训成本、培训者时间损失和劳动生产率损失等。医疗保健费用包括医疗保险与卫生保健费用、养老保险和改善环境与生产质量的费用。当组织发生员工流失时，所产生的离职成本和重置成本往往出人意料地高，所以对这两项成本的考核，也是衡量招聘工作效率不可缺少的部分。

当然，导致员工离职的因素非常复杂，招聘工作的低效率可能只是其中的因素之一。因此，在离职面谈时，应该弄清楚员工离职的真正原因。

## 二、录用人员评估

录用人员评估是指根据招聘计划对录用人员的质量和数量进行评价的过程。在大型招聘活动中，录用人员评估显得十分重要。如果录用人员不合格，那么招聘过程中所花的时间、精力和金钱都浪费了；只有全部招聘到合格的人员才能说全面完成了招聘任务。

判断招聘数量的一个简明的方法就是看职位空缺是否得到满足，雇用率是否真正符合招聘计划的设计。衡量招聘质量是按照组织的长、短期经营指标来分别确定的。在短期计划中，组织可根据求职人员的数量和实际雇用人数的比例来认定招聘质量。在长期计划中，组织可根据接受雇用的求职者的转换率来判断招聘质量。由于存在很多影响转换率和工作绩效的因素，所以，对招聘工作质量的评估十分不易。

录用人员的数量可用以下几个数据来表示：

（1）录用比：录用比 = 录用人数/应聘人数 × 100%

（2）招聘完成比：招聘完成比 = 录用人数/计划招聘人数 × 100%

（3）应聘比：应聘比 = 应聘人数/计划招聘人数

如果录用比例小，相对来说，说明录用者的素质越高；反之，则可能是录用者的素质较低。如果招聘完成比等于或大于100%，则说明在数量上全面或超额完成招聘计划。如果应聘比例大，说明发布招聘信息效果较好，同时说明录用人员可能素质较高。

除了运用录用比和应聘比这两个数据来反映录用人员的质量，另外也可以根据招聘的要求或工作分析中的要求对录用人员进行等级排列来确定其质量。

## 三、招聘小结

评估工作完成之后，最后一项工作就是对招聘工作进行小结，对招聘的实施、招聘工作中的优缺点等进行仔细回顾分析，撰写招聘小结，并把招聘小结作为一项重要的资料存档，为以后的招聘工作提供信息。

1. 撰写招聘小结的原则

（1）真实地反映招聘的全过程；

（2）由招聘主要负责人撰写；

（3）明确指出成功之处和失败之处。

2. 招聘小结的主要内容

（1）招聘计划；

（2）招聘进程；

（3）招聘结果；

（4）招聘经费；

（5）招聘评定。

# 思考题

1. 简述招聘的意义及原则。

2. 招聘工作一般应遵循怎样的程序?
3. 试比较招聘的内部来源和外部来源的优缺点。
4. 试比较各种招聘筛选方法的优缺点。
5. 录用人员评估一般采用哪些指标?

## 案例阅读

### 之一：山西省某公司选聘总经理案例

山西省某公司一年多来只有两个副总经理，没有总经理，并且未明确哪位副总主持工作，导致企业管理混乱、内耗严重、人心涣散、经营亏损，直至发不出工资。该企业上级领导曾多次研究领导班子配备问题，但终因意见不一致而未能作出决定。最终，他们决定在全省范围内公开招聘总经理，并请博思智联管理顾问有限公司运用科学的人才测评方法帮助他们选定总经理。

博思智联在接受委托之后，确立了如下选人标准：

有很强的内部组织管理控制能力，注重运用企业制度与规则进行管理，规范企业行为；能够敏锐而准确地发现企业的现存问题，思路开阔，考虑问题深刻而务实；有较强的处理人际关系问题的技能技巧，善于驾驭错综复杂的内部关系与人际冲突；经营意识较强，经营观念与经营策略正确，能够对市场作出冷静的分析判断，准确把握企业经营方向，有一定的市场开拓能力尤佳；有较强的大局观和社会责任感。

由于选聘的是总经理，要求又比较严格，因此，根据选人标准，博思智联决定使用多种评价方法，全面而深入地对候选人进行考察。具体评价方法包括：纸笔测验——《企业管理人才测评系统》的四项测验和《管理者角色认知测验》，用来考察应聘者的基本能力素质和发展潜力、作为管理者所必备的心理素质、管理行为风格和在日常管理活动中的角色偏向等；评价中心技术——无领导小组讨论，用于考察分析处理问题的能力、口头表达能力、人际沟通意识与能力等；结构化面谈——考察经营观念和组织管理意识，并深入考察人际沟通意识与能力。整个测试分为三个单元，用两天时间完成。《企业管理人才测评系统》的四项测验和《管理者角色认知测验》共用半天时间，无领导小组讨论用时半天。经过这两轮筛选，从7名候选人中确立5名进行结构化面谈，历时一天。

在7位候选人中，相对有以下2人具备更强的岗位胜任力：

G先生——细致、沉稳，办事注重条理，认真负责。有良好的经营管理意识和能力。分析判断问题视野较宽，关注工作任务的完成，原则性较强。对企业组织管理有一定的认识，但深度不够，基本停留在经验水平上。言语表达和沟通说服能力较弱，人际关系处理技能稍有欠缺，经营决策能力与职位要求尚有距离。

L先生——思路开阔、自信敢为。热情进取，善于交流沟通。有较强的市场经营意识，分析判断问题视野较宽，不受条条框框的约束，关注各种机会和可能，有较强的成就动力。缺少实际企业经营和组织管理经验。思考问题不够专注和严谨，在人际方面分散精力过多，而在具体事务的处理方面持久性不够。对基础性工作重视不足。管理决策能力与岗位要求有距离。

博思智联专家指出：任用G先生，有助于解决公司的内部组织管理的混乱局面，转变风气、安定人心、恢复生产，使企业的指挥管理系统逐步正常发挥作用，解决自身生存问题。任用L先生，有助于为公司带来发展变化的契机，改变企业精神面貌，有可能在市场方面形成一定的突破；有利于协调企业与外部环境的关系，但在重大经营管理决策方面需要更多地注意细致务实。简单地说，G先生将有助于抓好企业的内部组织管理，L先生则可能会在士气和企业经营方面有所作为。最后建议任用G先生为企业的总经理，L先生为第一副总经理。

该企业上级领导召开办公会讨论博思智联的报告，认为项目小组所提的建议是科学的、有说服力的，最终决定采纳博思智联的建议。

## 之二：某组织招聘流程图

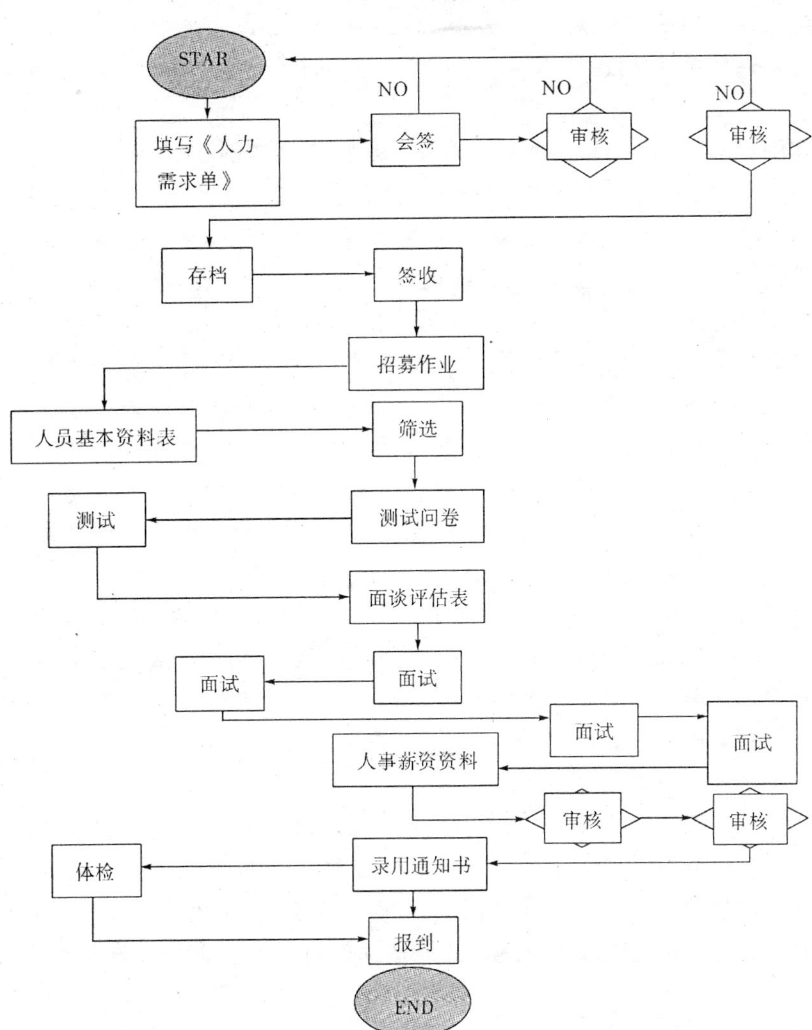

# 第六章 绩效考评管理

**本章学习要点**

▶绩效考评的概念与特点
▶绩效考评的程序与原则
▶绩效目标与绩效计划制订
▶绩效考评的种类与方法
▶绩效考评的反馈与改进

**引导案例：　　华星科技大学工作绩效考评实例**

华星科技大学电子系的办公室主任张林负责本系教师的学期绩效考评工作已经三年了。通常的做法是，由学校教务处将两种工作绩效考评表格下发各系，一种是由任课教师所教授班级的学生在教师离开班级后给教员的评分表格，基本上是由优、良、中、差几个等级的大致描述；另一种表格是由教师自己填写的自我评价表，包括对自己教学工作的总体评价和一些具体指标，如备课情况、上课是否认真负责、对专业方向的掌握水平、对学生的引导以及教学方法等。在将两种表格填好回收之后，由教务处作出总体评价结果。近一些年来的实践表明，两种评价表格的作用并不一致。学校在得出对一名教师的评价过程中，更加重视的是学生给出的评价，其逻辑是：自我评价是不大可能反映每个人的真实情况的，因为人们通常不会自己主动将缺点暴露给别人的。尤其是当这种考评与教师的学期奖教金有一定的关系。

这个学期的工作绩效考评又要开始了。很多老师向张林抱怨考评方法的不公正，但是却没有得到任何来自学校有关部门的反映。甚至教师之间由于考评结果带来的相互矛盾也好像更加激烈。但是，至少教务处长还在等待学期工作绩效考评给教师带来的激励作用可以发挥得更好。

组织的目标要靠全体员工的共同努力来实现，每一个员工工作的好坏、绩效的高低，都直接影响着组织的整体效益。因此，只有对员工的绩效进行准确的考评，对其优点给予肯定和激励，及时发现其工作中存在的问题和不足之处，在与员工充分交流的基础之上，制定出相应的改进措施，才能达到提高员工的绩效水平的目的。

## 第一节 绩效考评管理概述

工作绩效考评（Performance Appraisal）是组织管理工作的重要组成部分之一，也是人力资源管理具体环节的核心部分，任何一项人力资源管理活动都离不开工作绩效考评。工作绩效考评为制定人力资源计划和人力资源决策提供一定的依据，同时又是检验其他人力资源管理活动的手段。工作绩效考评关系到员工自身的发展，组织的兴盛，是促进人力资源管理科学化、规范化的重要途径。工作绩效考评作为组织人力资源管理的核心内容，也是最复杂、最难进行的一个部分。

## 一、绩效考评的概念与特点

绩效考评又称绩效评估或工作业绩评定，是指按照一定的标准，利用科学的方法，收集、分析、评价和传递有关员工工作行为和工作结果方面的信息的过程。对组织而言，绩效就是任务在数量、质量及效率等方面完成的情况；对员工个人来说，则是上级和同事对自己工作状况的评价。

工作绩效考评作为组织的一项制度，通常应定期进行，每月、每季度或每年对员工进行正式的绩效考评。组织中还可能存在着非正式的工作绩效考评，如来自于上级的口头表扬或批评，这种非正式的工作绩效考评也对员工工作改进或提高起着一定的作用，但远远不如正式的、采用科学方法和程序的工作绩效考评对组织带来的影响大。

1. 绩效的特点

（1）多因性。绩效的多因性是指一个员工绩效的高低是受多种因素影响的，既包括员工自身的因素，也包话外部的环境因素。从员工自身素质来说，员工的身体、知识、技能水平、工作动机强度等都直接影响其工作绩效。首先，员工在体弱多病或疲劳状态下工作，与在身体健康、精力充沛状态下工作相比，其工作绩效不可避免地要大打折扣。其次，生产过程不仅是员工运用体力的过程，而且是运用其智力的过程。特别是在现代科学技术条件下，员工的脑力劳动在生产过程中所起的作用越来越大。据统计，在生产的机械化程度较低的条件下，生产过程中所消耗的体力和脑力劳动的比例为9∶1；在中等机械化程度下是6∶4；在全盘自动化条件下是1∶9。因此，通过培训提高员工的知识技能水平，对于提高其工作绩效，具有十分重要的意义。最后，如果说员工的身体状况和知识技能水平决定了一个员工能否做出一定的工作绩效，那么，员工的工作动机水平则决定了其是否愿意达到这一绩效。员工的工作动机指员工积极从事本职工作的内部动力，这一动力的大小是员工工作积极性高低的标志。员工的工作动机源于其内部需要，这种需要促使员工积极追求能满足需要的目标物，成为活动的内部动力。根据马斯洛的需要层级理论，人的需要是分层次的，从低到高依次为生理需要、安全需要、爱和归属的需要、自尊的需要以及自我实现的需要。各种需要在不同组织的员工或同一组织的不同部门的员工身上可能有不同的强度组合。因此，组织应在充分调研的基础上，弄清员工的优势需要，然后对症下药，有针对性地加以激励，从而提高员工的绩效水平。

从外部环境因素来看，大到社会的政治、经济形势，市场竞争状况，小至组织内部的工作条件，如劳动分工、工作设计、生产工具、设备与原材料供应、上级的领导作风与控制方式、公司的组织结构与规章制度、工资福利政策、员工的培训机会及组织文化和内部的人际关系状况等都是影响员工工作绩效的重要因素。

（2）多维性。绩效的多维性指员工的绩效可分为不同的维度或方面，绩效既表现为工作行为，又表现为工作的结果。虽然在行为和结果之间有某种程度的交叉，但二者并不是完全一致的。员工所能直接控制的是自己的工作行为，而不是工作的结果，由绩效的多因性可知，同样的工作行为在不同的环境条件下可导致不同的工作效果。因此，在进行绩效考评时，既要考评工作效果，又要考评工作行为，这样才能做到客观与公正。例如，在考评一名工人的绩效时，除了生产的数量、质量、原材料消耗、能耗等方面的硬指标外，其出勤率、团结、服从、纪律等都要综合考虑。

（3）动态性。绩效的动态性是说员工的绩效并不是不可改变的。绩效受众多因素的制约，随着时间的推移，这些因素会不断发生变化，员工的工作绩效也会因此发生相应的变化，原来绩效差的可能会变好，绩效好的也可能会退步变差。因此，管理者应以发展的、权变的观点看待员工的绩效。

## 二、绩效考评的意义

工作绩效考评作为人力资源管理的重要环节和核心内容，通过对员工的工作实绩进行评定，帮助员工认识实际工作中的问题和不足，促进他们不断改进；同时在考评过程中发现员工个人的工作潜力，以开发其潜能，促进员工全面发展。绩效考评又是组织制定调迁、升降、委任和奖惩等人事决策的重要依据，是组织进行管理、决策和控制的不可缺少的机制。工作绩效考评的具体意义主要表现在其作为人力资源管理其他环节的依据，如图6－1所示：

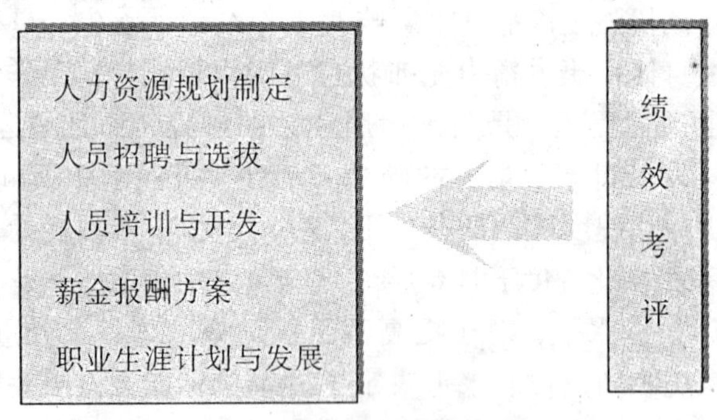


图6－1　绩效考评的依据作用

### （一）绩效考评是制定人力资源规划的依据

工作绩效考评提供的有关员工工作业绩的信息是人力资源规划制定和调整的重要信息来源之一。工作绩效考评反馈的结果常常能够反映组织人力资源管理系统中的潜在问题和可能的新的增长点，为完善下一阶段人力资源规划提供了宝贵的参考，也使人力资源规划的制定和实施更加切合实际、有的放矢。另外，工作绩效考评还为人力资源规划中的预算部分的协调提供了一定的依据。

### （二）绩效考评是组织进行人员配备的基础

工作绩效考评依据每种工作的具体要求来对照员工的实际工作业绩，找出其中的差距和不足，同时分析其中的原因，看差距产生的原因，究竟是员工哪方面不合格，还是工作本身的要求有不合理之处。在此基础上确定或修改工作所要求的员工基本素质或条件，或者修改工作相关的内容或范围，为组织下一步的人员招聘与选拔活动提供有效的依据。

（三）绩效考评是进行人员培训与开发的依据

工作绩效考评的结果反映了组织人员的基本工作状况，如能否胜任某一项工作，工作熟练程度如何以及应在哪些方面加以改进和如何改进等。这类信息正是组织进行员工培训和发展所需要掌握的内容。通过工作绩效考评，组织可以确定员工培训和发展的方向和目标，同时以员工和上级主管共同商讨的方式制定出切合实际的具体培训方案，使组织人力资源培训取得良好的效果。

（四）绩效考评为报酬方案的制定提供依据

工作绩效考评结果最直接的应用就是为组织制定员工的报酬方案提供客观依据。每一阶段的工作绩效考评都是对这一阶段的员工工作绩效的评判。以此为依据进行报酬的发放和报酬的调整，才能真正反映员工对组织的贡献和取得的回报的对应关系，起到奖惩和激励的作用。同时，员工总体绩效的考评也为组织整体报酬水平的确定提供了依据。

（五）绩效考评为员工职业发展提供依据

工作绩效考评结果的分析讨论过程可以帮助管理者发现员工的工作兴趣方向和工作潜力。组织通过合理安排和适当指导，使员工按照一定的职业发展道路顺利前进，满足员工自身兴趣爱好的同时为组织做出更大的贡献。

## 三、绩效考评的作用

具体来说，绩效考评具有以下几个方面的作用：

1. 在个人发展方面的作用

（1）绩效考评可以作为员工确定自己发展计划的依据。通过绩效考评结果的反馈，员工可以了解到自己的长处和存在的缺点，使他们对自己有一个正确的认识，从而制订自己的最佳发展计划。

（2）绩效考评对员工具有激励作用。绩效考评是对员工工作成绩的肯定，通过考评，肯定其成绩，指出长处，能使员工获得成就感和满足感，体验到工作的乐趣；同时，还可以促使员工为自己建立新的工作目标，并增强为实现这一目标而努力工作的自觉性和积极性。

2. 在组织管理方面的作用

（1）绩效考评是改进组织工作的一个重要措施。一个组织除了利润、成本等效率指标外，对员工绩效考评的结果也可反映出整个组织的效率情况。若员工的工作绩效低，可能存在组织工作设计不合适、用人不当或对员工的激励不够等缺陷。通过面谈，组织可以收集员工的意见和建议，分析组织管理工作中的失误之处，从而采取有针对性的措施加以改进。

（2）绩效考评的结果是对员工进行奖惩的依据。绩效考评的结果为对员工的奖励和惩罚提供了客观的依据。一方面，根据科学的、严格的绩效考评的结果对员工进行奖励，能使员工普遍感到公平与心服，从而增强其工作的积极性和满意感，因而绩效考评具有激励功能，能促使员工为实现组织的目标而更加努力地工作；另一方面，考核结果也是执行惩戒的依据之一，惩戒可以纠正员工偏离组织目标的行为，因而也是提高工作绩效不可缺少的手段。

（3）绩效考评在薪酬管理中的作用。绩效考评的结果，为员工薪酬制度的设立和调整提供了客观的依据。根据员工的工作绩效大小决定薪酬的高低体现了按劳分配、多劳多得的分配原则，能使员工感到公平与合理，充分调动其工作积极性。而员工现有的薪酬制度是否合理、是否具有适度的激励功能、是否与员工的工作贡献有效地挂钩、薪酬总体水平是否适度等，都可以通过绩效考评获得信息，并在此基础上加以改进。

（4）绩效考评是人事决策的重要依据。通过绩效考评，组织可以评估员工对现任职位的胜任程度及其发展潜力，因而可以根据绩效考评的结果，采取相应的人事决策与调整工作。例如，对工作有成就者，素质高、有较大发展潜力者予以晋升，对不称职者则调换工作、降级使用或辞退。

（5）绩效考评对于员工培训具有重要意义。绩效考评是对员工进行培训的前提，通过绩效考评，组织可以发现员工在知识、技能等方面与工作要求之间的差距，进行准确的培训需求分析，据此制订相应的培训措施与计划，有针对性地对员工进行培训，从而提高培训的效果。此外，培训活动结束后，其效果究竟如何，也要通过进一步的绩效考评来检验。

（6）绩效考评可以建立管理者与员工之间的沟通渠道，改善上下级之间的关系。绩效考评结束后，主管人员可通过绩效考评面谈或其他渠道将考核结果反馈给员工，并表达对员工今后工作的要求和发展的期望；同时，主管人员也要听取被考评员工的解释和申诉，及其对管理层、对工作以及对组织的看法、要求和建议，帮助被考评员工制订个人发展计划。这样，绩效考评便具有促进上、下级间的沟通和相互了解的作用。

## 四、绩效管理

绩效管理是人力资源管理的核心之一，它不是简单的任务管理，它是为整个组织的战略目标服务的。它将组织的战略目标分解到不同的岗位，并且落实到每个员工的头上，从而可以了解个人绩效状况中的优势与不足，进而改进和提高绩效，使得组织的生产力和价值也随之提高。通过绩效管理还可以帮助组织实现其绩效持续发展，促进形成一个以绩效为导向的组织文化，因此绩效管理在组织管理中具有重要的战略意义。

绩效管理的概念：绩效管理是一种提高组织内员工绩效并开发团队、个体的潜能，使组织不断获得成功的管理思想和具有战略意义的、整合的管理方法。绩效管理通常具有下列的特征：首先，绩效管理的着眼点为个人业绩的提高和发展，是防止员工绩效不佳和提高工作绩效的有力工具。其次，绩效管理通过强调沟通辅导的过程来提高员工能力。最后，绩效管理是一个过程，是一个包括绩效计划、绩效实施、绩效考核、绩效反馈等若干环节的系统。

## 五、绩效管理过程

绩效管理的过程通常被看做是一个循环的系统，这个循环分为四步：绩效计划、绩效辅导与监控、绩效考核、绩效反馈与改进。绩效考核的结果可以在人力资源管理的各个方面得以推广，见图6-2。

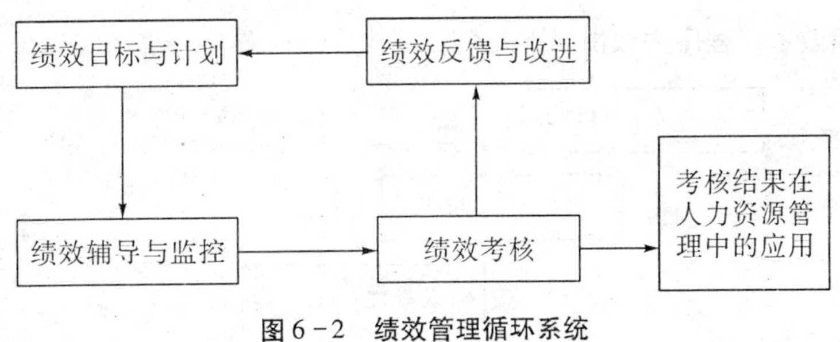


图6-2 绩效管理循环系统

### （一）绩效计划

绩效计划是根据组织战略和总体目标制定具体绩效目标，并由管理者与员工共同制定实现目标的计划的过程。它是绩效管理过程的起点。从具体的形式看，绩效计划是用于指导员工行为的一份计划书。通过制订这样一份计划，员工可以了解本绩效周期的工作安排和目标，并了解将如何达到所设定的目标。

### （二）绩效辅导与监控

绩效辅导是指通过绩效诊断找出绩效低下的原因之后，管理者充当导师帮助员工克服障碍，提高绩效的过程。

绩效监控是指管理人员在整个绩效管理循环的实施过程中，通过各种手段了解员工的工作状况，与员工进行持续的绩效沟通，预防或解决绩效期间可能发生的各种问题，帮助员工更好地完成绩效计划。

### （三）绩效考核

绩效考核评价是绩效管理工作中的核心内容，也是组织管理员工的一个重要职能。绩效考核评价结果可以为员工的甄选、提升、培训、奖励等方面提供参考价值；通过绩效考核，检查和评估员工的工作行为，从而制定低效率行为改进计划或方案；通过绩效考核，还可以帮助员工建立正确行为导向和强化已有的正确行为。绩效考核还可以运用于组织员工职业生涯发展规划过程中。

### （四）绩效反馈与改进

绩效反馈是使员工了解自身绩效水平的各种绩效管理手段，是绩效沟通最主要的形式。它就如同一面镜子，让员工知道自己到底做得怎么样、在同事领导心中是个什么样的形象以及领导对自己的期望是什么，从而根据要求不断提高。

绩效改进是指在分析员工绩效考核结果的基础之上，找出员工绩效中存在的问题，有针对性地制定合理的绩效改进方案，加以实施。

# 第二节 绩效考评的程序、特点与原则

## 一、绩效考评程序

一般的绩效考评程序大致由以下几个步骤构成，如图6-3所示。

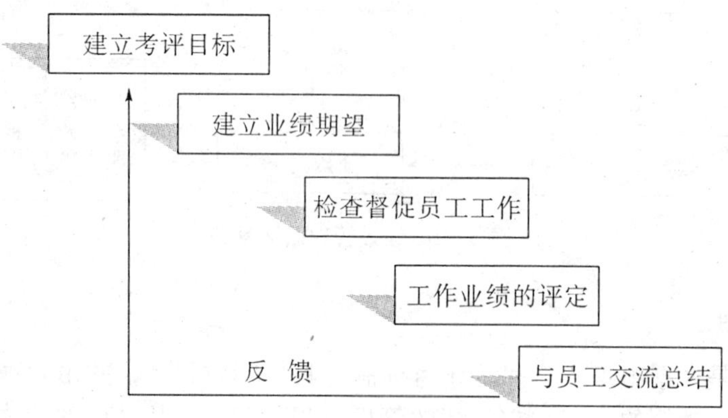


**图6-3 绩效考评的基本程序**

### （一）工作绩效考评目标的确定

工作绩效考评作为组织人力资源管理活动的一部分，在具体实施之前也要制定明确的目标。在组织总的目标和行动方案指导下，每次工作绩效考评的具体目标是什么、达到何种效果、取得何种改进，都应当事先确定下来，以指导工作绩效考评过程的具体进行。

### （二）建立业绩期望

工作绩效考评首先要明确员工所完成工作的具体要求是什么，有哪些具体职责、任务，在此基础上才能谈到与实际工作完成情况的对照，实行考评。建立业绩期望实际上也就是通过工作分析的过程建立每一项工作的完成标准，使工作绩效考评活动有据可循，便于考评人员客观公正地进行考评，也有利于员工明确工作标准，进行自我对照，更客观地理解考评结果。另外，建立工作期望还有助于员工依据标准对考评过程给予监督。

### （三）检查员工所完成的工作

工作绩效考评的标准建立起来以后便是对员工实际完成工作的检查和对照过程。将员工实际工作绩效与工作期望进行对比和衡量，然后依照对比的结果来评定员工的工作绩效。

评定员工工作绩效的过程十分关键，应尽量按照工作标准来评定，尽量克服评定过程中的主观因素，做到客观公正、考虑全面。

### （五）与员工一起交流总结

工作绩效考评的结果如果不让员工充分了解，甚至根本不让他们知道，就丧失了工作绩效考评的意义。组织进行工作绩效考评活动的目的就是帮助员工认识到自己工作中的不足以及长处，以便取长补短，提高生产率。按照这样的目的，与员工一起讨论和分析工作绩效考评结果的过程便显得尤为重要。与员工一起回顾和讨论工作绩效考评的结果，对不明确或不理解之处作出解释，有助于员工接受考评结果，通过分析，更好地对工作进行改进，并共同探讨出最佳的改进方案。

（六）绩效结果反馈

工作绩效考评的结果在反馈给员工的同时还要将总结的经验和问题及时反馈到下次工作绩效考评的目标制定中去，为下一次循环的工作绩效考评目标的设立、考评方法的改进以及考评信息收集等提供信息。

## 二、绩效考评的特点

现代人力资源管理中的工作绩效考评的活动与传统人事管理活动中的绩效考评有着较大的差异，在参与人员、考评目的、考评方法以及结果应用等方面都存在着明显的不同，见表 6－1 所示

表 6－1　　传统的人事考评与现代的人力资源考评的特点比较

| 项目 | 传统的人事考评 | 现代的人力资源考评 |
|---|---|---|
| 参与人员 | 上级主管控制考评过程。员工处于被动状态 | 员工和上级主管共同进行考评过程；员工处于主动，可以提问和交流 |
| 考评目的 | 总结工作经验教训，但并不着重未来的改进，更多流于形式，仅为完成过程 | 在总结经验教训的基础上，更着重于改进未来的工作方法和效果；更注重实质；在完成考评的基础上，达到更多有管理意义的目标 |
| 考评方法 | 主观概括、单头考评、孤立考评 | 按一定的客观标准进行全方位考评；定期、连续地实施考评 |
| 结果应用 | 不与员工一起讨论考评结果；直接下达工作任务；不了解员工的想法；无助于员工的进一步发展和改进 | 与员工一起讨论考评结果；共同制定下一步的工作目标；了解员工的想法，注重他们的建议；帮助员工改进不足，促进其发展；实现组织整体效率的提高 |

## 三、工作绩效考评的原则

绩效考评是对职工在履行职务过程中的表现作全面、正确的评价，既包括对员工工作效果的考核，也包括对员工的工作态度、工作作风和工作能力的评价。为了使考评工作健康顺利地进行，应遵循以下原则：

第一，公开性和民主性原则。工作绩效考评的过程和结果要对被考评对象公开，考评的时间、地点，考评采用的标准、方法以及考评的结果都应该向被考评对象明确，使他们了解考评过程，自觉地参与考评，保证考评过程顺利进行。在制定考评标准时要听取员工的意见，在条件允许的情况下，尽可能吸收员工代表参与考评标准的制定。考评前，一定要将考评标准向全体被考评者公布，让员工知道考评的条件与过程。考评结束时，要给被考评员工解释和申诉的机会和权利。这样，他们才会对考评工作产

生信任感，对考评结果持理解和接受态度。

第二，客观性和公正性原则。考绩标准的制定必须以职务分析所确定的工作内容和职务规范为基础，做到科学、合理。既定的考评标准适合于同类型的所有员工，即在进行绩效考评时，对他们应一视同仁，不掺入个人好恶等感情成分，厚此薄彼。

第三，全面性和完整性原则。由绩效的多因性和多维性可知，员工的绩效受多种因素的影响，并且表现为多个方面。应全面看待一名被考核对象，进行综合性考评。不能只知其一，不知其二，或者以点代面，以一家之言代结论。

工作绩效考评的全面性原则就是指考评渠道要多元化，考评方式要多样化，考评结果要全面化，形成全方位、多渠道、多层次的立体考评体系。为保证绩效考评的公正与客观，绩效考评的标准应包括工作绩效的各主要方面，并且根据员工的实际工作情况，在多方征求意见的基础上，对不同方面赋予适当的权衡，以避免片面性。

第四，立体考核原则。员工各有优缺点，因此，对员工的绩效应作多层次、多角度的评价，把上级评定、同级评定、下级评定和员工自我评定结合起来，听取各方面的意见，以使对员工的绩效评定尽量客观、准确，减少由于不同考评者的个人好恶所产生的偏差。

第五，可操作性原则。考评标准应当尽量能直接操作和量化，即考核的应当是可以直接进行度量的具体行动，尽量避免一般性的评价。比如，测量员工的工作热情时，不同的考评者对“工作热情高”可能有不同的理解和评价标准，不可避免地会产生较大的测量误差，但是若把“工作热情高”改为“坚守工作岗位，上班时间不做与工作无关的事情”、“在工作需要时，能主动加班，不计报酬”，则可操作性就有了很大改善。

第六，及时反馈原则。绩效考评通常与员工的奖酬和晋升有关，但奖酬和晋升只是手段，绩效考评的主要目的是让员工知道自己的工作中哪些方面做得较好，还存在哪些缺点与不足，以便以后的工作中发扬成绩，克服缺点与不足，从而提高工作绩效，因此考评的结果应及时反馈给员工，以使其明确今后努力的方向。

第七，持续化原则。对于组织来说，工作绩效考评不是进行一次就可以一劳永逸的事情，员工的工作质量改进和工作效率提高是一个永不停止的过程。

## 第三节　绩效目标与绩效计划

### 一、设计绩效目标

#### （一）目标管理

目标管理最早由美国著名管理大师德鲁克提出，德鲁克认为，“组织的使命和任务，必须转化为目标”。如果一个领域没有目标，那么这个领域的工作就会受到忽视。在目标管理理论的影响下，绩效管理在 20 世纪 80 年代曾经进入一个以“目标管理”为核心的时期。

所谓目标管理，是一种程序或过程，它是管理者和员工一起协商，根据部门的使命确定一定时期内的部门目标，由部门目标决定员工的责任和子目标，并把这些目标作为部门运行、评估和奖励的标准。

目标管理的程序：

（1）确定目标。确定明确的、可执行的、有挑战性的部门目标和具体的评估鉴定系统。

（2）执行计划。主管和员工都应按照既定目标来执行这个计划。

（3）过程检查。主管与员工讨论他们是否完成了目标，并研究为什么能完成或不能完成，人力资源部将这些检查评估工作情况记录下来并成为正式的绩效评估。

（4）自我调节。每一个主管都应该协调他本身的工作项目，并对自己和员工的工作行为加以必要的矫正。成功地开展目标管理有两个关键的部分，即分目标的确立和对之加以检验。

## 二、绩效计划的确定

绩效计划是确定组织对员工的绩效期望并得到员工认可的过程。绩效计划的制订是一个自下而上的目标确定的过程，通过这一过程将个人目标、部门或团队目标与组织目标结合起来。因此，计划的制订也应该是一个员工全面参与管理的过程。

绩效计划的过程更加强调通过互动式的沟通手段使管理者与员工在如何实现预期绩效的问题上达成共识。在通常的情况下，绩效计划至少应该能够回答以下四个问题：

（1）该完成什么工作？

（2）按照什么样的程序完成工作？

（3）何时完成工作？

（4）花费多少？使用哪些资源？

总的来说，绩效目标是绩效计划的第一步，也是最重要的一部分。绩效计划的其他部分就是对目标的进一步细化——对目标实现过程的进一步的规定。在不同的情况下，绩效计划应该包括的具体内容要视员工的情况和管理者的管理风格等因素而定。

## 三、建立绩效考核评价指标体系

关键绩效指标，是通过对组织内部某一流程的输入端、输出端的关键参数进行设置、取样、计算、分析，衡量流程绩效的一种目标式量化管理指标，是把组织的战略目标分解为可运作的远景目标的工具，是组织绩效管理系统的基础。关键绩效指标的设定可对组织的战略目标产生增值的作用。

通常来说，关键绩效指标主要有四种类型：质量（合格率、准确性等）、数量（产量、销售量、利润等）、成本（单位产品成本、投资回报率等）和时限（及时性、供货日期等）。确定关键绩效指标的原则是SMART原则。其中S代表“具体的”，主要指将目标细化，并可随情境改变；M代表“可度量的”，指目标可量化或行为化；A代表“可实现的”，指所制订的目标不高也不低，并在适度的期限内可实现；R代表“现实的”，是指目标结果可观察或证明；T代表“有时限的”，是提示制定者要关注效率。

对一种评价体系的有效性研究，可能是决定该体系是否令人满意的最为直接的方法，但这些研究的费用高、时间长。任一评价体系同时要受到法律要求的影响。但在绩效评价中，仅仅合法是不够的。其目的在于不仅要遵守法律，而且要有一个合乎道德准则的体系。应允许用一个旨在提高个人和小组业绩的共同发展计划来寻找一种诚实的绩效评价。这个体系必须诚实地告诉人们，它们与组织是多么的一致。下列诸因素有助于实现这个目的。

（一）与工作相关的标准

用以评价员工业绩的标准必须是与工作相关的。组织应该通过工作分析来确定工作的相关信息。主观因素，如主动性、热情、忠诚和合作精神显然是很重要的，然而，它们实际上却难以界定和计量。除非这些因素能够像那些能清晰地表现出与工作相关的因素一样，否则，它们就不应在正式的评价中采用。

（二）业绩期望

在考绩期之前，经理就必须清楚地说明他们对下属的业绩期望。否则，使用员工一无所知的标准来评价他们显然是不合理的。

建立高度客观性的工作标准，对许多如制造、安装和销售领域的工作相对较简单，然而，对许多其他类型的工作，这个任务就较为困难。但评价必须一直进行下去，因此业绩期望虽然难以捉摸，但应该用易于理解的术语给出其定义。

（三）标准化

对在同一负责人领导之下从事同种工作的员工来说，应使用同一评价方法对其进行评价。对全体员工定期进行评价也是很重要的。此外，评价期应该是相同的，虽然年度评价最为普遍，但许多具有前卫观念的公司所进行的评价较为频繁。此外，还应定期安排全体员工的反馈会议和评价会见时间。标准化的另一方面是提供正规的文件。员工应该在他们考核结果上签字。如果员工拒绝签字，经理应为这种行为提供书面材料。记录也应该包括一份对员工职责的描述、期望业绩结果和在作评价决策时检查这些资料的方式，但并不是要求较小的公司同步使用与那些大组织同样正规的业绩评价体系。

（四）合格的评价者

评价员工业绩的责任应分配给至少能直接观察到工作业绩典型样本的人。通常，这个人是该员工的直接领导者。

在矩阵组织机构中，直接领导者客观评价业绩的能力可能不够，这是因为在这种公司里，某些员工可能被正式地分配给一个部门主管领导，但实际上在另一个项目经理领导下工作。此外，处在新岗位上的部门主管，开始可能没有足够的员工业绩知识。在这种情况下，就可使用多方评价者进行评价。

为了确保连贯性，评价者必须受到良好的培训。在培训中应强调，绩效评价是每位经理工作中的一个重要组成部分。培训还应强调，部门主管的首要任务是保证下属了解对组织他们的期望是什么。另外，培训本身是一个持续的过程，对评价体系中的变化及部门主管由于种种原因可能会违背已建立的工作程序这一事实，都应作出反应。培训中还应包括如何评价员工、进行评价会见和书面说明，这些书面说明应非常详细，并且要强调作出客观和不偏见评价的重要性。

(五) 公开交流

大多数员工都渴望知道自己的业绩如何。一个好的评价体系会提供一种对员工这种渴望的持续性反馈。一个有价值的目标应避免评价会见以外的事情。即使会见给双方提供了一个相互交换思想的良好机会，它也不应替代日常的相互交流。另外，业绩评价体系应允许相关管理人员直接了解主要员工的有关信息。绩效考核体系提醒经理留意那些如果不能提高业绩则可能会有解雇风险的人，并允许人力资源管理者采取事先措施，诸如提供培训或转岗，来挽救那些表现欠佳的人。

(六) 让员工了解评价结果

对于许多被设计用来提高业绩的评价体系而言，不告诉评价结果是令人难以想象的。允许员工审查评价结果，也就相当于允许他们发现任何可能已出现的错误。否则，员工可能干脆不同意这个评价，并且可能正式指责这个评价。应当对得到低标准评价的员工给予必要的培训和指导。部门主管必须尽力挽救那些勉强合格的员工，但应特别告诉这些员工，如果他们不提高自己的业绩将会发生什么。

## 四、目标的分解

我们常常利用平衡记分卡来进行目标分解。平衡记分卡指把组织的使命和战略转变为可衡量的目标和方法，这些目标和方法分为四个方面：财务、客户、内部流程、学习与成长，各部分被细化为若干指标。这个全面的衡量框架能帮助组织分析哪些是完成组织使命的关键因素，哪些是考评这些关键因素的指标，促使组织员工完成目标。平衡记分卡的具体实施步骤为：

(1) 明确组织的使命、远景与战略。

(2) 成立平衡记分卡推进小组或委员会，并建立财务、客户、内部流程、学习与成长的四类具体目标。财务衡量指标体系包括：财务效益状况指标，如净资产收益率、总资产报酬率；衡量资产运营状态指标，如总资产周转率、存货周转率；衡量偿还债务的指标，如资产负债率、现金流动负债率；衡量发展能力的指标，如销售增长率、人均销售增长率；常用其他财务指标，如社会贡献率等。客户导向型指标体系包括：市场占有率；客户维持率；产品和服务的属性。内部流程指标体系包括：新产品推出能力；设计能力；技术水准等。学习与成长指标包括：员工能力；信息系统状况；员工提案改善建议次数等。

(3) 分别为四类具体的目标找出最具意义的绩效衡量指标。

(4) 在组织内部各层次开展宣传、教育、沟通。

(5) 以组织的平衡记分卡作为范例，各经营单位把自己的战略目标逐级转化为自己的平衡记分卡。

(6) 制定每年、每季、每月绩效衡量指标的具体数字或标准，并与公司的计划相结合。

(7) 将每年的报酬奖励制度与经营绩效平衡表相结合。

(8) 实施平衡记分卡，并对实施的情况进行月度、季度、年度监测和反馈。

(9) 经常采用员工意见修正平衡记分卡的绩效评估指标，改进公司策略。

# 第四节　绩效考评的种类与方法

## 一、绩效考评的种类

### （一）根据绩效考评过程中考评者的不同，绩效考评可分为以下几种不同的类型

1. 由直接领导进行考评

这是最常见的一种绩效考评类型。这种考评方式有如下优点：第一，员工的直接领导对于员工每天的工作表现了解得比较全面，他们掌握着有关员工的工作表现、工作缺点及发展潜力的各种信息，并能从组织目标的角度来评价员工的工作绩效。第二，直接领导对特定的单位负有管理的责任。在大多数组织中，员工的直接主管负责员工的工资晋级和职务晋升，由直接领导对员工进行绩效考评，可以将员工的工作表现更好地与奖励结合起来，增强考评的权威性，当考评下级的工作由他人负责时，直接领导的威信可能会受到削弱。第三，直接领导还对员工的培训和发展负有直接责任，由直接领导对员工进行考评，可以把考评与培训更好地结合起来。这种考评方式的缺点是：直接领导与下属之间有频繁的直接接触，与下属之间难免会产生一些矛盾或私人交情，因此考评时很容易掺入个人的感情色彩，从而影响绩效考评的客观性。

2. 由同行或同事进行考评

同行或同事对被考评的职务最熟悉、最内行；同时，由于同事之间工作关系密切，日常接触频繁，对彼此之间的情况比较了解，因此能对员工的贡献、信息沟通能力、可靠性、主动性等作出准确的评价。这种考评方式特别适合实行“自治管理工作小组”的组织，在这些组织里，这种小组常被授予包括考评权在内的一些经理的管理权限。小组有共同的目标，每个成员为实现小组的目标应做的贡献和实际做出的贡献大家都比较清楚。同事的压力对于小组成员来说是一个有力的促动因素，特别是当员工认识到其绩效是由同事进行考评时，会表现出更高的工作积极性。这种考评方式的不足之处是，同事之间的关系的亲疏、接触的频率等因素常会影响他们对员工的评价。特别是在一个奖励个人的系统内，对员工的奖励具有竞争性，若以同事的评价作为奖励的依据的话，会影响到考评的效果，并在员工之间造成利益的冲突，使同事之间人际关系紧张，产生抵触情绪，降低工作的积极性。

3. 由下属进行考评

这种考评方式对于考核主管人员的信息沟通、工作任务委派、资源配置、协调下属间的矛盾、公正的处理与员工之间的关系等方面的能力是十分有用的，对于改变管理人员的工作作风也具有积极的意义。评价结果对于主管人员的培训、晋升和安排等具有重要的参考价值。但这种考评方式的缺点是，下级常根据个人的得失对主管人员进行评价，对那些因坚持原则、严格要求而触犯自己利益的管理者往往评价不高；此外，下属因担心若给上司提了缺点可能会遭报复，常常做老好人，只报喜不报忧，从而使考评失去客观性。对于主管人员来说，知道自己的绩效要由下属来考评，常常会顾虑重重，尽量少得罪下级，在管理工作中缩手缩脚，使管理工作受损。为克服以上

这些缺陷，由下属对主管人员进行绩效考评时，为了消除下属的顾虑，应采用无记名评价表或问卷做评价工具，原始评价资料不要与被考评者见面，而由其上层主管或人力资源部门主管人员将考评结果反馈给本人。此外，为保证主管人员正常地履行自己的职责，在关系到主管人员的报酬和晋升时，下属评价要与其他评价信息结合使用。

4. 员工自我评价

自我评价是员工按一定的考核标准对自己进行考核。员工自己最了解自己的工作行为，知道自己哪些地方做得好、什么时候没有尽力，自我考核能使员工感到满意，他们对考核的抵制少，并且有利于其工作行为的改进。如果自我评价的结果在主管人员评价时用作参考，更容易得到员工的认可。自我评价的缺点是，员工对考评的维度及不同维度权重的理解可能与上级不一致，可能在重要的维度上对自己评价过高，或对自己做得较好的维度给予太大的权重，从而对自己作出过高的评价。

5. 全方位评估法

此方法也叫360度评估。目前，国外最新的绩效评估方法是360度评估法。员工在日常生活可能接触到的所有人，如收发室人员、顾客、上司、同事等，都可以成为评估者。这样可以避免由某种评价者单独考评时所产生的偏差。

### （二）按照不同内容、时间以及目的与用途，又可以将工作绩效考评划分为以下种类

1. 按内容划分

按照工作绩效考评的内容不同，可以将工作绩效考评划分为业绩考评、工作态度考评、能力评价和性格评价等。业绩考评是指对员工在一段时间内的实际工作成果的考评。其基本方法就是用一定期间的计划完成工作任务目标来衡量员工实际完成的工作任务成果，考察完成的情况。每次考评的结果都反映了当期被考评者完成工作任务的程度以及对组织的贡献度。业绩考评所采用的考评指标主要包括完成工作的任务量大小、完成工作的质量情况、相关职责的完成情况以及在工作中的改进和创新情况等。

工作态度考评主要考评反映员工对待工作的相关态度如何，包括工作积极性、工作热情、工作自觉性、工作责任感以及对待组织和相关工作人员的态度等。对于工作态度的考评，由于缺乏量化的指标来准确地反映，因此在采用各种主观评定的方法时，应注意对观察结果进行认真分析并注意其他信息来源的可靠性和准确性。

能力评价中员工的工作能力可以划分为三个方面：基础能力、业务能力和素质能力。其中，基础能力和业务能力是工作绩效考评中能力评价的范畴，而素质评价则需要通过智力测试、体能测试以及心理测试等方法取得参考结果，通过适应性考察来评价。

2. 按时间划分

汉普顿退休服务公司：人人相互评估

汉普顿退休服务公司（Hampton Pension Service）是一家坐落在俄亥俄州的退休管理和咨询公司，该公司把360度绩效评估推向了极端。公司的40多名员工对公司的每一位员工都要进行评价，包括他们自己，看看是否符合十条绩效标准的要求。

1988年，来自各个层次的员工组成一个小组，开发了十条绩效标准，他们考察了下列因素：把组织利益放在个人之上；尊重和体谅他人、勇于对错误承担责任；是否表现出“如果我开始创业我愿以雇用这个人到我的公司工作”等。公司创始人和总裁沃尔特·拜廷格（Walter Betting）说：“这些问题反映了公司全体员工希望公司是什么样的。”

为了保密，所有的评价都用标准的表格显示在计算机中进行，员工把自己的评价意见复制在一张软盘上，交给一个员工小组处理，然后给每位员工和每位管理者准备一份评价报告，包括公司总裁。这本报告包括公司总体对个人的评价等级，也包括根据评价者级别进行的分类统计等级，这样每位员工都可以知道管理者如何评价自己，同伴如何评价自己。从这些评价得出的数字等级，用来决定管理人员和员工年终加薪和分红的比例。

到目前为止，这个全面的评价系统看起来很有效。员工对自己得到的具体绩效反馈赞不绝口。正如一位副总裁所说：“当40个人告诉你一件事情时，这件事就有它的作用了。”这个方案对降低公司员工的流动率也功不可没。该公司的流动率远低于同行业的平均水平。

资料来源：［美］斯蒂芬·P罗宾斯．组织行为学［M］．孙健敏，译．北京：中国人民大学出版社，1997：501.

组织工作绩效考评的进行在时间上有定期考评和不定期考评之划分。很多组织定期进行工作绩效考评，将考评作为一项制度加以贯彻执行，每隔一段时间进行一次考评，总结工作中的成绩和不足之处，不断改进，提高生产效率。工作绩效的不定期考评在组织中也比较广泛，如由于工作任务的特定时间期限决定的阶段性考评，就是由工作项目不同而产生的不定期考评。不定期考评有助于组织及时总结一定任务或工作项目的成果和完成情况，形成经验。定期工作绩效考评的时间期限可以为一年、半年或者一个月等，较长的考评期间不利于及时考评工作绩效，而过短的工作绩效考评期限又会给员工带来频繁的工作中断及评估压力，造成反感。因此，将适宜间隔期间的定期工作绩效考评与结合项目的不定期考评结合起来应用，有利于组织取得工作绩效考评的最佳效果。

3. 按目的和用途划分

按照工作绩效考评的目的和用途不同，工作绩效考评又可以分为例行考评、晋升考评、职称考评等。

例行考评又称常规考评，是指组织定期进行的对各类员工的工作绩效考评，考评的结果一方面是用来决定对员工的报酬发放，另一方面是使员工认识自我，提高自我，实现组织生产率的提高。晋升考评是组织为选拔人才而进行的工作绩效考评，是组织工作绩效考评中的重要工作之一。为实现公平竞争，使最合适的人才进入到更高一级的岗位，组织经常使用考评的形式来评价候选人，以全面的评价来确保组织干部队伍的良好素质。职称考评是为员工评定职称而进行的特殊的一类考评方式，它一方面是考察员工在本岗位上的工作熟练程度，以决定是否增加职务工资；另一方面考察员工在岗位上的工作能力水平及适应性，以决定是否进行职务调整。

## 二、绩效考核的方法

### （一）绩效考核的步骤

绩效考核包括三个主要步骤：界定工作本身的要求；评价实际的工作绩效；提供反馈。首先，界定工作本身的要求意味着必须确保你和你的下属在工作职责和工作标准方面达成共识。其次，评价工作绩效就是将你下属的实际工作绩效与在第一步骤所确定的工作标准进行比较，在这一步骤通常总要使用某些类型的工作绩效评价等级表。最后，绩效评价通常要求有一次或多次的反馈，在这期间应由管理人员就员工的绩效和进步情况进行讨论。为了促进他们个人的发展，还要共同制订必要的人力开发计划。

### （二）绩效考核的方法

1. 排队法

在被考评员工人数不多，且所从事的工作又相同的情况下，排队法是一种简便易行的方法。这种方法把被考评的员工按每个人绩效的相对优劣排出顺序或名次。排队时，可以按某种考评标准，首先选出绩效最优者，排在第一，然后选出次优者，排在第二位，以此类推，直到最后把绩效最差的一个排在末尾。也可以用交叉排队的方法，首先选出最优的，排在第一位，然后选出最差的，排在最后，下一步再选出次优和次差的，分别排在第二位和倒数第二位，直到全部排完为止。

排队时可用每个员工的整体工作状况作为标准，这样员工在排队中的位置就是最终的绩效评价结果。也可使用复合评价标准，即根据工作分析的结果，从几个特定的绩效维度（如产品数量、质量、销售额、服务态度等）分别对员工进行评价。使用复合标准进行评价时，员工最终的绩效结果取决于它在各个绩效维度上的排队位置的平均值，用这个位置与其他员工进行比较，从而决定他的最终位置。

2. 成对比较法

在使用排队法对员工进行绩效考评时，需按照某种绩效标准把全部员工从好到坏进行排列，随着员工数量的增加，排队的难度越来越大。为了降低排队的难度，可以采用成对比较的方法。这种方法要求按照某种绩效标准，把员工进行两两比较，绩效优者计1分，劣者计0分，然后把每个人的分数加起来，分数越高绩效越好。成对比较的方法如表6-2所示。

表6-2 成对比较绩效考评表

| A | B | C | D | E | |
|---|---|---|---|---|---|
| A | | 0 | 0 | 0 | 0 |
| B | 1 | | 0 | 0 | 0 |
| C | 1 | 1 | | 1 | 0 |
| D | 1 | | 0 | | 0 |
| E | 1 | 1 | 1 | 1 | |
| 考评结果 | 4 | 3 | 1 | 2 | 0 |

成对比较的结果表明，A 的绩效最好，B 次之，E 最差。同排队法相比，成对比较法的结果更准确，但是，使用成对比较法时，要在员工之间进行 N（N－1）/2 次比较，当员工有 50 人时，比较的次数多达 1 225 次，因此，当员工人数较多时，成对比较的次数太多，工作量过大。

3. 强制分配法

这种考评方法是先确定几个绩效等级，如优、良、中、差、劣，然后按照事物“中间大，两头小”的正态分布规律，人为地确定每个等级中的员工数在总人数中所占的比例。例如，把最好的 10% 的员工放在最高等级的小组中，次之的 20% 的员工放在次一级的小组中，把再次之的 40% 的员工放在中间等级的小组中，再次之的 20% 的员工放在倒数第二级的小组中，最后的 10% 的员工属于最差的小组。

组织使用强制分配法时，是将员工按不同的组进行排队，而不是按人排队，有时不能解决具体比较两个个体绩效差别的问题。此外，员工的绩效有时并不遵循“中间大、两头小”的正态分布规律，例如，当员工进行了有效的选择后，其绩效分布应该是偏态的而不是正态的。如果一个部门全是优秀员工，按正态分布规律强制进行分配显然是不合理的。因此，使用这一方法时应根据本部门的具体情况灵活规定评定的等级及每一等级所占的比例。

4. 关键事件法

对部门的效益产生积极的或消极的重大影响的事件被称为关键事件。在考核期内，主管人员为每个员工准备一个记录册，随时记录员工的关键行为（包括好的和差的行为），考核期结束后，主管人员运用这些记录资料对员工进行绩效评价。这一方法的优点是，对员工的评价以具体的事实为根据，避免了评价者个人的主观片面性，因此，较为客观、公正，容易为被考评者所接受，使被考评者清楚地看到自己的长处与不足，有利于日后的工作改进。这一方法的不足之处是，如果考评人员对员工的关键行为记录不全的话，如漏记了员工的积极行为，容易引起员工的抵触情绪，而准确不漏的记录，势必加重管理者的工作负担，特别是如果一名基层主管要对许多员工进行评价，则记录这些行为所需的时间可能会过多。使用这一考评方法时要注意：首先，关键行为的记录要贯穿于整个考评阶段，而不能仅仅集中在最后的几周或几个月里；其次，所记录的必须是较突出的、与工作绩效直接相关的事件，而不是一般的、琐碎的、生活细节方面的事；最后，所记录的应当是具体的事件与行为，记录当中不能加进考评者个人的主观评价，如“该员工工作责任心强”、“工作热情高，服务态度好”等。

5. 评语法

这是主管人员用书面鉴定的形式对员工进行评价的方法。由主管人员把下属的工作表现分为优点与缺点、成绩与不足两个方面进行评定，并提出以后的改进意见。评语的内容、篇幅没有标准规范，完全由考评者自己决定，评语大多是对员工的概括性评价，几乎全部使用定性描述，没有具体数据，评定的维度及重点也可能因人而异，评定中个人判断误差的影响很大，因而难以在不同的员工之间进行比较。此外，评语中一般优点谈得较多，缺点和不足往往轻描淡写，因此，在此基础上往往难以作出科学的人事决策。但由于这种方法简单易行，方便灵活，反馈简捷，在我国的人事管理中仍被大量使用。

表6-3　　推销员目标管理的考核报告

| 目标项目 | 计划目标 | 完成情况 | 完成率（%） |
|---|---|---|---|
| 销售电话拨打次数 | 100 | 104 | 104 |
| 接触新客户次数 | 20 | 18 | 90 |
| 批发销售17号新产品数量 | 30 | 30 | 100 |
| 销售12号产品数量 | 10 000 | 9 750 | 97.5 |
| 销售7号产品数量 | 17 000 | 18 700 | 110 |
| 客户投诉/服务电话 | 35 | 11 | 31.4 |
| 成功完成销售函授课程的数量 | 4 | 2 | 50 |
| 每月底完成销售报告的次数 | 12 | 10 | 83 |

资料来源：唐军．现代人事心理学［M］．北京：北京经济学院出版社，1997.

6. 目标考核法

目标考核法，是在“目标管理”的制度下对员工进行考核的方法。在考核之前，主管人员和员工共同制定考核期内要达到的工作目标，所制定的目标必须明确具体，可以计量。目标确定以后，还要制订达到目标的具体计划以及执行计划中的绩效评估标准。绩效考评时，对照既定的目标和绩效评估标准，对员工完成目标的情况作具体的评估。通过绩效考评，组织可以发现员工的实际工作绩效与既定目标之间的差距。主管人员可与被考评员工一起找出造成这些差距的原因，并采取相应的改进措施，提高员工的工作绩效，实现既定的目标。

7. 量表评估法

量表评估法是根据设计的等级评估量表对员工绩效进行评估的方法。这种方法是把有关的绩效因素列出来，即沿不同的维度对员工的工作绩效进行评价，如完成工作的数量、质量、出勤率、主动性、合作性等，然后把每一维度分成若干等级，并说明每一等级的具体含义。这种评估方法考核的内容比较全面，还可以对结果进行定量分析和比较，因而得到广泛应用。表6-4是一个绩效评估量表，考评者可以根据被考评员工的绩效情况在不同的维度上选择合适的等级，然后把各维度上的分数汇总，就可以得出对该员工总的考评结果。

表6-4　　员工绩效评估表

员工姓名：职务：　　工作部门：　　考评时间：　　年　月　日

| 评估等级<br>评估因素 | 1 | 2 | 3 | 4 | 5 |
|---|---|---|---|---|---|
| 工作质量 | | | | | |
| 工作数量 | | | | | |
| 出勤率 | | | | | |
| 工作主动性 | | | | | |

表6－4(续)

| 评估结果：　　评估人签名：<br><br>员工意员：　　员工签名：<br><br>人力资源部门审核意见： | 说　明<br>1. 表示最差，完全不符合工作要求<br>2. 表示较差，勉强达到工作要求<br>3. 表示一般，基本符合工作要求<br>4. 表示较好，能较好地履行自己的工作职责<br>5. 表示最好，能出色地履行自己的工作职责 |
|---|---|

如何将一个考评量表上各个维度的评价分数转化为对员工绩效的综合评价呢？综合评价值最简单的求法是将各维度所得评分直接相加。不过，对于不同部门员工的绩效来说，不同维度的重要性和实际意义可能有所差别，即它们的权重是不一样的。假使"1"表示完全不重要，"10"表示非常重要，那么各维度的权重系数就应处于1和10之间，如有的是5，有的可能达到8甚至更高。因此，需用加权求和的方法求出员工的综合评价值。在这里，加权求和的算法反映了不同维度在员工总体绩效中的相对重要性，而权重系数必须反映客观的贡献，需用科学方法对有关人员进行调研，并加以量化，主管人员切勿个人主观认定。加权求和公式如下：

$$A_i = \sum_{i=1}^{n} p_i e_i$$

式中，A为综合评价值；$p_i$为某员工在第i个维度上的得分；$e_i$为第i个维度的权重系数；n为员工绩效考评中所考评的维度数。

加权求和模型的优点：

（1）综合评价值可以作为评价员工的表现、绩效和赏罚的量化指标。简单地说，只要合理地设立赏罚的分数线，具体操作就方便了。

（2）调整权重系数可以对员工行为起导向作用，因为权重系数越大，总分越高，不言而喻，利益也越大。管理者可根据组织所面临的实际问题调节权重系数，有针对性地强化员工行为的某些方面，从而对员工的行为进行有效的动态控制。

（3）综合评价模型有利于挖掘员工的潜力，充分调动其积极性，因为该模型具有可补偿性，比如，某一方面的失误或表现不佳而得了低分，可在其他方面争取更高的评价来弥补，使总分达到所需水平。

8. 行为定位评定量表法

行为定位评定量表法（Behavioral Anchored Rating Scale Method，BARS）把传统的量表评定法与关键事件法结合起来，兼具两者的优势。行为定位评定量表法主要评定那些明确的、可观察的、可测量的工作行为。组织使用这一方法时，首先确定考评的维度，即从哪些方面对员工的绩效进行评定。然后为每一考评维度都设计出一个评分量表，并列举出与每一维度的各评定等级相对应的关键事件，作为对员工的实际表现评分时的参考依据。例如，对人际关系维度，"好"指这个员工总是乐于帮助别人，其他员工不仅愿意和他谈工作中的问题，也愿意和他谈个人的问题；"中等"指这个员工能够友好的帮助别人，但有时自以为是的态度使别人不敢与之交谈；"差"指这个员工自己有错误却向领导或同事发火，使大家很反感。在实际的考评过程中，所列举的关键事件是有限的，被考评的员工的实际行为很少能与量表上所列举的关键行为完全吻合。但有了量表上的关键行为作参考，考评者在对员工工作过程中所表现的行为进行评定时便有了一个参考框架，比一般评定量表中的“优”、“良”、“中”、“差”等抽象的词语好掌握得多，在一定程度上避免了考评者的主观随意性；同时，员工也可以把自己的行为表现与评定量表上不同评定等级的典型行为相对照，从而发现自己的差距，找到具体的改进目标。行为定值评定量表法的缺点是，量表的制定是一种费时费力的工作，要求很多人参加，通常由公司领导、考评者、被考评者代表、人力资源管理部门，甚至外聘专家等共同制定，而且对不同的工作必须采取不同的行为定位量表。此外，对评定者来说，有时很难确定被评定者的行为与量表中所列举的典型行为的类似程度，因此，很难进行匹配评定。

9. 强迫选择量表

强迫选择量表是为克服评定者的主观偏差而发展起来的一种比较复杂的评定技术。量表由 10 ~ 20 个单元组成，每个单元由 4 个描述行为的句子组成，这些句子是由心理学家精心设计的，其中两个涉及优点，另外两个涉及缺点，在每两个相同性质的句子中，只有一个真正与所考评的绩效维度有关。考评时要求考评者根据被考评者的实际情况，选择与被考评者最相符合的描述，但考评者并不知道选择哪一个会对被考评者有利或不利，这样考评者的主观偏见便难以发挥作用。但这种强迫选择量表需由专家精心设计，需要大量的财力和时间，由于技术方面的限制，这种方法的使用并不普遍。

## 三、绩效考核中存在的问题及相应的解决办法

如果评定者总是以评定量表中的较低分数对员工进行评价，这就是所谓的过严评价，这样会引起过严误差。过严评价可能是由评定者对评价标准缺乏理解造成的，但也可能是评定者的故意行为。

故意抬高或降低评价的原因：

1. 抬高评价

（1）认为精确的评价将对下级的动机和业绩有不利影响。

（2）期望员工凭业绩提薪。

（3）期望避免部门不光彩事情的扩散。

（4）希望避免产生一个消极的、永久的、对员工的不利业绩记录。

（5）需要对那些因为个人问题受到影响但却一贯业绩优秀的人进行引导。

（6）希望对那些即使业绩仍较低但已付出了很大努力的员工进行指导。

（7）避免与某些难以管理的员工的对抗。

（8）希望促进较差或令人生厌的员工离开该部门。

2. 降低评价

（1）担心员工对其良好的业绩感到惊慌。

（2）为了惩罚一个顽固的或难以对付的员工。

（3）为了鼓励一个有问题的员工辞职。

（4）为计划要解雇的人制造一个有说服力的记录。

（5）为了缩减凭业绩提薪的下属的数量。

（6）为了遵守组织不提倡经理给出高评价的规定。

由于多方因素，绩效考核中往往要出现一些问题，使得我们的绩效评价工具失去效力。如工作绩效评价标准不清、评价者的晕轮效应、评价趋中趋势、评价标准的掌握偏紧或偏松倾向以及评价者的个人偏见等都会导致绩效考评出现偏差。

（一）工作绩效评价标准不明确

工作绩效评价标准不明确是造成工作绩效评价工具失效的常见原因之一。比如，不同的主管人员可能会对“好”、“中”等绩效标准作出非常不同的解释。对于“工作质量”和“创造性”这些要素，不同的评价者也会产生意义相差很大的理解。

当然，组织可以找到一些方法来对上述不足进行修正。其中，最好的一种办法是用一些描述性的语言来对绩效评价要素加以界定。这样会使评价更具连贯性，并且使评价人更容易对评价结果进行解释。

（二）晕轮效应

当评价对象是那些对主管人员表现特别友好的员工时，这种问题是最容易发生的。比如，一位对主管人员表现不十分友好的下属通常不仅会在“与其他人相处能力”这一方面得到较差的评价，而且在其他绩效要素上也会得到较差的评价。要想避免这一问题，关键是评价者本人要能够意识到这一问题。另外，加强对主管人员培训也有助于避免这一问题的产生。

（三）趋中趋势

趋中趋势是当不正确地将员工评价为接近平均或中等水平时所发生的一种常见错误。在确定评价等级时，许多管理人员都容易造成一种趋中趋势。比如，如果评价等级从第1级到第7级，那么他们很可能既避开较高的等级（第6和第7级），也避开较低的1~2等级，而把他们的大多数员工都评定在第3、第4和第5级这三级上。那么，趋中趋势后果是降低了考评的区分度，使考评达不到激励先进、惩罚落后的作用。要克服这类评定误差，首先必须对考评者进行培训，提高他们对绩效考评重要性的认识，并使他们准确理解和掌握绩效考评的标准；此外，要改进评价工具，制定多维度、清晰的评价标准，使不同的评定等级要有明确的界定；在某些情况下，采用强制分配法，使被考评者的绩效考评结果呈正态分布也是可取的。

产生这类错误的原因有：考核人员对于绩效考评工作重视不够；对考评人员培训不力，考评者对考评内容及考评标准不熟悉；考评人员本身的能力较差，不能准确区分不同员工的绩效高低；如果绩效考评时要求考评者对过低或过高的评价写出书面鉴定，考评者也可能为省事只给平均水平的评价。

（四）偏松或偏紧倾向

有些主管人员倾向于从来都对下属的工作绩效作较高或较低的评价，就像有些老师向来就愿意给学生高分，而有些老师向来就只给学生较低的分数一样。工作评价法掌握得偏紧或偏松的问题显得尤为重要，这是因为，主管人员既可以对员作出偏高的评价，也可以对员工作出偏低的评价。而一旦要求主管人员必须对下属的工作以排序的方式进行等级排列时，他们就必须将所有的雇员在低绩效和高绩效之间加以合理分布。因此，在等级评价法或强制分布评价法中，工作绩效评价标准掌握就容易出现偏松和偏紧的现象。

（五）评价者的个人偏见

偏见是考评者对被考评员工所持有的一种不符合实际的刻板印象。被评价者之间的个人差异（主要是指年龄、种族和性别等个人方面的差异），有时候也会影响他们所得到的评价，甚至会导致他们所得到的评价大大偏离他们的实际工绩效。比如，研究者在一项研究中发现，在工作绩效评价中存在这样一种稳定趋势，即老员工在“工作完成能力”和“发展潜力”等方面所得到的评价一般都比年轻员工低。又如，两名被考评者即使实际绩效不相上下，但如果其中一个毕业于一所名牌大学，在考评时他就有可能得到较高分数。此外，像员工的年龄、性别、资历，甚至相貌等因素都可能成为考评者产生偏见的原因。

组织要克服考评者的偏见，除加强对考评人员的培训，提高其考评的责任心外，重要的是增强考评标准的可操作性，尽量避免抽象的、概括性的主观评价；增加评定者人数，根据多个评定者的评价的平均值确定一个员工的绩效水平，也可以在一定程度上减少评定者个人偏见的影响。

员工过去的绩效状况也有可能会影响他们当前所得到的绩效评价水平。这种历史事件造成的误导可能会以几种不同的形式表现出来。比如，有时候评价者可能会全面地高估一位低绩效者的绩效改善状况；相反，也有可能会将一位高绩效员工的绩效下滑程度看得很严重。在某些情况下，尤其是当下属员工的行为变化十分缓慢的时候，评价者对被评价者行为变化又有可能过于不敏感。在这几种情况下，工作绩效的主观性都太强。因此，在实际工作绩效评价过程中，组织必须努力避免因受雇员过去的绩效、年龄、性别或种族等情况的影响，而造成对他们的工作绩效作出不正确的评定。

（六）近因效应

考评人员在对员工进行评定时，受绩效考评开始前最近一段时间内员工的工作表现的影响较大，以近期的表现和成绩代替整个考评期内的工作绩效。例如，尽管一个推销员在整个考核期间销售成绩只是一般，但在考评前一个月内销售量大增，考评者由于对最近的事件记忆较深刻，可能认为该推销员的销售成绩很突出。因此，当确定了一个考核周期时（例如一年），考核人员的评分必须严格控制在整个周期内，要对考核周期内员工的表现进行全面的了解，以减少近因效应的影响。

如何避免在绩效评价过程中可能出现的问题呢？要想将上述所说的评价者个人偏见和趋中趋势等问题对绩效评价结果的影响减小到最低，可以从以下三个方面做出努力：

第一，对容易出现的问题有预测和预防。确保你自己已经对上述几种在工作绩效评价过程中容易出现的问题做出较好的预测和预防。

第二，选择正确的绩效评价工具。每一种评价工具都有其优点和不足。例如，等级排序法能避免趋中趋势，但是在所有员工该被评定为“高”的情况下，这种评价法会引起员工的不良感觉。

第三，对主管进行培训。对主管进行如何避免晕轮效应、偏松或偏紧倾向以及趋中趋势等问题的培训，有助于减少上述问题的出现。如可以先放映一些关于员工实际工作情况的录像带，然后要求他们对这些员工的工作绩效作出评价。接着，主讲人将不同评价者的评价结果放到粘贴板上，并且将在工作绩效评价中可能出现的问题（例如晕轮效应和偏松倾向等）逐一进行讲解。例如，如果受训者对员工的所有的评价要素（如工作质量、工作数量等等）都作出了同样水平的评价，主讲人可能会指出评价人犯了晕轮效应的错误。最后，主讲人将会给出正确的评价结果并对评价者们在评价过程中所出现的各种错误一一加以分析。一项研究表明，用计算机辅助进行的工作绩效评价培训，有助于提高管理人员与下属雇员就绩效评价展开讨论的能力。

评价者培训并非是减少各种绩效评价错误和改善绩效评价结果的一种灵丹妙药。从实用的角度来说，另外一些因素可能比培训对绩效评价结果所产生的影响更大，这些因素包括绩效结果在多大程度上与工资联系在一起、员工流动率的高低、时间的约束以及对绩效评价的公开性要求等。这就意味着，绩效评价精确度的改善不仅取决于加强对评价者的培训力度，而且还需要努力减少像时间约束这样一些外部因素对工作绩效评价所带来的限制。

## 第五节　绩效考评的主要内容

### 一、绩效考评的基本内容

绩效考评的目的、方式和范围多种多样，因此考评的内容也复杂多样。但是在实践中，工作绩效考评的基本内容主要包括德、能、勤、绩四个方面。

德指的是人的思想政治素质和道德水平。思想政治素质包括一个人的思想作风、政治态度以及政策水平等，它决定了一个人的行动方向和奋斗目标，也决定了一个人达到目标可能采取的行为方式；道德水平包括一个人的社会公德意识和职业道德水平，如是否遵纪守法，是否有敬业精神、责任心和奉献精神等。在社会主义现代化建设的今天，在德的方面对人才的要求是坚持党的基本路线，坚持改革开放和社会主义建设的方针政策，爱岗敬业，具有责任感和使命感，发扬集体主义精神，团结奋进等。

能指的是一个人的知识技能水平，即认识世界和改造世界的能力。能主要包括知识、技能、智能和体能四个方面。知识是能的基础部分，包括受教育程度、专业知识、知识结构等；技能是指人某一方面的专门能力，如操作能力、协调能力、决策能力等；智能是相对于体能而言的，指一个人的大脑进行分析和解决问题的能力，包括感觉、知觉、想象、思维等；而体能是指一个人的身体素质和健康程度。

勤指的是一个人对待工作的态度，包括员工工作的积极性、主动性和创造性，工作责任感以及纪律性等。勤是一个人内在动力的外部表现，一个人是否对工作真正投入了巨大的精力和情感，可以通过其工作表现反映出来，如出勤率高，工作认真负责等。所以在考评员工勤的方面时，应注意观察员工的工作表现，并挖掘其内在动机。

绩指的是员工的工作成果，包括员工工作的质量、数量、效益、效率等。考评员工的绩效，在分析工作成果的质量和数量的同时，要注意这些工作成果对组织和社会产生的总的倾向，在实现组织目标的同时是否满足了社会效益的需求。

总的说来，德、能、勤、绩四个方面的内容是工作绩效考评中要衡量的几个重要方面，这并不表明对不同岗位的人员在评估时考评的内容和层次就完全相同；相反，在对不同岗位、不同类型的员工进行工作绩效考评时，几个方面的考核内容和重点都会有所不同，要依据不同岗位的特点认真选取不同的考评内容。如基层管理者的绩效考评的主要内容包括员工个人及基层单位的工作效果，如产量、废品率、能源和原材料消耗率及出勤率等；如对员工考评主要是针对员工在工作过程中表现出来的具体行为，如是否遵守劳动纪律、是否按照规定的操作规程进行工作以及影响其工作行为的个性品质，如工作态度、团结合作精神等。

有时候绩效考评的目的决定于考评的内容，如果绩效考评的目的是对员工进行奖励或者调整工资，考评的重点应是员工在考评期内的实际表现；如果考评的目的是晋升，考评应侧重于评价员工对完成新工作的潜力，对候选人在过去工作中所表现出来的各方面的素质及工作能力的考评可以预测他在新的工作岗位上可能有的表现，在候选人的工作经历与新的工作有联系的时候，这种考评更可取。但是，如果候选人将要从事的工作是一种全新的工作，利用过去行为的信息来预测他从事未来工作的潜力就有一定的困难。这里特别要提到的是，近年来，国外在人才测评中较有影响、新近发展起来的胜任特征评价方法，是基于著名心理学家麦克米兰的成就动机理论而发展起来的是一种新型的人力资源评价与培训模式。胜任特征是指能将某一工作（或某一组织，某一文化）中有卓越成就者与表现平平者区分开来的个人特征。胜任特征，从上至下可包括如下几个层面：技能，即将事情做好的能力（如商业策划）。知识，对某一职业领域的有用的信息（对市场的深层了解）。社会角色，个人力图向他人呈现的形象（如以组织领导的形象展现自己）。自我形象，即对自己身份的自我认识或知觉（如将自己视为老师或教练）。特质，典型的行为方式（如具备善于倾听他人的特点）。动机，那些决定外显行为的自然而稳定的思想（如不断地想把事情做好）。在这些特征中，知识、技能属于“水上冰山”部分，比较容易引起人才评价和培训的关注。然而，麦克米兰多年的研究结果证实，处于水下冰山部分的社会角色、自我形象、特质和动机，才是更能区别卓越成就者与一般人的关键要素。根据多年积累的大量的研究成果，揭示出了能预测成功的20个胜任特征，包括如下六个方面：①成就特征：成就欲、主动性、关注质量和秩序。②助人、服务特征：人际洞察力、客户服务意识。③影响特征：个人影响力、权限意识、公关能力。④管理特征：指挥、团体协作意识、培养下属、小组领导能力。⑤认知特征：技术专长、综合分析能力、判断推理能力、信息寻求。⑥个人特征：自信、自我控制、灵活性、组织承诺。还需特别指出，有关研究表明，对各类管理者而言，两类胜任特征是他们共同需要的：一类特征指有关个人主动性的优异特质，如成就动机、主动性、概括性思维；另一类特征指工作组织的特征，如影响他人、形成团体意识或群体领导。管理者若要获得成功，至少应在上述特征中有一个特征很突出。

## 二、绩效考评的时间

在决定绩效考评的时间时，需要考虑两个方面的问题：考评的时机和频率，即什么时候进行考评以及多长时间考评一次。

绩效考评的时间取决于实际的工作需要和员工的工作种类。频繁的考评有助于及时发现和纠正员工工作中的缺陷，提高其工作的能力和动机。但是，如果考绩太密，将占用直线主管们过多的时间，影响正常工作的进行。此外，考绩过密，相邻两次考评的绩效之间没有明显差异，不但浪费精力和时间，还给员工带来过多的干扰，造成心理负担；反之，若绩效考评的周期太长，就不能发现员工的优缺点并及时进行反馈，不利于绩效的改进，达不到绩效考评的目的。在决定绩效考评的时机和频率的时候应注意以下几个方面的因素：

第一，绩效考评的时间应安排在每一个工作任务周期完成之时，如年末或季末，或在一项特殊任务或项目完工后进行。如果工作任务周期一时不能确定，组织与员工双方应当商量一个工作任务周期的终止时间作为考评的时间。

第二，如果绩效考评的目的是为了增加工资，则要在调整工资以前进行绩效考评。

第三，对一线工人的绩效考评可以相对频繁一些，以便及时发现其工作的优缺点，并采取适当的措施改进其绩效；而对各类技术人员和高级管理人员来说，其工作的效果需要较长的时间才能显露出来，所以对他们考评的频率则应低一些。

## 三、建立有效的工作绩效考评体系

### （一）确定工作绩效考评标准

工作绩效考评标准的建立是否与组织的目标相一致、是否与工作本身相关以及是否明确、合理是保证一个工作绩效考评体系有效性的基本要求。工作绩效考评的标准不清常常是导致一个工作绩效考评体系失败的主要原因之一。首先，工作绩效考评标准的建立应与组织的目标相一致。只有满足组织需要的工作绩效考评才是具有实际意义的，在建立工作绩效考评标准之前，应首先明确组织的目标是什么，按照组织的目标来确定部门和小组甚至个人应该达到的业绩状况是什么样的，然后围绕这些去制定考核员工的标准，这些标准才能真正反映员工应该达到的业绩要求。用与组织目标不一致的标准来衡量业绩是不能达到工作绩效考评的基本目标的。其次，工作绩效考评的标准应该与工作本身密切相关。工作绩效考评是考核员工的工作绩效状况的。建立工作绩效考评标准的信息应该主要来自于工作说明，即关于工作本身的要求是什么等等的具体要求，将它们加以界定和计量，形成工作绩效考评可以依据的标准。最后，对于工作绩效考评的每个项目应该执行单一标准的原则，即一个考核项目只能有一个标准，而且这个标准必须明确，按照这个标准去考评才有意义。在考评中使用多头标准，就会增加考评过程的主观性，降低工作绩效考评的有效性。

### （二）正确选择工作绩效考评方法

综观以上工作绩效考评中常犯的几种错误，除了尽量克服主观的偏见以外，其他几种错误都可以利用正确地选择合适的考评方法来予以避免，如使用排队和强迫分配法进行考评时，就容易避免趋中趋势和过于宽容或过于严格的错误。

### （三）业绩期望明确、简单

业绩期望的建立：一方面是使业绩考评的内容明确，有据可依；另一方面是使员工明确工作的具体要求，以便在工作当中参照和对比。为此，业绩期望的说明应用简单易懂的术语来定义，使用起来方便、清楚。

### （四）合格的考评人员

在前面的讨论中明确了进行工作绩效考评的考评人员，包括被考评人的直接上级、下属、同事，自我考评以及外部的人员如客户等。而且每一类型的考评人员限于与被考评人的关系，在考评时都会有一定的优势存在，也同时存在不足之处，所以无论是谁来进行工作绩效考评，都应该在坚持工作绩效考评标准的基础上，尽量做到客观、公正，避免主观方面的一些错误。因此，组织应经常对工作绩效考评的考评人员进行培训，增强他们对考评手段的利用能力和考评技巧的掌握等。

### （五）考评的公平性

工作绩效考评的过程和结果只有显示出较强的公平性才能为大多数员工所接受，这要求整个工作绩效考评的过程，从考评标准的建立到考评方法的选择等都有高层管理人员的检查和广大员工的参与，在高层管理人员的监督和支持下，将考评程序尽量合理化、考评方法尽量科学化，减少干扰。在广大员工的参与下，使考评过程尽量客观和公正，考评结果的形成和反馈也会更加积极有效。

### （六）及时提供反馈

工作绩效考评结果的及时反馈是促进员工改进业绩，提高效率的重要手段之一。对于工作绩效考评的结果，应首先使员工充分地了解，然后听取他们的意见和建议，进行公开的交流，将有关考评结果的接受情况和改进等方面的信息反馈给管理者，使得管理者能够及时处理有关情况和吸取有关工作绩效考评的经验和教训。

### （七）全方位、及时评价

为保证工作绩效考评结果的公正、客观，在工作绩效考评的实践中，常常采用同时从多方收集信息，即同时利用被考评人的上级、下级、同事等多种渠道进行考评，综合评估结果，这种方法又称360度反馈法。此外，还要保证工作绩效考评工作的经常性，定期进行考评，通过考评纠正错误，发现机会，促进组织发展。

## 四、绩效考评面谈

绩效考评面谈是工作绩效考评结果反馈的一种主要方式。传统的人事管理中，工作绩效考评的结果不需要让员工了解，所以也就没有绩效考评面谈。在现代人力资源管理中，强调使员工在了解绩效考评结果的基础上，不断改善未来的工作业绩，促进组织的发展。因此，绩效考评面谈通过面对面地与员工沟通有关业绩考评结果的方式已成为工作绩效考评工作中的重要步骤。

### （一）绩效考评面谈的准备工作

绩效考评面谈的准备工作主要有以下几个方面：

（1）确定面谈的对象。通常参加面谈的双方，一方是被考评人即本部门的员工，另一方是该部门的主管，即被考评人的直接上级。如果被考人是管理者，则由其上级部门的管理者进行面谈。在有些情况下，也可以是人力资源管理部门的专门人员进行绩效考评面谈。

（2）对工作绩效考评的有关资料进行整理和分析。确定参加面谈的人员后，就要针对面谈的对象收集相关的信息和资料，包括研究被面谈人所从事工作的工作说明、被考评人的工作目标、被考评人的实际工作完成情况以及有关被考评人的其他档案资料，并进行认真的分析。

（3）准备面谈的提纲。将面谈的大致安排作出一个规划，确定面谈的重点、可能的提问、如何开始和结束等。

（4）通知参加面谈的员工。提前一段时间通知参加面谈的员工，让他们做好相关的准备，包括心理准备和资料准备，在重新阅读工作说明和审查自己工作的基础上，分析自己工作中存在的问题。

### （二）绩效反馈面谈

尽管要处理很多问题，部门主管通常还是要在一名员工的评价期末进行一次正式的评价会见。这次会见对员工的发展是关键的。然而，有效的绩效评价体系不仅仅是需要这样一次单独会见，相反，负责人应不断地保持与员工的交流，以强调他们在发展和管理支持上的责任。

按照一定的方式来组织一次成功的会见，此时部门主管和下属都应将它作为解决问题的时机，而不是一次发现错误的时机。部门主管在计划一次评价会见时应考虑三个基本内容：讨论员工的业绩、帮助员工确定目标、提出员工实现这些目标所采取措施的建议。例如，根据生产质量这一要素作出下个评价时期里需要特别改进的要素。在提供达到一个更高目标的方法方面，部门主管可能不愿意面对面地与较差的员工面谈。他们一般会推迟这些令人担忧的会见。

实施评价会见，常常是管理者较困难的任务之一。它需要管理者的耐心和机智。只要能有保证，就应提供奖励，但如果不是很值得的话，这仅能起到有限的作用。批评是很难提出的，所谓建议性批评也是很困难的，而且接连不断的批评会让人沮丧，应尽可能维护员工的自尊。

整个绩效评价过程应是员工的一次积极的经历。但在实践中，却通常并不如此。消极的情绪往往是由评价会见和部门主管在评价中实施的方式所引起的。较为理想的情况是，员工应带着对部门主管、公司、工作和他们自己都较为积极的情绪退出会谈。如果员工的自我形象受了歪曲，则提高业绩的前景将很渺茫。过去的行为已不能改变，但未来的业绩则能改变。因此，应明确列出并一致通过员工发展的特定计划。

### （三）面谈方式与种类

梅尔（Maier）研究了考绩面谈中领导不同的沟通方式对员工的满意感和提高绩效动机的影响。第一种，单纯劝说方式。领导直接告诉员工应该怎么做才能提高绩效。第二种，说—听方式。领导告诉员工他们有什么长处和弱点，然后让员工自己说明应如何提高绩效。第三种，问题解决方式。根据考绩结果建立新的绩效目标，这种方式让员工高度参与其绩效目标的建立过程，绩效目标由双方共同讨论来建立。梅尔的研究结果表明，当以问题解决的方式建立绩效目标时，员工对面谈的满意感和提高绩效的动机都较高。

沃特等人还对考绩面谈中的非言语性沟通进行了研究。结果表明，考绩面谈中的非言语性信息对领导人和员工双方都具有某种意义，但是，他们相互理解的意义并不一定正确。例如，一个员工有点无精打采，那么领导可能会认为员工对绩效评价的结果漠不关心，无所谓或反感。在整个面谈期间，领导始终不笑，那么员工就会认为领导对他的绩效一定很不满意。实际上这种理解往往是错误的，员工无精打采，可能是由于过于紧张；领导始终不笑，可能是他们希望员工对绩效考评的结果给予重视。因此，非言语沟通对考绩反馈也有很大影响。

一般来说，人们都喜欢听对自己积极的评价，对消极的评价容易产生反感甚至抵制情绪；同时，绩效考评的结果事关员工的奖惩及晋升等切身利益，所以员工对考绩面谈非常敏感。能否通过考绩面谈与被考评员工进行有效的沟通，关系到整个考绩工作的成败。我国有的学者提出了考绩面谈时应注意的问题。

考评者在进行考绩面谈时要保持双向信息沟通。通过与被考评者之间的谈话，将考绩结果反馈给被考评者，并征求被考评者的看法、建议和要求的过程。通过考绩面谈，考评者可以向员工说明组织的要求、希望和未来的目标，员工也可以向组织提出建议、要求和期望。在双方沟通的基础上，更好地使组织发展目标与个人发展目标相结合。

赛斯纳飞机公司制定的实施评价会见的规定

1. 提前几天将讨论消息和目的告诉员工。鼓励员工预先对其工作业绩和发展计划进行思考。有些情况下，可让员工在会见之前读下他们的书面绩效评价。

2. 准备提纲，并使用完整的绩效评价表格作为讨论的指导，以便设计每个重要的问题。准备回答员工的问题：你为什么这样评价他们。鼓励你的员工提问题。

3. 建议对适合每个员工需要的特殊发展活动，当有特殊的业绩问题时，请记住：“抨击问题，而不是抨击这个人。”

4. 在讨论的开头，就建立一种友好的、信任的和果断的气氛。认识到你和你的员工通常都会对讨论有些紧张，因此使用使你们双方都轻松的适当技巧。

5. 确保你的每一位在赛斯纳管理人员队伍中的员工都得到评价，以便不忽略每个员工提高和发展的机会，并能充分地认识到每个人的业绩。

6. 保证会见是一次真正的讨论。鼓励员工谈论他们对正在从事的工作感觉如何？他们怎样才能提高？以及他们可能采取什么样的发展措施？关于这些问题，员工的观点常常与你的十分接近。

7. 当你的评价与员工自己的有所差别时，请讨论这些差别。有时候员工会回避他们以某种态度或运用某些方法的原因。如果这些原因存在的话，这是发现它们的机会。

8. 这些讨论应既包括建议性的赞扬，又包括建议性的批评；既讨论员工的优点也讨论员工的缺点。当讨论结束时，你的员工对你如何评价他们的业绩应有清晰的认识。

9. 偶尔在评价会见中会暴露出强烈的情绪，这是定期评价的重要性之一，由于它们会产生难以辨认的情绪，所以要诚恳的对待它们。管理的情感尺度非常重要，忽视了它可能会导致较差的业绩。由于情绪问题能够阻止一个人集中于其他问题的能力，因此当它们出现时，应慎重地对待。特别是当强烈的情绪暴露时，就向人事工作者咨询，求得帮助。

10. 要确保你的员工充分的理解你对他们的绩效评价。有时，当员工理解它时，让他们口头总结其业绩是有帮助的，如果存在任何误解，则可当场消除。提出问题以确保你已充分理解。

11. 讨论过去和将来，与员工一起对业绩的特殊变化或特定的发展活动进行计划，会使员工的潜能得到充分的发挥。询问员工你能帮助做些什么。

12. 以一种积极的、利于将来提高的语气结束讨论。

考绩面谈通常有两个方面的目的：一是通过面谈把员工的绩效情况反馈给他们，给被考评者说明他们对自己的工作绩效有一个正确的认识；二是增加员工进一步提高工作绩效的动机。国外心理学家对影响面谈效果的因素进行了大量研究，得出了一些初步的结果。

凯（Kay）等人对影响员工对考绩面谈反应的因素进行了研究。他们发现，领导对员工批评越厉害，员工的抵触情绪越大。许多领导通过表扬来掩盖对批评的抵触。他们先对员工进行表扬，使员工不至于过于紧张，接下来批评员工的绩效，最后再表扬员工使他们能带着非常愉快的心情离开。这种方式往往被戏称为："表扬的沙丁鱼罐头。"但是，这种方法并不能从根本上解决员工的抵触，员工往往会形成一种条件反射，即他们受到的表扬，就是批评要接着来的信号。

伊根等人的研究结果表明，考评者的可信性和权力是影响面谈效果的两个重要因素。可信性是员工认为考评者进行绩效考评的公平与合法程度。当员工认为考评者对他们所从事工作的了解具有专家权威时，可信性就会增加。权力是考评者能够控制报酬等人事决策的程度。伊根等人认为，可信性和权力会影响员工认为考绩结果正确的程度以及员工根据考绩结果改变行为的自愿程度。

面谈不是考评者把考绩结果简单地传达给被考评者，不能考评者单方面说了算，而必须给被考评者说明和解释的机会和权利，征求被考评员工对考评结果的意见。在绩效考评过程中，由于种种原因，难免会产生评估误差，考绩面谈过程中，通过考评者的询问和被考评者的说明和申辩，可以澄清一些事实，纠正考评过程中产生的一些误差。此外，考评者还要就被考评者的要求、建议与新一轮工作计划的制订等问题与被考评者进行广泛的沟通，这样，才能激起被考评者克服缺点的热情。

(四）考绩面谈时应注意的问题

比较聪明和理智的管理者，对不同的员工进行考绩面谈时会使用不同的策略：

(1）对优秀员工的考绩面谈最顺利，但考评者要注意两点：一是要鼓励下级的上进心，为他制订好个人发展计划；二是不要急着许愿，答应何时提拔或给予何种物质奖励之类。

(2）对绩效差的员工的考绩面谈比较棘手，搞不好的话，容易引起被考评员工的抵触情绪。面谈时要对事不对人，先不要责怪和追究当事者个人的责任与过错，尽量不带威胁性，否则，很容易引起被考评者的反感、强辩与抵制，从而达不到绩效考评的真正目的。面谈的重点应集中在以具体数据为基础的绩效结果上，避免泛泛的、抽象的一般性评价。在此基础上，和员工一起进一步分析绩效差的具体原因，比如绩效差是因为工作态度不良、积极性不高，还是缺乏训练、工作条件差等。找出真正的原因后，再与员工一起制定相应的改进措施。切忌不问青红皂白，认定准是员工个人的过错而大加训斥。

(3）对年龄大、工龄长的员工的面谈一定要慎重，他们看到比他们年纪轻、资历浅的人后来居上，可能会感到自尊心受到伤害，或者是对他们未来的出路或退休感到焦虑。面谈时对他们要尊重，要肯定他们过去的贡献，耐心而关切，为他们出主意。

(4）对于过分雄心勃勃的下级的考绩面谈要讲究策略。有雄心是优良的品质，但过分了则不好。他们会急于被提升和奖励，尽管他们此时还没有进展到这种程度。对他们要耐心开导，说明政策是论功行赏，用事实说明他们还有一定差距。但不能只泼冷水，可以与他们讨论未来进展的可能性与计划；不过不能让他们产生错觉，以为只要达到某一目标就一定马上能获奖或晋升；要说明只要努力进步，待机会到来，自然会水到渠成的道理。

### 五、绩效辅导与监控

如果要想给员工的行为带来改变或维持其高水平的绩效，就要将绩效考评结果不断地反馈给员工，这一工作更多的时候依赖绩效辅导来完成。

辅导要不断地给员工灌输提高绩效的愿望，至少应考虑两个关键变量，即员工的预期绩效和自我效能感。考虑预期绩效是两者中比较容易做到的，包括帮助员工弄清其行为和后果的关系。

辅导最困难的地方在于找到给员工灌输提高自我效能感的方法，即灌输“我能学习那个，我能做那个，我可以那样”的观念。一个人的成功不仅需要技能，而且需要对自己控制事态发展、完成期望目标的能力拥有强烈的信心。

绩效监控与绩效辅导是相辅相成的，监控是为了更好的辅导，只有把监控做到位，才能更好地实施绩效辅导。同样，在辅导的过程中，还可以发现监控过程中没有发现的问题，做到及时发现与及时解决。

绩效监控的形式有两种，一种是正式的绩效沟通，即管理人员定期地（每季度或每月等）与员工就他们的绩效情况进行交流，以充分掌握员工的工作情况；另一种是非正式的沟通，即管理人员在整个绩效管理周期内可以随时与员工交流，从而使整个绩效管理过程得到管理者与员工双方的认同。

## 第六节　绩效考评的反馈

### 一、绩效考评反馈的目的

绩效考核的反馈是考绩中最关键的一环，它是绩效持续改进的重要动力。员工的绩效表现不佳时，一个可能的原因就是没能够得到及时、具体的反馈。绩效反馈的直接目的是使员工了解自身的绩效水平，其最终目的是管理者通过绩效反馈的方式对下属的工作进行控制和管理，具体如下：

（1）员工了解自己在绩效周期内的业绩是否达到所定目标，行为态度是否合格，使双方对评估结果达成一致的看法；

（2）改善员工的绩效以及为员工的发展提供建议；

（3）管理者向员工传达组织的期望；

（4）做好上下管理周期的衔接工作，管理者和员工双方可在了解目前的绩效水平之后对下一个绩效周期的目标进行协商，形成个人绩效合约。

### 二、绩效反馈方法

如果一个人无法了解自身存在的问题，也就无法有效地纠正自己的行为，因此，为了使员工维持并进一步改善现有绩效，绩效反馈是管理者在绩效评价之后所必须安排的一项管理活动。在绩效考核过程中，我们可以选择不同的考核主体，这样，在绩效结果的反馈时就有了对应的一个或多个信息反馈渠道。

绩效反馈面谈是指管理者就上一绩效管理周期中员工的表现和绩效评价结果与员工进行正式的绩效面谈的过程。它是一个双方沟通的过程，管理者与员工都应做好事前的准备工作，双方都能充分就评价结果陈述自己的意见，以便在今后的改进计划中达成共识。

自我反馈是一种特殊的单渠道反馈方式，指的是在建立一套严格的、明确的绩效标准，使员工自觉地将自己的行为与标准相对照的机制。这种机制能够使员工对自己的绩效有一个正确的认识。在实际工作中，自我反馈机制每时每刻都在发挥重要的作用。

多渠道反馈主要指360度反馈。360度绩效反馈是指一个组织的成员（主要是管理人员）从与自己发生工作关系的所有主体那里获得关于本人绩效信息反馈的过程。即不仅个体自身，还包括组织内的上级、下属、同事以及组织外的顾客、供应商等。360度反馈计划所收集的数据和信息要比单渠道反馈法多得多，有利于提高员工对绩效反馈信息的认同程度。

## 三、绩效考评的信度和效度

绩效考评的信度指考绩结果的一致性和稳定性程度。即用同一考评方法和程序对员工在相近的时间内所进行的两次测评结果应当是一致的。一致性和稳定性程度越高，说明考评的信度越高，一般情况下，信度可用两次测评结果间的相关系数来表征，当相关系数达到统计学上的显著水平时，就表明测评具有较高的信度。较高的信度是决定考绩效果的一个前提条件，若信度较低，即在较短的时期内用同一方法和程序对员工进行考评时，所得的结果起伏较大，说明考评结果中误差因素所占的比重较大，因此，这种考评的方法和程序是不科学的，用它对员工进行绩效考评所得的结果是不准确的。此外，不同的考评者对同一被考评者的绩效考评结果也应保持一致，如果不同的考评者对同一被评者的评价结果相差很大，那么，绩效考评的信度也不高，这种不同的评价者的评价结果间的一致性信度常用肯德尔和谐系数来表示。影响考绩信度的因素有考评者和被考评者的情绪、疲劳程度、健康状况等与个人有关的因素，也有与考核标准有关的因素，如考评项目的数量和程序，忽略了某些重要的考核维度、不同的考评者对所考核维度的意义及权重有不同的认识等，这些因素都会降低考绩的信度。为了提高考绩的信度，在进行考绩前应首先对考评者进行培训，并使考绩的时间、方法与程序等尽量标准化。

绩效考评的效度是考评结果与真正的工作绩效间的相关程度，即用某一考评标准所测到的是真正想测评的东西，效度差说明考绩所得的结果中包含了大量的无关信息，而真正想得到的与绩效有关的信息却没有被纳入，即考评内容文不对题。绩效考评的效度常用效标关联效度来表示，但是，在实际工作中，由于真正的绩效效标是难以确定的，对绩效考评的效度也很难进行评估，一般的做法是，把主观评价的结果与客观测量的指标进行相关分析，由于客观测量的指标很难完全代表真正的绩效水平，因此主观评价结果与客观测量指标间的相关系数一般只能达到中等水平。为了提高考绩的效度，应根据工作说明书中规定的内容设置考评的维度和每一维度的具体考评项目，在充分调查研究的基础上确定每一项目等级设定的级差数以及不同维度的权重数，并着重考核具体的、可量化测定的指标，不要流于泛泛的一般性评价。

## 四、绩效改进

绩效改进是绩效管理过程中的一个重要环节。它是通过找出组织或员工工作绩效中的不足和差距，制订并实施有针对性的改进计划和策略来提高员工竞争优势的过程。

绩效改进计划的主要内容包括：

（1）员工基本情况、直接上级的基本情况以及该计划的制订时间和实施时间。

（2）根据上个绩效评价周期的绩效评价结果和绩效反馈结果，确定对该员工在工作中存在的问题提出有针对性的改进意见，包括具体改进措施、建议接受的培训内容，明确经过绩效改进之后要达到的绩效目标。

绩效考评不仅是为了提高员工或管理者的技能和绩效，它的主要目标还在于提高整个组织的效率。因此绩效考核结果应该更多地应用在人力资源管理决策中。

（1）用于招聘决策。员工在工作能力或态度上存在欠缺而无法及时有效地解决时，组织可制订相应的招聘计划。

（2）用于人员调配。人力资源管理的一项重要任务是将合适的人放在合适的岗位上，而员工绩效评价的结果就是人员调配的重要依据。

（3）用于人员的培训与开发决策。组织的培训开发活动并不是盲目的，而是有明确目标的活动。这种目标的确定主要有两个依据：一是工作分析的结果，即职位说明书对工作活动所进行的描述；二是绩效考评结果，通过绩效考评我们会发现员工身上存在的不足之处，就能够对员工进行有针对性的培训。

# 思考题

1. 试述绩效考评的作用与原则。
2. 绩效考评的意义是什么？
3. 绩效考评的类型有哪些？各有什么优缺点？
4. 请说出几种主要的绩效考评方法。
5. 绩效考评中常见的偏差有哪些？如何克服这些偏差？
6. 试述绩效考评的程序。
7. 工作绩效考评中常犯的错误有哪些？应如何尽量去避免？

## 案例阅读

### 某企业考核作业流程图

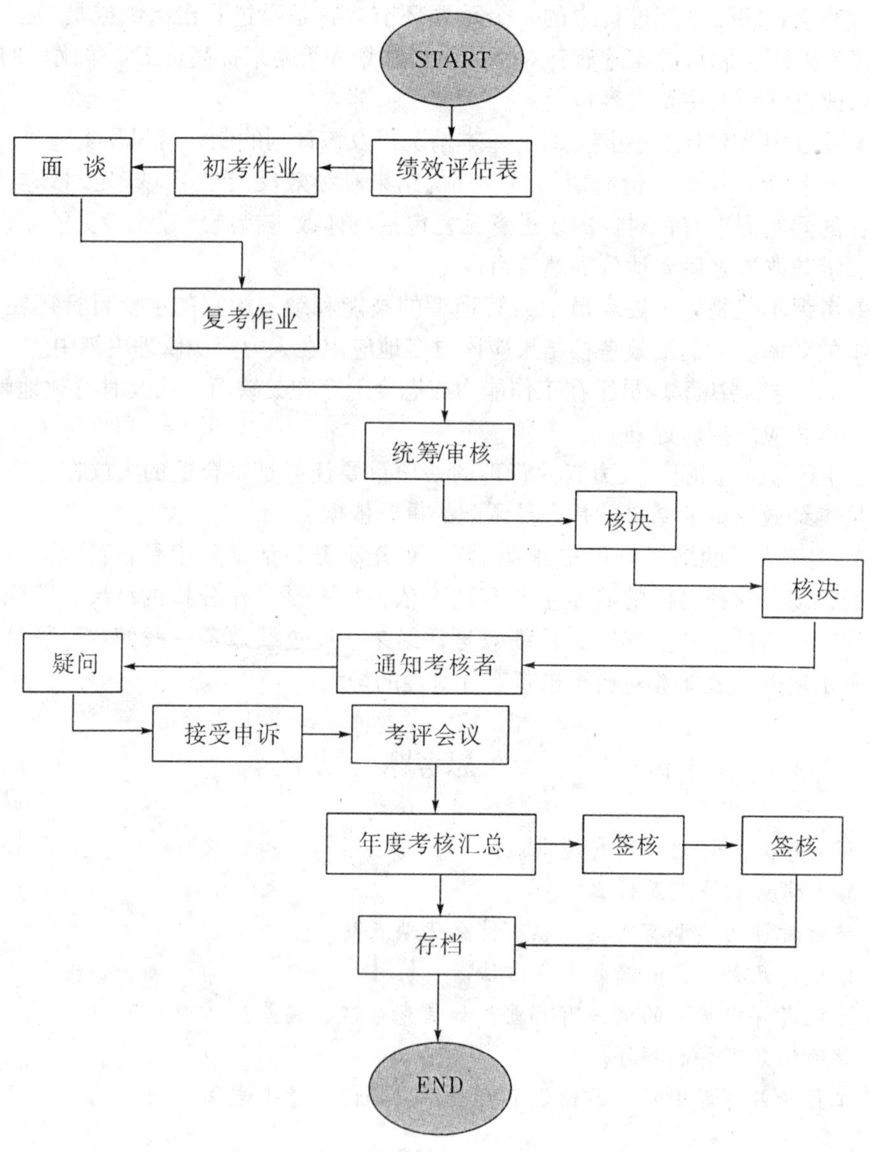

# 第七章 薪酬管理

## 本章学习要点

- ▶薪酬的本质与作用
- ▶薪酬工资理论
- ▶薪资的设定
- ▶奖励与福利管理
- ▶年薪制

**引导案例： 广东省属国企负责人年薪最高可以拿到70万**

广东省省属国企负责人年薪制度的确立，缘于2005年1月，广东省政府国资委向各省属国有企业印发了经广东省人民政府同意的《广东省省属国有企业负责人经营业绩考核暂行办法》(以下简称《办法》)。

根据《办法》，省属国有企业负责人年度薪酬分为基薪、绩效年薪两部分。绩效年薪与年度考核结果挂钩，绩效年薪当期支付70%，剩余30%作为企业负责人经营与廉洁风险保证金延期兑现。

其中，基薪的确定是以上年度所在市的职工平均工资的5倍乘以调节系数再乘以分配系数。绩效年薪则与年度考核结果挂钩，在1倍基薪到3倍基薪之间。考核指标将拉开经营效益不同的企业负责人之间的薪酬差距。最高的可能拿到24倍于上年度所在市的职工平均工资，最低的只能拿到4倍于所在市的职工平均工资。

有关人士表示，其实国企负责人要想拿到最高的70万年薪“非常非常难”，因为“考核指标非常严格”。他表示，一般情况下，省属国有企业负责人可以拿到40万到60万。另外，如果对社会和企业发展做出重大贡献的企业负责人，按规定国资委将采用股权激励的办法支付额外的奖励薪酬。不过，目前该具体办法还在研究制定之中。

据悉，《办法》的考核体系主要以定量指标为主，同时在任期考核中适当辅以评议指标。定量指标以资产回报、资产保值增值和资产安全为中心，主要反映企业已经取得的经营成果；定性指标则侧重于企业的未来，可以在一定程度上避免企业的短期行为。另外，《办法》建立了重大责任追究制度。

国企负责人包括设董事会的省属国有独资公司的董事长、副董事长、董事，总经理、副总经理；不设董事会的省属国有独资公司总经理（总裁)、副总经理（副总裁)；省属国有控股公司国有股权代表出任的董事长、副董事长、董事，总经理，列入国资委管理的副总经理。

资料来源：广州日报：《省属国企老总年薪最高70万》，2005年6月4日第一版。

薪酬是一个组织对为实现组织目标而付出劳动的成员的答谢或回报，是指员工因为雇佣关系的存在而从雇主那里获得的所有各种形式的经济收入以及有形服务和福利。这实质上是一个公平交易或交换过程，必须遵循等价交换的原则。这一原则与我国长期以来一贯倡导的各尽所能、按劳分配的社会主义分配原则是完全一致的，因此，我们完全没有必要掩饰按劳动者的贡献付酬这一现象的交换性本质，而应正视它和研究它，制定公平合理的分配制度，才能充分调动劳动者的工作积极性，促进经济的发展和社会的进步。长期以来，在计划经济体制下，我们的组织之所以生产效率低下，人浮于事，大家出工不出力。究其原因，最根本的一点就是没有真正贯彻按劳分配这一基本原则，过分强调平均主义，劳动者的劳动付出和劳动成果得不到承认和尊重，甚至出现脑体倒挂等种种不正常的现象，严重挫伤了劳动者的生产积极性，阻碍了经济的发展。

## 第一节　薪酬的本质与作用

### 一、薪酬的本质

对于员工的答谢或回报有不同的形式，既有经济的报偿也有非经济的报偿。非经济的报偿指员工对工作本身的满足感，即员工对工作感兴趣，在工作中能发挥自己的才能，获得成功体验，或工作小组成员间有良好的人际关系，能满足小组成员的交往和情感方面的需要等。经济报偿指员工通过工作获得的各种实际经济收益，它只包括两部分，即直接经济报偿和间接经济报偿，直接经济报偿指员工获得以工资、薪水、薪金及佣金等形式的全部报酬，间接经济报偿即福利，指员工得到的工资、薪金以外的其他各种经济回报。

薪酬在某种程度上还是一种价值的决策，由一权威加以分配，这个权威并非一个人或一个机构，而是指一个“市场供需、法律、习惯等”的综合体。组织经营，是为了获得利益，工人劳动，是为了获取劳动所得（薪资）。从组织的立场来看薪资，它是一种固定的支出，不论生产力是否提高，薪资还要随着物价及生活水准的提高而升高。从劳动者来看，工资的最低要求是“看得见，不中断”，其意义是指薪资有其稳定性和稳固性。

### 二、薪酬的作用

从根本上说，薪酬的作用是使一个组织能够吸引、保留和激励所需的人力资源，从而保证组织的正常运行，以利实现组织的预定目标。具体来说，薪酬的作用有以下几个方面：

第一，维持劳动力的生产和再生产。组织的生产过程同时也是劳动力的消耗过程，员工作为组织的劳动力资源，在生产过程中会消耗掉一定的体力和脑力。消耗的体力和脑力必须及时得到补充才能使组织的再生产过程顺利进行下去。员工通过劳动取得报酬来维持自身以及家人的衣、食、住、行等基本需要，也可把部分薪酬用于教育子女和自己的学习进修，不断提高自己的技术和文化知识水平。从这种意义上说，薪酬是维持劳动力生产和再生产的基本条件。

第二，促进人力资源的合理流动。不同的组织以及同一组织的不同部门的薪酬之间存在一定的差异，这种报酬的差异是促进人力资源流动的重要因素。因此，组织可以利用经济杠杆，通过调整不同部门间的薪酬水平促进人力资源在各部门间的合理流动，从而达到人力资源的最佳配置，取得单靠行政命令难以达到的效果。此外，对于组织急需的各种专业技术人才和高级管理人才，也可以通过高薪聘请的方法加以引进，这对于打破人才的单位所有制，促进人才流动，减少人才浪费具有积极的意义。

第三，增强员工的归属感。合理的薪酬制度能使员工普遍地感到公平，自己的价值得到了认可，因而能够减少矛盾与冲突，降低内耗，使员工感到心情舒畅，增加员工对组织的认同和情感依恋，把自己的发展目标与组织目标自觉统一起来，为实现组织的目标而努力工作。

第四，调动员工的积极性。薪酬的多少决定了员工的物质生活条件，是员工满足多种需要的经济基础，因此薪酬作为一种积极的强化物直接影响员工的积极性。但是实践证明，员工的积极性的大小与薪酬的多少之间并不存在简单的线性关系，薪酬所激发的员工积极性的大小除与薪酬的多少有关外，还与薪酬分配是否公平合理密切相关。特别是在中国历史文化背景下，不患贫而患不均的思想根深蒂固，如果薪酬制度不合理，不仅不能起到应有的激励作用，甚至还可能适得其反。因此，必须制定公平、合理的薪酬制度才能调动员工的积极性。

第五，薪酬不单只为了基本生活，同时亦可能成为地位、权力、受人尊重的象征，因为薪资的高低，可反映出自己不同的角色、地位、权力；所得较高，也受人尊重，这也是薪资分配的价值决策的重要因素之一。

有时薪酬的作用是和薪酬的功能联系在一起的。薪酬的功能大致有如下几种：

（1）补偿功能。从薪酬的定义出发可以看到，薪酬实际上是一种公平的交易，用以补偿组织雇员的劳动付出。他们用薪酬可以获得食物、保障、社会关系及尊重等。

（2）激励功能。薪酬作为组织人力资源管理的重要工具，可以用来评价员工的工作绩效，促进劳动者工作数量和质量的提高，从而保护和激励他们的工作积极性。因此，激励功能从组织管理的角度看，是薪酬的核心职能。

（3）协调和配置功能。薪酬管理与组织的其他管理结合起来，就能使薪酬的异动调节组织各个生产环节的人力资源，达到有效配置组织内部各种资源的目的。同时，薪酬水平的异动也可以将组织目标和管理者的意图及时、有效地传递给员工，促使个人行为与组织目标一致化，调节员工与组织、员工与员工之间的关系。

## 三、薪酬的公平

员工会经常与本公司的同事进行比较，与其他公司的员工进行比较，自认为不公时就会产生不满心态。组织在制定薪酬制度时又会因种种原因，往往无法制定出人人都“满意的理想化的”公平薪酬制度，也会出现一些不公平现象，造成员工心理上的不平。

任何方面的不公平都会引发一些问题。如果员工感觉到自己被给予了不公正的薪酬，他们可以不会尽力工作，甚至会离开组织，无论怎样都会损害组织的整体利益。大多数员工对内部与外部公平都很关心，根据员工关系的观点，内部报酬公平可能更重要一些。员工通常只是对自己组织内部的工资支付事宜有较多的信息，并且由这些信息形成了公平与否的感觉。从另一方面来说，组织为了保持持续发展的能力，必须在劳动力市场上具有竞争力，因此必须始终对外部公平加以重点考虑。长期以来，如何保持公平一直是组织中一个进退两难的问题。

要想使薪酬发挥应有的作用，管理者在薪酬公平管理过程中要注意以下几个方面的问题：

（1）薪酬的外部公平性。外部公平性是指员工所获得的薪酬比得上其他公司完成相似工作的员工的薪酬。即组织员工所得的报酬，与同地区、同行业或同等规模其他组织中完成类似工作的员工相比相等或是相近。组织要想使员工安心在本组织工作，薪酬水平与其他组织相比，差距不能太大；组织要想吸引急需的人才，薪酬的标准更应具有竞争力。薪酬外部的公平性一般是通过薪酬调查来作出比对分析的。

（2）薪酬的内部公平性。内部公平性指组织内部从事不同工作的员工，所得的薪酬应与他们所从事的工作的相对价值一致，组织内部依照员工所从事工作的相对价值来支付薪酬，主要是依据员工的个人因素如业绩水平和资历等对同一组织完成类似工作的员工进行支付薪酬。内部公平性一般是通过工作评价分析来确定的。

（3）薪酬的个人公平性。同一组织中从事相同工作的员工的薪酬应与它们的绩效一致。很大程度上来说，为了能够吸引、激励和保留有能力的员工，公平的薪酬机制是必不可少的。薪酬方案应该在所有相关方面公正实施，而且还应该让人感觉到是公平的。

（4）机会的公平性。员工间的收入与贡献比相等，只是结果的公平，要使组织的薪酬制度真正做到公平合理，除注意结果的公平性以外，管理者还要为员工创造机会均等、公平竞争的条件，使能者上、庸者下，把合适的人员安排到合适的岗位上，使人尽其才、才尽其用，才能最大限度地调动员工的积极性。

## 四、影响薪酬的因素

薪酬方案的确定是受到许多因素影响的，包括企业组织状况、劳动力市场的供需关系、社会生活水平和物价指数异动情况、国家的有关政策法令、薪酬分配的形式，以及组织的管理哲学、组织文化等多方面因素。

### （一）企业的组织

组织给予员工的经济报酬，从反映劳动力的成本意义上来讲是费用。然而当它作为促使员工尽自己最大努力并使之得以保持的一种动力时，它就成为一种资产。薪酬方案对于员工的工作态度和行为有很大的潜在影响，能够鼓励员工提高生产率。提高工作业绩、提高生产率以及降低缺勤率是所有管理者所追求的，这就是高层管理者对薪酬给予密切关注的原因。

组织文化对个人经济报酬有着重要的影响，组织通常制定一些正式或非正式的薪酬政策，以确定在劳动力市场中它会是一个工资领先者，还是一个工资水平居后者，或者是力争在平均水平上。这种决策通常是在较高管理层中作出的，但是这种决策若脱离基层管理者会引发错误。

在决策薪酬水平时，组织的支付能力，即组织的经济承受能力对其薪酬政策具有决定性的影响。经济上较为成功的组织趋向提供高于平均水平的薪资，然而经济实力仅能够确定它所支付报酬的最高限，为了达到一个合理的水平，管理者还必须考虑一些其他的因素。如果公司的产品畅销，利润丰厚，对员工的奖酬可能比较慷慨；反之，如果公司的经营已陷入亏损局面，组织给予员工的薪酬自然要受影响。

组织的业务性质与内容也能对薪酬水平产生影响，在传统的劳动力密集型的组织中，员工从事的主要是简单的体力劳动，劳动力成本在经营成本中所占比重较大，员工薪酬水平的提高可导致生产成本的大幅度上升，因此，在制定薪酬政策时组织不得不慎重对待；而在技术密集型组织中，员工从事的是复杂的、技术成分很高的脑力劳动，相对于先进的设备而言，劳动力成本在总成本中的比重不大，而员工的积极性和创造性对组织在市场中的生存与发展起着关键作用，因此，组织在制定薪酬政策时也往往比较慷慨和大方。

### （二）劳动力市场的供需关系和竞争状况

在市场经济条件下，组织员工的工资是由劳资双方协商决定的，因此，劳动力市场的供需关系与竞争状况对薪酬制度的影响很大。在经济增长较快，对劳动力需求大，而劳动力的供给又相对缺乏的情况下，组织付给员工的薪酬就会增加；反之，在经济萧条，对劳动力的需求量较小，劳动力供大于求的情况下，组织就会减人降薪。不同组织间的收入差距会导致人员流动，因此，本地区、本行业的其他组织，尤其是主要竞争对手所制定的薪酬政策与水平，对组织薪酬制度的影响非常大。一个组织要想在人力资源的竞争中处于主动地位，所制定的薪酬水平至少不能低于同行业的平均水平。目前，我国劳动力总量供过于求，但是，组织急需的各类高级专业技术人员和管理人员则严重不足，因此，随着人力资源市场的形成与完善，不同素质的劳动者间的收入差距将会进一步拉大。

某一区域内有潜力想应聘的员工构成了劳动力市场。对于一些工作，劳动力市场的范围远远超过组织所在地，事实上对于某种技能的职位空缺，在全国范围内进行招聘也是比较常见的。此外，不同市场中工作薪酬会有很大不同，如一个大城市的公司秘书每年平均可以拿到4万，而一个小城市的秘书每年只能拿到2万元或更少。因此，许多组织要定期进行薪酬调查，以确定整个劳动的现行薪资水平。这些调查提供了给定职位的最低、最高和平均水平，使组织能够很好地了解其他公司对从事各种工作的员工支付什么样的薪酬。

最优工资水平应该参照什么标准呢？假设某种人才的市场需求量为 Q，其市场供给量为 S，则我们可以设计一个关于这种人才的市场竞争力指标 C = Q/S。那么，这种人才在组织中的薪酬水平 W，与 Q、S、C 的消长关系分别为：Q 越大，则 W 越高；S 越大，则 W 越低；从而 C 越大，则 W 越高。如图 7－1、图 7－2 和图 7－3 所示：

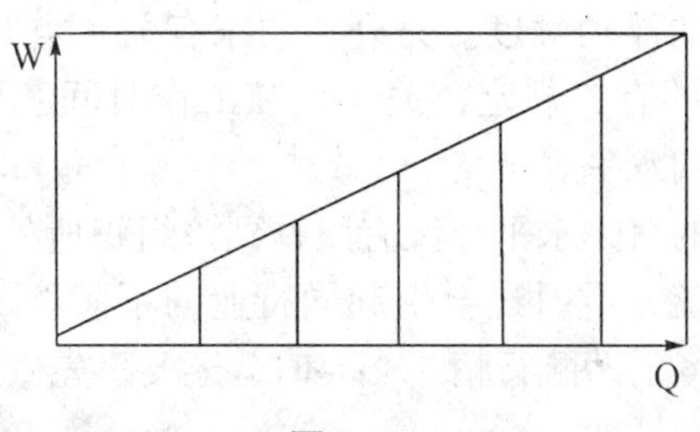


图 7－1

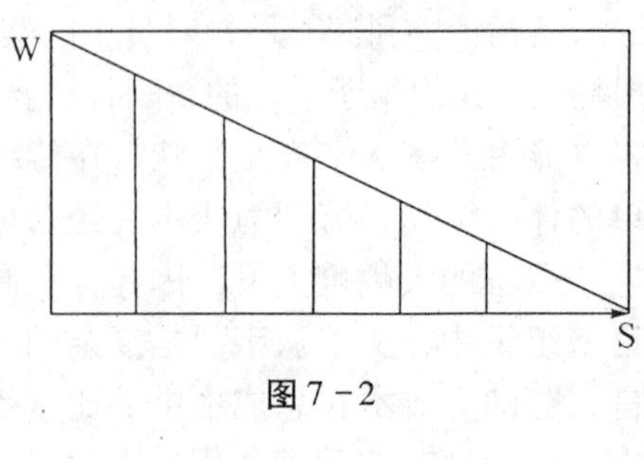


图 7-2

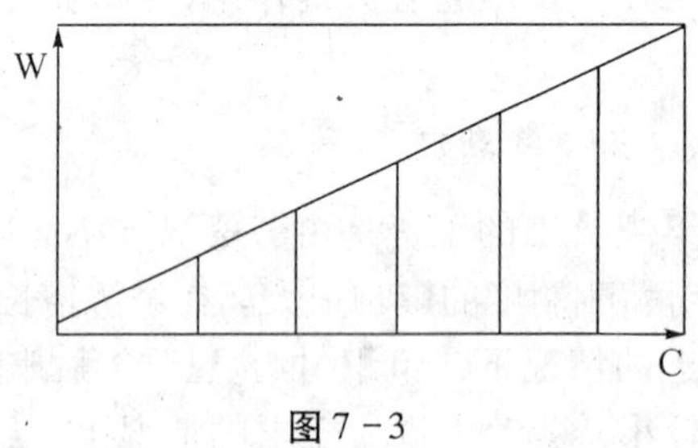


图 7-3

（三）社会生活水平和物价指数异动情况

不同地区的生活水平对组织的薪酬政策也有一定的影响，如我国的沿海开放城市和内陆落后地区生活水平相差较大，社会生活水平的不同使不同地区的组织制定薪酬政策时的参照标准也不同。社会生活水平的提高，使员工对个人生活的期望也随之提高，无形中会对组织造成一种制定偏高薪酬标准的压力。即使在同一地区，物价指数的异动情况对组织的薪酬政策也有一定的影响，在物价异动时，尤其是生活消费品异动的情况下，会发生雇员实际薪酬水平的反向异动。物价上涨而货币薪酬不变，员工的实际收入就会下降，生活水平就会降低；物价下跌而货币薪酬不变，则实际收入上升，其生活水平就会提高。但从一个国家经济发展的长期趋势来看，物价往往呈刚性上涨。因此，在物价有大幅度变化时，组织若不异动员工工资，就意味着员工实际收入的减少，为了使员工维持已有的生活水平，组织也往往相应地调整薪酬水平。

（四）国家的有关政策和法令

政府调节其他经济行为和社会行为的宏观政策，如财政税收政策、价格政策以及产业政策等，不是专门用来调节薪酬异动的，但是在客观上也会对组织的薪酬水平产生影响。这些因素也应该引起组织所有者和管理者的全面关注。国家的最低工资制度也会直接影响到组织的薪酬水平，尤其是组织低收入部分员工的薪酬水平以及组织的处罚扣薪水平和弹性薪酬的浮动额度。另外，国家有关各类职工权益保护的政策和法令，如保护妇女和残疾人的有关规定，关于标准工作时间和延长工作时间的规定等，也都会影响组织薪酬政策的水平。

如果组织管理者确定的薪酬水平，没有照顾到该组织所处地区或行业的薪酬水平，就会引起员工的不满和外流，有时还会引起同行业的不满。因此，本组织在确定自身的薪酬水平时，应参考市场的薪酬行情。必要时，还要事先做好市场薪酬调查。

### （五）薪酬分配的形式

薪酬分配形式也会影响员工的薪酬水平及其异动。比如，相对计时薪酬而言，计件薪酬更能促进某些产品的生产。因为它把薪酬和劳动成果直接联系起来，适用于主观努力比较有效的工作。因此，在计件的薪酬形式下劳动能力强，劳动成果多、劳动质量好的员工就可以得到较高的报酬。薪酬体系各个组成部分的不同比例配合，也能影响薪酬水平的高低。所以，组织可以通过改变基本薪酬、附加薪酬、奖励薪酬等的比重，来调节员工的薪酬水平。另外，我们常常可以看到，两个组织的工资单部分的薪酬水平相差无几，但两种员工的生活水平却大不相同。其奥妙就在于两个组织在福利部分做出的文章各异。有些组织为合理避税，把高薪部分移到福利部分以实物发放；有些则是为了稳定员工队伍，而对其发放高福利，使其对组织有一种归属感。

### （六）组织的管理哲学

组织的管理哲学，特别是分配哲学，往往会对薪酬水平的确定起到非常重要的作用。在偏向于用物质刺激的组织文化下，组织倾向于用较高的货币薪酬刺激员工的工作热情；而在偏向于精神激励的组织文化下，组织用适中的薪酬就能起到相同的激励效果。而且在组织的劳动生产率方面，组织的劳动生产率较高，就能带来比较好的经济效益，员工的薪酬自然丰厚；而低劳动生产率的组织只能在降低人工成本上动脑筋，尽量压低雇员的薪酬。在组织雇员的配置方面，在一定时期内，组织员工的数量配置，与其薪酬水平之间，是一种此消彼长的替代关系。薪酬是组织总成本的一个组成部分，而在短期内产值一定的情况下，组织的总薪酬成本呈刚性。这样，组织雇佣的员工越多，则人均薪酬越低。因此，组织在其资本配置中，要考虑薪酬成本与其他生产资本之间的转换和替代，比较各种资本及其配置效益。当然，组织人力资源管理的水平也会影响到薪资水平，高水平的人力资源管理可以适当降低组织的薪酬成本，而低水平的人力资源管理则有可能浪费组织本可不用支出的薪酬成本。例如，在规模较大，资金实力较强的组织，技术上已经比较难于进行细致的监督和管理。这时，往往使用偏高的薪酬水平来代替某种管理和激励，称为“效率工资”。

# 第二节　薪酬的有关理论

## 一、传统的薪酬理论

最早的工资理论是由西方古典经济学派创立的，其主要代表人物有：威廉·配第、亚当·斯密、大卫·李嘉图等。尽管早期的古典学派的工资观点比较宏观和缺乏系统性，但仍是现代组织工资管理的理论基础。

1. 配第、魁奈——最低工资理论

最低工资理论的基本观点是：与其他商品一样，工资作为劳动力的价格，也有一个自然的市场水平——最低生活资料的价值。如果低于这个水平，工人的最低生活将无法维持，从而使资本家也失去继续生产财富的基础。因此，最低工资水平不仅是工人维持生存的基本保证，也是雇主生产经营的必要条件。

根据最低工资理论，工人的工资取决于市场的竞争状况，而不是组织或雇主的主观意愿。资本家受利益最大化动机的驱使，必然产生压低工人工资到最低水平的主观倾向。但是，它有一个下限，就是维持工人及其家属的最低生活水平。低于这个下限，则劳动力的再生产无法进行，社会生产和稳定也会受到影响。国家政府也可以根据该理论，对工资进行干预和调节。

2. 穆勒——工资基金理论

工资基金理论的基本观点是：工资决定于三个要素：工人人数、雇佣工人的资本、工资成本与其他成本之间的比例。工资资本的函数为 W = F（C）.

工人的具体工资水平决定于劳动力的人数和用于购买劳动力的成本与其他资本之间的比例关系。用于支付工资的资本成为短期内无法改变的工资基金。也就是说，在短期内要想增加一部分工人的工资，就必须以减少另一部分工人的工资为代价——工会的斗争和政府的干预，对于增加整体工人的工资和生活水平，都是无济于事的。例如，最低工资法虽然有利于低收入的工人，却牺牲了其他多数劳动者的利益。

英国经济学家西尼尔在 1850 年对工资基金理论进行了修改：他把货币工资与实际工资区分开，认为工资是现行产品中分给工人的份额，而非总资本中支付给工人的金额，并认为工资基金的数量取决于两个因素：一是工人的生产效率；二是工人的人数。这样，在长期上，工人工资增长就可以在劳动率增长的前提下得以实现。

3. 斯密——工资差别理论

工资差别理论的基本观点是：造成不同职业和雇员之间工资差别的原因主要有两大类：一是职业性质；二是工资政策。职业性质对工资差别的影响有五个途径：一是使劳动者的心理感受不同：有的职业使人感到愉快，有的则使人感到厌烦；二是掌握职业要求的难易程度不同：有些职业很容易学习和掌握，有的则难以掌握；三是职业的安全程度不同：有的职业风险大，安全系数低，有的职业就没什么风险，十分安全；四是承担的责任不同：有的职业责任负担比较大，有的则很小；五是成功的可能性不同：有的职业容易成功，而有的职业则容易失败。

那些使劳动者不愉快、学习成本高、不安全、责任重大、失败率高的职业，要付给高工资，反之，付给低工资。职业性质是现代岗位和职务工资制的基础；而政府不适当的工资政策（如限制职业竞争，加强垄断、阻碍劳动力的自由流动等）则会扭曲劳动力市场的供求关系，从而使作为劳动力价格的工资，反映出不合理的差别。

4. 马歇尔、克拉克——边际生产力论

边际生产力论的基本观点是：以“经济人”假说为前提，认为人追求自我利益的最大化；在完全自由竞争的市场上，企业主总是力求他的每一种生产要素都获得最大利润，以至于每一种生产要素在生产中都能得到最佳配置。劳动力的最佳雇佣点就在劳动力的边际收入（新增工人使组织总收入增加的部分）等于劳动力的边际成本（新增工人使组织总成本增加的部分）的那一点。在雇佣量大于或小于这一点时，雇主都会因为向这一最佳雇佣点转化有利可图而相应地减少或增加雇佣量，直至边际收入等于边际成本。工资决定于劳动的边际生产力。雇主雇佣的边际工人的产量等于付给他的工资，也即劳动力的边际收入等于劳动力的边际成本。工资的决定原理如图 7－4 所示（由于边际收入递减的规律，雇主对劳动力的需求曲线 D 是向右下方倾斜的；而完全竞争市场上，劳动力的供给曲线 S 具有充分弹性，因而是水平的）：

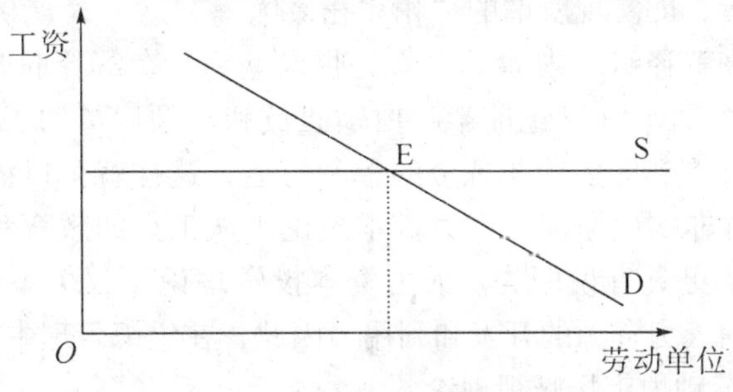


图 7－4　工资的决定原理

这一理论与实际生活不尽相符：现实中很难找到完全竞争的市场，也就是说劳动力市场上的价格即工资具有垄断性。例如雇主垄断、工会对劳动力供给的垄断。在这样的情况下，工资并不一定等于劳动力的边际生产率。在工资高于边际生产率水平的情况下，雇主和员工（或工会）之间会各自采取一些对策。如雇主的对策包括提高生产效率和单位产量；减少雇员的数量；对产品提价，将成本转嫁给消费者。员工（或工会）的对策包括流向别的组织；集体施压迫使雇主增加工资等。

边际生产力工资理论流行比较广泛、影响力比较强，有助于揭示工资水平与劳动生产率之间的关系。它证实了：增加劳动力数量，会使实际工资水平下降；而增加资本数量，则有可能使实际工资水平提高。

5. 拉克、多布——集体谈判理论

集体谈判理论的基本观点是：在一定程度上可以说工资是劳动力市场上雇主与雇员之间集体交涉的产物。通过雇主和雇员双方的集体力量讨价还价以及公平、合理地交涉，在一定程度上消除了垄断，而且还有助于降低混乱竞争给双方造成的无谓损失。工会的谈判力表现为：工会的谈判力＝雇主不同意工会条件的成本（如罢工等引起的损失）/雇主同意工会条件的成本（如提薪等）

有人认为集体谈判理论只是一种短期的货币工资决定理论，它与边际劳动生产率理论相背，只是一种不严谨的实用主义解释。也有学者认为，在一定程度上讲，它是集体谈判制度以及工会作用的理论基石和实践总结，是现代组织工资理论的一个较重要的理论学说。美国西南航空公司的凯里尔等人自从 1967 年创建这家公司以来，就奉行着幽默、独立和尊重的价值观。因此，美国西南航空公司是该行业中工会势力最强的公司。凯里尔并没有把有组织的工会看成敌人，而是把他们看成盟友，与之建立起“共命运”的合作伙伴关系。

## 二、现代的薪酬理论

1. 舒尔茨——人力资本理论

人力资本理论的基本观点是：人力资本是由人力资本投资形成的，是存在于人体中的知识和技能等的含量的总和。人力资本投资的主要形式有：医疗保健投资；在职培训投资；正规学校教育投资；社会教育投资；劳动力流动投资。在劳动力市场上，一个人的人力资本含量越高，其劳动生产率就越高，边际产品价值也越大，因而得到的报酬也比较高。只有使每个劳动者的人力资本价值都得到体现，社会总体劳动力资源才能得到有效配置，即实现所谓的“帕累托最优”。

该理论可以用来解释组织内雇员之间的收入差距。在解释职业工资差异上，也有较强的说服力。如对美国20世纪前半叶白领雇员和蓝领雇员的工资差距缩小的解释，早期是认为白领雇员得到更多的非现金的福利待遇，这样就可以缩小不同员工的心理差距。但这种解释并非实质原因，人力资本理论则从工人的教育和技术培训的投资增加这个角度来解释，更具有说服力。人力资本投资理论不仅关系到雇员的收入差异，而且还关系到组织的人力资源的开发和利用，因此，在组织管理中日益受到重视。

2. 贝克尔——劳动力市场歧视理论

劳动力市场歧视理论的基本观点是：歧视指的是在劳动力市场上对工人与生产率无关的个人特征（如种族、性别、宗教等）的（正负）评价。其中包括职业歧视和工资歧视，直接歧视和间接歧视。

职业歧视是指受歧视者在同等条件下，不能找到同等水平的职业，而是更多地被雇佣到低于个人能力的工作岗位上。工资歧视是指干同样工作的劳动者，不能享受同样的工资、福利、职务晋升等待遇。直接歧视是指以明确的理由来区别对待不同的劳动群体，这种行为一般都违反了法律规定。间接歧视是指在表面上保持中立，但其行为或规定导致了对某些群体的不平等待遇。

3. 效率工资理论

效率工资理论的基本观点是：劳动力市场上成交的劳动力与在生产过程中的劳动发挥不完全一致。因为工人在劳动中总是尽可能地少出力。这样劳动效率的发挥就需要有效的监督。工人在生产过程中所付出的努力是实际工资的函数。而劳动监督是需要成本的，而且在信息不完全的情况下，对劳动的外在监督成本相当高。为了追求利润最大化，雇主可以选择把工资定在一个较高的水平上。因为在一定程度上，工资越高劳动效率就越高，组织产出就越大。从这个意义来讲。高的劳动率产生出高水平的工资，就称之为“效率工资”。

效率工资理论在西方比较流行，它可以用来解释高工资与高失业之间的关系。较高的工资水平和较高的失业率，都会增加雇员失业的机会成本，因而他们在工作中会自动地提高努力水平而防止失业带来的损失。

4. 威茨曼、马丁——利润分享理论

利润分享理论的基本观点是：使作为雇员工资来源的“分享基金”与雇主的利润或收入直接相关，即工人工资与组织利润挂钩。这种分享制度既包括“单纯”的（工资完全取决于组织业绩）也包括“混合”的（有保障的工资加上利润［洛克模式］或收入［斯凯林模式］分享基金）。威茨曼理论的目的是从微观经济着眼寻求稳定宏观经济的方法，即：使工资分配形式、工资报酬与组织利润挂钩，以刺激雇主对劳动力的“饥渴”，对付滞涨的困扰。因为在经济萧条，组织利润下降的情况下，工人的工资也会随之下降。这样，雇主就不必解雇他们以降低人工成本。待到经济复苏，组织利润上升时，工人的工资又会自动回升，而企业则随时都保留了一支稳定的员工队伍。

利润分享理论认为把员工的个人收入与组织的利润直接挂钩，必然会使员工关心组织的盈利状况，因此这种制度一般要求有一套公开、完善的财务制度，以便衡量和监督。因而这种制度比“员工持股制”更能激发劳动者长期内的工作热情。在实际生活中，组织销售人员的薪酬制度多采用这种类型。

5. 贝克尔——家庭经济理论

家庭经济理论主要是从家庭为单位的研究对象出发，以此来解释劳动力市场中的劳动供给行为。他把一个人的时间分为工作、家务劳动和闲暇娱乐三部分，以家庭的利益最大化为前提，来找出最佳的劳动供给水平和相应的工资率。

由于家庭是社会的细胞，家庭的经济决策关系到全社会的经济运行，当然也关系到组织的生产和工资决定，所以，家庭经济学也成为组织管理者需要掌握的重要知识。

6. 博弈工资理论

该理论认为员工与雇主之间的关系是一种矛盾对立的关系，因此，员工工资的确定是一个双方相互讨价还价和较量的过程。在这个博弈的过程中，劳动者就其薪酬与资方进行谈判，其谈判的力度＝管理层不同意他开出条件的成本/管理层同意其条件的成本。这样，雇主就要在较高的工资、较少的雇员和较低的工资、较多的雇员中进行选择，也即博弈的效率工资（较高的工资）还是非效率的工资（较低的工资）。这种理论主要适合于组织中的高层技术人员和管理人员。

7. 知识资本理论

随着知识经济的临近，由知识决定工资的理论应运而生。在现实生活中，近年来美国已经出现了类似的 MPL 有限责任合伙企业。这种组织由出资人承担有限责任，而出“知”人承担无限责任。有关法律明文规定它的存在时间前后不能超过 10 年，其目的当然是想尽量降低风险。从理论上看，其制度基础是劳动雇佣资本的委托权安排——劳动者，指我们常称的“知本家”，主要承担风险和享受利润；而资本家对组织只拥有债权收益。

知识资本理论的分配原则是：个人知识决定其就业的起点、方向和收入；知识水平差异是报酬差异的直接原因；用能力工资取代职务工资；知识工人对组织盈余有充分的分享。按知识分配的制度保证是劳动力资本化，劳动者从传统制度下组织的人变为独立的人：劳动力资本能创造剩余价值；劳动力不能再当做商品来让渡，而是当做资本让渡；对提高劳动者素质的投入都应该视为投资，而不是浪费。

## 第三节 薪酬的结构与体系

### 一、薪酬的基本概念解析

#### （一）工资与薪酬

在我国，传统上把一次性支付的报酬称为“酬”，以年计付的劳动报酬称为“薪”（如薪金、薪水等），而把以月、日、小时等较小时间单位计付的劳动报酬称为“工资”。那么，我们现在所提到的薪酬概念与它们，特别是工资是否等同呢？

一般地，我们认为工资是组织薪酬的主要形式，是组织依据国家的法律规定和劳动合同，以货币形式直接支付给雇员的劳动报酬。狭义的工资则是指基本工资或标准工资。而广义的工资除了基本工资以外，还包括奖金、津贴、补贴、劳动分红等。

薪酬是指员工从事某个组织所需要的劳动而得到的以货币形式和非货币形式所表现的补偿，是组织支付给员工的劳动报酬。可见，薪酬与各种意义上的工资概念都不尽相同，它的涵盖面比工资要广得多。薪酬的货币形式即为广义的工资，工资所不能包含的，是非货币形式的薪酬。

### （二）全面的薪酬

全面的薪酬战略已经是目前发达国家普遍推行的一种薪酬支付方式，它源于20世纪80年代中期的美国。当时的公司处于结构大调整时期，许多公司将相对稳定的、基于岗位的薪酬战略转向相对浮动的、基于绩效的薪酬战略，使薪酬福利与绩效紧密挂钩。“全面的薪酬”概念在此基础上产生。

全面的薪酬分为“外在”的和“内在”的两大类（如图7-5所示）。对于它们的划分标准主要有两种方法：

一种方法认为，外在的薪酬主要指：组织提供的金钱、津贴和晋升机会以及来自于同事和上级的认同。而内在的薪酬是和外在报酬相对而言的，它是基于工作任务本身的报酬，如对工作的胜任感、成就感、责任感、受重视、有影响力、个人成长和富有价值的贡献等。事实上，对于知识型的员工，内在薪酬和员工的工作满意感有相当之大的关系。因此，企业组织可以通过工作制度、员工影响力、人力资本流动政策来执行内在薪酬，让员工从工作本身中得到最大的满足。重视内在报酬是目前的大势所趋。

而另一种方法则认为，外在的薪酬主要指可以量化的货币性报酬，如基本工资、奖金等短期激励薪酬、股票期权等长期激励薪酬、失业保险、医疗保险等货币性的福利以及公司支付的其他各种货币性开支，如住房津贴、俱乐部成员卡、公司配车等。而内在的薪酬是指给员工提供的不能以量化的货币形式表现的各种奖励价值。如对工作的满意度、培训和晋升的机会、提高个人名望的机会、具有吸引力的公司文化、和谐的工作环境以及对个人的表彰等。在过去的计划经济体制下，我们过于强调内在的薪酬，在物质上“吃大锅饭”；而在现在的市场经济体制下，有的组织又太过注重外在的薪酬，一切问题都用钱来解决，动辄扣奖金等。

可见，这两种划分方法的共同之处都在于，把内在薪酬看做是非货币形式的报酬，而且对内在薪酬十分重视。这也正是新的薪酬制度设计的核心部分，它与对激励概念进行内在激励和外在激励的划分，正好是相互吻合的。内在激励指非货币形式的激励，而外在激励指货币形式的激励。

（1）基础薪酬：也称标准薪酬或基本薪酬，是以雇员的熟练程度、工作的复杂程度、责任大小以及劳动强度为基准，按照雇员实际完成的劳动定额或工作时间的劳动消耗而计付的劳动报酬。它是组织雇员劳动收入的主体部分，也是确定其他劳动报酬和福利待遇的基础，具有相对的稳定性。

我国目前较普及的是结构工资制，它有基本工资、岗位工资、工龄工资以及若干种国家政策性津贴组成基本生活的部分，是维持劳动力再生产所需条件，是履行了其职务说明书中规定的基本职责而做出的贡献的酬金，宜按照各个不同职务的业务技术

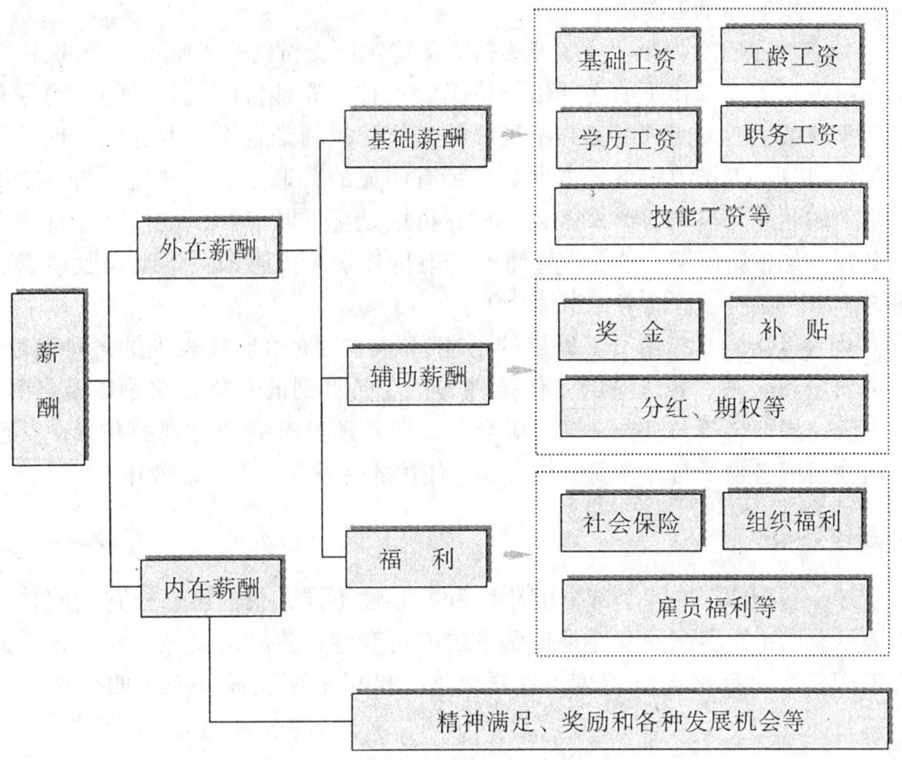


图7－5　全面的薪酬构成示意图

要求、劳动条件、责任等因素来确定，即担任什么职务，确定什么工资标准，工作异动，职务工资也跟着异动。职务工资有两种形态：一是单一职务工资，即对每一种职务确定一种工资，对于从事同种职务的人员一律支付相同的工资；另一种是幅度职务工资，即对每一种职务确定有一定幅度的工资范围，在这一范围以内，再根据每一员工的能力和成绩等因素决定其具体的工资额，因而具有一定的激励作用。员工的工龄反映了其对组织的累计贡献，因而工龄每增加一年，员工就会得到一定额度的工龄工资。

（2）辅助薪酬：与基本薪酬相比，它是用以及时反映绩效异动的基本补充形式，而且其数额不固定，形式多样，主要有奖金（奖励薪酬）和津贴（附加薪酬）等。

（3）奖励薪酬：即奖金，是组织和雇主奖励给雇员的超额劳动部分或劳动绩效突出部分所支付的奖励性报酬。其目的是鼓励雇员提高劳动效率和工作质量，所以又称为“效率薪金”或“刺激薪金”。该奖励支付的对象是正常劳动以外的超额劳动，大小随着劳动绩效而异动，而且只支付给那些符合奖励条件的员工。因此，与基本薪酬相比，奖金有非常规性、非普遍性和浮动性，并具有明显的针对性和短期刺激性，因而经常随员工工作业绩的变化而变化。

（4）附加薪酬：即津贴，是组织对雇员在特殊劳动条件下所付出的额外劳动消耗和生活费开支的一种物质补偿形式。恶劣的工作环境需要劳动者付出更多的劳动力支出，或对劳动者的身体造成一定的伤害，如危险作业、有毒作业、高温高空、海上野外作业和重体力劳动等，组织需要以津贴的形式予以补偿。这样有利于吸引劳动者到脏、苦、险、累的环境工作。

（5）福利：是组织为吸引员工或维持人员稳定而支付的作为基本薪金的补充项目，福利也是组织除了工资和薪励之外给予员工的一种补充性报酬，其目的是确保和提高员工及其家属的生活，使员工安心于组织的工作。福利是组织人力资源管理的重要一环，也是公司分配工作中的重要方面。它带有明显的普遍性和共同性，与员工的工作绩效关系不太明显。福利的形式多种多样，可以是金钱与实物，也可以是特殊性的机会或服务，例如带薪假期、子女教育津贴、廉价住房、优惠购买本组织股票以及失业金、养老金、午餐费、医疗费、退休金等。

（6）内在薪酬：是指给员工提供的不能以量化的货币形式表现的各种奖励价值，包括精神满足和奖励。如优越的工作条件等；业已得到的非货币奖励以及各种机会，如晋升机会、提高名望的机会、培训机会等，但是还没有完全得到的非货币奖励。实际上，内在薪酬必须要与外在薪酬结合起来使用才会发挥出巨大的效用。

## 二、薪酬体系模式

由于外在薪酬体系的各个部分的刚性和差异性不同，我们可以把它们放在以下坐标图中表示。其中，薪酬的刚性是指薪酬的不可变性；薪酬的差异性是指薪酬的各个部分在不同员工之间的差别程度。这样，整个坐标平面就被分为了四个部分，如图7－6所示：

| 奖励 | 基薪 |
|---|---|
| 津贴 | 福利 |

图7－6　薪酬特点示意图

（1）基薪：处于第一象限，具有高刚性和高差异性。说明不同岗位上的员工的基本薪酬之间差异明显，而且每个人的基薪既不容易增加，也不能随便扣减。

（2）奖金：处于第二象限，具有高差异性和低刚性。反映出不同劳动者的工作绩效的不同，员工的效率越高、超额劳动越多，其奖金就越高；而且不同能力要求、责任大小等的岗位上的奖金水平也会有差异。同时，随着公司发展和战略目标的转化，组织奖金的整体水平也会呈现弹性。

（3）津贴：处于第三象限，具有低差异性和低刚性。作为一种补偿性工资，它会随着组织效益工资水平、物价水平等客观环境因素而作出相应调整甚至取消，因而具有低刚性；但是它一旦作为一种制度确立下来，就必须对从事同一种工作的员工一视同仁，不论其绩效高低，都要对同样恶劣的工作条件作出相同水平的补偿，因而具有低差异性。

（4）福利：处于第四象限，具有低差异性、高刚性。因为福利是人人都可以享受的利益，其设置的目的就是为了吸引和长期稳定员工队伍，所以它必须在不同的人和不同的阶段之间都保持较小的变化，所以具有低差异性和高刚性。

由于薪酬体系中的各个部分的性质特点不同，所以，它们以不同的比例组合在一起，就构成了不同的薪酬体系模式：高弹性模式、高稳定模式和折中模式。

（1）高弹性模式。这是一种短期绩效决定模式。如果近期某一员工的工作绩效很高，则支付给他相应的高薪酬；如果近期该员工的工作绩效降低，则支付较低的报酬。高弹性模式适用条件是：员工的工作热情不高；组织的人员流动率较大；业绩的伸缩范围较大的岗位，如营销、开发创新等。其优点是：激励功能较强；薪酬与绩效紧密挂钩，不易超支。缺点是：薪酬水平波动较大，不易核算成本；员工缺乏安全感。

（2）高稳定模式。与高弹性的模式相反，在该模式下员工的薪酬与个人的绩效关系不大，而是主要取决于公司的经营状况及员工的工龄。因此，员工的个人收入相对稳定。高稳定模式适用条件是：员工工作热情较高；组织人员流动率不大；员工业绩的伸缩空间较小。其优点是：薪酬水平波动不大，容易核算成本；员工安全感较强。缺点是：缺乏激励功能；组织人均成本稳定，容易形成较重的负担。

（3）折中模式。这种模式兼具稳定性和弹性，既能激励员工的绩效，又能给他们一定的安全感。但要达到理想的效果，需要将薪酬体系的各个部分，根据公司的具体生产经营特点、发展阶段和经济效益，进行合理的搭配。一般来说，这种模式下的基本薪酬部分趋向于高刚性，然后可以配合与员工个人绩效紧密挂钩的奖励薪酬，或者是与组织经济效益相关联的附加薪酬，或者甚至是比较灵活的员工福利（如，自助餐式的福利计划、退休金计划），等等。折中模式的优点是：兼具激励性与员工安全感；薪酬制度灵活掌握，薪酬成本容易控制；适用面比较广泛。缺点是：薪酬理论水平要求相对高。

特别需要提醒的是，由于组织在初创、发展、成熟和衰退等不同发展阶段上，呈现出巨大差异，所以，其薪酬体系模式也要相应地变化。这样，才能既避免薪酬超支影响发展，又最大限度地留住和激励人才，实现组织各阶段的战略目标。如表 7－1 所示：

表 7－1　　组织的发展阶段与薪酬模式选择

| 发展阶段 / 采取措施 | 初创 | 发展 | 成熟 | 衰退（新创业） |
|---|---|---|---|---|
| 模式 | 高稳定模式 | 高弹性模式 | 折中模式 | 高稳定模式 |
| 策略 | 高基薪 | 高奖金 | 弹性的高基薪 | 高基薪 |

## 第四节　基础薪资的设定

### 一、薪资设定的步骤

图 7－7 表示了典型的薪资设立过程，它由 7 个环节构成。图中粗线框中的内容显

示了各步骤的名称，细线框中的内容则说明了各步骤对应的主要内容和活动，粗线框箭头指出了各步骤依次进行的顺序。

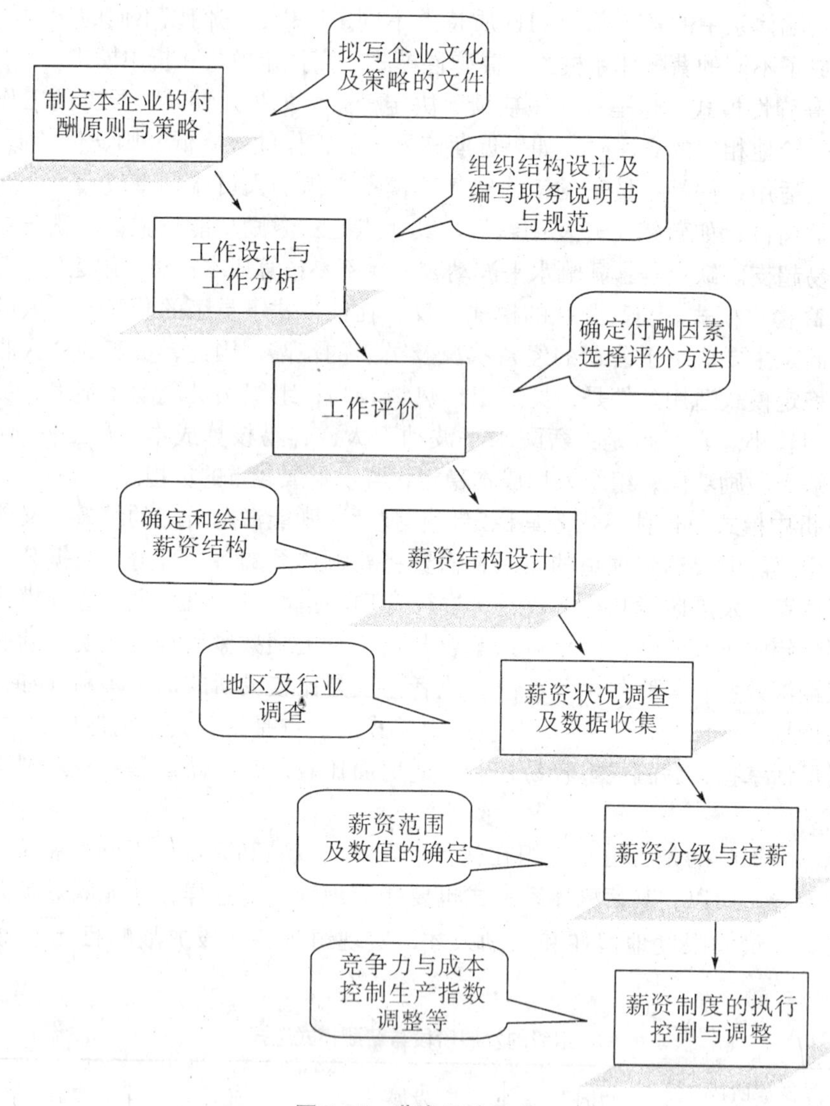


图7－7　薪资设计程序

(一) 组织付酬原则与策略的拟定

这是组织文化的部分内容，是以后诸环节的前提，它包括对职工本性的认识，对职工总体价值的评价，对管理骨干及高级专业人才所起作用的估计等核心价值观；组织基本工资制度及分配原则；有关薪资分配的政策和策略，如薪资拉开差距的分寸、差距标准、薪资、薪励、福利费用的分配比例等。

(二) 工作设计与工作分析

这是薪资制度建立的依据，这一活动将参阅组织的组织机构系统图及其中所有的工作说明与规范等文件。

### (三) 工作评价

通过这一步骤可得到表明每一工作（职务）对本组织的相对价值的顺序、等级、分数或象征性的金额，同时也反映了组织对各工作占有者的要求。这样，就使组织内所有工作的薪资都按同一的贡献律原则定薪，从而保证了组织薪资制度的内在公平性。

需要说明的是，这些用来表示工作相对价值的金额并不就是各该工作占有者的真正的薪资额，还要经过之后几个步骤，融入了外部公平性后才能确定。

### (四) 薪资结构设计

薪资结构是指一个组织的组织机构中各项职位的相对价值及其对应的实付薪资间保持着什么样的关系。这种关系和规律通常多以“薪资结构线”来表示，因为这种方式很直观、清晰、易于分析和控制，也易于理解。后文将对“薪资结构线”的运用做详细说明。

### (五) 外界薪资状况调查及数据分析

这项活动主要研究两个问题：要调查什么；怎样去调查和收集数据。调查的内容是本地区、本行业，尤其是主要竞争对手的薪资状况。数据来源首先应当是公开的资料，如国家及地区统计部门、劳动人事机构、工会等公开发布的资料；其次是通过散发问卷或抽样采访进行收集；另外，也能从应聘人员与其他组织的招聘信息中获取相关资料。

### (六) 薪资分级和定薪

组织根据工作评价确定的薪资结构线将众多类型的职务薪资归并合成若干等级，形成一个薪资等级（或称职级）系列，从而确定组织内每一职务具体的薪资范围，保证职工个人的公平性。

### (七) 薪资制度的执行、控制与调整

组织薪资制度一经建立，如何投入正常运作并对之实行适当的控制与管理，使其发挥应有的功能，是一项长期而复杂的工作。

## 二、薪资结构线的定位及应用

薪资结构线是一个组织的薪资结构的直观表现形式，它清晰地显示出组织内部各个职务的相对价值和与其对应的实付薪资之间的关系。薪资结构线是二维的，即绘制在以职务评价所获得的表示其相对价值的分数为横坐标，以所付薪资值为纵坐标的薪资结构图上。

理论上，薪资结构线可呈任何一种曲线形式，但实际上它们多呈直线或是由若干直线线段构成的一种折线的形式。因为薪资结构首先要求具有内部公平性，这是指组织各项职务的薪资是按市场经济中通行的等价交换原则确定的，也就是说谁的贡献越大，对组织的价值相对越高，所获薪酬便越多。薪酬与贡献之间的正比关系就决定了与其对应的关系线是直线形式。

以上是薪资结构设计的第一种用途，它的另外一种常见用途是用来检查已有的薪

资制度的合理性，工作改进的依据。图7－8便是一例。

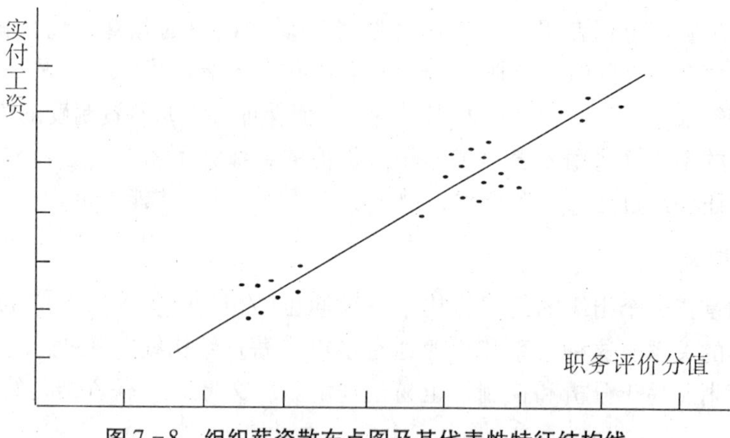


图7－8 组织薪资散布点图及其代表性特征结构线

先利用选定的一种工作评价的方法对本组织的所有职务进行评价，获得反映它们相对价值的分数；然后在以评价分数为横轴，现有薪资为纵轴的图中，找出各职务的对应点来（如图7－8中的那些黑点）。这些点的散布似乎是无规律的。此时可以根据各点的散布状况，绘出反映其散布规律调整结构线来。这可用尺与笔目测找出，力求特征结构线上部与下部的点数相等。但若利用线性回归等统计方法，能更精确地绘出这种特征结构图，它代表了组织现有薪资设置的大致走向。获得此线后，即可结合组织的各种考虑调整结构线，如认为此线基本符合组织的政策和原则，便需调整那些偏离此线的薪资点。通常的做法是首先把那些位于特征结构线以下、所获薪资少于按其价值应获薪资的各点所代表的诸职务，较频繁或较大幅度予以调高，提升到与结构线相当的水准；但对那些位于特征结构线以上，所获薪资多于按其价值应获薪资的各点所代表的诸职务，一般不予调低，而予以暂时冻结或延期提升，因为人们一般心理上难以接受降薪的做法。另一替代方案是设法增加这些职务的工作负荷与责任，加强工作效率，使相对价值有相应提高。

薪资结构线原来只考虑了组织的内部公平性，但真正合理并实用的薪资结构设计还必须考虑其外部性，即应考虑全国、地区及行业劳动力市场的供需状况、人才竞争优势的保持、人力成本的合理比重、政府法律与法规的制约等其他要素的影响。此时，薪资结构图又可以发挥作用。如图7－9所示。

把组织的特征结构线与那些反映市场状况的线对照一下，就能发现本公司的薪资在市场上所处的地位及竞争力的强弱了。组织结合自己的管理价值观、竞争策略、付酬实力、盈亏状况等因素，进行综合考虑后，便可对已有薪资结构线酌情调整。图7－9中的点线便是兼顾了内外部公平性等因素全面考虑后确定的。这种线不是唯一最佳解，也无简单的惯例可循，因此必须结合该组织实际内外条件来分析评判。

## 三、薪资分级

本来，根据综合考虑了组织内外条件后调整所得的薪资结构线（见图7－9)，便已为相对价值不同的所有职务确定了一个对应的薪资价值了。但在实际操作中，若组织中每

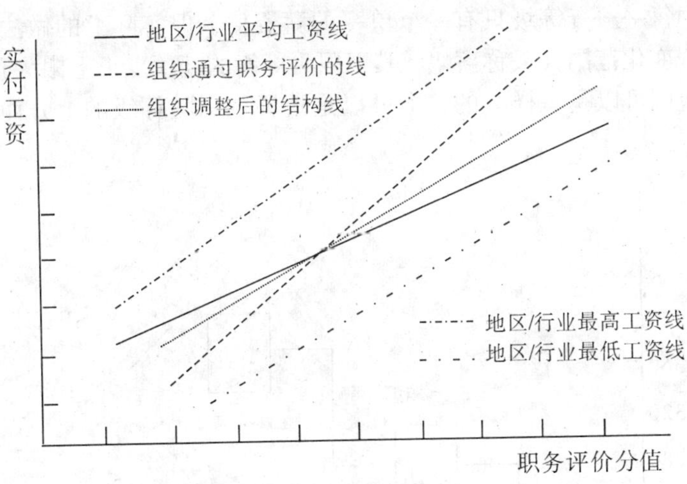


图 7－9　组织薪资散布点图及其代表性特征结构线

一种职务都各有一种独特的薪资，就会给薪资的发放与管理带来巨大的困难与混乱。所以在实际上总是把众多种类型的薪资归并组合成若干等级，形成一个薪资等级序列。这样，经工作评价而获得的相对价值相近的一组职务，便被编入同一等级。图 7－10 便是一例，其中经评分法所得出的分数，每隔 50 分的一个区间便成为一个职务等级，尽管它们的相对价值并不完全相等，但同一等级中的职务将付给相同的薪资，从而大大简化了管理。职级划分的区间的宽窄及级数多少的确定取决于诸如结构线的斜率、职务总数的多少及组织的薪资管理政策和晋升政策等因素。总的原则是，职级的数目不能少到相对价值相差甚大的职务都处于同一职级而无区别，也不能多到价值稍有不同就处于不同职级而需做区分的程度。因为级数太少，难以晋升，不利士气；太多则晋升过频而刺激不强，徒增管理成本。实践中，薪资等级平均在 10～15 级之间。

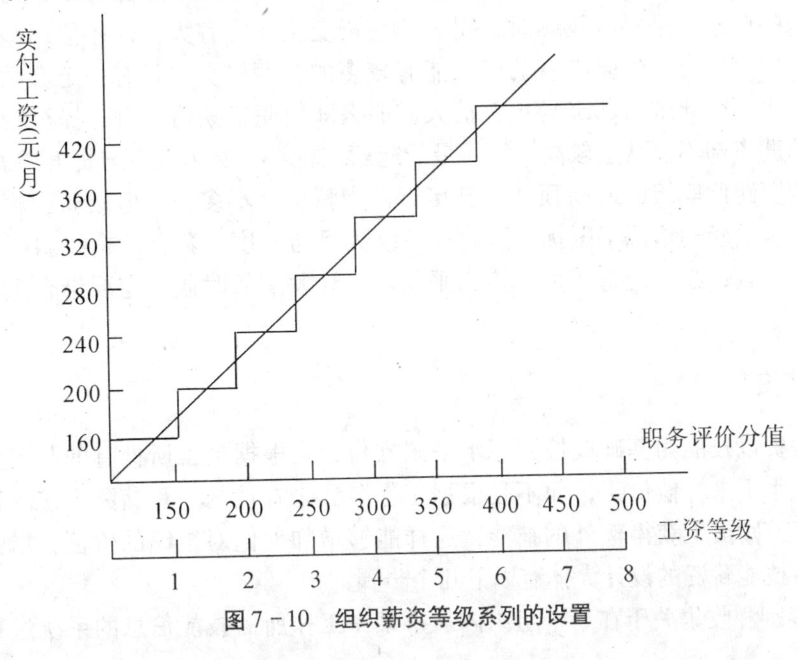


图 7－10　组织薪资等级系列的设置

图 7－10 中每一薪资等级只有一个单一的薪资值，但实际上的做法是给每一等级都规定一个薪资变化范围（或称薪幅，其下限为等级的起薪点，上限为顶薪点）。各薪资等级的薪资范围可以是一样大的，也可以是薪资范围随等级的上升而逐渐扩大，如图 7－11 所示。

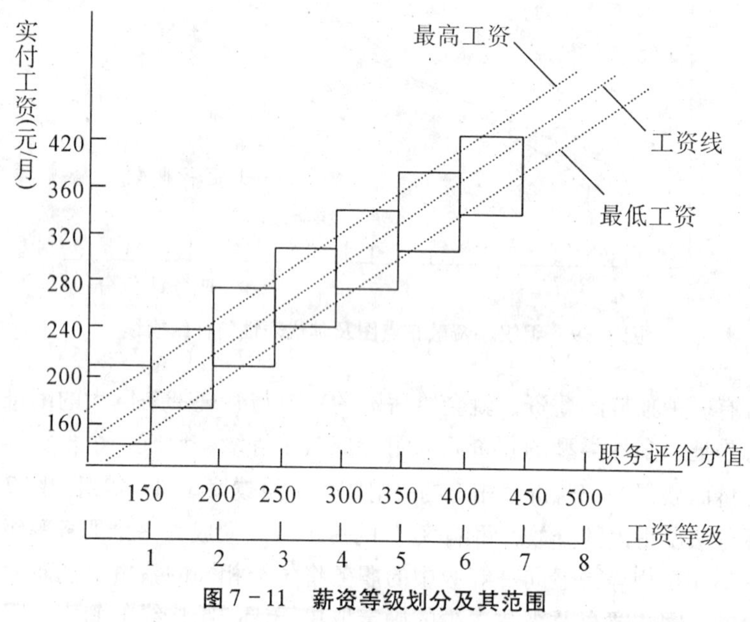


**图 7－11 薪资等级划分及其范围**

薪资范围的确定是与薪资等级数的多少相关联的，不仅如此，还有另一个相关因素，即相邻等级薪资范围的重叠程度。相邻职级重叠程度与薪资结构线的斜率有关（越平缓则重复越多），但更取决于职级的薪幅，即变化范围的大小。当职级所包含的相对价值较广，职务较多，而工作绩效又主要取决于职工的个人能力与干劲而非客观条件，组织的政策又是提薪较频时，职级的薪资变化幅度宜大，这才使那些因客观条件未能升级但有能力且经验丰富的职工能有较多的提薪机会，具有一定激励作用。但职级薪幅增大，会导致与邻级的重叠扩大，那么即使职工获得晋升，提至较高的职级时，他们的薪资却不能从这较高一级的最低起薪点计薪，必须至少与提升前薪资相等。这样，其薪资距此职级的最高顶薪点已接近，增薪机会不多，不但减弱了薪资制度的激励功能，也给管理增添了困扰。因此，职级数目与宽度、薪资结构线斜率及各级的变化幅度等因素，必须统筹兼顾，恰当平衡。设计薪酬的时候一定要结合组织自身的特点。

## 四、技能薪资

技能薪资以技能为基础或按知识水平来支付，是根据员工所拥有的与工作相关的技能与知识水平来补偿员工，而不是根据工作名称来补偿的一种薪酬系统。这种方法的目的在于鼓励员工获得额外的技能，这样能够增加他们对组织的价值，增强他们的竞争地位。技能薪资的设计大体有以下几个步骤：

（1）鉴别和收集关于在一个组织内从事某一工作所需技能信息的系统过程是进行

技能工资开发的最优开始步骤。

（2）把鉴别好的技能进行分类或分层，这是设计中最困难的阶段。为了保证体系的简单，绝大多数的专家提倡把技能分为六到八个大类。对于重复或复杂技能的混合，这些类别本身都应占有相同的权重。如果技能的分类不均可能导致困难的工作被逃避或者被视为获得的报酬太低。

（3）在不同的种类和级别间晋升的路径必须清楚，可选的晋升级别以及下次晋升前必须在某一级别停留的时间必须说明。

（4）培训也是该体系设计的一个主要元素。要设计出每一个模块的培训方案，决定由谁来培训和在哪儿培训。

（5）开发一个薪水框架。通过市场确定一个标杆，确立本组织的技能薪酬的最低标准以及与最高报酬的差距。

（6）确定每一个薪水层次的构成和金额，要做到内部公平。

（7）建立评估和认证体系，特别是联系到外部认证体系的。

以技能为基础的支付薪酬，通常用于自发的工作小组或其他工作内容丰富的项目中，人力资源开发的高度投入，对于成功地实施这一方案是非常必要的。经研究表明，在以技能为基础的工资系统下，平均只需要 3 年时间工人即可达到其最高水平，因此为了保持员工的动力，应将此方法与以工作绩效为基础的薪资系统结合起来实施。

### 五、宽带薪酬

所谓宽带薪酬，实际上是一种新型的薪酬结构设计方式，它是对传统的带有大量等级层次的垂直型薪酬结构的一种改进或替代。根据美国薪酬管理学会的定义，宽带薪酬结构就是指对多个薪酬等级以及薪酬异动范围进行重新组合，从而变成只有相对较少的薪酬等级以及相应的较宽的薪酬异动范围。一般来说，一种典型的宽带型薪酬结构可能只有不超过 4 个等级的薪酬级别，每个薪酬等级最高值与最低值之间的区间异动比率要达到 100% 或 100% 以上。

宽带薪酬具有支持扁平型组织结构，能引导员工重视个人技能的增长和能力的提高以及有利于职位的轮换等特点，但它同时也会使晋升变得困难。所以，组织在推行宽带薪酬时也要与晋升制度相适宜。

## 第五节　特殊群体的薪酬

### 一、管理人员的薪酬

管理者技能在很大程度上决定着公司是繁荣、维持还是衰败。因此，在决定管理人员薪酬时，公司一般更愿意把最高管理层的工资增长与整个公司的业绩联系在一起；对于中层管理者，公司希望把整个公司的业绩和市场占有率及内部因素联系起来考虑薪酬因素；对于基层管理者，薪酬通常根据市场占有率，内部工资关系和个人业绩来决定。

管理工作因为其多样性，一般很难定义。当它们能够定义时，通常是以预期效果的形式描述，而不是以任务或工作如何完成的方式来描述。因此，在决定管理人员的薪酬时，根据市场定价是可以利用的最佳途径。

管理者的薪酬通常由五种基本元素构成：基本薪酬；短期薪酬或薪金；长期薪酬和资本增值计划；行政福利；津贴。管理者薪酬方案的设计有时还取决于不断变化的税务立法。

## 二、专业人员的薪酬

专业人员最初是基于他们带给公司的知识而获得薪酬的，因此专业人员薪酬方案的管理与那些管理人员的有些不同。针对那些不想成为管理者的专业人员，一些公司创立了一种二元薪酬追踪系统。这种方法使专业人员不必进入管理部门即可获得更高的收入。

职业生涯曲线是用来确定专业工作薪酬的。这些曲线是以假定一个人的经验越丰富，其薪酬越高为基础的；同时，还要考虑业绩水平的变化。如图 7－12 所示，有 8 年工作经验的人可能每月所得从不足 3 200 元到超过 5 925 元不等，取决于其绩效评价等级。

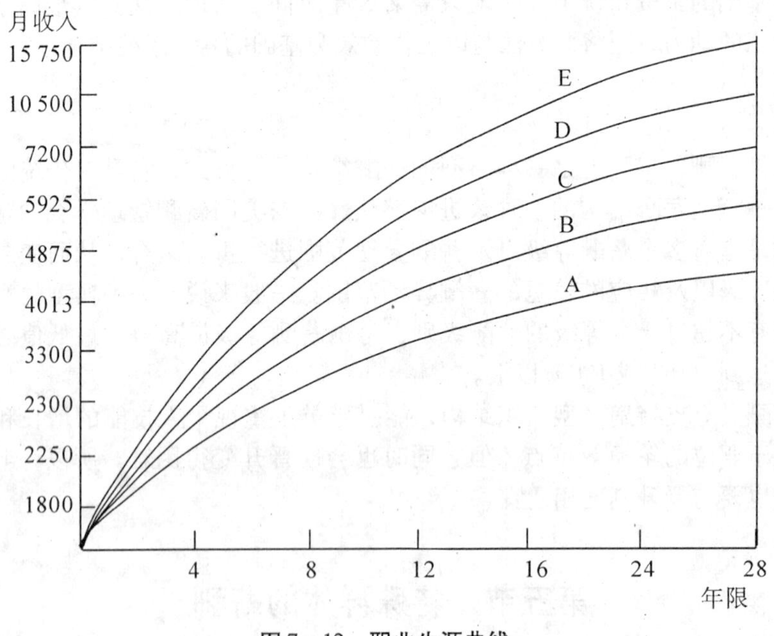


图 7－12　职业生涯曲线

## 三、销售人员的薪酬

销售人员薪酬方案的设计通常要考虑到一些特殊因素，因此一些管理人员往往把这个任务委托给销售部门而不是人力资源部门。

如果说销售人员的薪酬和其他方案有某种不同之处的话，就是薪励的重点有所不同。部分薪水制和部分佣金制相结合的方法是分配销售人员薪酬的最佳途径。重点是在佣金上还是在薪水上主要取决于公司服务原则、产品性质和完成一项销售工作所需的时间等因素。除薪水、佣金和薪金之外，销售人员经常得到其他形式的薪酬作为额外薪励，如提供电视机、冰箱等。销售工作的性质通常使确定个人产出的问题得以简化。销售量通常可以和具体的人相挂钩，这种情况促进了奖励薪酬的支付。

## 四、工资的管理与调整

1. 工资的管理

工资制度的建立与完善，事关每一个员工的切身利益。若员工对组织工资制度的公平性产生怀疑，势必影响组织的凝聚力和员工的积极性，因此，工资管理的前提是使员工了解组织工资制度所依据的原理，信任并接受组织的工资制度。由于工资制度的直接依据是职务评价的结果，因此，首先必须让员工了解职务评价的基本原理、内容、程序及方法，增加评价过程的透明度，吸收员工参与职务评价过程，允许员工对评价结果提出质疑，发表意见，采纳员工的合理化建议，这样，评价结果才会得到员工的认可。其次，在根据职务评价结果设置工资等级以及每一等级的薪幅大小时更要统筹兼顾多方面的利益，广泛征求员工的意见，以确保所建立的工资制度的公平合理性。具体来说，在工资分配方面还要注意以下几个方面的问题：

（1）无论对哪个级别的员工支付的工资，都应达到社会公认的公正性标准，真正使员工的贡献与其所得的报酬一致。

（2）无论对哪一层次的员工支付的工资，都应保证使他们在劳动中所消耗的体力和脑力及时得到补偿，以维持劳动力的再生产。

（3）在组织的工资管理工作中，还必须特别注意克服和避免工资分配中对女性的不公正待遇。

（4）严格遵守《中华人民共和国劳动法》及相关法律的规定，组织支付给员工的工资不得低于法定最低工资标准，并及时把员工的工资以货币形式按月支付给本人，不得克扣和无故拖延，不得以实物或有价证券代替工资。

2. 工资调整

组织的工资制度确定以后，还要随组织内外环境的变化不断进行调整，从而保证其激励功能的正常发挥。组织工资调整的类型主要有以下几种：

（1）工龄调整。目前实行的结构工资制中，工龄工资是整个工资的组成部分之一。工龄的增加意味着工作经验的积累与丰富，代表着能力或绩效潜能的提高，因此随着员工工龄的增加，其工龄工资也随之增加。

（2）效益调整。这是组织根据自己的效益情况对工资进行的调整。当组织的经营效益较好，盈利较多时，为回报员工对组织的贡献，对全体员工的工资普遍上调，但在经营效益欠佳时可能会再调回。因此，这种调整随组织经营效益的变化而变化，是暂时性的。

（3）生活指数调整。当发生通货膨胀时，尽管职工的工资数没有减少，但物价的上涨使其实际购买力下降，从而造成实际收入的减少。为了使员工的生活水平不致因为通货膨胀而恶化，组织常根据物价指数的异动情况对工资进行调整。根据物价指数对工资进行调整时，可采取两种不同的方法：一种方法是等比式调整，即所有员工的工资都在原有基础上按同一比例增加。等比式调整的优点是保持了原来工资结构内在的相对级差，使各职务的相对价值与工资额间的相对关系保持不变；但用这种方法进行调整时，工资越高增加的工资额越多，进一步拉大了不同员工间的收入差距，容易使低工资者产生不公平感。另一种方法是等额式调整，即不管原来的工资高低，一律增加相同配额的工资，这种调整方法容易为员工接受，但却导致级差比的缩小，使各职务的相对价值与相应工资额间的相对关系发生变化，动摇了原来工资结构设计的基础。

## 第六节　奖励制度

### 一、奖励的类型

从工资的设置过程可以看出，组织中不同职务的工资水平主要是依据不同职务本身的特点确定的，与职务承担者个人的具体特点关系不大。但是，在工作实践中，承担同一职务的员工，其工作绩效不可能是完全相同的，往往会出现上下高低之分。为真正贯彻按贡献取酬的原则，在组织管理工作中，对表现突出、绩效优异的员工给予适当的奖励，才能使人真正产生公平感，从而调动员工的工作积极性，产生积极向上的集体气氛，保证组织目标的实现。因此奖励制度在组织的人力资源管理工作中也具有不可忽略的重要作用。

（1）以奖励刺激对奖励对象的作用特点为标准，可将奖励又分为外在奖励与内在奖励。外在奖励的资源存在于工作以外，控制在组织、领导与同事手中，如得到领导或同事的赞扬，职务得到晋升，被授予一定的光荣称号或发放一定数额的奖金等。内在奖励的资源存在于工作过程本身之中，如所从事的工作适合自己的兴趣与专长，使自己学有所用，能充分发挥自己的才能与创造性，充分体验到成就感。越是文化素质高的员工，对内在奖励需求越是迫切。因此，组织若能知人善任，根据其特长、兴趣与需要把员工安排在合适的工作岗位上，就能极大地调动工作积极性，甚至能得到的外在奖励难以达到的效果。

（2）按奖励的手段，可将奖励分为物质奖励和精神奖励。物质奖励可以给被奖励者实际利益，如发放奖金、奖品，晋级、奖励旅游、培训、出国考察等。精神奖励能使被奖励员工感到心理上的满足，如通报表扬、颁发奖状、获奖证书、奖杯、奖章、锦旗、授予光荣称号、照片上光荣榜等。实际上，物质奖励往往也会使员工感到自豪与骄傲，受到同事的赞扬和羡慕，从而获得心理上的满足。员工获得的精神奖励也往往作为加薪晋级的依据，给被奖励员工带来实际的物质利益，因此，在管理实践中，这两种奖励往往是结合在一起的。

（3）以奖励对象为标准，可把奖励分为个人奖励与集体奖励。前者以员工个人的工作绩效作为奖励的依据，后者以工作小组的绩效为依据。个人奖励有利于激发员工个体的工作积极性，但有时可能会造成员工间的人际关系紧张与冲突。集体奖励可增强团体成员的组织归属感及合作意识，但有时可能导致不能充分发挥每个员工的潜力。管理工作中，应注意把两种激励有机地结合起来。

## 二、奖励的管理

奖励作为对员工为组织做出的贡献的答谢和回报，是工资的重要补充，这一手段如果运用得当的话，可以使员工受到极大的鼓舞，激发出更大的工作热情，为组织目标的实现尽职尽责，使组织有限的投入得到加倍的回报；但是，若运用不当的话，也可能会适得其反，不仅达不到激励员工的目的，反而会使员工产生不公平感，招致其抱怨与不满，从而导致士气低落，工作效率低下。为使奖励能发挥应有的作用，组织在运用奖励手段时应注意以下几个方面的问题：

1. 奖励措施要具有针对性

由于家庭背景、文化修养、工作条件以及个性特点等方面的差异，不同员工的优势需要是不同的，奖励措施只有与员工的优势需要相一致，才能最大限度地调动其工作积极性。对于低收入的员工，奖金的作用就十分重要；而对于收入水平较高的员工，特别是对知识分子和管理干部来说，给予晋升职务、职称的机会，尊重其人格，授予其一定的工作自主权，可能会收到更好的激励效果。对于在危险、恶劣的特殊环境条件下工作的员工来说，改善劳动条件，搞好劳动保护，增加岗位津贴等都是有效的激励手段。

2. 把物质奖励与精神奖励结合起来

尽量增加物质奖励的精神含量，不仅使获奖人在物质上得到实惠，而且在精神上也受到鼓励，激起荣誉感、成就感和自豪感，从而使激励效果倍增。如发达国家的一些成功组织，特别重视颁奖仪式，绞尽脑汁把仪式搞得隆重热烈，震撼人心，使人终生难忘。此外，也要把精神奖励与物质奖励挂钩，对于获得劳动模范、生产标兵，先进工作者等光荣称号的员工，在授予光荣称号的同时，在工资待遇上予以破格晋升，在发放奖金时予以优先考虑，以避免精神上受奖，物质上吃亏，当先进不合算的情况出现。

3. 注意奖励的公平性

奖励的公平性并不意味着每人所得到的奖励相等，相反，应适当拉开奖励的档次。不同等级的奖励间差别过小，容易形成平均主义，会失去奖励的意义。但是，差别过大，超过了贡献的差距，则会使员工感到不公平，挫伤其工作积极性，也达不到奖励的目的。组织应尽量使员工受到的奖励与其贡献相匹配，才能使员工感到公平，从而起到激励先进，鞭策后进的作用。需要注意的是，不同员工的公平标准可能是不同的，尽管客观上奖励很公平，但可能仍然有人觉得不公平。因此，在对员工进行奖励时，除制定科学合理的绩效考评方法，严格按照员工的工作绩效进行奖励外，还必须注意对员工进行公平观教育和心理疏导工作，耐心向员工解释组织的奖励政策，引导员工树立正确的公平观，使员工认识到，无论何人，也不管他从事什么工作，只要对组织做出了贡献，都有机会得到奖励，把员工的注意力引导到努力做好本职工作上

4. 恰当地设立奖励标准

奖励的标准定得太高，达到目标的期望概率过低，会使人望而却步；标准过低，人人轻而易举地都能得到奖励，也不能充分调动员工的积极性，使其全身心地投入到工作中去。组织应当设立对员工具有挑战性的奖励标准，对员工来说，绩效目标有一

定的难度，不能轻易达到，但经过努力之后又是可以实现的，也就是平时所说的“跳起来，够得着”的标准。

5. 注意掌握奖励的时机

奖励的时机直接影响奖励的效果。斯金纳的操作性条件反射理论认为，当有机体做出了某种正确行为以后，及时给予强化，会进一步增强该行为出现的频率。随着行为与强化之间的时间间隔的延长，强化的效果逐渐降低，时间间隔增加到一定的限度，有机体难以在行为与强化物之间建立联系，所施加的强化物就达不到应有的强化效果。当人们做出一定的行为后，对自己行为的结果高度关心，此时给予强化效果最好，因此，奖励的时机选择在绩效考评结束后立即进行，时间的延长意味着组织奖励资源的浪费。

## 一、分类奖励

### (一) 个人奖励

个人奖励计划是用来奖励达到与工作相关的绩效标准的员工。这些绩效标准包括质量、生产力、顾客满意度、安全或出勤率等。绩效标准可以是一个，也可以综合几个标准。最重要的是公司应该选用可以代表员工实际绩效的标准。

**三等级自助食堂式奖励计划**

一等：本部门中销售额最高的职工

1. 按成本购买商品。
2. 为两人提供午餐。
3. 赠手提式电视机。
4. 赠 75 元礼品券。

二等：超额完成销售任务的职工

1. 提供带工资的休息日。
2. 生日请假工资照付。
3. 赠 10 加仑汽油或 15 元公共汽车票。
4. 赠两组电影票。
5. 指定为某一天的荣誉雇员（上下班接送、请吃午饭）。

三等：完成最低销售额的员工

1. 可以自由安排自己的工作时间
2. 休息时免费喝咖啡（一周）。
3. 可以选择休息日。
4. 就餐时间可以延长半小时（一天）。
5. 担任经理助理（一天）。

资料来源：林达·L 纳德. 自助食堂式计划：一种新的激励方法［J］. 车间管理，1983，2.

常见的个人奖励计划有四种：①计件制，是组织根据员工单位时间产量或实际绩效与客观生产标准或绩效标准相比较的结果来决定员工的薪金。②管理激励计划，在经理达到或超过其部门有关销售、利润、生产或其他方面的目标时对经理进行奖励。③行为鼓励计划，是奖励员工具体的行为成就，例如，良好的出勤率或安全记录等。④推荐计划，是指为公司介绍或推荐人才的员工就可以得到薪金。

个人奖励计划需要三个前提条件。首先，员工的绩效可以通过客观的方法来考核。

如产品数量、销售量、降低出错率等。其次，雇员有足够的能力控制工作结果。最后，实施奖励计划不会使工人之间出现不良竞争，最终降低产品质量。

(二) 团队奖励

团队奖励计划是薪励员工的集体绩效，而不是每个员工的个人绩效。当团队的所有成员都为实现目标做出了贡献的时候，团队奖励最有效。目前主要有两种团队薪励计划：

(1) 班组或小团队薪励计划，指人数较少的一个班组的成员在达到具体目标之后分享一笔奖金，可以平均分配，也可按贡献大小分配。

(2) 利润分成计划，指一个团队的成员，通常是一个部门或工作单位，由于生产力的提高而得到奖励。它根据公司绩效的改善，包括生产力增加、顾客满意度增加、成本的降低等给团队中的员工来支付薪金。大多数利润分成计划都有三个组成部分：领导哲学、员工参与制度和薪金。也就是说，在团结合作的组织氛围中，员工广泛参与管理和监督，当实际生产力超过了目标生产力时，组织就给员工发放利润分成薪金。

(三) 组织奖励

组织奖励计划是在组织超过最低绩效标准时，给员工发放薪金。在组织中，组织奖励计划可以将组织的生产率、成本节约或利润率作为基础。组织奖励计划主要有两种：

(1) 利润分享计划。利润分享计划是把组织的一部分利润分配给员工，但和基本工资、生活费用调整等无关。目前广泛使用的利润分享计划是现金现付制和递延制，二者主要在领取时间和税收上有所差别。对于被分享利润的比例一般采用固定比例法、比例升级法或获利界限法来确定。

(2) 职工股权计划。职工股权计划是指公司给予员工购买股票的权利。公司股票代表公司的所有财产价值。公司股份是把股本划分为价值相等的等份。股权是员工购买公司股票的权利。员工只有在行使其股权之后才真正拥有股票。员工的行使股权是在公司确定的一段时间期限之后，按指定价格购买股票。员工股权作为一种促进生产力的激励手段，是希望员工集体生产力的提高能最终增加公司股票的价值。

# 第七节 福利

## 一、福利的内涵与范围

福利是指总体薪酬中不按工作时间和工作绩效给付的，为满足员工多方面、多层次的需要而付给全体或一部分员工的报酬；是组织通过增加福利设施，建立各类补贴制度和举办文化体育活动，为员工提供生活方便，减轻生活负担，丰富员工文化生活而从事的一系列事业的总称。福利是组织人力资源管理的一环，也是组织分配工作中的重要方面，是对员工的劳动贡献的一种间接补偿。

在发达国家，福利分为法定福利和组织福利两种类型。法定福利是组织根据国家法律的要求必须向员工提供的福利，组织只要雇用了劳动者，则不论组织和劳动者的意愿如何都必须按法律要求实施的福利措施，实际上很多这方面的福利措施已经转化成法定的保险制度，属社会保障与劳动保险的范畴，如日本组织界的健康、养老、失业、劳动者灾害等方面的福利就是如此。组织福利是组织根据其人力资源管理的需要而自行实施的福利措施。

我国有的学者指出，我国现行的职工福利制度存在明显的缺陷，表现在福利的范围不清，如医疗卫生本属劳动保险，奖励本属按劳付酬范围，住宅属于职工生活所必需，而统统当做职工福利、经费混在一起，引起福利基金使用混乱。如其中的医疗费大量超支，严重挤占了职工福利。因此根据职工福利的内涵和外延，应剔除以下项目：①医疗卫生应划归保险；②奖励应归入按劳分配；③住宅应划入职工生活必需品。

员工福利应包含以下内容：

（1）文体娱乐活动及设施，包括文化体育等各种俱乐部的活动、运动会、集体旅游、图书阅览室、体育馆、运动场地、职工俱乐部等设施。

（2）生活设施，包括职工医院或医务室、职工食堂、单身宿舍、托儿所、幼儿园、浴室、理发室等。

（3）补贴福利，指组织根据国家的有关政策与规定，发给员工的各种补贴和津贴，如探亲补贴、交通补贴、住房补贴、伙食费补贴、洗礼费补贴、书报费补贴、独生子女补贴、生活困难补贴等。

（4）教育培训福利，包括组织给予员工在职或短期脱产免费培训、公费进修等。

（5）退休福利，包括退休金、公积金及专项服务基金等。

（6）带薪休闲，组织在员工非工作时间里，按工作时间发放工资的福利称为带薪休闲。如组织在法定节假日期间工资照发等。员工每年可以享受一定的病假，女职工有一定的产假，组织为员工提供工间休息，有的组织根据员工的工作年限为员工提供带薪假期。

福利的作用大致如下：①改善和优化员工的生活条件。能满足员工的衣食住行和教育孩子等方面的需要，解除其后顾之忧，使员工从繁重的家务劳动中解脱出来；同时，为职工提供娱乐和学习的条件，从而提高员工文化生活的质量。②改善管理层与员工间的关系，提高员工的工作积极性。员工福利有利于满足员工的生存与安全需要，体现了组织对员工的关心，容易使员工体验到个人与组织间利益的一致性，从而形成对组织的归属感与认同感，激发出员工的主人翁精神。

福利的功能具体表现在：①满足员工的经济与生活需要，如乘车、住房补贴等；②满足员工的安全需要，如各种社会保险；③满足员工社交与休闲的需要，如集体旅游和带薪休假等；④满足自我充实、自我发展的需要，如培训报销等。

## 二、福利的形式

（1）金钱性福利。如生日、结婚礼金；年终或特殊节假日加薪；退休金、公积金、补助金；报刊订阅、各种补贴。

（2）实物性福利。如免费单人宿舍；免费工作餐；组织自建文体设施等。

（3）服务性福利。如健康服务，包括公费医疗、免费定期体检等；咨询性服务，包括心理、法律咨询等；保护性服务，包括平等就业权力保护、隐私保护等。

（4）优惠性福利。如提供购房、购车低息贷款；优惠车、船、机票等。

（5）机会性福利。如组织内在职和脱产培训、公费进修；带薪休假；集体文体活动；组织内部提升政策；员工参与民主化管理等。

（6）荣誉性福利。如授予各种引人注目的头衔等。

## 三、自助式福利计划

### （一）概述

自助式福利计划的基本思想是让员工对自己的福利组合计划进行选择，但这种选择有两个前提：一是组织必须制定总成本约束线；二是每一种福利组合中都必须包括诸如各种社会保险等法定福利项目。

在自助式福利计划中，员工选择了最适合他们的福利组合，同时对组织而言，福利成本的付出获得了最大的回报，并且有助于增强员工对组织的忠诚度。

### （二）自助式福利计划的实施方式

（1）附加福利计划。在不降低原有薪酬水平和福利水平的条件下，提供给员工一张特殊的信用卡，员工可以根据自己的需要自行购买商品或福利。发放给员工的信用卡中可使用的金额度取决于员工的任职年限、绩效水平，还可以根据员工基本薪酬的百分比来确定。

（2）混合匹配福利计划。员工可以按照自己的意愿在组织提供的福利领域中决定每种福利的多少，但是总福利水平不变。

（3）核心福利计划。为员工提供包括健康保险、人寿保险以及其他一系列组织认为所有员工都必须拥有的福利项目的福利组合，然后让员工根据自己的偏好选择其他的福利项目，或者增加一种核心福利项目的保障水平。

（4）标准福利计划。组织为员工提供一些标准的福利项目组合，员工可以自由选择不同的组合，但不能自行构建福利组合。那些福利管理外包给外部专业组织的组织经常使用这种弹性福利模式。

## 四、组织员工福利的管理

除了按国家要求提供的福利外，组织在设计和考虑本组织的员工福利时，应首先考虑以下几个问题：组织提供什么样的福利？向什么样的员工提供福利？如何向员工提供福利？下面分别加以说明。

1. 关于组织福利的内容

组织向员工提供的福利内容是由以下几个方面的因素决定的：首先，福利的内容取决于组织想吸引什么类型的职工。比如，如果组织想吸引流动性比较小的职工，就可以增加退休金在员工福利中的比重；如果想吸引一些年轻女工，就要增加与妇幼有关的福利，如托儿所、幼儿园等设施的建设以及产假制度等。其次，组织还要考虑本地区、本行业其他组织，特别是主要竞争对手提供了哪些福利，据此考虑本组织的福利内容。由于福利与工资一样，具有刚性特点，一般来说只能增加，而不能随便减少。若取消一项福利的话，往往会招致员工的抱怨与不满，影响其工作积极性。因此，组织原来已有的各项福利，若没有充分的理由，不能轻易取消。

2. 能够享受组织福利的员工的条件

为了降低福利的成本，组织不必向所有的职工都提供一样的福利，而是根据某种标准，区别对待。

（1）以工龄为标准。职工的福利与工龄挂钩，规定在本组织服务达到一定年限的员工才有资格享受某种福利。

（2）以员工对组织的贡献为标准。对组织贡献大的员工可以享受较高的福利待遇。

（3）以在职与不在职为标准。在职职工享受的一些福利，如作为福利发放的一些实物、业余教育、带薪休闲等退休职工与下岗职工不能享受。

（4）以每周工作时间为标准。全日工享受的福利，半日工与临时工不能享受。

3. 向员工提供福利的方式

组织向员工提供福利时，可按一定的标准统一对待，向所有员工提供内容相同的福利。比如工龄达到多少年以上就可以享受几天的带薪休假。这种方法的好处是管理简单，管理成本较低。其缺点是不同的员工有不同的需要，向所有的员工提供相同的福利，无法适应不同员工的要求，不能给员工带来最大的利益。因此组织应允许员工在福利内容上有较大弹性，组织根据员工的具体条件规定应该享受的福利水平，比如一定的金额数，在不超出其金额数的前提下，员工可以根据自己的需要，选择不同的福利组合。弹性福利制可以满足不同员工的需要，具有灵活方便的优点，但管理起来比较麻烦，使管理成本上升。因此，很多组织将完全划一与完全灵活的福利分配方法结合起来，首先按统一标准，向员工提供一部分福利，然后，允许员工在其他福利上有一定的选择余地。

## 五、组织福利制度弹性化趋势

福利是一种辅助性的给予，例如各种津贴、补助等。传统上组织所提供的福利都是稳定的，而强调福利由员工自由选择的弹性的做法则是20世纪90年代福利制度改革的趋势。

### （一）弹性福利制的含义

弹性福利制又称为“自助餐式的福利”，即员工可以从组织所提供的一份列有各种福利项目的菜单中自由选择其所需要的福利。弹性福利在美国还有几种不同的名称，如弹性报酬计划、自助餐式计划等。有关学者的见解及实务上的定义大致如下：

（1）巴克将弹性福利制界定为：一种允许员工自由选择两种或两种以上福利项目、现金、财务和其他应税津贴的福利措施。

（2）迪先柔和哈罗维克认为：弹性福利制员工可以从组织所提供的一份福利菜单中，在一定的金额限度内，自由选择符合自己所需的福利项目。

（3）拜德和路易指出：弹性福利制成为自助餐式的福利计划，因为它提供一份福利项目的菜单给员工选择。每一个弹性福利制所提供的选项都不一样。例如，有些计划限制员工只能选择几种保险项目，如寿险和健康保险；另一个计划则可能允许员工有较大范围的被选项目。

综上所述，弹性福利制是一种有别于传统固定式福利的新员工福利制度。弹性福利制强调让员工依照自己的需求从组织所提供的福利项目中来选择组合属于自己的一套福利“套餐”。每一个员工都有自己“专属的”福利组合。另外，弹性福利制非常强调员工参与的过程。例如，美国桂格燕麦公司在1992年成立福利小组，这个小组有15名成员，除了两名是福利部门的代表外，其他13位都是自愿参加的员工（来自不同单位)。为了解大家的需求，这个小组还实行了角色扮演，希望从别人的角度来知道他人的需要，企图规划出大家认为最需要的福利。

事实上，实施弹性福利制的组织，并不会让员工毫无限制地挑选福利措施，通常公司都会根据员工薪水、年资和家眷等因素来设定每一个员工所拥有的福利限额。而在福利菜单上所列出的福利项目都会附一个金额，员工只能在自己的限额内任购喜欢的福利。

### (二) 弹性福利制的类型

弹性福利制从20世纪70年代初开始兴起，历经20多年发展，已经演变出多种不同的类型。

1. 附加型

附加型弹性福利计划是最普遍的弹性福利制。所谓附加，就是现有的福利计划之外，再提供其他不同的福利措施或扩大原有的福利项目的水准。让员工去选择。例如某家公司原先的福利计划包括房租补贴、交通补助费、意外险、带薪休假等。如果该公司实施此型的弹性福利制，它可以将现有的福利项目及其给付水准全部保留下来当做核心福利，然后再根据员工的需要，额外提供不同的福利措施，如国外休假补助、人寿保险等。通常都会标上一个“金额”作为“售价”。

每一个员工则根据他的薪资水准、服务年资、职务高低或眷属数等因素，发给数量不等的福利限额，员工再以分配到的限额去认购所需要的额外福利。有些公司甚至还规定，员工如未用完自己的限额，余额可折发现金，不过现金的部分于年终必须合并其他所得课税。此外，如果员工购买的额外福利超过了限额，也可以从自己的税前薪资中扣除。

2. 核心加选择型

此类型的弹性福利计划由一个核心福利和弹性选择福利所组成。核心福利是每个员工都可以享有的基本福利，不能自由选择，可以随意选择的福利项目则全部放在弹性选择福利之中，这部分福利项目都附有价格，可以让员工选购。员工所获得的福利限额，通常是未实施弹性福利制前所享有的福利，总值低于其所拥有的限额，差额可折发现金。

3. 弹性支用账户

弹性支用账户是一种比较特殊的弹性福利制。员工每一年可以从其税前总收入中拨取一定数额的款项作为自己的“支用账户”，并以此账户去选购雇主所提供的各种福利措施。拨入支用账户的金额不需扣缴所得税，不过账户中的金额如未能在年度内使用完，余额就归公司所有，既不可在下一个年度中使用，亦不能够以现金的方式发放。各种福利项目的认购款项如经确定就不能挪用。例如，开在眷属抚养补助项下的款项，就不能挪到法律咨询服务项下，而已开立账户也不能用在未开设的项目上。此制度的优点是福利账户的钱不用纳税，相当于增加净收入。

（三）弹性福利制的现存问题

（1）部分员工在选择福利项目时未仔细考虑或只看近利，以至于选择了不实用的福利项目。

（2）在美国，一些工会反对弹性福利制，因为公司实施了弹性福利制以后，使工会丧失了和资方讨价还价的机会。

（3）实施弹性福利制，通常会伴随着繁杂的行政作业。尤其在登录员工的福利资料或重新选择福利项目时，会造成承办人员的极大负担。

（4）实施弹性福利制初期，行政费用会增加，成本往往不减反增。

## 六、社会保险与住房公积金

1. 社会保险的概念与特点

公民在年老、疾病、工伤、失业、生育等情况下依法从国家和社会获得物质帮助是一项宪法权利，社会保险是公民从国家和社会获得物质帮助最主要的一种途径。大力发展社会保险事业，是深入落实科学发展观、促进经济社会全面协调可持续发展的必然要求；是构建社会主义和谐社会、实现国家长治久安的重要保证；是健全社会主义市场经济体制、推进改革开放和现代化建设的重要任务；是坚持以人为本、执政为民执政理念，代表最广大人民根本利益的具体体现。为了规范社会保险关系，维护公民参加社会保险和享受社会保险待遇的合法权益，使公民共享发展成果，促进社会和谐稳定，根据《中华人民共和国宪法》，《中华人民共和国社会保险法》于2010年10月28日通过，并定于2011年7月1日起正式实施。

（1）社会保险的特点

①社会共济。社会保险在全社会范围内统一筹集资金，建立保险基金，实行互助共济，集合多数人的力量来均衡分担少数人遭遇的社会风险。

②责任分担。社会风险应由全体社会成员共同承担，个人、用人单位、国家都应承担社会保险责任。

③国家干预和主导。社会保险具有强制性，通过立法强制单位和个人参加，政府参与组织社会保险的组织和运作。

（2）社会保险的功能

①防范风险，包括人身风险与工作风险。人身风险又包括年老、疾病、工伤、生育风险，工作风险包括失业风险。社会保险将个人风险转化为社会风险，让社会为个人风险买单，避免个人遭遇风险时因独木难支而陷于困境甚至绝境，保障其生存尊严。

②维稳功能。社会保险是社会稳定的“调节器”，不仅可以使社会成员产生安全感，还能缓解社会矛盾。

③利于实现社会公平。社会保险可以通过强制征收保险费，设立保险基金，对收入较低或失去收入来源的社会成员给予物质帮助，在一定程度上实现社会的公平分配。

④利于劳动力的再生产。对于那些暂时退出劳动岗位的社会成员，社会保险可以确保其基本的生活需要，使劳动力的供给和再生产成为可能。

2. 社会保险的主要内容

（1）基本养老保险制度

基本养老保险制度是指缴费达到法定期限且个人达到法定退休年龄后，国家和社会提供物质帮助以保证年老者稳定、可靠的生活来源的社会保险制度，其目标是实现“老有所养”。基本养老保险制度由三部分组成，即职工基本养老保险制度、新型农村社会养老保险制度、城镇居民社会养老保险制度。

职工基本养老保险覆盖范围：企业职工、灵活就业人员、事业单位职工和公务员和参照《中华人民共和国公务员法》管理的工作人员。

基本养老金由统筹养老金和个人账户养老金组成。

社会统筹养老金：社会统筹养老金来自于由用人单位缴费和财政补贴等构成的社会统筹基金，根据个人缴费年限、缴费工资、当地职工平均工资等因素确定。社会统筹养老金 =（参保人员退休时当地上年度月平均工资 + 本人指数化月平均缴费工资）÷2×缴费年限×1%。

个人账户养老金：个人账户养老金月标准为个人账户储存额除以计发月数，计发月数根据职工退休时个人账户金额、城镇人口平均预期寿命和本人退休年龄等因素确定。

（2）基本医疗保险制度

基本医疗保险制度是指按照国家规定缴纳一定比例的医疗保险费，在参保人因患病和意外伤害而发生医疗费用后，由医疗保险基金支付其医疗保险待遇的社会保险制度，其目标是实现“病有所医”。基本医疗保险制度由三部分组成，即职工基本医疗保险制度、新型农村合作医疗制度和城镇居民基本医疗保险制度。

这里侧重介绍职工基本医疗保险覆盖范围和缴费的规定。职工基本医疗保险覆盖范围为城镇所有用人单位及其职工都要参加基本医疗保险，包括企业、机关、事业单位、社会团体、民办非企业单位及其职工。筹资方式是由基本医疗保险费由用人单位和职工双方共同负担，用人单位缴费比例控制在职工工资总额的6%左右，职工缴费比例一般为本人工资收入的2%。职工个人缴纳的基本医疗保险费，全部计入个人账户；用人单位缴纳的基本医疗保险费分为两部分，一部分用于建立统筹基金，一部分划入个人账户。

（3）工伤保险制度

工伤保险制度是指由用人单位缴纳工伤保险费，对劳动者因工作原因遭受意外伤害或者职业病，从而造成死亡、暂时或者永久丧失劳动能力时，给予职工及其相关人员工伤保险待遇的一项社会保险制度。

根据2004年国务院通过的《中华人民共和国工伤保险条例》，对工伤保险的适用范围、工伤保险基金、工伤保险的认定、工伤保险待遇、劳动能力鉴定等都作了详细规定。而且各省都制定了相应的实施办法，使得该条例更有可操作性。

《中华人民共和国工伤保险条例》规定：工伤保险费由企业按时缴纳，职工个人不缴费。工伤保险缴费实行行业差别费率和企业浮动费率。根据不同行业的工伤事故风险和职业危害程度确定不同的行业费率；工伤保险基金在直辖市和设区的市实行全市统筹，其他地区的统筹层次由省、自治区人民政府确定。

工伤保险基金支付的待遇主要包括：工伤医疗期发生的医疗费用；工伤医疗期结束后根据劳动能力丧失程度确定的伤残补助金、抚恤金、伤残护理费等。2001 年年底，全国平均工伤保险费率为1%左右，参加工伤保险的职工达4 345万人。没有参加工伤保险的单位，仍由该单位承担支付工伤待遇的责任。

（4）失业保险制度

失业保险制度是指国家为失业而暂时失去工资收入的社会成员提供物质帮助，以保障失业人员的基本生活，维持劳动力的再生产，为失业人员重新就业创造条件的一项社会保险制度，即指依法筹集失业社会保险基金，对因失业而暂时中断劳动、失去劳动报酬的劳动者给予帮助的社会保险制度。其目的是通过建立社会保险基金的办法，使员工在失业期间获得必要的经济帮助，保证其基本生活，并通过转业训练、职业介绍等手段，为他们重新实现就业创造条件。

失业保险制度的主要内容包括：建立专项基金；建立专门管理机构；健全对失业员工的管理和服务；建立转业训练和生产自救实体。

（5）生育保险制度

生育保险制度是指由用人单位缴纳保险费，其职工或者职工未就业配偶按照国家规定享受生育保险待遇的一项社会保险制度。

1994年，为配合《中华人民共和国劳动法》的贯彻实施，维护企业女职工的合法权益，保障她们在生育期间得到必要的经济补偿和医疗保健，均衡企业生育费用负担，在总结各地改革经验的基础上，劳动部颁布了《企业职工生育保险试行办法》（以下简称《办法》），对生育保险制度改革的内容、标准、形式等予以规范。

3. 社会保险实施的重大意义

1935年，美国颁布了社会保障法，标志着人类史上现代社会保障制度跨出了一大步。1994年，中华人民共和国将社会保险纳入国家立法规划，2007年年底提请全国人大常委会初次审议，此后三年审议四次的《中华人民共和国社会保险法》终于在2010年10月底通过审议，这是我国出台的第一部社保领域的综合性大法。

基本养老保险“全国统筹”目标首次确立意义重大。我国养老保险事业发展中存在许多问题，如养老保险关系跨地区转移难、养老保障地区差别大等问题都与养老保险统筹层次低有直接关系。我国社会保险法确立了“全国统筹”目标，意味着不同地区的企业缴费率将统一，有助于推动企业之间的公平竞争，实现劳动力跨地区自由流动、全国范围内优化配置人力资源，解决养老保险关系跨地区转移难题，地区之间养老金待遇差距也会缩小。

建立和完善城镇居民社会养老保险制度，省、自治区、直辖市人民政府根据实际情况，可以将城镇居民社会养老保险和新型农村社会养老保险合并实施，这体现了城乡统筹发展的原则。过去我国的社会保障制度具有显著的二元特征，城乡差距大。社会保险法在缩小城乡差距、促进城乡统筹发展方面取得了进展。城市居民基本医疗保险模式和新型农村合作医疗制度模式、资金来源、筹资方式、待遇标准也正在朝着一致的方向努力。

相关法律条文规定：参加基本养老保险的个人，达到法定退休年龄时累计缴费不足15年的，可以缴费至满15年，按月领取基本养老金；也可以转入新型农村社会养老保险或者城镇居民社会养老保险，按照国务院规定享受相应的养老保险待遇。个人跨统筹地区就业的，其基本医疗保险关系随本人转移，缴费年限累计计算。社会保险行政部门和卫生行政部门应当建立异地就医医疗费用结算制度，方便参保人员享受基本医疗保险待遇。外国人在中国境内就业的，参照本法规定参加社会保险。新法体现了以人为本的理念，许多规定更具人性化。对参加养老保险制度比较晚的劳动者、缴费不连续的农民工、灵活就业人员都是非常大的利好。更多的劳动者会因此实现老有所养。新法让养老、医疗保险异地“漫游”，不仅给参保者带来方便，也会极大地鼓励养老医疗保险事业的发展。外国人可以参保的规定体现了对在华外籍人士的人文关怀，利于吸引和留住外籍优秀人才，为我国的发展服务。

相关法律条文规定：用人单位未按时足额缴纳社会保险费的，由社会保险费征收机构责令其限期缴纳或者补足。社会保险费征收机构可以向银行和其他金融机构查询其存款账户；并可以申请县级以上有关行政部门作出划拨社会保险费的决定，书面通知其开户银行或者其他金融机构划拨社会保险费。社会保险费征收机构可以申请人民法院扣押、查封、拍卖其价值相当于应当缴纳社会保险费的财产，以拍卖所得抵缴社会保险费。过去20多年的社保制度实施过程中，经常出现社会保险费征缴困难。有一些企业是因为经营困难等原因没有能力缴纳，但也有一些为有意规避。没有强制手段，社保制度难以持续发展，劳动者权益也难以得到保障。新法强化了用人单位缴纳职工社会保险费的义务，并规定了对用人单位不缴纳社保费可以采取的强制措施。

4. 住房公积金

住房公积金是单位及其在职职工缴存的长期住房储金，是住房分配货币化、社会化和法制化的主要形式。住房公积金制度是国家法律规定的重要的住房社会保障制度，具有强制性、互助性、保障性。单位和职工个人必须依法履行缴存住房公积金的义务。职工个人缴存的住房公积金以及单位为其缴存的住房公积金，实行专户存储，归职工个人所有。这里的单位包括国家机关、国有企业、城镇集体企业、外商投资企业、城镇私营企业及其他城镇企业、事业单位、民办非企业单位、社会团体。

住房公积金有如下性质：

（1）保障性，建立职工住房公积金制度，为职工较快、较好地解决住房问题提供了保障。

（2）互助性，建立住房公积金制度能够有效地建立和形成有房职工帮助无房职工的机制和渠道，而住房公积金在资金方面为无房职工提供了帮助，体现了职工住房公积金的互助性。

（3）长期性，每一个城镇在职职工自参加工作之日起至退休或者终止劳动关系的这一段时间内，都必须缴交个人住房公积金；职工所在单位也应按规定为职工补助缴存住房公积金。

住房公积金有如下特点：

（1）普遍性，城镇所有在职职工，无论其工作单位性质如何、家庭收入高低、是否已有住房，都必须按照《住房公积金管理条例》的规定缴存住房公积金。

（2）强制性（政策性），单位不办理住房公积金缴存登记或者不为本单位职工办理住房公积金账户设立的，住房公积金管理中心有权责令限期办理，逾期不办理的，可以按《条例》的有关条款进行处罚，并可申请人民法院强制执行。

（3）专用性，《住房公积金管理条例》明确规定：职工住房公积金应当用于职工购买、建造、翻建、大修自住住房，任何单位和个人不得挪作他用。

（4）福利性，除职工缴存的住房公积金外，单位也要为职工交纳一定的金额，而且住房公积金贷款的利率低于商业性贷款。

（5）返还性，职工离休、退休，或完全丧失劳动能力并与单位终止劳动关系，户口迁出或出境定居等，缴存的住房公积金将返还职工个人。

职工有下列情形之一的，可以提取职工住房公积金账户内的存储余额：

（一）购买、建造、翻建、大修自住住房的；

（二）离休、退休的；

（三）完全丧失劳动能力，并与单位终止劳动关系的；

（四）出境定居的；

（五）偿还购房贷款本息的；

（六）房租超出家庭工资收入的规定比例的。

职工和单位住房公积金的缴存比例均不得低于职工上一年度月平均工资的5%；有条件的城市，可以适当提高缴存比例。具体缴存比例由住房公积金管理委员会拟订，经本级人民政府审核后，报省、自治区、直辖市人民政府批准。

单位不办理住房公积金缴存登记或者不为本单位职工办理住房公积金账户设立手续的，由住房公积金管理中心责令限期办理；逾期不办理的，处1万元以上5万元以下的罚款。单位逾期不缴或者少缴住房公积金的，由住房公积金管理中心责令限期缴存；逾期仍不缴存的，可以申请人民法院强制执行。

## 第八节　组织人工成本管理

### 一、组织人工成本的概念和构成

人工成本是指雇主因雇用劳动力而发生的费用。它包括对已完成工作的报酬，对有关未工作而有报酬的时间、红利、食品等费用及其他实物的支付，社会保险费用，培训费用，福利服务和其他费用，还有人工费用的税收。我国组织人工成本构成大致如下：①员工工资总额；②员工福利费用；③员工教育经费；④劳动保险费；⑤失业保险费：⑥劳动保护费；⑦公益金。

### 二、确定合理人工成本的因素

确定合理人工成本的因素有以下三方面：

#### （一）组织的支付能力

薪资水平，即组织平均每一位员工的薪酬是由各种生产率决定的，一个重要的原则是应当使生产率的增长优于薪酬的增长。与组织支付能力相关的指标有：

（1）人工成本总量指标。人工成本总量指标反映的是组织人工成本的总量水平。考虑到组织规模的差异，通常用人均人工成本指标对组织的支付能力进行分析和控制。

（2）人工成本结构指标。它是指人工成本各组成部分占人工总成本总额的比例，可反映人工成本投入构成状况与合理性。当某一项开支比例过高，比如福利，则需分析是否薪金被压缩了，从而减弱了激励作用，则需适当调整。

(3) 人工成本分析比率型指标。它是指一组能将人工成本与经济效益联系起来的相对数，一般包括劳动生产率、人工费比率、劳动分配率、人工成本占总成本的比重等指标。通过这些指标，组织可以衡量组织对劳动的投入与受益，从而寻求最佳的人工成本投入和产出的“度”。

### (二) 员工的基本生活费用

用于保障员工某一水准生活费用的工资，是组织“非支付不可的薪酬”，是合理人工成本的下限。因此，组织应把按支付能力计算的所能支付的工资与员工的基本生活费用所需要的工资均衡后，再确定合理的人工成本。

### (三) 工资的市场行情

组织所支付的薪酬水平应保证组织在劳动力市场上具有一定的竞争力，否则会导致人才短缺或外流。因此，确定合理人工成本还要考虑一般的市场行情。

## 三、非经济报偿

近年来，随着经济的发展，一些员工已大体上能够满足他们的基本的生理和安全需求了。因此他们的兴趣已转向了报酬（金钱）之外的因素。因为当员工能够获得足够的现金来支付基本生活用品后，他们就倾向于希望得到可以满足更高需求的酬劳。具体地讲，社会需求、自我需求和自我实现需求变得更加重要了。这些需求可通过工作本身或工作环境得到满足。

### (一) 工作

一份工作是由为达到组织目标必须完成的一组任务构成的。作为人力资源管理部门可以通过参与工作设计、制定工作说明书与工作规范和会同有关部门共同建立起以工作要求、员工能力和薪酬相匹配的激励机制等一些非经济报偿，来进一步拓展工作报酬的内容与方式，

### (二) 工作环境

工作环境也是非经济报偿的一个重要方面。令人感到温暖的、有激励作用的组织文化是非常重要的。许多公司只是做“口头鼓励”来给工作更多奖励；可是，另有一些公司则全力以赴改善工作环境中的许多因素。这些因素包括：

1. 合理的政策

良好稳定的管理与报酬政策和落实到位的实践操作能表达雇主对处理与员工关系方面的诚意，可以起到积极的鼓励作用。

2. 称职的管理

在工作环境中，没有什么能比不合格的主管那样容易降低员工积极性了。成功的公司提供强调监督和行政管理发展的各种连续方案，在可能的范围内，这些方案保证合理领导和管理的连续性。

3. 志趣相投的合作者

尽管这个世界上的一些人可以自给自足，相当自信，宁愿一个人独处，但这种态度并不普遍，大多数人不同程度地有一种想被他们的工作集体接受的愿望。获得接受将使他们的基本生活需要得到满足。所以管理人员共同努力发展和谐共存的工作小组是十分重要的。

4. 恰当的地位标志

一些公平的或略超过的地位标志也可以起到激励作用，如办公室的规模和位置、办公桌椅的大小与质量、任命的头衔与社会地位、地板品牌、汽车品牌和汽车牌号的大小等等都是可以应用的激励手段与方式。但需牢记的重要一点就是，要公平地提供这些标志。

5. 舒适的工作条件

如具备良好的照明、空调的清洁环境中工作会使人心旷神怡。另外，在安全的环境中也可以使人消除紧张情绪，使人形成稳定心态。

### （三）灵活的工作制度

1. 弹性工作时间制

在一定限度内允许员工选择他们自己的工作时间段，叫做弹性工作时间制。20 世纪 60 年代，德国首次引用了这一制度，此后传遍欧洲和美国。在近年一次对来自美国和加拿大各地的各种规模、各个领域公司的调查中发现，已有 30% 的公司使用了弹性工作时间制，这是 1977 年所记录数字的两倍。

在弹性工作时间制中，员工每天的工作时间与标准工作时间制相同。然而，他们获准在一个叫做“带形宽度”的范围内完成这些工作时数，这一带宽是每个工作日的可工作最长时间。“核心时间”是每天所有员工必须出勤的时间段。“弹性时间”是职工可调整他们自己的时间表与时间段。一个常见的日程表明是，允许员工在早晨 6 点至 9 点之间开始工作，下午 3 点至 6 点间完成他们当天的工作。

弹性时间工作制最重要的特征可能就是，它允许员工调整自己的时间以把个人需求和工作要求之间的矛盾减到最小。有了弹性工作时间制，个人需求可以得到调整，员工不会再受非法利用病假的诱惑。弹性工作时间制还允许员工在他们认为可以最大限度发挥工作能力的时间段内工作。

但弹性工作时间制并非适合于所有类型的公司。例如，它在装配线操作中和采用多班轮换制的公司中的使用，受到很大限制。然而弹性工作时间制在许多情况下是可行的，会使员工和雇主均受益。十分明显的是，弹性工作时间制这种计划的使用，符合员工特别是年轻员工更大程度地控制自己工作情况的愿望。

2. 压缩工作周

任何一种允许员工用少于 5 天工作制的天数完成其工作职责的工作时间安排都叫做压缩工作周。一般压缩工作周为 4 个 10 小时的工作日。这样来安排工作，员工会感到更加满意。而且，压缩工作周提供了更好地利用空闲时间安排家庭生活、处理个人事务及进行娱乐活动的潜力。此外，还有诸如生产率的提高；调离人数及旷工人数的减少等优点。

实行压缩工作周制度要注意的问题：一是要防止工作质量的降低；二是要解决好

由于实行压缩工作周制度而出现的与客户服务不同步的问题。

3. 工作分担

对那些每周不想干满 40 小时工作的人来说，工作分担是一种极具吸引力的工作方法。按这种方法两名兼职员工以基种一致同意的方式分担一份工作职责，根据各自的贡献获酬。在雇主看来，他只为一份工作支付了薪酬却可以得到两个员工的创造力。由于提供了额外薪酬，所以整个经济报偿费用可能增加，但这种开支可以通过生产率提高而抵消。工作分担对那些家庭负担较重和年纪较大并希望晚些退休的工人最具吸引力。

4. 弹性报酬（自助食堂式报酬）

弹性报酬计划允许员工从多种方案中选择一种分配其经济报偿的方式。员工有较大的自由度来决定其薪水、寿险、养老金投入和其他福利所采取的形式。自助食堂式报酬计划也具有一定的灵活性，允许每位员工选定最能满足其具体需求的一揽子报酬计划。

大约 20 年以前，一些公司制定了一种通常反映“典型”员工情况的统一计划。其一般原型为一位已婚男性，年龄为 40 岁，有一位不工作的妻子，两个尚未独立的子女，一个负担很重的家庭。今天，劳动力已变得参差不齐了，这种原型不再是典型的例子了。为适应这种多样性，弹性报酬计划被证明是一种令人满意的解决办法。最近一次研究表明，弹性报酬计划越来越受雇主的欢迎。据估计，美国大约有 1 500 家中型至大型组织有这样的计划。

自助计划背后的基本原理是，员工有个人的需求和爱好。一位 60 岁的男子可能不会要求保险计划中包括产妇福利。同样，一位 25 岁每天通常慢走 3 千米的女士也不会十分强调公司入口处要有一个车位。

很显然，组织不会允许员工挑选所有的报酬方式。法律所规定的福利必须提供给员工，此外还要使每名员工享有核心福利，尤其使其享有在退休和医疗保险方面的福利是十分明智的做法。对许多员工来说，一些指导性原则从长远的观点看可能十分有帮助。自由选择最理想的福利形式似乎使一个人的报酬价值最大化。在制定具体薪酬计划时，还应有效地将各项福利的成本告诉给所有员工。

尽管弹性报酬计划增加了组织的行政管理负担，但总的来看，优点多于缺点，这种制度在将来会更为普及。

5. 固定的兼职工作

使用固定兼职工的做法在美国愈演愈烈。这种方法使就业需求和家庭需求同时得到满足，从而为劳动力市场增加了许多高素质的劳动者。

6. 修订的退休制度

修订的退休制度允许老年员工在退休前的一定时期内，工作时间可以少于常规小时数。这一规定使员工避免了生活方式的骤然变化，并且可以使其更从容地过渡到退休。

为了促进劳动力形式的多样化，组织需要开发灵活的工作地点。这种异动在一些公司里明显受到了抵制。例如，在一些公司中，那些采用弹性工作时间的人被认为是职业自杀。长期以来“上班便等于生产效率”的观点仍然是许多组织文化中的一部分。

弹性选择权似乎在全面质量管理环境中使用效果最好，这种环境的主要特征是自由、信任、负责和尊重。令人鼓舞的是，有些公司正在改变工作和劳动的传统方法，不仅降低了成本，而且缓解了工作和家庭责任之间的冲突，也吸引和留住了合格的员工。如果这些目标得以实现的话，公司变得更赋有效率看起来是很合理的。

### 四、薪资保密和薪资压缩

#### （一）薪资保密

组织总是出于各种原因对员工的薪资进行保密。从保护个人隐私和防止员工之间没必要的攀比心理扩大与随之带来消极工作行为来说有其积极的一面。

然而，保密也会带来消极的后果。如果员工不能轻易获得薪酬数据，则小道消息就会用来满足这一需求。可是小道消息传播快，有时还缺乏准确性，因而会变成错误出处和误解的源泉。此外，不知道其公司薪资管理人员倾向于高估其周围管理者的工资，而低估其较高层次管理者的薪资。这种感觉会削弱差别工资系统所引发内在部分动力，而且间接地起到相反作用。

#### （二）薪资压缩

组织通常尽力想达到内部与外部均公平。然而实际上这通常是很困难或甚至不可能完成的。例如，为了吸引一位工程师到公司来，通常要支付较高的薪水，但是，雇用这类员工往往会影响内部的公平。正如工作评价所确定的那样，公司内的其他工作可能对公司更有价值，但做这些工作的员工的薪资现在却比一些工程师低。这种情况下，公司牺牲了内部公平，因为在这种情况下几乎别无选择，公司必须确保工程师的工作岗位。这类情形会导致一种被称为“薪资压缩”的麻烦问题。

薪资压缩往往会导致从事高级工作的员工的不满，而且薪资压缩造成新的薪资结构线走势平缓，也会对员工经济上的激励的减弱。

## 第九节　年薪制

### 一、年薪制基本概念

年薪制又称年工资收入，是指以组织会计年度为时间单位，所计发的工资收入，主要用于公司经理、组织高级职员的收入发放，又称为经营者年薪制。年薪制以往主要在国外的组织中实行，在我国只有少数组织实行，但是因为各方面条件还不成熟，目前尚难以广泛推行。

经营者实行年薪制具有以下特点：一是以组织的一个生产经营周期——年度为时间单位，计发薪酬；二是这是一种风险薪酬制度，依靠的是约束和激励相互制衡的机制；三是它将组织生产经营者的业绩与其薪酬相互挂钩。

实施经营者年薪制的组织必须具备以下条件：

（1）建立现代的组织制度。现代组织制度的特点是：组织所有权与经营权的分离，以保证经营者有高效、独立的经营决策权；实行公开招聘，优胜劣汰的用人制度；以契约形式规范经营者的责、权、利，管理、监督机制科学、严密。

（2）组织外在的评估机制科学、完善。首先要有一套全面反映组织状况的指标体系，其次要有社会评估机构的介入，以保证经营者的收入与其绩效公正、客观、有效地挂钩。

（3）完善的组织家人才市场。没有完善的组织家人才市场，就难以获得充分、合适的组织家人才。那么，再好的组织制度和评估体系都是枉然。

（4）健全的股市和股权制度。由于年薪制的结构一般为“基本薪酬（吃饭钱）+奖励薪酬（辛苦钱）+风险收入”，其中，风险收入部分一般由股权或期权构成，与股票市场和体制有着紧密的关系，所以，年薪制真正的顺利施行往往要依赖于股票市场和体制健全。

## 二、国外的年薪制

当前，国外的年薪制一般由五个部分构成，即：年薪 = 基本薪酬 + 奖金 + 长期奖励 + 福利 + 津贴

1. 基本薪酬

属于经营者的固定收入，是保证他和他的家人日常生活的基本生活费用。但这一部分也并非绝对不变，随着经营者工作年限、工作表现以及物价等的变化，基本薪酬也可以作适当调整。

总的来说，基本工资在经理人员总收入中所占比重要小于普通职工。在美国组织中，基本工资在普通职工总收入中所占比重为95%左右，在日本组织中为70%～80%。而基本工资在美国经理人员收入中，只占40%～80%。1978年美国克莱斯勒汽车公司面临危机时，艾科卡出任总经理时，年薪中基本工资为1美元仅是个特例。

总经理的巨额收入绝大部分都是来自激励工资。比如迪士尼乐园总经理艾斯纳的总收入中，基本工资为每年75万美元。这虽然不是一个小数字，但在艾斯纳的总收入中占的比重是很小的。1988年，艾斯纳仅从股票期权计划中得到的总收入就超过了3 200万美元。1989年，艾斯纳的红利收入为750万美元，为其基本工资的10倍。1990年，艾斯纳的红利收入超过1 000万美元。

2. 奖金

这是对经营者业绩的短期奖励收入，约占总收入的25%，一般是1～2年，是不固定的收入。

3. 长期奖励

时间约为3～5年，占总收入的35%左右，通常以股票期权的形式支付。好的年薪制，会把这一部分设计得相当精彩。经理人员的绩效与之紧密挂钩，如果获得了好的成就，就能够得到很高的回报。例如，全球最受赞誉的通用电气公司总裁杰克·韦尔奇1998年的总收入高达2.7亿美元以上，其中股票期权所获得的收益占96%以上。

股票期权，作为一种薪酬制度，不同于人们通常所说的作为金融衍生工具的股票期权。作为薪酬制度的股票期权，通常是指“经理股票期权”（ESO），指的是组织给予员工（主要是高级管理层）的一种权利，即管理者可以凭此权利在一定时间内以一个固定的价格购买该组织一定数量的股票。

期权被授予时的价格称之为“施权价”，这个价格通常就是授予当时的股票市场价格。对于一个股票期权计划的受益者来说，当然是希望组织的股票价格不断上涨，这样他们就可以以较低的施权价行使期权购买股票，然后再以较高的价格出售，从中获得公司股票价格上涨的“价差”收益。对于一个强势市场或者是一个半强势市场来说，这个价差的多少是与经营者的努力密切联系的，因此实施了股票期权计划的管理层会努力改善经营，提高效率，这就是股票期权的激励机制所在。

另外，因为该种期权计划通常是要一年以后方可实行，而且公司的股价是长期盈利能力的反映，因此股票期权计划具有长期激励的特点，它能引导公司的管理层将公司经营的目标定位于中长期，这是其和其他的报酬激励机制相比较为优越的地方。

对恰当的报酬支付安排给予认真考虑是非常重要的，因为适用长期激励效果的组织大部分是技术含量较高的组织或是优秀的现代组织，不当的安排将会给组织带来危险。如1995年由尼克·李森引起的高达8.6亿英镑的损失，导致了巴林银行的倒闭，其原因正是对利润和奖金无节制的、不顾一切的发放。事实上，同只是对员工付以基本工资或薪水而需要投入的管理精力相比，如果采用长期激励方案，这些方案会要求大量的、甚至是更多的管理精力才能实现业绩目标。

4. 福利

福利主要是为经营者提供休假和各种保险待遇等。经理人员的福利一般高于普通员工，有免费小车和私人司机、豪华办公室和俱乐部会员卡等。许多公司为了留住这种宝贵的人力资源，不惜代价地提高经理人员的福利水平。经理人员的福利之高，从其离职费中可以窥见一斑：20世纪80年代以来，类似于离职费的特殊福利“金降落伞”变得非常流行。但其数额之大是普通职工望尘莫及的。那比斯科公司被收购后，总经理约翰逊（P. R. Johnson）离职，拿到“金降落伞”收入5 300多万美元，那比斯科公司的高级管理人员另有其他数人也拿到千万美元以上。

## 三、我国的经营者年薪制

在市场经济中，如何对国有组织的经营者实施有效的激励和监管，是我国国有组织经营机制改革的一项重要内容。长期以来，我国围绕这个问题进行了多方面的尝试，包括实行承包制、党委负责制、总经理负责制、党委书记领导下的总经理负责制、新三会和老三会相结合的体制以及现在人们耳熟能详的年薪制、经营者个人（群体）持股等，但效果均不尽如人意。

如著名的“冯根生难题”：冯根生是闻名全国的企业家，他所在的组织正大青春宝集团发展从小到大，固定资产由26万元发展到7亿元，冯根生功不可没。而他个人的收入却不能同比例地增长，只能按他的行政级别按月领取工资。最近，他所在的组织集团进行改制，按规定，作为总裁的冯根生必须认购价值300万元的2%的股份。然而冯根生却拿不出这300万元，能否继续担任改制后的集团总裁，就成了摆在冯根生眼前的难题。

也正是当年薪制与经营者持股等“踉踉跄跄”之后，股票期权制才终于浮出水面。这个游戏规则的妙处在于，变短期行为为长期行为，不搞普惠制，把高额回报建立在组织升值基础上。经营者的天赋与才能，这个在短期内无法量化的因素在长期的经营中获得了量化的可能，从而使激励手段变得科学和可操作。人们普遍认为期权制的引入，可以成为打破目前国企改革僵局的一个重要突破口，并在新一轮国企改革中建立起有效的国企经营者的激励与约束机制。如果我们早一些实行期权制，有的老总或许不至于进“班房”，有人认为现在是到了用“金”手铐代替“钢”手铐的时候了。然而中国真正的股票期权计划却踯躅不前。或者说鉴于国情，我们现在实行的所谓的“股票期权”在适用范围、激励主体、股票来源、股权获取方式、资金来源及股票的转让和兑现等方面体现了更多的“中国特色”。

如武汉国资公司对组织法定代表人实行年薪制，年薪由基薪收入、风险收入和年功收入三部分组成。其中，基薪收入是年度经营的基本报酬，是由国资公司根据组织上一年度的经营效益确定，按月以现金方式支付；年功收入是以前年度经营业绩的累积报酬，由国资公司根据组织法定代表人的任职时间和工作业绩综合评定，在风险收入兑付时一次性兑付；风险收入则是年度经营效益的具体体现，由国资公司根据经营责任书及组织实际经营业绩核定，该部分收入中的30%以现金兑付，其余部分转化为股票期权（对于非上市有限公司，则转化为股份期权）。办法是，国资公司将剩余70%的风险收入在该组织年报公布一个月后购入公司股票（对于非上市公司，则按组织每股净资产折算成相应股份），同时由经营者与国资公司签订股票托管协议，期股到期前这部分股权的表决权由国资公司行使。该年度购入的股票在第二年国资公司下达业绩评定书后的一个月内，返还上年度风险收入总额的30%给组织法定代表人，第三年再返还30%，剩余的10%累积留存。

从上述介绍可以看出，武汉市股票期权与国外股票期权还是有很大区别的。首先一点，股票期权应该是给予经理人员购买公司股票的权利，他可以选择购买公司股票，也可以放弃购买。股票期权强调更多的是一种权利，而不是义务。但武汉市股票期权却是强制性地将持有人的风险收入先期转化成了股票，使得持有人失去了可以选择的权利。

股票期权制不能无土栽培，之所以我们现在实行的所谓的“股票期权”有点四不像，正是缘于在我国建立股票期权计划还存在着很多制度障碍。

一是实施股票期权计划的股票来源问题。在国外，用于期权计划的股票一般是已发行但未流通的“库存股票”，而我国在新股发行和股份回购方面还存在着一些制度障碍。

二是股票期权的实施不仅仅有《中华人民共和国公司法》、《中华人民共和国证券法》方面的条件，它还需要诸如税务、证券监管部门的配合，需要很多配套法规的支持约束。

三是我国还缺乏规范的资本市场和职业经理人市场。在国外的股票市场中，股价可以基本反映公司的经营业绩，这是实施股票期权计划的一个前提条件。而我国的股票市场是一个弱效率市场，市场的投机性很高，股价还不能反映上市公司的经营状况，没有上市的组织则更无可供参考和流通转让的市场。同时，股票期权的实质是通过市场来为经理人员定价并由市场付酬，以及通过这样的市场机制来促进经理人员的流动并实现资源的合理配置。但在我们这样一个职业经理人严重缺乏的国度，经理人员的流动更多的是因为行政性的调动而不是听从市场的召唤，股票期权的有效性恐怕就要大打折扣了。

四是实行股票期权制还有一个观念的问题。按传统观念，作为国企领导人，如果从国有资产中获得与其他职工收入相差悬殊的利益，那么如何体现“为人民服务”的老总角色？又如何处理与其他管理者和员工的关系？在当初搞年薪制时，就有不少老总把年薪制中所得奖励“贡献”给了组织基金，其中的无奈也是值得去思考的。

制度的变迁需要时间，观念的改变更需要时间，我国的股票期权或许只是一个未成熟的苹果，不过相信它一定会成熟的。

## 思考题

1. 薪酬的作用有哪些？如何才能使薪酬发挥应有的作用？
2. 影响薪酬制度的因素有哪些？
3. 简述组织工资制度的制定过程。
4. 简述工资结构线的作用。
5. 组织对员工进行奖励一定会提高员工的积极性吗？

## 案例阅读

### 之一：杰克·韦尔奇的成长历程

世界第一经理人杰克·韦尔奇的成长历程充分说明了恰当的薪酬制度对留住组织高级技术和管理人员的重要性，因为这种职员对不公平薪酬的忍耐限度往往非常低。

韦尔奇在取得化学博士学位以后，选择了通用电器公司。“它在马萨诸塞州，也就是我的发迹处，所以感觉上就好像是回家一般。”而且他感觉到，在一个规模极大的公司体系中，可以将自己的博士学问派上最大的用场。干了一年之后，1961 年 10 月，他得到了第一次的年度评语，他创造了一种非常快速的流程，因此对他的评价很高。但公司只按标准给他加了 1 000 美元的年薪。因为无论表现得好与坏，每个人都获得了同样的加薪。他感到非常气愤和沮丧，把自己的老板称做“吝啬鬼”，并毅然地辞去了工作，接受了位于芝加哥的国际矿物化学公司提供的职位。但就因为薪水问题，他呆了仅仅一年又辞了工。

就在第二位老板准备为他开欢送晚会的头天晚上，通用电器公司总经理亲自飞到这个城市，向他提出了几乎无法拒绝的条件：假如他留下来，公司将令他在薪酬上感到值得为它工作下去。公司还要向已经雇佣了他的那家公司道歉，并赔偿他们因此造成的经济损失。杰克认为那是“一剂医治创伤的良药”，欣然接受。在这里，差点改写了职业生涯的杰克最终成为十分激进的“世界第一经理人”。

## 之二：某大学教授的工资构成

| 编号： | | 姓名： | | | 月份： | | |
|---|---|---|---|---|---|---|---|
| 项目 | 数额（元） | 项目 | 数额（元） | 项目 | 数额（元） | 项目 | 数额（元） |
| 职务工资 | 945.00 | 交通奖金 | 25.00 | 教护龄 | | 代扣税 | 218.58 |
| 津贴 | 405.00 | 综合补贴 | 210.80 | 保健 | | 工会费 | 6.75 |
| 房补 | 53.50 | 女卫生费 | | 其他 | | 公积金 | 194.90 |
| 补发工资 | 110.00 | 书报 | 50.00 | 独子 | | 养老保险 | 144.96 |
| 粮煤 | | 校内津贴1 | 1 440.00 | 应发合计 | 3 886.95 | 扣其他 | |
| 博士津贴 | | 校内津贴2 | 480.00 | 水电费 | | 医疗保险 | 36.59 |
| 家属津贴 | 7.65 | 职务补贴 | 140.00 | 校房租 | | 实发合计 | 3 265.17 |

# 第八章　人力资源培训与开发

## 本章学习要点

- ▶员工培训的含义、目的和特点
- ▶员工培训的方向、内容与原则
- ▶培训方法与培训技术
- ▶培训投资收益分析
- ▶培训开发工作的组织管理
- ▶员工能力开发

**引导案例：　　　　　经理培训计划**

查尔斯·弗雷德里克最近被调出公司的生产部，提升为训练部主任，公司总裁雷德威克先生认为，查尔斯在生产部取得的经验连同他在大学主修人事管理的专业知识对这一职位是有用的。

除了正常的训练职责外，雷德威克想要查尔斯拟定一份中级经理人员的培训规划。

雷德威克先生把查尔斯安置以后，就叫他到办公室商谈有关他职责方面的问题。

"查尔斯，我们每年都花了很大一笔钱派好几个中级经理人员到全国各地参加经理培训会议。我们派出去的每个人的费用大约是1 500美元。

我认为，管理人员是我们最重要的资源，而管理培训也是重要的，不过我的想法是，我们也可以在公司会议室实施我们自己的培训规划来节约一些房租费和住宿费。在确定我们包括的培训科目之后，我们可以由几名我们自己公司的高级经理人员和可能一名或两名教师主持这个会议，你认为怎么样?"

查尔斯不知道回答些什么才好，不过他认为最好还是顺着雷德威克先生的示意。

"我认为你的主意不坏"。"那么，"雷德威克先生说，"你认为我们应该如何着手呢?"查尔斯对此匆匆考虑了一会儿，便说，"我们可以参阅一些现有的中级经理人员的培训规划，然后，修改一下来适应我们的特殊要求。"

"听起来那是个好主意。研究一下，下星期向我报告。"

在下一周中，查尔斯花了大量时间阅读有关经理培训规划的小册子，想着各种各样的培训内容，但是有一些科目似乎在大多数的规划中都有。比如说，计划和组织工作的科目受到很大重视，在规划中也常常包括沟通联络、动机诱导和控制这样一些科目。有一些规划特别重视销售、生产、财务和人事等方面的内容。他决定提出两种不同的中级经理人员的培训规划。第一个规划集中在管理的一般职能方面，诸如组织理论、计划工作、沟通联络以及动机诱导等。第二个规划突出管理的专业化领域，诸如销售管理和生产管理等。查尔斯准备向雷德威克先生同时推荐这两个规划。

# 第一节　员工培训概述

人力资源培训是人力资源管理的重要组成部分。由于现代科学技术日新月异地飞速发展，要使组织员工不断地适应新形势的发展要求，就必须重视对组织人力资源即组织员工的培训，以提高组织在国内外两个市场竞争中人力资源的优势，以使企业立于不败之地。

## 一、员工培训的含义与目的

人力资源管理中的人员培训是根据实际工作的需要，为改变组织员工的价值观、工作态度和工作行为，使他们能在自己现在或将来工作岗位上的工作表现达到组织的要求而进行的有计划、有组织的培养和训练活动。

在这个定义中包含着三层意思：一是说明了组织人员培训的目的和要求；二是说明了人员培训的主要内容和范围；三是说明培训是一个组织有计划、有目的的活动。

但是，组织人员培训与正规教育不同，其主要区别有以下几个方面：

（1）员工培训是以工作为中心，其目的是使受训者掌握职业岗位上所必需的知识、能力和技巧，以提高工作效率和水平，它对改进工作的作用是直接的；而正规教育则是以人为中心，其目的是传授知识，以提高人们的一般文化水平和社会道德水平，它对改进工作的作用是间接的。

（2）员工培训是一种终身的、回归的继续教育，是属于“第二教育过程”的再教育；而人们在小学、中学以至大学所受的教育，可称为第一教育过程，其主要是学习一般的知识与技能。员工培训是正规教育的发展与继续，是在第一教育过程的基础上进行的。

（3）员工培训是针对其职位的具体要求，向受训者传授专门知识和特殊技能；而正式教育一般是培养新生一代准备从事社会生活的过程，从德、智、体、美、能几个方面入手，对其进行全面的、综合的、通用的培养，使人获得全面发展。

（4）员工培训不像正规教育那样整体划一，而是根据工作需要采取灵活多样的形式。在期限上有长有短，伸缩性比较强，既有定期培训，也有不定期的培训；既有内部培训，也有外部培训等。

## 二、员工培训的意义

人是生产力诸要素中最重要、最活跃的因素，一个组织的命运，归根结底取决于人员素质的高低。因此，加强人员培训，是一项高瞻远瞩，具有深远意义的战略决策。具体说来，员工培训的意义主要体现在以下几个方面：

### （一）培训是调整人与事之间的矛盾，提高组织人员素质的重要手段

随着社会的进步和科学技术的发展，各类职位对组织人员的要求也在不断提高，人与事的结合处在动态的矛盾之中。一般说来，我国组织人员的素质还存在文化水平偏低、管理技术落后、专业技能缺乏等弱点，与“事”的需要差距较大。因此，只有

通过培训才能不断地提高组织人员素质，“使人适事”，实现人与事的和谐。即通过必要的培训手段，使其更新观念、增长知识和提高能力，重新适应职位要求。这是保持人与事科学结合，提高组织人员素质的重要手段。

### （二）培训是组织迎接新技术革命挑战，实现人员素质与时代同步的战略措施

现代科学技术迅猛发展，新技术、新材料、新工艺、新观点、新思想不断涌出，出现了新兴的知识密集型产业。未来的社会将是知识密集型社会。科学技术的迅速发展必然会对组织管理工作产生巨大的影响，并提出新的要求。一些新理论、新学科很快渗透到了组织管理工作中，如系统论、控制论等先进的管理科学理论已广泛应用于组织管理实践。特别是电子计算机技术、通信技术和办公自动化设备已广泛运用到组织。这就要求组织人员必须不断学习新知识，掌握新技术。因此，有计划、有步骤、高质量地培训人员，是当今世界各国为更快地发展经济，促进社会进步而采取的一致做法。

### （三）培训是发现人才、快出人才、多出人才的重要途径

人才是指在一定社会条件下，具备一定的知识和技能，并能以其劳动对社会发展作出贡献的人。我国现代化建设事业的发展需要一大批各层次的人才，仅仅依靠正规学校教育是难以满足要求的，因此必须大力发展成人教育。而人员培训则是发现人才，快出人才，多出人才的一个有效途径。人员的任用和晋升，与培训有密切的联系。通过人员培训，不仅可以开阔选拔人才的视野，并使其智力资源得以深入的开发和有效利用，而且可以建立储备库，为国家的高级管理层次输送人才，实现人才的梯度开发。

### （四）培训是提高组织员工工作效率的关键

现代人力资本理论认为，组织员工的智力、技能、经验、品德是组织人力资源质量的重要组成部分。提高员工的智力水平、专业技能和品行道德，已经成为组织提高员工工作效率的关键所在。通过对员工的培训，使他们掌握与工作有关的实际的知识和技能，并使他们能适应和担负起随着工作内容变化的新工作。只有保持一支科学技能水准合格，价值观与行为标准都与组织要求一致的素质好的员工队伍，才能不断地提高员工工作效率。许多成功的国内外组织的实践证明：它们取得成功的最重要的秘诀之一，就是极为重视对本组织员工的不断培训；反之，失败的组织也往往是由于它们忽视对员工的培训。

## 三、员工培训的特点

培训是对成人的再教育，它是成人的继续社会化过程中的重要内容，这就是培训的性质。成人的继续社会化主要是通过教育培训而进行的。组织员工培训在性质上属于成人教育、继续教育或终身教育范畴。组织员工培训有其自身的诸多特点。这些特点是由组织培训性质决定的。

与正规教育相比，人员培训的特点主要有以下几个方面：

### （一）培训对象的广泛性和复杂性

培训对象的广泛性，体现在组织培训横向到边，纵向到底。从培训方向看，上至

公司的决策层，中至中间的管理层，下至一般员工的操作层，都为组织的受训者。从培训内容看，凡属组织的计划、技术、劳动、财务、统计、营销、生产等各方面的知识都为组织的培训内容。从培训对象看，培训的对象是成人，他们在年龄、学历、专长、阅历、信念、价值观、兴趣、习俗、精力与时间等方面都存在着不同程度的差异。这种差异决定了他们学习动机的复杂性、兴趣志向的多样性，决定了他们具有不同的学习知识和技术的要求。

### （二）培训内容的层次性、针对性和实用性

组织人员的培训是分层的。对于不同的对象、不同等级水平和不同需要的组织人员，由于他们承担的工作任务不同，知识和技术需要各异，因而培训的内容应当有所不同。

一般人员主要应根据其工作的需要，加强基础知识的学习，掌握其工作必须具备的基本技能，解决基础知识和技能掌握差的问题。中层人员主要拓宽技术知识面，做到一专多能。高层人员则侧重于通过培训活动，及时掌握国内外同行业的最新成就和发展动向。组织培训还要针对不同水平层次的员工，采取不同的培训方式，或集中授课，或自学为主，辅导为辅或采取专题讲座。

### （三）培训形式的灵活性和多样性

组织员工培训可以根据社会主义市场经济、现代组织制度和员工自身的特点，立足于现实需要，采取灵活多样的形式。在期限上，可长可短，既有较长时间的定期培训，又有不定期的短期培训；在方式上，既有脱产培训，又有不脱产的在职培训；在方法上，既有一般的理论讲授，又有讨论、研究、案例分析、实际操作、考察了解等，以充分发挥他们主动参与的精神。这种培训形式与全日制形式的正规教育相比表现出的不同的特点就体现在这里。

### （四）培训网络的协调性

组织的培训是一个系统工程，这就要求各结构的环节、层次要协调，从而使网络运转起来。首先要从组织的生产经营实际出发，确定培训模式、管理体制、培训内容以及培训对象。其次，适时地根据组织发展的规模、速度和方向，合理确定组织培训员工的总量与结构，使培训的规模与组织发展速度相适应。最后，要准确地根据员工的培训人数，合理地调配培训的时间。

### （五）培训投资的有效性

培训的有效性是指培训投资产生的回报。培训网络只要运转，总要发挥出它的功能。第一，培训可以不断地更新员工的知识和技能，适应新的工作，从而跟上技术进步的步伐。第二，培训可以使员工现在的工作做得更好，改进不正确的操作，提高产品质量，降低生产成本，增加组织效益。第三，培训可以促使员工做好将来工作的准备，特别是一些高技术的组织，面对激烈的竞争，需要不断开拓新领域，开发新技术，通过培训可以为组织的将来发展奠定坚实的人才基础。

# 第二节　员工培训方向、内容与原则

## 一、员工培训的方向结构

组织经营在于人，组织的主体是组织的所有员工。为了实现组织生产经营的总目标，人员培训的方向就是要造就组织生产经营所需要的各层次的人才。只有人尽其才，组织才能达到经营目标。

组织应根据经营目标来确定人员的培训方向，培训的方向应该定向细分，但是，一般说来，可以划分为三大类人员，如图 8－1 所示：

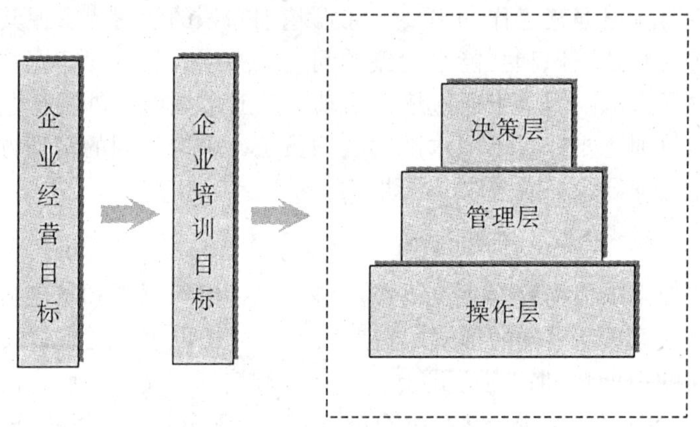


图 8－1　组织人员培训的方向结构

### （一）决策层人员

决策层人员，即高层管理人员。由于决策层人员决定组织的经营方向、生产规划、分配制度以及重大的人事安排等，因此对决策人员的培训首先必须保证其具备领导决策者的素质，使其具备决策能力，科学地决策重大改革方案及措施，如生产经营改造与建设技术的发展、分配制度和长远规划、重大的投资项目、制定重要的规章制度等。保证决策层人员培训目标的实现有多种途径。例如，美国 IBM 公司所采取的职务晋升培训制值得我们借鉴。首先经过竞争，优胜劣汰，从中发现一些拔尖人才进行定向培养。其次，从一般基层经理进行、部门经理到高层经理，每一次晋升前，均需接受岗位培训。基层经理课堂培训，学习公司历史、观念、政策、管理技巧等；部门经理需进入公司的管理学校培训，学习经营、战略计划、人事管理等；高层经理则必须进入哈佛大学、斯坦福大学、麻省理工学院等名牌大学进修，从一个月到一年不等。此外，作为高级经理，还要参加两个月跨国公司经理培训，内容从南美到中东，从贸易到联邦预算，凡是对公司经营目标有重大影响的知识技能都要培训。

### （二）管理层人员

管理层人员，即中、下层管理人员。管理层人员具体指挥、调配、组织人力、物力和财力等各种资源，使决策得到落实和执行，这是他们的培训方向。管理层人员可细分为两个层次：一是直接管理层，即在生产第一线执行管理职能的人员。他们的工作性质决定了他们与实际操作层的员工最接近，因此他们的管理素质的好坏直接影响到员工的积极性和对组织的忠诚。二是间接管理层，即从事设计研究的技术人员和人事劳动、财会等部门的管理人员。他们在较高层次上行使管理职能，主要精力是间接地处理生产第一线传报上来的信息，技术更加专业化。管理层人员目标的实现途径，可借鉴日本公司的工作进修交替制。如日本银行和多数工业组织干部每工作几年就挑选优秀者送去培训进修，返回岗位一二年后再去进修，其中包含职务晋升。这种制度实际上保证人才跟上或保持国际领先水平。

### （三）操作层人员

操作层人员从事具体操作，直接生产物质产品。他们有的在生产第一线，有的在辅助、维修部门工作，但都直接使用各种工具设备，严密协作，完成物质生产任务，使生产过程得以最终完成。操作层人员内部可分为三个层次：一是技术骨干（包括班组长）。他们不但亲自参加生产操作，而且也承担着部分组织管理职能，是稳定生产第一线的关键。其他技术工人是指关键岗位上的操作工和其他岗位上掌握较高操作技能的工人，由于他们具有丰富的经验和娴熟的技巧，是生产第一线上保证技术工艺落实的中坚力量。二是熟练工人。目前仍有许多工种是简单重复劳动，一个新工人经过一个月左右的培训即可上岗与顶班，以体力劳动为主要工作方式。三是“智力工人”，如计算机操作工。他们的出现是科学技术进步的产物。他们基本上是脑力劳动者，但他们毕竟又不同于技术人员，因为他们仅仅是现代技术装备的操作者。对于操作人员，培养一专多能的实践操作能力是培训方向的首选目标。

## 二、员工培训的内容结构

确定组织人员培训内容，必须与组织的事业进步、发展战略目标相联系。然而有时为了适应组织内部和外部环境变化的需要，就必须采取一些应急培训。因此，作为培训内容，应把组织长期发展与当前的生产经营结合起来，共同纳入组织培训内容。

### （一）长期培训内容

长期培训的内容，一般计划性较强，组织应根据经营发展战略要求和技术变化的预测以及将来对人力资源的数量、质量、结构的要求，需要对所有员工进行有计划、有组织的培训，即所谓“全员培训”。培训的内容包括政治理论、生产技术、营销、文化科学知识、经营管理知识以及组织文化等方面。由于培训的对象层次不同，培训的内容还应结合岗位目标来进行。例如：对生产技术人员，进行专门技术和同行业技术信息的培训，以达到开发适销对路、技术含量高的新产品、精品、拳头产品；对营销人员进行产品定位、市场开发、促销等方面的培训，以培养强烈的市场观念和竞争意识；对新进组织的员工，不仅要进行岗位基础知识和技能的培训，还要增加文化基础知识的培训，以提高他们的整体素质。

在确定岗位目标作为培训内容的同时，还应考虑到员工自身的事业目标追求，通过员工自身的发展，促进组织的发展。如在加拿大贝尔北方研究所，人力资源管理部门帮助员工建立个人事业追求目标，通过培训使他们了解个人事业上的追求，在组织中发展的机会和个人在组织中取得成就的途径，从而把个人追求的目标同组织发展目标结合起来，通过优化个体效能，从而达到了组织的整体效能。

总之，长期培训内容的优点是加上了时间的因素，把现在的要求与未来的需求衔接起来，并设法使员工与组织的发展连成一个统一体，贯穿于组织生命的生长过程。因此，长期计划的内容是站在组织战略位置来策划的。

### （二）短期培训内容

短期培训的内容一般针对性较强。短期培训的内容大部分是随着生产急需而设置的，例如：为改善组织经济技术指标急需掌握的知识和技能；为产品创优，产品开发应急需掌握的知识和技能；为掌握组织已决定采用的新工艺、新技术、新设备所急需的知识和技能；为强化组织内部运行机制急需掌握的管理工作的基本技能等。短期培训内容的特点是急用先学、立竿见影，近期效益突出。

## 三、员工培训的基本原则

培训应坚特以下基本原则：理论联系实际，学用一致原则；全员培训与重点提高的原则；因材施教的原则；讲求实效的原则；激励原则；学习结果的评价原则。

### （一）理论联系实际，学用一致原则

人员培训要坚持针对性和实践性，并以工作的实际需要为出发点；与职位的特点紧密结合；与培训对象的年龄、知识结构紧密结合。组织发展需要什么，员工缺少什么理论与技术，员工发展需要什么，组织员工教育培训就要及时、准确地予以体现和实施。

“学用一致”既是人员培训的目标，也是人员培训的方法。这就要求人员培训的内容要与培训的目的相一致，把对人员的培训与培训后的工作及使用统一起来。如果培训与使用脱节，被培训者学而无用，既给组织造成人力、物力、财力的浪费，也失去了培训的意义。

### （二）全员培训与重点提高的原则

全员培训就是有计划、有步骤地对在职的各级各类人员所进行的培训，这是提高组织全员素质的必由之路。但是，在实行全员培训的同时，应重点地培训一批技术、管理骨干，特别是对培训中、高层管理人员，应给予更多的重视。对他们除了更新、补充业务知识外，还应该接受专门提高经营管理决策、协调、指挥能力方面的培训。

### （三）因材施教的原则

组织的岗位繁多、差异很大，人员的水平不同，因此不能采取普通教育“齐步走”的模式，只能遵循因材施教的原则。就是说，要针对每个人员的实际水平和所处岗位的要求开展人员培训。

### （四）讲求实效的原则

讲求实效原则主要是针对人员培训的实际效果而言的。效果和质量是人员培训成败的关键。人员培训必须讲求实效，不能只图虚名而流于形式。为了确保人员培训的效果和质量，必须做好以下两方面的工作：一是制订全面周密的培训计划，作为人员

培训的重要依据；二是在总结我国人员培训经验的基础上，借鉴和吸收国外人员培训的先进、科学的培训方法和手段。

（五）激励原则

受训者应有某些程度的鼓励，才会愿意接受培训，变得积极进取而不是被动消极。因此，必须把人员培训与人员任职、晋升、奖惩、工资福利衔接起来。当受训完毕后，有相应的报酬来增强员工的士气。当员工有好的表现时，有晋升或加薪的机会，这样对学习自然有相当好的激励作用。让员工明白培训的目的，并且感受到接受培训对自己会有很大的益处。这样，不但培训效果好，而且还可以提高员工的士气，进一步调动员工的积极性、主动性和创造性。

（六）学习结果的评价原则

组织应尽可能使受训者对所学的内容做出反馈。学习结果必须定时检查，才能了解进度如何，改善培训课程，对于错误也可以设法改正。

人员培训需要评估其效用。培训员工其实是组织对人力资源的一项长期投资，至于收效如何未必能在短期内立即见效。

在评价培训方法时，必须注意以下四个阶段：

（1）反应。目的是使受训者作出积极反应，愿意参加培训。在培训结束时，可以衡量受训者对讲授的内容、方法、实用价值的欣赏程度及参与时的表现等。

（2）学习。受训者是否学有所获。当受训者学习完毕后，返回工作岗位时，管理者评定他们在技巧和技术上的收效。

（3）工作表现。受训者的工作行为是否有所改进。在培训结束后一段时间内，评估受训者工作行为的改变。

（4）组织业绩。组织业绩是否有所改善。受训者行为改变对组织业绩的积极影响，包括产量增加，绩效提高，成本、缺勤、流失率及错误减低。

总之，上述人员培训原则是整个培训过程中所必须遵循的原则。它不仅涉及人员培训的方法、内容、目的和效果等各个方面，而且各项原则之间是相互联系的、相互影响的。因此，人员培训必须贯彻上述原则，才能收到实效。

## 第三节 员工培训方法与培训技术

人员培训的方法多种多样，内容十分丰富。根据这些方法的不同特点，其分类也不一样。在实践工作中，要根据组织培训的需要，合理地选择采用。

### 一、在职培训

在职培训是指为使下级具备有效完成工作所需的知识、技能和态度，在工作中由上级有计划地对员工进行的教育培训。它很经济，不需要另外添置场所、设备，有时也不需要专职教员，而是利用现有的人力、物力来实现培训。同时，培训对象在学习期间身不离岗，继续从事本职工作，不影响生产。但这种培训方法往往缺乏良好的组织。如就技术培训来说，机器设备、工作场所只能有限地提供培训使用，有些昂贵的仪器设备不宜让学员操作，因而影响培训效果。

在职培训，主要包括以下几种方法：

（一）在岗培训

这种培训方法是要员工亲自去做，从实地操作的过程中学习新事物，一边做一边学，然后由技术熟练的工人及主管提出评价及建议，使受训者能从中得益，事半功倍。

（二）学徒培训

参加学徒培训的人员必须长期连续性地受主管的督导，还要经过长期的实地操作和学习。受训完毕后，学徒的技术必须达到一定的水平。许多行业，如木匠、建筑、工艺品等行业多采取学徒培训方法。这种方法能清楚地掌握培训进度，让培训对象集中注意力，很快适应工作要求。

（三）工作轮换

组织可以提供工作轮换的机会，让接受培训的员工有机会被安排到不同的部门工作，亲自体验及了解组织的整个情况。这样，可以拓展员工的知识和技能，激发员工的工作兴趣，增进相互交流。但是，工作轮换要有周密的计划，各接受部门对其他部门来工作的员工应热情指导。

## 二、非在职培训

非在职培训是指在专门的培训现场接受履行职务所必要的知识、技能和态度的培训。非在职培训的方法很多，可采用传授知识、发展技能训练以及改变工作态度的培训等。

（一）传授知识

传授知识的方法有讲授、视听学习、规划学习、电脑辅助教学、讨论会或研讨会。

1. 讲授

讲授是指在教室中由教师讲解某些概念、知识及原理。优点是时间、资金、人力、物力都很经济，并可一次性将知识传给许多人。缺点是比较单调、被动及受训者的参与程度不大。如果组织内部自设讲授培训，由主管或专人负责讲授，则更能切合组织的特定需要。因此，组织可以定期的调派人员接受培训。如果组织本身没有这项培训，也可以利用其他专业机构或院校所提供的培训。这种培训方法，可以是短期培训或长期培训，使员工取得正式的工作资格。员工参加组织外的培训，除了学习到应有的技能和知识外，还可以通过与其他受训者的接触，彼此互相学习，增加对各行业的认识及接触。

2. 视听教学

视听教学将讲授或示范的知识和技术拍摄成幻灯片、影片或录音带，详细解释，通过视听的官能刺激，使受训者留下深刻印象，但花费成本会较高。

3. 规划学习

除了阅读教材和参考资料外，员工还利用各种教学的设备，如放映机、电视机、幻灯机、电脑等进行学习。事前把教材划分成几个单元，由浅入深，员工可以根据自己的能力用分段方式吸收知识，但课程设计的成本昂贵。

4. 讨论会或研讨会

这种方式可以先由教师综合介绍一些基本概念与原理，然后通过讨论解答问题。其主要特征是：每个培训对象都积极主动地参与培训活动，有机会表达自己的意见，提高学习兴趣，从亲身参与中获得知识、技能和正确的行为方式。

### （二）发展技能培训

发展技能培训主要包括模拟工具训练法、管理游戏、案例分析、文件篮等培训方法。

1. 模拟工具训练法

这种方法与角色扮演类似，但不完全相同。模拟工具训练法更侧重于对操作技能和反应敏捷的培训，它把参加受训者置于模拟的现实工作环境中，让参加受训者反复操作装置，解决实际工作中可能出现的各种问题，为进入实际工作岗位打下基础。例如，模拟室内驾驶训练及模拟飞行训练。这种方法既可以减少受训者在学习过程中发生意外及产生危险，也可以避免设备受到破坏。当受训者在模拟工具受训完毕后，根据学习迁移作用，会很快掌握真实设备工具的操作。但是，模拟工具的操作必须与真实情况相符。

2. 管理游戏

这是一种模拟的训练。各受训者被分成小组，每组代表一个组织，然后根据游戏规则、组织特定目标，负起管理人员的责任，对各项策略如广告费、生产量、存货量、产品种类、售价、聘任员工人数等做出决策。这种训练的目的是使受训者能积极参与，特别强调解决问题及策划的能力。

3. 文件篮方法

受训者面对一篮盛满顾客的投诉信件和上司对下属的备忘录等文件，需要一一处理这些文件。在限定时间内，受训者要依据事件的紧急程度或重要性作出决策，定出处理的先后次序及解决方法，然后由主持培训的人员及参与受训者共同讨论，评价结果。

4. 案例分析方法

案例分析方法作为一种研究工具早就广泛用于社会的调研工作中，20 世纪 20 年代，美国哈佛商学院首先把案例用于管理教学，创设了案例教学法。

案例用于教学时，应具有三个基本特点：一是其内容应是真实的，不允许虚构。为了保密，有关的人名、单位名、地名可以改用假名，作为掩饰。但基本情节不得虚假，有关数字可以乘以某掩饰系数加以放大或缩小，相互间比例不能改变。二是教学案例中应包括一定的管理问题，否则便无学习与研究价值。三是教学案例必须有明确的教学目的，它的编写与使用都是为某些既定的教学目的服务的。

作为案例的主体，应包含有尚未解决的问题，并无现成的答案。由于管理的权变性，别人的经验并不能照搬，更不存在唯一最佳的方法。所以，案例教学的主要功能不是在于了解一项独特的经验，而是在于自己探索以及与学员磋商怎样解决管理问题的过程中，总结出一套适合自己特点的思考与分析问题的逻辑和方法，学会如何独立地解决问题，作出决策。这种学习方法能有效地提高学员分析问题和解决问题的能力。

表 8-1　　培训主任对不同的培训目标和不同的培训方法的有效性分类表

| 培训方法 | 知识的掌握 | | 态度的改变 | | 解决问题的技巧 | | 处理人际关系的能力 | | 受训者的接收性 | | 知识的保存 | |
|---|---|---|---|---|---|---|---|---|---|---|---|---|
| | 平均值 | 平均值顺序 | 平均值 | 平均值顺序 | 平均值 | 平均值顺序 | 平均值 | 平均值顺序 | 平均值 | 平均值顺序 | 平均值 | 平均值顺序 |
| 案例分析 | 3.56 | 2 | 3.43 | 4 | 3.69 | 1 | 3.02 | 4 | 3.80 | 2 | 3.48 | 2 |
| 讨论方法 | 3.33 | 3 | 3.54 | 3 | 3.26 | 4 | 3.21 | 3 | 4.16 | 1 | 3.32 | 5 |
| 授课（包括问题） | 2.53 | 9 | 2.20 | 8 | 2.00 | 9 | 1.90 | 8 | 2.74 | 8 | 2.49 | 8 |
| 商业模拟 | 3.00 | 6 | 2.73 | 5 | 3.58 | 2 | 2.50 | 5 | 3.78 | 3 | 3.26 | 6 |
| 电影教学 | 3.16 | 4 | 2.50 | 6 | 2.24 | 7 | 2.19 | 6 | 3.44 | 5 | 2.67 | 7 |
| 程序教学 | 4.03 | 1 | 2.22 | 7 | 2.56 | 6 | 2.11 | 7 | 3.28 | 7 | 3.74 | 1 |
| 角色扮演 | 2.93 | 7 | 3.56 | 2 | 3.27 | 3 | 3.68 | 2 | 3.56 | 4 | 3.37 | 4 |
| 感受训练 | 2.77 | 8 | 3.96 | 1 | 2.98 | 5 | 3.95 | 1 | 3.33 | 6 | 3.44 | 3 |
| 电视授课 | 3.10 | 5 | 1.99 | 9 | 2.01 | 8 | 1.81 | 9 | 2.74 | 9 | 2.47 | 9 |

资料来源：Carroll S J Jr，F T Paine，J vancevich. The Relative Effectiveness of Training Methods，Expert Opinion and Research［J］. Personnel Psychology，1972（25）：495－509.

### （三）改变态度的培训

改变态度的训练方法主要包括角色扮演及感受训练两种方法。

1. 角色扮演

采用这种培训方法能使受训者易地而处，真正体验到所扮演角色的感受及行为，能较深入思考、分析不同角色所担当的任务与困难，经过观察，改正自己原先的态度与行为。最常见的例子是生产部门与销售部门的经理常因业务性质不同，不能体会对方的处境及权责而发生冲突。销售部门常指责生产部门所生产的产品不符合要求，不能如期完成所需产量等。而生产部门同样责怪销售部门所接的订单分布不均，有时订单太多并非生产设备所能负荷。由于彼此立场不同，很难理解对方的处境。如运用角色互调的方法，彼此易地而处，则能亲自体会对方的困境，有助于减低彼此间的误解。这种培训方法多用于改善人际关系及处理冲突事件的培训。

2. 感受培训

这种培训方法比较注重群体内人与人相处的行为表现，个人的感受。感受培训方法是让受训者能尽量自由讨论，有机会表现自己的行为。由于群体内部成员间的批评、反馈，大家了解对方的感受，使员工对成功、挫折、情绪、态度等都会充分表露，因而使群体内每一成员均会开始培养认识自我，了解其他员工的行为，并倾听别人对自己的反应。

上述各种培训方法与培训技术，有不同的培训目标和不同的效用。美国有几位学者于 1972 年在这方面曾经作过研究。他们从美国最大的 500 家大组织中调查 200 位培训员工的培训主任，征询他们对不同的培训目标的不同培训方法的意见，其结果见表 8-2。从表 8-2 中可以看出，六种培训目标分别是知识的掌握、态度的改变、解决问题的技巧、处理人际关系的能力、受训者的接收性及知识的保存，结果发现培训方法中以程序教学和案例分析对知识的掌握最佳，对知识的保存有较佳的效果。角色扮演和感受培训则适用于态度的改变及处理人际关系的培训。电视授课的形式则不太适合，效果较差。案例分析和商业模拟更易被受训者接纳，较适用于培训解决问题的技巧。

## 第四节　员工培训系统模型

组织人员培训是十分重要的，而且培训活动要花费一定的费用、时间与精力，所以必须精心设计与组织。要做好这一工作应把它视为一项系统工程，即采用一种系统的方法，使培训活动能符合组织目标，让其中的每一个环节都能实现员工个人、工作和组织三方面的最优化。人员培训系统模型如图 8 - 2 所示：

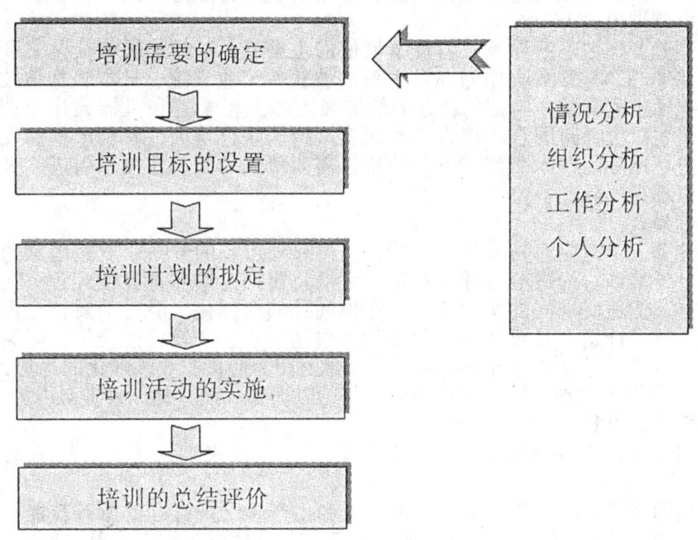


图 8 -2　人员培训系统模型

### 一、培训需要的确定

培训需要的确定不能违背组织目标和组织战略。否则，尽管在人员培训上投入了大量的时间和资金，到头来却是徒劳无益。只有先找出了组织在人员培训方面的确切需要，才能有的放矢，进行有效的培训。

#### （一）组织分析

组织分析着重于确定人员培训在整个组织范围内的需要。对组织外部环境与内部气氛的分析是一件重要的基础性工作。第一，要有预见性。这就要预测本组织未来在技术上、销售市场上以及组织结构上可能发生什么样的变化。了解现有员工的能力并预测出未来将需要哪些知识和技能，从而估计哪些员工需要在哪些方面进行培训。第二，要有根据。必须对组织过去考绩的统计数据进行分析。对生产、成本、安全、质量、设备保养维修等方面指标进行仔细检查，这有助于发现培训的需要。总之，工作分析主要是研究具体的工作者本人的工作行为与期望的行为标准，找出其间的差距，从而知道此人需要接受什么样的培训。

世界先进企业员工培训的八种模式

一、“双元制”培训模式

德国的职业教育“双元制”，即学校与企业结合，以企业为主；理论与实践结合，是实践为主。学生从四年制小学毕业后进入中学。其中部分学生经过5年修业期满后与工厂企业签订合同成为工厂企业的学徒，同时进入相应的职业学校学习3年后成为技术工人。在职业训练期间，学生每周用3~4天在工厂企业按照工商行会颁发的培训规章进行培训，用1~2天在学校按部颁教学计划进行学习，实训与理论之比约为7∶3或8∶2，学习费用绝大部分由企业支付。

二、企业办大学模式

企业办大学，不仅可以大面积地培养员工，而且能大幅度地提高企业员工素质。经教育机构认定，企业大学也可授予学位，这一模式适用于实力雄厚的大型企业。

三、产学合作模式

各发达国家在加强企业职工培训时，都很注意与高校的联系与协作。同时开设部分研究生班，学员一般都是具有四五年工作经验的在职人员，他们边工作、边学习。著名的贝尔实验室就与麻省理工学院、斯坦福大学等37所高等院校合作，即可利用高校为其培养人才，又发挥了资金的优势。

四、国际联合培训模式

跨国联合培训是新加坡不断寻求人力资本增值的主渠道，如新加坡与荷兰飞利浦公司合办的新加坡飞利浦训练中心，与日本合作创办日本新加坡软件工业学院、日本新加坡技术学院，与法国合办的新加坡电子工程学院，与德国合办的新加坡生产工程学院和机器人作业训练中心等。随着我国对外交流日益扩大，跨国合作培训方兴未艾。跨国联合培训，有利于提高发展中国家的科技竞争力，并促进了国际间技术交流与贸易往来，需要研究的是，在技术引进、吸收中应开发出更先进的技术，以提高国际竞争力。

五、驻外培训模式

为了使驻外业务人员适应海外文化及习惯，促进海外市场的开拓，发达国家的一流企业均不惜重金竞相开展驻外培训。为适应全球性竞争，大众公司提出培养世界性经理；在任何地方都像在自己的家乡一样，能适应别国的文化传统，考虑问题的全球化，但行动要符合当地情况，即开展业务要本地化。培训计划一是要传授文化知识，包括历史、宗教、社会等，更深入地厂解两种文化差异；二是让员工们做好心理准备。韩国的三星财团为迎接产业国际化的趋势，每年派出400名“独身业务员”到世界各地，驻外培训时间一年，以训练一批“地区性业务专家”。

六、岗位轮换培训模式

日本丰田公司对于岗位一线工人，采用工作轮换的方式来训练工人，提高工人的全面操作能力。

通过工人轮换的方式，使一些资深的技术工人和生产骨干把自己的所有技能和知识传授给年轻工人。对各级管理人员，丰田采取5年轮换一次工作的方式进行重点培养。每年1月1日进行组织变更，调整的幅度在5%左右，调换的工作一般以本单位相关部门为目标。挑选出600人，分别再给予专业训练，使他们承担专业经理的职务（如销售经理、供应经理等）。最后，再从专业经理中选择300人，经过训练，以补充高层经理的需要（包括各分公司的总经理、副总经理等）

七、逐层选拔培训模式

美国伯克德公司是从事基本建设工程的一家大公司，仅职员就有3万多人。公司层层设有培训机构，并在总部设立了一个构模很大的“管理人员训练中心”。首先，他们从2万管理人员和工程师中，选拔5 000人作为基层领导工厂、车间主任等的候选人；他们这些人鼓励自学管理知识，并分批组织他们参加40小时的培训，再从中选拔出需要的基层领导人员（全公司约3 000人）。其次，从基层领导人中选拔1 100人参加“管理工作基础”的训练和考层层选拔培训，像金字塔一样，不但按台阶走，而且在每一台阶上，还把学习、训练、进修和工作实践结合起来，遵循了人才培训成长的规律，然而一旦选拔的标准欠科学，就有碍于特殊人才的发现和任用。

八、互联网培训模式

让员工脱离工作作岗位培训是代价极高的做法，工学矛盾困扰着现代企业。如今技术的发展，使得培训软件进入互联网成为可能，作为信息高速公路一个驿站，它将学习与工作融为一体。在线学习已经成为IBM员工训练学习的一种重要方式，网络在线学习体现了培训学习的时效、实用理念。常见的在线学习方式有三种：光盘、局域网和网络学校。IBM在全球设立有网络学校，其中有2 000多种课程，全球范围内的员工都可以利用这所网络学校进行有计划的学习。

资料来源：夏世洪．培训兵法［M］．汕头：汕头人民出版社，2005：434－436.

针对员工培训的不同要求，具体运用工作分析的方法也有所不同。方法主要有以下几种：

1. 任务分析法

这种方法是通过对某项任务进行系统的分析，找出工作难点，以此来确定相应的培训项目和培训方法。采用这种方法，要先把某项任务进行分解，逐项分析，判断各项的难度和重要性，然后有针对性地选用不同的培训方法。

2. 缺陷分析法

如果某项工作的事故、缺陷较多，这时就可以采用缺陷分析法。这种方法通过对工作中事故和缺陷产生的原因进行分析，采取针对性的培训方法消除工作中的事故和缺陷。

3. 技能分析法

技能分析法是用以分析非管理性工作最常用的一种方法，它既适用于对简单工作的分析，也适用于对复杂工作的分析。这种方法的关键之处在于其系统性，从而为培训项目的设计提供充分的资料依据。采用技能分析法，可以考虑以下几项要求：①工作设施要与员工的身体条件相适应。如工作椅的高低要与员工身高相匹配；②要对员工工作过程进行详细分析；③要考虑工作环境条件对员工心理和生理的影响；④要考虑员工的工作态度和积极性。

通过以上工作分析方法，就可以对员工工作的实际状况与理想状况进行对照比较，发现两者的差距，确定相应的培训任务和培训项目，如表 8－3 员工培训需求调查分析表所示。

从图 8－2 可以从两个方面来发现组织开展培训的必要性和现实性：从员工方面看，当某项工作的要求与员工现有的知识、能力、态度出现差距时，就有必要进行培训；从组织整体来看，当组织的目标与实现这些目标所必需的条件出现差距时，为消除这些差距就必须组织培训。

表 8－3　　员工培训需求调查分析表

| 课程　部门<br>人数<br>部门 | 生产部 | 物料部 | 品管部 | 业务部 | 财务部 | 企划部 | 人资部 | 合计 | 人员名单 |
|---|---|---|---|---|---|---|---|---|---|
| 沟通协调 | 10 | 3 | 4 | 1 | 1 | 1 | 1 | 21 | |
| 日常管理 | 5 | | | | | | | 5 | |
| 成本控制 | | | | 2 | 1 | | | 3 | |
| 工作评估 | | 1 | | | | | 1 | 2 | |
| 员工问题处理 | 10 | 1 | 2 | 1 | | 1 | | 15 | |
| 工作改善方法 | | | | 3 | | 1 | | 4 | |
| 主管职责 | 2 | 1 | | | | | 3 | | |
| 安全与卫生 | 2 | | | | | | 1 | 3 | |

资料来源：朱瑜编．优秀组织人力资源管理实务［M］．深圳：海天出版社，2001：188.

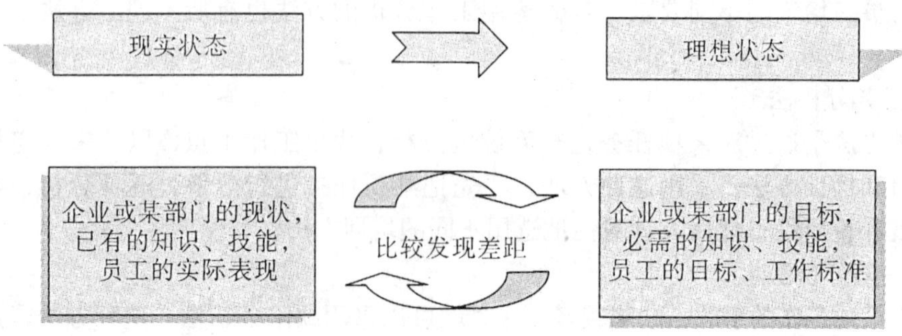


图 8-3　培训的必要性示意图

（三）个人分析

培训的重点在于促成员工的个人行为向组织所期望的行为转变。员工绩效不佳可能是由于缺乏所需要的知识和技能，或员工可能因为养成了不良的工作习惯，或原来的培训不当，也可能由于员工工作态度方面存在的问题。个人分析就是在具体的个别员工水平上进行的。个人分析的培训需要，可由下面公式来定义：理想的工作绩效－实际工作绩效＝培训的需要。

理想的工作绩效可由工作分析阶段确定的绩效标准来表示。个人的工作绩效数据、上司给员工的诊断评分、由员工的工作日志形式保留的绩效记录、态度调查、面谈或测验可以提供实际工作绩效的数据。实际工作绩效与理想工作绩效之间的差距可以由培训来缩小和弥补。

个人分析，主要是分析员工的工作表现，现在的知识技能及所能承担的责任，重点是衡量员工的能力是否足以应付目前及将来升迁的职位，如发现员工仍有不足之处，要看是否具有潜力，这些可造就之才必须加以培训。有关员工培训需要分析表，如表 8-2所示。

从上述分析，可以知道工作的详细内容及各种工作需要的技能，然后检查员工的人事资料，如学历及工作经验。如果员工的资历未能符合工作要求，需要在某方面加以培训，再结合组织的目标与资源运用，便能计划培训方案，决定有关培训内容、如何培训、何时培训、何地培训以及由谁负责培训。

## 二、培训目标的设置

培训目标将为培训计划提供明确的方向和依循的框架。有了目标才能确定培训对象、内容、时间、教师、方法等具体内容，并可在培训之后，对照此目标进行效果评估。但是，培训目标的设置必须与组织的事业进步、发展战略目标相联系，目标要切实可行，其培训结果是可以测评的。

培训目标主要可分三大类，即知识的传授、技能的培训和态度的转变。培训目标如图 8-4 所示。

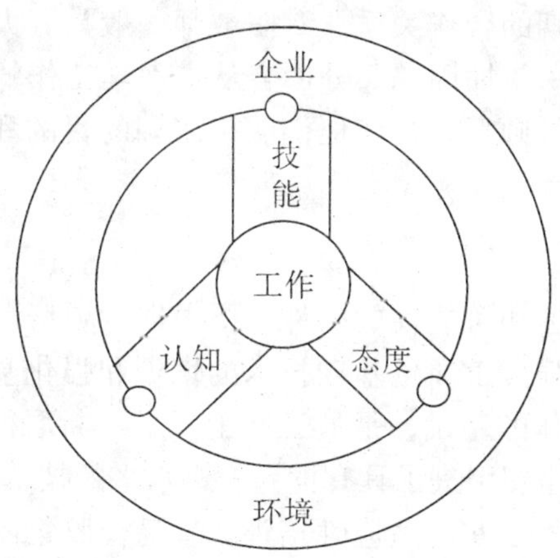


图 8-4　培训三大类目标

## 三、培训计划的拟定

制订培训计划是培训目标的具体化和操作化过程。根据既定培训目标，制订科学、有效的和可操作性的培训实施计划。这一实施计划主要包括：①选定合适的培训项目和内容；②科学合理地设计培训课程；③选择适当的培训场地与设施；④制定培训经费的预算，并筹措到资金；⑤制订教学计划，包括课程设置、课程大纲、教材及参考资料、作息时间、辅导方法、参观考察、座谈等；⑥物色恰当的、有水平的任课教师；⑦还必须考虑一些住宿饮食等后勤方面的问题。

## 四、培训活动的实施

培训计划制订后，就要组织计划的实施。从国内外组织员工的培训经验来看，培训计划的落实与操作大体有以下几个步骤：

### （一）选择项目培训的具体负责人

培训负责人（或领导）的好坏决定着培训项目的成功与否。大型组织往往设置有专门的培训中心或学校乃至员工大学，配有整套专职教师与教学行政负责人。培训部门的负责人及其人员以及培训专家负责分析调查培训需要、确定项目的目标、编写考核标准以及评估各个培训项目。因此，组织在制订培训计划之后，一定要选择工作认真负责，有培训经验的项目负责人。同时，要选择好培训辅助人员，并明确培训负责人与辅助人员各自的职责。

### （二）选择师资队伍

组织师资队伍的素质水平，直接关系到组织员工培训的质量。而组织培训是因工作施教，按组织的不同岗位规范要求所进行的一种特殊教育，这本身就要求师资必须具备一定的专业理论知识水平和实践操作技能，这也是区别于其他形式教育的主要标志。大公司的培训机构，师资一般都是专职与兼职相结合。兼职教师由具有丰富专门生产（或业务）实践经验的工程技术人员（或业务人员）、技师来担任。这些兼职教师有的是从本组织所属的专业部门聘请的，有的是从其他组织外聘或从科研单位、大专院校招贤纳士，建立长期的合作关系。专职教师一般具有大专以上的学历的人员组成，而且有选择地从组织一线抽调一部分适合从事教学工作的优秀技术人员和管理人员来充实教师队伍。选好教师后，要使他们明确培训的目的和要求，并要求教师制定出有关的教学大纲。

(三) 选择受训人员

受训者必须具备需要性和可能性的条件。要根据专项培训项目的要求和培训内容选择好受训者。例如，加强员工岗位基础技术的培训和强化基本技能的培训。因为基本技能是员工做好本职工作的基础，是员工在工作上不断取得进步的工具。又如，适应性培训。近年来，许多组织引进了具有世界先进水平的技术和设备。在引进的同时，这些组织就要同时规划，同步实施适应性培训。青岛橡胶集团公司，在从意大利引进年产 30 万套全钢载重子午胎生产线时，先后选送 100 名优秀技术工人和专业技术人员到国内外同行业厂家培训，在设备调试和试产期间，结合遇到的实际问题，请外国专家和出国培训专业技术人员，在公司内对员工进行适应性培训。经过这种培训，该引进项目顺利通过国家有关单位组织的竣工验收，产品也通过了欧洲质量认证机构 ECE 的认证。

### 五、培训的总结评价

在组织培训的某一项目或某门课程结束后，一般要对培训的效果进行一次总结性的评价或检查，以检验培训成效。这一步骤不仅是这次培训的结束，还可找到培训的不足，总结经验与教训，发现新的培训需要，所以又是下一轮培训的重要依据，使组织培训活动不断良性循环。

总之，在实施培训时，组织必须进行大量投资，并采取积极主动的态度，全盘策划，建立制度，应用科学方法，并顺应社会状况及员工心理，始能达到培训的目的。

## 第五节　员工培训投资收益的评估

员工培训对人力资源管理部门来说，不仅涉及费用和效益问题，而且也涉及对培训效果的评价，这是人员培训中的一个重要问题。

### 一、员工培训费用的来源与培训投资收益

由于员工培训自身的特点，它的经济性特征要比一般学校教育强烈得多，一般学校教育往往带有强烈的文化特征，强调对受教育者的非功利性作用，即强调社会性、人生观、价值观等方面的功能。但是组织员工的培训，却明确要求核定它的功利性，即核定这种员工培训的投入与产出，要求核算其经济效益。因此，组织员工培训应考虑其经费的来源与使用方式等问题。

(一) 员工培训经费的来源

组织员工培训经费的来源主要来自以下两个方面：

1. 组织与员工共同分摊费用，并分别受益

因为与其他任何一项投资一样，员工投资培训的成本产生于当前，而效益却发生在未来，这样可以合理解决组织的投入收益的时间差问题，并使员工自己也受益。分摊的比例各组织可根据自己的实际情况来定。

由于组织为培训员工提供的技术和技能，如果培训制度走向正规，能使他们的劳动报酬相应增加，因此应该由参加培训的员工交纳一部分学费。

2. 社会集资

社会集资的来源有两个方面：一是可以由政府通过税收的方式征收培训费；二是由国家组织，社会统筹各组织出资赞助。例如，新加坡政府规定，所有企事业单位都要向国家生产力局上交技能发展基金，凡办学开展培训员工的，则可向国家申请技能发展基金，办学多的得到的经费也多。不办学的则白交技能发展基金，这在一定程度上既刺激了企事业单位办学的积极性，而且也增加了教育培训费用。从理论上来讲，投资收益是受训者知识能力的提高程度与一定的培训经费支出之比。其计算公式如下：

$$B=\frac{K}{M}$$

其中：B——投资收益

K——受训者知识能力的提高程度

M——一定的培训经费支出

上述公式表明，投资收益的大小与受训者知识和能力的提高程度成正比。就是说，受训者知识和能力的提高越大，投资收益也就越大；受训者知识和能力提高程度越小，则投资收益也就越小。而投资收益与投入的培训经费支出成反比。就是说，一定的培训经费支出越大，投资收益就越小；一定的培训经费支出越少，投资收益就越大。

具体定量分析培训经费的投入与产出还存在一定的难点，如有些成功的培训项目难以用定量化的货币价值来表示，如员工在服务行为和劳动态度上有较大改进，这实际上是属于培训的一个重要成果。

## 二、评价培训效果

组织员工培训效果的评价是培训工作的最后一个环节，也是培训工作的重要组成部分。培训效果评价的目的是考察上一阶段所完成的培训的效果如何。通过评价，总结经验与教训，使以后的培训工作更加完善和更加富有针对性，改进培训工作，提高培训实效。

### （一）评价培训效果的重要性

（1）通过对培训效果的评价，可以了解到培训项目是否达到原定的目标和要求。例如，关于新工艺、新技术方面的培训项目就要对受训后的人员进行实地考核，看看他们是否真正掌握了这种新的技术和工艺以及掌握的程度如何。

（2）通过对培训效果的评价，可以总结成功的经验与失败的教训。通过分析找出失败的原因，以便从中吸取教训，改进今后的培训工作。

（3）通过对培训效果的评价，可以检查出培训的费用收益，即评估培训项目的效益如何。

### （二）评价培训效果的原则

组织进行培训评价时，应当坚持“全面评价，突出重点”的原则。所谓全面评价，不仅包括对计划、组织管理、方法、效果进行评价，而且还包括对教材、教学组织、教师等进行评价，以便使评价工作贯穿培训工作的全过程。突出重点是指应当突出培训效果的分析，即员工评价的关键是看通过培训，员工的知识、技能是否有所提高，工作态度是否有所改善，员工的工作绩效是否有所提高，是否实现了培训的目标。

### （三）评价培训效果的方法

1. 测试比较评价法

这种方法在培训开始和结束时分别用难度相似的测试题对受训者进行测试，然后将两次成绩进行比较。如果受训者在培训结束时的测试成绩比开始时的成绩高出很多，则表明经过培训确实增加了受训者的知识、技能，培训是有成效的。

2. 工作态度调查评价法

用同样的调查表调查受训者在培训前后工作态度的变化。即将前后两次调查结果进行比较，如果受训者在工作态度上确实表现出高度的责任心、良好的工作态度以及严密的组织纪律性等，则表明培训具有成效。也可以根据受训者的结训成绩来评价，如果其成绩普遍优异，则表明受训者在培训期间已获进展，并表示受训者对培训的满意程度。

3. 工作标准对照评价法

结束后一段时间内，以书面调查和实地考核等方式，了解受训人员在工作数量和工作态度等方面能否达到工作标准来判定培训有无成效。如果受训者通过培训后，在工作数量、工作质量和工作态度等方面均达到或高于领导所规定的工作标准，则表明培训具有成效。

4. 收益直接评价法

收益直接评价法即同类员工比较评价法。这种方法是比较受训者与未受训者的工作，以此比较结果对培训的成效作出评价。如两者在同样的条件下，在培训前工作成绩是相差无几，而培训后其中受过培训的人员工作有明显进步，效率有提高，则表明培训具有成效。

### （四）影响员工培训效果的因素

影响员工培训效果的因素很多。但总的说来，有两个方面：一是员工培训工作必须克服盲目性；二是员工培训工作必须克服随意性。只有这样，才能取得最佳的培训效果。具体而言，主要包括：①员工培训工作必须经过精心的组织、周密计划和系统实施；②员工培训的目标与战略必须和组织的经营目标与战略、人力资源目标与战略以及员工个人发展目标一致；③员工培训目标必须明确、具体、切实可行；④培训部门必须根据组织的培训资源状况、员工特点选择适宜的培训方式、课程设计原则；⑤员工培训工作必须得到组织高层管理者和各个业务部门的有力支持及积极配合；⑥员工培训工作应与员工的考核、提升、晋级、调动等紧密结合起来，并建立有效的激励机制；⑦组织必须拥有培训所必需的资源，如充足的经费、完备的设施、实用的教材以及胜任工作的师资力量等。

（五）评价培训效果的标准

组织培训无论是项目评价还是效果分析，都涉及两个重要问题，即评价标准和评价指标。无论是标准还是指标，组织培训部门必须根据理论研究和实际工作经验逐步积累和形成。组织员工培训评估的标准，主要包括以下五种：

（1）目的：是否达到目的？这是最低的标准。

（2）成本：培训方案所付出的代价如何？培训成本包括制定预算、教师的工资、教材的成本、受训者的钟点费、交通、场地及设备，再加上人事部门及行政部门分担的成本等。

（3）效率：是否以最有效的方法达到目的？主要是比较不同的培训方法，评估所采用的培训方法所付出的代价是否符合最经济原则。

（4）效益：是否值得？从经济角度去衡量所付出的代价与所达到的目的是否合算。其间涉及很多复杂的因果关系，是否值得也是很主观的。

（5）培训资源的权衡：用于培训的资源是否得到最佳的分配？这是在预算限度内作最佳选择。要使培训投资获得最佳的运用，必须对各项成本、效果及可供选择的培训方法详细分析。

要全面评估培训方案并不容易，有很多类别的培训也不可能用上述尺度衡量。最常用的评估法是成本效益法。可以客观地将培训程序中所需费用逐项记录，即可清楚确定培训成本。至于效益方面，也可以由有关指标显示出来。有关生产的指标：如增加产量，减少废品率、废料、设备的损坏、意外事件的产生、生产时间及成本等。有关员工的指标有：员工流失率、缺勤率降低，士气提高、抱怨减少等都可以衡量培训的价值及效用。

## 第六节　员工能力开发

教育培训和能力开发是人力资源管理的重要组成部分，也是人力资源管理的一项十分重要的工作。对于一个组织来说，决定其经营活动成果的重要因素，首先是教育和能力开发。在信息时代，它决定着组织的兴衰、生存与发展。

### 一、能力开发的基本含义

所谓能力开发是指为实现组织的经营发展战略和目标，对员工的教育训练与培养，充分挖掘员工的潜力，调动员工的积极性和主动性，发挥员工群体效应的过程。

能力开发的基本含义主要包括三个方面：

（一）现有能力的开发

现有能力的发挥主要是创造条件保证组织员工按照所承担的任务和岗位要求，进一步调动全体员工的积极性、主动性和创造性，培养其敬业精神，充分发挥其作用。

（二）潜在能力的发挥

潜在能力的发挥主要是将组织员工隐藏在深处的智能发挥出来，如理解力、逻辑推理能力、创造性思维能力、分析问题能力以及提高技能（实际操作和运作能力）和科学技术、文化科学知识等。这些潜能的发挥，有的表现为能适应较大的工作强度（包括长时间和工作难度），有的表现为积极开动脑筋发挥创造性。潜能的发挥来源于人的各种不同的需要。因此，员工有自发追求潜能实现的内在倾向。

潜在能力的发挥与员工所处环境密切相关。环境是限制或促进潜在能力发挥的条件。好的环境允许员工或帮助员工实现他自己的潜能。潜能的发挥具有最高的社会价值。只有充分实现全部潜能的员工才能在组织中充分发挥作用。

### （三）适应未来发展能力的准备与培养

适应未来发展能力的准备和培养是一种智能方向很强的有目的的工作。为培养现代化人才，根据国外经验一般要有十年的超前性。适应未来发展能力的准备与培养，并不直接与职务有关。它的着眼点是在员工的成长，培养年轻员工担任未来工作的能力，具有强大的竞争力和适应力，并希望员工与组织共同向前迈进。

狭义的能力开发主要指员工的教育、训练和培养。我们需要首先界定与区别这三个彼此相关又稍有不同的三个基本概念。

1. 教育

通常是指系统的、正规的、整体性的提高教育对象的德与才，即他们的品德修养、知识、能力等综合素质，为准备胜任未来职务的活动过程。狭义的教育一般是指在院校中进行的学位制的教育。

2. 训练

训练通常是指较短期的、以掌握某种或某些较专门的知识和技巧为目的，受训者经过训练，不论其原有基础与水准如何，都应达到既定的标准，所以训练的目标是在某特定方面收到“填平补齐”的效果。这种训练，主要适用于组织中较低层次的员工和专业人员，但也不排除组织中的高层管理人员。

3. 培养

培养通常是指根据每位培养对象的具体特点，对适用他未来长期发展道路的设计而进行的全面的、长远的造就。因此，培养的原则应是因材施教，拉开差距，使人人能发挥所长，各得其所。培养主要适用于高级专业人才和管理人员。

训练与培养虽有不同，但都是组织对员工进行能力开发的主要形式和内容，也是人力资源管理的一种重要职能。

## 二、能力开发的必要性

能力开发系统的必要性，一般来说，主要表现在以下几个方面：

### （一）能力开发是组织现有人力资源存量和结构与组织科技进步相适应的要求

能力开发的必要性源于人力资源自身的特点，即人力资源具有很强的时效性，也就是说，在组织范围内，以劳动者为载体，以劳动者一定的经验、知识、技能等为表现形式的已有人力资源存量，随着时间的流逝有降低以至完全消失的可能。这是由于人力资源自身的生命周期和世代更替使人力资源的使用有一定的时间范围限制。同时，科技进步、知识更新、工艺改进、产业变迁等因素也会使已有的人力资源存量发生

“无形磨损”。人力资源时效性的特点，使组织不仅要及时使用现有人力资源，而且还必须及时对其现有能力和潜在能力进行开发，以使人力资源在存量和结构上与组织科技进步、工艺改进等相适应。

### （二）能力开发是科技进步不断创新和更高层次就业岗位的要求

科技进步不仅是现代经济持续、高效增长的重要因素之一，也是作为微观经济基础的组织为增强组织生命力和求得长远发展的重要手段。随着新技术的广泛使用，先进的、高效的技术设备必将使人们从过去的一些繁重的、过时的岗位中解脱出来。这就使一些人产生了“新型科技设备排挤人们就业或使人们脱离劳动岗位”的看法，但从历史的角度看，任何一项新技术历来都没有损害人们的职业；相反，它开辟了新的活动领域，创造出了新的就业机会，只不过它所创造出的是一些人们一时尚缺乏准备去适应的新职业。无论是随着科技进步而出现的新兴组织还是已有组织，都必须通过能力开发提高组织素质和员工素质来适应科技进步这一要求。

对新兴组织来说，组织员工所面临的一切活动都是全新的，因此，必须通过不断的能力开发，使组织员工适应新的职业要求。

对于老组织来说，必须通过能力开发来解决那些因科技进步而被迫退出的“过时劳动岗位”员工的“深造”需求，在他们提高劳动技能后得以在高层次上再就业或转业；通过能力开发，还可以提高组织管理人员，特别是高层管理人员的素质和管理能力，以便带领组织更快的发展。

### （三）能力开发是提高组织经济效益的有效途径

现代市场经济条件下，组织之间的竞争日益激烈，组织为了能在激烈的市场竞争中求得生存与发展，除了坚持能力开发外，还得不断地进行产品开发、技术开发和资金开发。这三大开发都是依靠组织员工去完成的。可见，人力资源能力开发是组织技术开发、产品开发、资金开发的基础条件，又决定着产品开发、技术开发和资金开发的水平，没有高精的技术也就生产不出优质的产品，没有优质廉价的产品，也无法得到建设资金。

在现代化的生产经营中，人的劳动主要取决于脑力劳动表现的技能活动。人力资源能力开发很重要的一点就是开发人脑资源，充分发挥劳动者的现有能力、潜在能力以及适应未来发展能力，从而提高劳动生产率。

由此可见，生产经营的不断发展，要求不断提高员工的能力素质。组织员工能力素质的提高能较迅速适应不断变化的生产经营条件，较迅速掌握新的劳动技能，从而创造出更高的劳动生产率，最终提高组织经济效益。

### （四）能力开发是组织国际化经营的必备条件

当今的世界是一个开放的世界，一国经济与他国经济有着千丝万缕的联系。中国组织国际化经营是中国组织逐步融入国际经济的渐进过程，它主要是通过吸收和利用外资、国际贸易和对外直接投资这几种方式发展起来的。在开放经济条件下，当组织之间的竞争趋于全球化时，组织间的竞争实力主要决定于一个组织的综合实力和科学技术水平。科技水平的竞争，归根结底是组织间人力资源能力素质的竞争，是人才的竞争。组织间国际化经营的过程，也就是组织在国际市场上取得必要的资金、技术、管理经验，并向国际市场提供高新质量产品与服务的竞争过程。这必然要求组织具有一支能力素质优良的员工队伍。这支员工队伍不仅要有现代科学知识和技能、现代管理知识和技能，要通晓外语，而且还要精通并掌握国际贸易、国际金融、国际结算、国际技术转让和国际商法等专业知识。这些人才的造就都离不开组织人力资源现有能力、潜在能力以及适应未来发展能力的开发。因此，能力开发是中国组织国际化经营必须具备的条件。

## 三、能力开发系统的内容

能力开发是一个系统性的工作，它贯穿于组织管理活动中的任何一个管理环节。企业内的能力开发系统是人力资源管理系统的核心，它与人力资源管理的各项制度互相关联，不可分割。概略而言，能力开发系统主要有以下三个方面的内容：一是开发员工能力。这是提高员工知识、技能水平为目的的教育训练体系。二是增强组织活力。这是使员工能够充分发挥能力的组织机构和环境。三是贯彻管理制度。这是为确保开发员工能力和增强组织活力所需的管理制度。

提高员工能力和发挥员工能力是两个同等重要的内容。对组织全局有影响的能力开发系统并没有完全包括增强组织实力的所有方面。即使是能力开发系统以外的措施，如引进技术、增添设备等，要取得实效也仍需依靠能力开发系统。

## 四、能力开发系统的层次

能力开发系统的层次教育对组织全体员工进行的持续教育，贯穿在全部职业生涯中。它是组织内教育体系的最基本组成部分。系统教育的主要层次如下：

### （一）新员工教育

对组织新吸收的员工，不管是大学生、中专生和技校毕业生，还是其他类人员，都面临一个新的环境，有一个新的心境，而各组织又有自己的特点，如何使二者很快协调一致，使员工适应新的环境，掌握组织所需要的技能，这就要求组织必须开展新员工的教育。

1. 上岗前教育

此教育主要目的是清除新员工上岗前的不安，使之具有在组织内工作的心理准备和态度，以及在组织内生活的愿望。其目标是谋求尽快实现成为组织员工的早期转换，以长期的观点构筑培养基础。

在上岗前教育阶段，因为新员工没有体验过组织内生活，所以在采取讲授形式之外，采取录像等视觉教育和现场实习等方式的收效也很好。

2. 上岗时教育

新员工没有组织生活的经验，让其具备有关组织的一般知识是很重要的。这样，新员工将得到心理上的安心感和安全感，形成就职心理准备。上岗教育中有导入教育和基础教育。导入教育主要是激发新员工对组织和工作的兴趣（组织概要、组织、方针、产品、干部介绍、工厂和设备的参观），让员工了解生活待遇上的处理和将来的愿望（劳动条件、工会、劳动协作、就业规划、社会保险、劳动保险、退休金、养老金）。基础教育主要是让员工在有关部门参观各种活动的见习，内部工种的比较观察，并根据新员工的适应性，再参照新员工的希望正式配置。配置之后，老员工和上级给予新员工的富有亲近感的关照尤为重要。

对新员工教育，组织重点向他们灌输“组织精神”，培养他们对组织的感情和集体主义、团结合作的作风。新员工就职后首先要学习组织的历史传统、创业精神、经营方针以及组织概况和业绩等。

对新员工进行经营思想教育时，组织应重视以下观念：①战略意识，即在做具体工作始终不忘组织的战略目标。②重视生产经营第一线（现场）。它是直接创造附加价值的地方，因而是经营利润的源泉。全体员工都必须高度重视来自现场的信息和需求，要求主管人员必须尽量接近现场。③“自主管理”意识。每个员工既是劳动者，又是所在岗位的管理者，应时刻从管理的角度设法改进工作，革新创造。④“尊重人性”的管理。工作的目的，不是牺牲人性追求物质利益，而是要通过工作，达到物质和精神两方面的满足。因此，要创造能使劳动者感到劳动价值的工作环境。

另外，新员工的教育内容也应包括基本劳动技能和劳动组织、管理体系的知识。这部分内容，除通过课堂讲授外，主要通过指导员制度实施。组织可以编制《指导手册》，详细规定指导员的工作内容和责任。而且，也要指示老员工对新员工进行指导、帮助；同时，还要赋予老员工对新员工督察的责任。

### （二）监督指导层教育

监督指导层是最基层的管理人员，他们在生产现场直接对作业工人进行指导监督，担负着生产劳动组织的终端功能，地位非常重要。因此，从现场作业工人中提拔上来的新任管理人员，并不能马上胜任这一岗位，需要对他们进行基本管理方法的教育。对监督指导层教育的内容主要包括：①工作指导方法教育；②工作方法改善教育；③人际关系教育等。

监督指导层教育的目的：一是提高指挥能力；二是体会领班工作实践；三是提高专业知识；四是扩大视野，提高新工作欲望等。

### （三）管理层教育

它是以中层管理人员为对象的定型教育训练课程。管理层人员的工作有较多的决策因素，除了纵向指挥系统外，还要进行广泛的横向联系和交涉。所以，管理层人员必须学习更多的内容，除学习与自身相关的业务知识外，还要学习管理基础、组织原则、培训下属、工作管理的改善、人际关系、教育训练方法等。

管理层教育的目的与监督指导层教育的目的相同。管理层教育的特点是多采取研讨班的方式，以讨论为主，互相启发。

### （四）经营层教育

经营层是指组织最高领导层，包括董事长、董事、总经理、副总经理。经营层教育以组织最高领导层或即将升入最高领导层的人员为对象。经营层教育的内容主要包括：经营者自己进行的自我开发；专职部门有组织地提供经营能力开发的机会。经营层教育的基本形式，是参加著名经营学者或经营专家的讲座或座谈会，广泛与社会名流交往，开阔眼界，吸收社会外界的营养，形成作为经营者应具有的长远战略眼光和创造精神，充实其居高临下、统帅全局的领导能力。

经营层教育的目的在于开发经营者能力，具体包括：①将来的洞察力；②以此为前提的经营战略思考、决策能力；③经营者指挥能力；④培养后继者的能力的形成和提高。

## 五、其他教育方式与内容

1. 职能教育

职能教育是实际业务技能的教育训练，它与分层次系统教育并列职能教育是分部门或分工种进行的，在教育程度上可划分为基本职能教育和专门职能教育两个阶段。

基本职能教育是以普通员工为对象，目的是提高实际业务处理能力和作业技巧。专门职能教育的深化和进一步提高，目的是随着工作性质和专业方向的定型化，有针对性地对员工所需要的技能进一步加强理论造诣。对管理人员来说，专门职能教育训练的内容，是现代化的经营管理技术，如质量控制、工程管理、价值分析、运筹学，以及电子信息库系统技术等。职能教育虽然与业务密切相关，但主要方式是脱产或业余时间讲课、实习。

2. 现场教育

现场教育是指通过工作过程学习技能和知识。它与职能教育不同。现场教育是由主管人员和技术熟练工，一方面，作为领导者，组织和指挥下属或新员工完成工作任务；另一方面，作为教育者，在工作过程中，向下属或新员工传授技能和知识，培养他们思维判断能力。

指导现场教育的基本依据是"职能教育标准"，这是组织生产过程中的基本文件之一。其中分别按不同职务和级别规定了职务内容、责任、所需能力以及教育学习要点。这个文件既可作为分配工作任务的依据，又可以作为制订自我能力开发目标和计划的参考，但对指导现场教育起到极其重要的作用。

3. 函授教育

函授教育是利用组织外部的社会教育机关，包括高等院校进行员工教育的主要手段。组织应积极鼓励员工参加函授学习，并可规定有函授学习资助条款。

4. 自学资助制度

有些员工为了考取某种国家设立的专业、学术、技术资格（职称）或社会公认的专业称号而开展的自学活动。例如参加资格考试的费用，不论考取与否都由组织负担。对于具有专业资格称号的员工，组织在对其晋升时予以优先考虑。

## 六、职务轮换制度

在现代组织中，职务轮换制度被推广应用到更大的范围，成为能力开发系统中的重要内容。当今的市场环境促使组织设计出更加灵活多样的战略，这需要更加灵活的组织结构。在传统的部门制组织结构中，职能部门的目标有时凌驾于组织的整体目标之上。日益激烈的市场竞争要求组织有更大的灵活和内部协调性。打破由于职能部门的存在而形成的组织水平界限，使组织变成一个整体来运行是一种新型的组织结构。实行职务轮换制度是清除水平障碍，进一步开发员工能力的重要途径之一。

1. 职务轮换的基本含义及其类型

职务轮换制度，也称岗位轮换制，是组织有计划地按照大体确定的期限，让员工或管理人员轮换担任若干种不同工作的做法，从而达到考察员工的适应性和开发员工多种能力的目的。

职务轮换制度是通过横向的交换，使管理人员或员工从事另一项岗位工作，使他们在逐步学会多种工作技能的同时，也增强其对工作间、部门间相互依赖关系的认识，并产生对组织活动的更广阔的视野。

围绕组织的工作流程来组织活动，许多著名的组织大量地采用这种运行方式。例如，美国电报电话公司通过多专业交叉的团队参与整个工作流程的工作，而不是围绕狭窄的职能任务来开发新产品，团队成员要参与整个过程。在其部分下属单位进行的年度预算中，也不再基于职能部门进行，而是建立像提供世界性通信网络服务这样的过程之上。这种经营方式要求部门经理从整体上把握组织的运作，从专才变成通才。这时，部门经理是在为一个共同项目而工作，与助手互相激发，充分发挥其创造力。

一般来说，职务轮换制度主要有以下几种类型：

（1）新员工巡回轮换。新员工在就职训练结束后，根据最初的适应性考察被分别分配到不同部门去工作。为了使员工在部门内能尽早了解到工作全貌，同时也为了进一步进行适应性考察，不立即确定他们的工作岗位，而是让他们在各个岗位上轮流工作一定时期（一般一年左右），亲身体验各个不同岗位的工作情况，为以后工作中的协调配合打好基础。新员工每一岗位轮换结束时都有考评评语，通过岗位轮换，组织对新员工的适应性有了更清楚的了解，最后才确定他们的正式工作岗位。

（2）培养“多面手”员工轮换。为了适应日益复杂的经营环境，组织都在设法建立“灵活反应”式的单性组织结构，要求员工具有较宽的适应能力。当经营方向或业务内容发生转变时，能够迅速实现转移。于是，员工不能只满足于掌握单项专长，必须是“多面手”、“全能工”。所以，组织日常情况下，必须有意识地安排员工轮换做不同的工作，开发其潜在能力，以取得多种技能，适应复杂多变的经营环境。

（3）培养经营管理骨干的轮换。从组织长远发展考虑，培养经营管理骨干的轮换是十分重要的。对于高层管理人员来说，应当具有对组织业务工作的全面了解和对全局性问题的分析判断能力。培养这种能力，必须使管理人员在不同部门间横向移动，开阔眼界，扩大知识面，并且与组织内各部门的同事有更广泛的交往接触。这种培养以班组长、科长、部门经理级干部为最多，轮换周期一般为2 ~5 年不等。

在部门经理轮换的同时，为了保持员工的情绪稳定，必须通过确立正确的观念和制度体系，在员工心中建立一个清晰而稳定的组织结构概念。这一概念不会因为部门经理轮换而产生模糊或误解。配合轮换制度树立组织一体的概念，在员工中强调一种跨部门协作的精神。为此，建立一套与轮换制度相配套制度体系是十分必要的，比如清晰而标准的工作说明、一套全组织通行的员工绩效评估标准体系、一套员工福利制度和报酬体系以及培训开发计划等。这样，员工的绩效不会出现因为不同的上司而不同等问题。

2. 职务轮换的作用及其缺陷

职务轮换制度，除在能力开发方面的作用外，还对组织经营的发展具有很重要的作用。

一是职务轮换制度可以促使组织的管理层形成一个团队，在复杂多变的市场竞争中创造出更加灵活的策略。

二是职务轮换制度有助于打破部门横向间的隔阂和界限，给协调配合打好基础。部门间的本位主义，往往来自于对其他部门的工作缺乏了解以及部门之间人员缺乏交往接触。通过职务轮换，可消除这些弊端。

三是职务轮换制度有助于员工认识本员工作和其他部门工作的关联，从而理解本员工作的意义，提高工作积极性。

四是职务轮换制度有利于提高部门运作效率。新的部门经理可以给部门带来新的思维和方法，一个部门经理到一个新部门，他也可以学到新的知识和技能，这样互相促进有利于提高部门的运作效率。

但是，在推行职务轮换制度中也存在一定的困难和阻力。这种方法如果使用不当，可能会给组织造成消极的影响。以下是职务轮换制度中可能出现的问题：

（1）对掌握某些复杂专业技术不利。某些专业部门需要较深的专业知识或特殊的能力和多年的经验，其他部门经理未必具有，因而可能使这类技术水平降低或停止发展。

（2）对保持和继承长期积累的传统经验不利。实行职务轮换制度，部门原有的工作关系可能被打乱，易产生新的矛盾，可能使工作效率降低。

（3）各部门经理原有的的利益和权力有可能被削弱，有可能导致部门经理或者是动力不足或者是想其他的方法重新获得失去的权力。

（4）在对比效应的驱使下部门经理可能会追求短期绩效而忽视长远发展。

（5）各部门可能有本位主义思想，不愿意放走得力骨干，等等。

其实职务轮换制度只是一种手段，促使部门经理为了组织的共同目标而努力工作。职务轮换制度也是通过横向的交换，使管理人员或员工从事另一岗位工作。所以，必须使每个部门经理了解组织的战略安排和计划，达成共识。同时，在制度上要予以配合支持。例如，部门经理的绩效综合考评制度，与组织的整体利益相联系的红利分配制度的建立；各部门经理可以参与组织的战略规划和策略设计工作，以培养他们成为未来的高层领导人。

与此同时，在部门经理实行轮换制度时，还应该建立员工对上司绩效的评估机制，使上层领导也可以对部门经理有一个全面的了解。对于新轮换到岗的管理者来说，他们可能会面临许多新的问题：如新的环境、新的下属、新的工作内容，甚至新的运行机制，以及上一任管理者某些决策的滞后性效应，都可以使得原有自上而下的对管理者的绩效评估失真。建立员工对上司绩效的评估机制可以使公司高层掌握大量一手资料，有助于对新轮换到岗的管理者绩效作出符合实际的评估，从而保证轮换制度的顺利进行。

## 七、“自我审告”制度与提案制度

除了组织内教育培训、职务轮换制度外，创造一种最大限度发挥员工现有能力的环境，是能力开发系统另一项重要内容。“自我审告”制度就是为此目的设立的有效制度之一。

1. “自我审告”制度

现代组织如何充分利用现有员工的能力，是组织经营管理的重要课题。按照行为科学的理论，人只有在做他最适宜或最喜欢的工作时，才能发挥其最大限度的主观能动性；工作适合他的个性素质，才可能最充分地发挥他所具有的能力。对组织来说，员工能力的充分发挥，就意味着在不增加任何费用的前提下，可以提高组织的经济效益。所以，组织都在积极研究如何使工作环境和组织制度更适合于员工充分发挥能力的要求。欧美组织的“科学管理”体系，其管理方向可以形象地比喻为是使劳动者“机器化”、“零件化”。经典的能力主义雇佣政策，只注重员工是否有能力，而不考虑员工是否喜欢他的工作，是否与现任工作相适应，因而被称为“排斥人性的管理”。然而，组织如果不注意挖掘员工的潜在能力，就等于白白浪费人工费。所以，必须重视员工对工作的适应性和愿望。“自我审告”制度就是这样产生出来的。“自我审告”的程序如图 8 -5 所示。

图8 -5 是某组织进行“自我审告”的基本过程。按照制度规定，员工在填写自我审告表时，首先由员工本人完全根据自己的愿望和要求等填写申请表，交给部门管理人员进行汇总审查。然后由上级针对员工的申告与员工进行面谈，互相沟通思想、统一看法。最后，上级管理人员在员工申告表上填写意见后，报人力资源管理部门。

“自我审告”制度对于挖掘员工的潜在能力具有重要的作用。一般来说，主要有以下几点：①通过“自我审告”制度可以了解员工对工作的自我感觉和意见要求，以作为人事调配的参考；②通过“自我审告”制度可以创造上下级之间思想交流的渠道和场合，更有利于促进集体协作配合；③通过“自我审告”制度为组织人才能力开发规划提供素材；④“自我审告”制度可以使员工意识到个人对于工作的自主性和对组织的主人翁地位，从而进一步开发员工的潜在能力。自我审告表的格式如表 8 -4。

表8 -3 和图8 -5 是自我审告表的典型格式和程序，但在自我审告时，除了填写这种表格外，还要附上本人的申告报告，以弥补表格的不足。

表 8－3　　　　　　　　　　　　　　自我审告表（样表）

<table>
<tr><td>姓名</td><td></td><td>等级：级号</td><td>所在部门</td><td></td><td>家庭</td><td>口未婚口单身<br>口已婚口抚养人口</td></tr>
<tr><td>就职</td><td>就业时间：　年　月<br>本组织工龄：</td><td>口毕业生就职<br>口中专员工</td><td>现任职务</td><td></td><td>住所</td><td>口自宅口寄宿口租房<br>口公房口合租口其他</td></tr>
<tr><td>现有学历</td><td>口大学以上<br>口大学<br>口大专<br>口中专<br>口高中<br>口初中<br>－于　年－<br>口毕业<br>口肄业<br>口学习之中<br><br>专业科目：</td><td></td><td>主要工作经历</td><td></td><td>技术资格或学术证书，称号</td><td></td></tr>
<tr><td rowspan="2">对现任工作的看法</td><td colspan="2">工作适应性</td><td colspan="3">工作忙闲（工作量）</td><td>工作难易度</td></tr>
<tr><td colspan="2">口非常合适<br>口基本合适<br>口一般<br>口不太合适<br>口不合适</td><td colspan="3">口工作太忙（工作量太多）<br>口相当忙（稍嫌过多）<br>口正合适<br>口再增加一些亦可<br>口空闲过多（工作量太少）</td><td>口太难<br>口稍嫌困难<br>口正合适<br>口再复杂些亦可<br>口过分容易</td></tr>
<tr><td>对过去一年工作的回顾</td><td colspan="6">（自己的适应性，素质，能力考虑，自由填写对过去一年中工作的感想）</td></tr>
<tr><td>对今后工作的展望</td><td colspan="6">（请写出对今后工作的想法，包括今后希望的或争取担任的职务、职种、工作地点等）</td></tr>
<tr><td colspan="7">直接上级的观察（职务：　　　姓名：　　　）</td></tr>
<tr><td colspan="2">关于现员工作</td><td colspan="5">（从适应性，能力，效率，协调性等观点出发）</td></tr>
<tr><td colspan="2">关于今后工作<br>（指导要点等）</td><td colspan="5">（从能力开发，教育培训计划等观点出发）</td></tr>
</table>

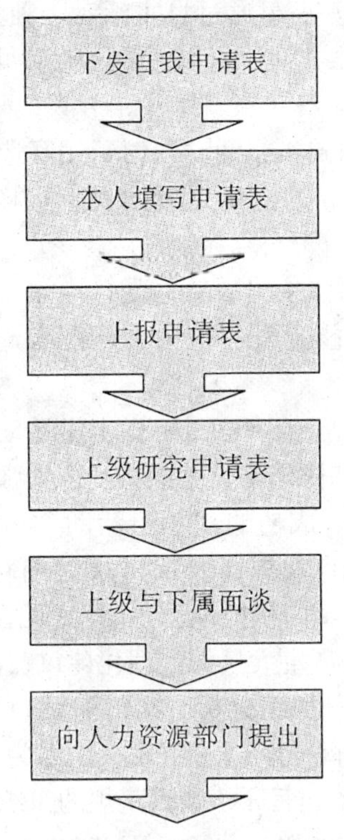


图 8－5　“自我审告”程序示意图

2. “小组活动”与提案制度

“小组活动”是指在车间内成立的正式或非正式的小集体，它虽不是企业组织之一，但有自己的目标，并自主自发地为解决问题而进行各种活动。这种管理方式，对于调动员工积极性和提高自我开发能力方面具有很大的促进作用。从广义上讲，“小组活动”属于能力开发系统的一个组成部分。

“小组活动”是从业人员自发组织的，该组织建在组织内部。它与联系感情的团体或娱乐团体不同，也不存在指挥命令系统，人数为 2 人以上，一般 5 ~ 6 人为宜。

“小组活动”的目的是：①提高员工职业道德水平；②培养自发的创造性的工作精神；③提高劳动生产率；④降低成本；⑤改善业务；⑥改善质量等。

从能力开发角度看，“小组活动”的主要作用如图 8－6 所示：

| 小组活动功能 | 预期效果 |
| --- | --- |
| 1. 提高经营效率和生产率 | 1. 有效的组织活动 |
| 2. 增强企业活力 | 2. 培养协作配合精神 |
| 3. 形成新的组织作风 | 3. 精神上的满足感 |
| 4. 自主管理扩展到基层 | 4. 充实、扩大自主管理 |
| 5. 能力开发与自我发展 | 5. 互相启发、互相提高 |

图 8－6　“小组活动”作用示意图

从图 8－6 可以看出，“小组活动”对员工能力开发的作用，主要有以下几个方面：

（1）开发解决问题的能力。小组通过自主活动，独立思考，可以培养和训练员工的分析思维能力，掌握分析思维方法。所以，“小组活动”在解决问题能力的开发上能发挥作用。

（2）开发和提高领导能力。“小组活动”时，用互选的方式选出领导，自觉地解决问题。所以，参加者能站在领导的立场上看问题，这样能开发并提高参加者的领导能力。

（3）互相启发和自我开发。“小组活动”是自主的、启发的活动，是互相启发和自我开发的机会。因此，它不仅能开发创造力，还能唤起参加者进行自我开发和互相开发。

（4）培养协作配合精神，增强组织活力。“小组活动”可以使员工之间增进感情，相互了解，巩固集体主义意识和协作配合精神，从而增强组织活力。

（5）员工精神上的满足感。成功的“小组活动”可以满足员工的精神生活要求；社交的要求（小组活动）——自我提高要求（学习创新）——自我实现的要求（成果、表彰），从而激发和调动员工的积极性、主动性和创造性。

“小组活动”的直接效果是产生大量的合理化建议，并提出改进方案。这些合理化建议是经过小组成员收集数据、加工分析、实施验证过的较为成熟可行的改进方案，对于改善组织经营管理有“水滴石穿”的功效。正因为如此，组织对于“小组活动”已经不再只看成是群众自发活动，而开始纳入正规的组织制度中，进行计划管理。

关于日本和美国提案制度的比较，如表 8－4 所示。

表 8－4　日美提案制度的比较

| | 美国 | 日本 |
|---|---|---|
| 员工参加率（%） | 14 | 54.2 |
| 人均提案数（个） | 0.15 | 4.73 |
| 提案采用率（%） | 24 | 60.7 |

“小组活动”实施时，应注意以下事项：①管理人员的培养。“小组活动”时，如果不对成员进行指导，就不可能产生有效的效果。因此，有必要培养能当领导人的人员。②题目的选择。“小组活动”是通过设定目标，并使之实施来进行的，所以要选择合适的目标，选择时要综合地考虑问题的重要性、紧迫性及现实性等。③制订恰当的活动计划。在小组制订活动计划时，要考虑工作安排及其他安排等综合内容，要尽可能地制订恰当的活动计划。④“小组活动”的时间安排。“小组活动”是员工自主进行的活动，所以原则上应在工作以外的时间进行。但为了使组织组织充满生机，在一定范围内利用工作时间搞小组活动也是可以允许的。

## 第七节　人力资源培训开发决策分析

培训开发的决策分析是在决定是否进行一项培训开发投资之前对成本与收益进行

的权衡考虑。

## 一、组织培训开发员工的意义

如果培训开发可以提高组织的利润，组织就会培训开发员工（支付员工的培训开发费用）。在决定是否给一位员工投资人力成本时，组织需要计算三方面的预期的净价值：培训开发的支出 C；如果雇员得到这一培训开发将给雇主带来增值的毛利润 B；由于该培训开发雇主必须支付给雇员的加薪 S。只要 B－S 超过 C，培训开发就会提高组织的利润。

假设 B 超过了 C，即培训开发支出少于雇主当前的培训开发毛利润，则需要注意两种极端的情况：

如果 S ＝ 0，那么 B－S 自然大于 C，这时组织是乐于支付培训开发费用的。然而，员工将得不到由培训开发带来的任何工资形式的利益，除非有精神上的益处，否则员工将不愿意支付任何一部分培训开发费用。

如果 S ＝ B，那么组织将不愿意支付任何数额的培训开发费用，但是员工获得的利益 S ＝ B，并且是大于 C 的，假定他能够由个人储蓄或贷款来支付培训开发费用的话，他们会愿意支付全部费用。

一般的培训开发多处于这两种极端情况中间的情况：S 是正的，但少于 B，即组织必须提高受训员工的工资，但不如组织从培训开发中得到的收益大。那么，在维持 B 大于 C 的假设之下，假定员工能够支付培训开发的费用，培训开发就可以支付了。这时员工愿意付到 S，而组织愿意付到 B－S 那么多，因此“支付的总意愿”是这些的总和，即 B（大于 C 的），而只有 C 是必须支付的。但是在这种情况下存在的不确定性是谁付多少的问题。

“组织为什么决定培训开发员工?”的答案就在于什么因素影响 B、C 和 S 的价值。回答必须考虑很大范围的同时又很分散的一系列因素，下面主要介绍影响 B 的一些因素。

## 二、影响培训开发利润的因素

### （一）雇佣时间的因素

1. 雇佣时间影响培训开发的回报

在大多数情况下，培训开发是事先支付投资费用的，而培训开发的回报 B 是当前的净价值。因此，培训开发投资和任何一种投资一样，受训雇员可能的“服务年数”是影响可兑现的培训开发回报的重要因素。对组织来说，关键的问题是预测员工将有多长时间留在组织内继续为本组织服务。

2. 雇佣时间的影响因素

预测雇佣时间需要考虑以下因素：

（1）家庭状态。一位非常年轻的员工与那些有家庭和有在校读书的孩子的中年员工相比，留在本组织服务的时间可能更短。

（2）当地劳动力市场水平和实现员工本地化的灵活程度。劳动力市场比较健全、人力流动比较顺畅的地区，员工雇佣时间较短，培训开发是一种风险更大的赌注。

（3）用于延长雇佣时间和减少自动跳槽的人力资源策略。例如以下政策：雇员只有在服务满规定的年限后，才有年资工资和养老金上浮的资格等。对培训开发来说，最重要的补充可能是以下的人力资源管理活动：①仔细筛选出能胜任的和可能长期稳定雇用的求职者；②给员工在组织内拓展他们自己和丰富其职责的机会；③给员工提供职业生涯长期发展的机会。坚持内部劳动力市场的组织与其他组织相比会提供更多的培训开发机会，并且这种组织在保留员工和充分利用员工获得的技能方面相对做得更好。

### （二）培训开发对技能整体的影响力

组织提供的培训开发的价值取决于培训开发对员工绩效的改进。因此组织必须考虑员工已经具有的带到工作岗位上的技术水平。如果发现员工缺乏该岗位的关键技能，组织可以通过广泛的基本培训开发来提供那些技能，但是要冒着员工接受培训开发之后在本组织服务时间变短的风险（比如由于能力提高，更容易受雇于其他雇主）。

通过给一名员工培训开发特定技能所产生的价值常取决于这名员工已经具有的和可以拥有的技能，必须考虑员工将拥有的整体技能，而不能孤立地看待某项特定技能。

### （三）对员工努力和忠诚的影响力

随着时间的推移和雇佣关系的成熟，员工与雇主双方都有兴趣增强两者间的关系。组织通过提供培训开发能够有助于双方在雇佣关系中的权力均衡。因为：①培训开发可以作为组织感化员工和与员工讨价还价的筹码，用于确保雇员对公司的忠诚。当公司培训开发雇员，即在投资于员工的能力发展，雇员应该理解到公司也是在冒风险。②公司通过提供培训开发来暗示未来的经营发展意图，可以使员工能够更加安心在和公司的关系上做投资，因此使关系更为稳定可靠，因而对公司更有价值。

### （四）培训开发对人员的筛选

组织所提供的总体工作条件和雇佣策略将影响未来员工的选择倾向。例如，实行高承诺人力资源策略将吸引适应于这些策略的人员——员工渴望人力资源管理所提供的责任、团队合作和学习、成长的机会。以同样的方式，培训开发课程将吸引渴望培训开发的员工；那些员工经常是寻求在工作上成长的个体，他们的特点是看重技能的获得，一般都是好奇的、有抱负的和有进取心的。

同时必须指出，这样的筛选并非对任何一个组织都是有利的。实际上，如果培训开发机会吸引了有抱负和有进取心的人的话，可能同时也是在筛选那些更倾向于离职去寻找更好发展机会的雇员。

### （五）直接和间接的效果

在评价培训开发的总体收益时，组织管理决策者也需要考虑培训开发对第三方关系人（客户、其他雇员和未来雇员）潜在的效应。

1. 直接效果

一种明显的第三方关系人效应是直接效果。例如，一名文秘员工被派去参加一个掌握文字处理软件包操作技巧的课程学习，她与同事、合作者分享所学到的知识和技能就是直接效果。这种效应过程经常是非正式地发生。以下的做法可以促进这种效应：

（1）在组织内推行一种鼓励合作的文化氛围；

（2）对受训员工加以认同，要求其在非正式的关于所学知识技能的研讨会上报告；

（3）采用基于团队的工作设计。

2. 间接效果

培训开发能够刺激员工之间的竞争，是一种微妙但却很重要的影响效应。例如，假设一家咨询公司一次又一次地选择最有才能的秘书参加高级计算机技能课程；进一步假设，如果一位有进取心的员工希望掌握那些计算机技能，但没有被选出来参加公司的这项培训开发计划，而缺乏那些技能将是他在前进道路上最大的不利。在这样的环境中就鼓励了所有文秘人员之间的竞争，使他们技能的整体水平获得进步。所以公司对秘书进行选拔培训开发所获得的投资回报可能远远大于仅仅简单地通过提供培训开发课程来使秘书自身的工作效率提高而获得的回报。

### （六）加强组织文化

1. 培训开发对组织文化的回应

培训开发可以反映更普遍和更弥散的信息，比如公司对其员工的承诺或公司的价值观，甚至对组织文化是一种加强和支持。

2. 加强组织文化的建议

（1）培训开发应该被视为是一种管理层用以与雇员沟通公司的战略和价值观的重要工具。

（2）具体的培训开发活动与组织所强调的重要战略和文化主题有密切的关联性。

（3）清楚说明培训开发与更普遍的文化主题的关系和对主题的支持。这样做只会涉及很少的费用增加，但是可以大大增加从培训开发获得利润的可能性。

## 三、培训开发决策的制定

### （一）培训开发决策的误区

培训开发不是一项无回报的开支，相反是一种对人力资源的投资。然而实践中，管理层的想法和计算工具经常使他们过度偏向于把资金和物质成本看得比智力成本更为“真实”。这样的看法可能导致对人力资源的投资不充分，表现在以下方面：

首先，准确测量人力成本价值有很大的难度，对人力成本投资的回报比其他类型的投资的回报更难量化。这样可能使得人力成本的投资相对其他形式的投资更容易遭到管理层的反对。

其次，很多组织都面临着日益增加的要证明培训开发最后效果的压力，这可能使管理层更不愿意决定做那些难于精细计算收益或反馈期更长的培训开发投资，使他们偏向投资到有最快反馈或最容易有反馈的培训开发课程。

最后，在一定程度上，很多组织都视培训开发为一种开支或一种员工福利，而不是一项投资，培训开发预算经常落后于经营战略计划。在经济效益好的时期可能无区别地给培训开发拨预算，当效益不好时组织首先砍掉就是培训开发预算。

（二）培训开发投资评价的建议

评价任何特定形式的人力成本投资的适宜方式，都特别依赖员工的特定性、培训开发的类型和组织的背景。在此要注意以下三条有价值的建议和警告：

（1）评价信息可能缺乏全面性。如果评价信息来自于学习了课程的人员，或是负责培训开发设计和负责培训开发的人员，用于培训开发课程的评价就会具有局限性。

（2）总体上说，应在培训开发之前与员工做好以下几方面的讨论：①培训开发如何服务于组织的战略；②培训开发如何促进雇员的专业和职业生涯发展；③可预期的培训开发的副产品是什么；④对于评价获得的培训开发效果用什么尺度测量是合适的；⑤培训开发之后应该对多大范围的人员进行意见的收集和调查。

（3）组织为员工实际从培训开发中获得的技能和知识支付费用时，要问这些问题：①为什么提供这些特殊的能力；②雇员是否在最充分地使用他们新获得的技能和知识。为此组织应制定对员工能力进行分类和跟踪的信息系统。这样的信息系统能帮助管理者和人力资源专家最充分地利用人力资源，获得在培训开发投资上的最大回报。

## 第八节　人力资源培训开发的程序与方法

### 一、培训开发工作的组织管理

由于培训开发工作在组织人力资源管理中承担着越来越重要的角色，以及培训开发工作在目标上的多样性，在设计上的科学性、合理性，在操作中的规范性等要求，因此，必须由一定的专业人员负责和实施培训开发工作，设立培训开发部门或类似的分支职能部门是非常必要的。培训开发部门涉及以下职能、权力、责任：

（一）培训开发部门的职能

培训开发部门的主要职能如下：

（1）制定支持经营战略的培训开发战略。

（2）分析和明确公司和各类职位、各级各类人员的培训开发需要。

（3）形成如何满足这些需要的建议和计划。

（4）制订组织年度的培训开发计划，呈交组织主管审批，并检查培训开发计划的执行情况，定期向组织主管汇报。

（5）制定年度培训开发预算，呈交组织主管审批，并定期向组织主管汇报培训开发费用的使用情况。

（6）明确外部培训开发资源，选择外部培训开发供给者，详细指明对他们的要求是什么，并保证他们的培训开发实施能够满足组织的规范和要求。

（7）实施各类培训开发计划，具体安排各种培训开发课程或活动。常常依赖于外部提供的培训开发课程作为正式培训开发课程的全部或部分。

（8）在准备和实施个人发展计划中提供帮助和指导。

（9）与人力资源部门合作搞好职工培训开发的档案管理，为组织人力资源的持续发展打下基础。

（10）维护训练场地和设施，充分开发与利用各类培训开发资源，为组织培训开发业务服务。

(二) 管理层的培训开发责任

虽然培训开发有不同类型的管理责任，但管理人员所负的责任更加重要，他们无一例外地应该接受对自己下属员工进行培训开发的个人责任。这包括关注下属员工的职业生涯发展，提供给下属员工发展其能力的机会，可以通过日常的工作任务，尤其是通过鼓励使他们持续不断地学习。组织在致力于实行培训开发时，应保证其每一位管理人员接受这种特别的培训开发责任的重要性，并且明确他们履行该职责的成功与否将与其职业生涯前景相关。

## 二、培训开发的操作程序和操作要素

任何组织的培训开发工作的计划实施都要牢记以下几点：

（1）人力资源培训开发应该是组织达成其目标的战略程序的必要元素。

（2）为了实现战略职能，培训开发应该基于对组织当前和未来需要的详细分析（见图8-7）。

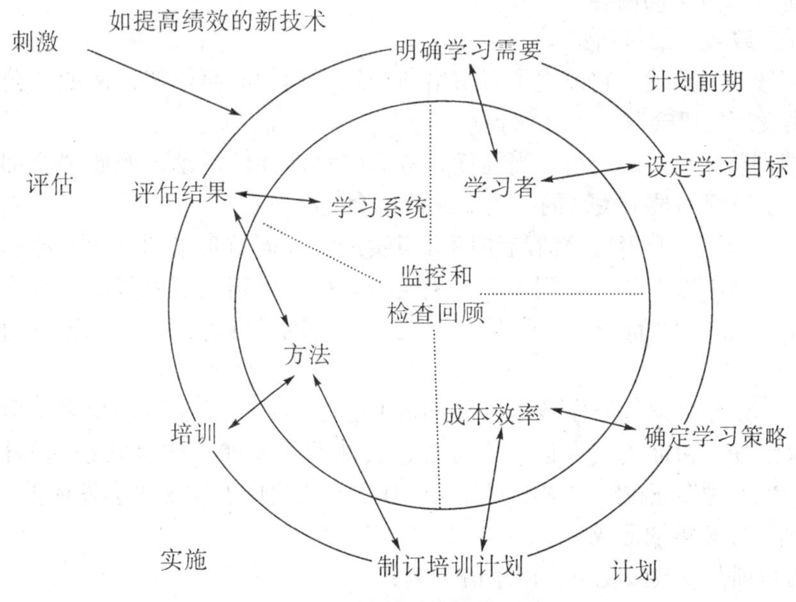


**图8-7　培训开发操作系统**

（3）提供的培训开发如果不指向最重要的需要，会对生产力造成不利影响。提供不适宜的培训开发既浪费钱又浪费时间。

（4）明确培训开发的需要和说明如果不能满足这些需要将会造成的可能的后果，是赢得最高管理层支持和获得资源的一种有说服力的方式。

（5）没有经过培训开发的员工可能无法胜任工作，严重的还会给组织带来有害的结果，比如缺乏效率、高费用的投诉和给客户留下不好的印象，这会对整个组织造成不利的影响。

（6）培训开发是组织变革中最重要的辅助手段。

## （一）培训开发政策的发布

1. 培训开发政策的来源和作用

组织对员工培训开发的政策是其培训开发哲学的反映，这些政策指导和影响组织培训开发活动的优先顺序、标准和范围。组织制定和发布培训开发政策有以下四个作用：

（1）定义组织目标与组织履行培训开发职能之间的关系。

（2）给管理层提供操作性的指导方针。例如，促进管理层计划和实施培训开发的责任，特别要保证把培训开发资源分配给需要优先考虑的和法规所规定的培训开发项目和领域。

（3）为员工提供信息。例如，指出组织对培训开发的承诺，向员工通报培训开发的机会。

（4）加强公众关系。例如，吸引具有高才干的人员，消除顾客和公众对产品质量和服务的顾虑，或通过参加政府发起的社会培训开发方案来维护组织关爱社会和积极进取的良好形象。

2. 培训开发政策的内容

培训开发政策一般包括：

（1）一般目的陈述。它设立了组织培训开发活动的参照框架，例如"公司将给全部员工提供发展的机会"。

（2）特别陈述。它确定组织当前优先考虑的培训开发活动，例如"全部经理和主管将出席关于组织和员工关系的一个专题研讨会"。

（3）责任分工。政策应该清晰说明谁负责或谁共同负责培训开发职能和决策活动的不同方面，如评价需要、分配资源、确定战略、提供培训开发等。没有这些政策表述将产生许多混淆，并且培训开发员工将处于非常困难的地位，不知道他们的责任在哪里。

（4）部门水平的培训开发政策。详细说明包括给哪些员工提供什么类型的培训开发，什么时候进行和谁负责保证其实施等，具体例子比如塑造直线经理的行动计划。这一水平的政策对保证在组织中不同部门工作的员工之间有同等机会发挥重要的作用。

3. 培训开发政策的形成

组织的培训开发政策受下列因素的影响：

（1）组织的目的和战略目标；

（2）组织的规模、所处行业和流行文化；

（3）产品和服务的特点与性质；

（4）经济目标和社会目标；

（5）招募政策；

（6）劳动力市场和获得熟练的、合格的员工的可选择的方式；

（7）提供最新的、连续的专业培训开发的义务；

（8）最高管理层对培训开发价值的看法；

（9）关于组织培训开发需要的信息的可用性；

（10）过去和当前的培训开发政策与实践；

（11）培训开发部门和培训开发经理的体验；

（12）培训开发专家的才干；

（13）可分配给培训开发职能的资源；

（14）员工及其代表的期望；

（15）立法，如法定的有关健康和安全的培训。

不同组织的战略决策方式和相关要求不同，因此每个组织的培训开发政策都是独一无二的。培训发政策可能更多地由主流的兴趣来决定，而不是依据原则来决定，不倾向于永久性，而是强调要随着以上要素的变化进行及时调整。

### （二）定义培训开发需求

1. 培训开发需求分析的层次

第一是对于组织整体的培训开发需求的分析，第二是对组织中的部门、团队、职能或职位进行培训开发需求分析，第三是对员工个体培训开发需求的分析。这三个领域是相互联系的。组织从培训开发需求的分析得出不同部门或职位上特定的培训开发需求。

不过这个过程也可以反过来操作。由于员工个人的培训开发需求是独立分析的，因此，共同培训开发需求的出现就可能是涉及群体基础的培训开发需求。群体和个人的培训开发需求的综合有助于更好地定义组织培训开发需求。

2. 分析方法

（1）经营战略规划和人力资源规划分析。组织开发战略大部分应由其经营战略规划和人力资源规划的战略来决定。战略规划应该从相当普遍的角度来说明未来需要什么类型的技术和能力、需要具有什么样的才能的人及其数量。

（2）工作分析。用于培训开发目的的工作分析意味着对工作内容作仔细检验，明确工作绩效标准。这些标准规定为了称职地完成工作必需的培训开发的质量、产出水平和应具备的技能和能力。

（3）绩效回顾分析。绩效管理过程应该是员工培训开发需求信息的首要来源。员工与经理的每一次绩效回顾面谈都会是一次学习的机会。通过面谈可以为个人设计绩效提高方案以及持续发展的个人培训开发计划。

（4）培训开发调查。培训开发调查集合了为培训开发战略的形成和实施所收集的最全面的信息。培训开发调查可以通过与管理者面谈来明确培训开发需求，通过与正在经历培训开发的人的讨论或与那些刚刚完成一次培训开发课程的人的讨论来明确有关培训开发项目的有效性。态度调查可以获得雇员对当前提供的培训开发的质量和培训开发水平的看法。培训开发调查特别注意现在的培训开发安排满足培训开发需求的程度。进一步的信息应从培训开发评价得来，有必要认真详细地评价通过培训开发员工所达到的绩效水平。

3. 培训开发说明书

培训开发说明书将包括在工作描述中那些宽泛的职责描述展开成为详细的任务描述。它列出了个体为成功地完成这些工作任务应具备的能力或特性。这些特征是：

（1）知识——个人培训开发需要知道什么。知识可以是专业的、技术的和经营的，或者可以是关于商业、经济或市场环境的；关于操作的、机械的；关于使用材料或设备的；关于顾客、委托人、所接触的同事和上司的及影响其行为的；等等。

（2）技能——个人培训开发如果取得了结果并能够有效利用知识的话，应该知道要做什么、怎么做。技能是经过很多培训开发和其他经历逐渐掌握的。技能可以是智力的或心理的，情感的或社会的。

（3）能力——要达到要求的绩效水平所要求的工作行为和能力。

（4）态度——行为的倾向（脾气）或以一种与工作的要求相符合的行为表现方式。

（5）绩效标准——完全胜任的员工能够达到什么样的绩效水平。

### （三）定义培训开发内容

这一阶段有必要详细说明必须学习的知识、技能和态度。

### （四）定义培训开发目标

设定学习目标，不仅要定义必须学到什么，还要定义学习者在培训开发项目之后必须能够做到什么。这个目标可以定义为标尺行为，即如果培训开发被认为是成功的话，工作中的行为应该发生的变化和达到的标准。

### （五）确定培训开发计划

这一阶段必须通过将培训开发的技术、地点和时间正确地结合来制定培训开发方案以满足培训开发需求和达到培训开发目标。

1. 明确内容

在一定时期内，组织的培训开发计划应是对实施培训开发的一个翔实权威的表述。培训开发计划的内容应该完全根据培训开发的需求分析来决定，并确定要达到认可的培训开发目标必须做什么。

2. 确定长度

培训开发计划的长度依赖于其内容，但应该注意考虑通过诸如基于计算机的培训开发技术能够如何加快学习进度。为保证那些正在经历培训开发的员工都有机会去充分理解和掌握他们接触的新知识、新观点或新技术，培训开发计划需要留出充分的时间。

3. 培训开发的地点

培训开发在三种地方发生：公司内在岗、脱岗，公司外部脱岗。每一种地点都各有其用处。比如培训开发组织的高层管理者、技术类、销售类、手工艺类员工主要依靠在职培训进行。外部脱岗培训开发能够提供高水准的理论指导和高度精细化的知识和更先进的技术，有开阔接受培训开发的人员的眼界的好处。组织必须依据培训开发目标的要求，选择与培训开发内容相匹配的培训开发地点，明确培训开发的形式。

4. 培训开发的时间

不同培训开发的先后顺序必须按重要性的等级来确定，组织全部的培训需求都应该得到满足。然而，当组织没有充分的资源时，有限的培训开发资源可能与其他目的的资源要求相竞争。那些与组织战略目标最紧密相关的培训开发方案最可能成功地获得资源的支持。例如，公司正导入下一年的重要产品，更可能把钱分配给为销售人员提供新产品销售的培训开发，而不是那些其他领域不那么紧急的培训开发。

5. 培训开发技术

培训开发技术可以分为群体培训开发技术、个体培训开发技术，或分为在岗培训开发技术、岗外培训开发技术。应该结合各种技术本身的特点，考虑培训开发的目标要求，参考培训开发的内容与教材，接受培训开发的员工层次与水平，训练的时间、场地与人数等因素加以选择使用。

## （六）培训开发资源的利用

培训开发资源可以认为是使培训开发计划得以实施而要求的投入。这些资源包括人和设施、资金。

能够很好地履行作为一名培训开发资源管理者的职能是培训开发部门经理获得成功的关键。在组织中，他们被认为是提供有关培训开发活动的建议和信息的焦点人物，是提供培训开发的专业知识和经验的来源，是组织培训开发政策的共同负责人和监控者；同时也是有能力的培训师，是成功的培训开发部门直线经理。他们通过与高层管理者保持良好的关系，受益于高层管理者对其培训开发活动提供的关键性支持。培训开发部门经理为更好地利用可用资源必须对培训开发资源有最新的知识。下面讲述主要的三类资源：人、内部设施、外部培训开发设施。

1. 作为培训开发资源的人

（1）直线经理。培训开发员工的责任最终落实到直线经理身上，实际上大多数培训开发发生在日复一日的工作情境中。管理人员可以充当下属的教练、督导、评委和榜样，帮助下属去识别和利用日常工作中的所有学习机会。直线经理实施培训开发活动，不仅是使正式的培训开发利益最大化的关键因素，而且是在组织中创建和形成支持培训开发的气氛的有力保证。在操作层水平上，直线经理也是培训开发的主要讲师。

（2）培训开发专家和培训师。富有经验的培训开发专家是组织培训开发操作的潜在贡献者。他们的知识和技能的有效性程度取决于实践中的不同因素，特别是其可信度、技术能力和与其他管理人员的合作程度。培训师是学习者、培训开发计划以及培训开发涉及的管理人员的必要联系环节。

（3）过去接受过培训开发的人员。满意的培训开发“用户”是宣传培训开发作用的非正式观点的最好代言人。他们也是使一种新的培训开发形式得以被接受的最大的协助者。

2. 内部设施

从管理中心、岗外培训开发教室，到包括多种硬件和软件的学习资源中心各有不同。一些组织可以向其他培训开发设施装备不好的组织出租其设施而获得一些收入。例如个人计算机、声像会议系统和公司内部网等设施可以扩大培训开发方法的选择范围，使培训开发的传递变得更容易。

3. 外部培训开发设施

此处包括专业联合会、行业联合会以及大学、学院提供的研讨会、培训开发课程和教育计划等。

## （七）实施培训开发

保证使用最合适的方法来使接受培训开发的人员获得他们需要的技能、知识、能力水平和态度。唯一普遍的原则是，课程应该得到连续的监控以保证培训开发计划在认可的预算内进行。此外，全部培训开发应该在培训开发项目结束后得到评价以检查培训开发达成预期结果的程度。

### （八）评价培训开发

评价培训开发，用于监控培训开发的有效性；评价培训开发的影响力，以明确培训开发目标达成的程度。评价培训开发要确定两个问题：一是评价的方法设计；二是衡量培训开发哪方面的效果。

控制实验法是评价培训开发效果最好、最正规的方法。在控制实验中用一个培训开发组和一个控制组（非培训开发组），采集培训开发组和控制组在培训开发前、培训开发后相应时期的有关数据（如产量、产品质量）并进行比较。用这种方法可以确定员工绩效的改善是由培训开发，而不是整个组织的某些变化引起的。但该方法并不适用于难于找到量化绩效指标的培训开发，如管理技能培训开发等。

常用的培训开发评价方法是以问卷形式进行的培训开发评价调查。调查收集的信息可以是：①参与者对培训开发项目的看法；②参与者所学资料的范围；③参与者应用所学新知识的能力；④培训开发目标是否达成。

### （九）改进培训开发计划

依据培训开发评价结果，分析新的培训开发需求，必要的话可以对培训开发计划加以修改，决定现有培训开发计划需要改进的程度，明确没有满足的培训开发需求如何得到满足。

## 三、培训开发技术

### （一）员工技能培训开发

1. 销售培训开发

销售培训开发的目标是使销售人员拥有用于达到或超过其销售目标所要求的知识、技能、态度和工作习惯。

（1）要求了解公司及其产品、目标消费群、竞争对手和销售操作程序等方面的知识。

（2）必须培训开发他们的以下技能：寻找和开拓市场，提出销售建议，作产品介绍陈述，应付客户的异议和质询，结束销售和应付抱怨、投诉。

（3）培训开发应指向发展一定的态度，如忠诚于公司，并且对自己销售的产品有信心、对顾客理解和宽容。销售代表必须相信他们自己，必须受到信任并且得到激励，必须强调服务顾客的重要性。

（4）发展健全的工作习惯，如：时间组织和管理，计划活动，跟踪销售线索，保持记录，提出建设性意见等。

2. 技能或手工技艺培训开发

在主要的技艺行业中，如工程和建筑行业，接受培训开发的员工的技能或手工技艺培训开发由以下三阶段组成：

（1）基础培训开发。由经过培训的教师在专门的地点给予培训开发。这一培训开发应该由一系列标准来组成，这些标准应该通过对标准技艺的分析选择出来；如果必要的话应该增加额外的标准。每一标准应该定义好目标行为，即标尺行为。在达到标准之后，必须配套测量行为的方法。经过基础培训开发，学员应该具备全部的基础技能。

（2）一般培训开发。接受培训开发的员工在不同的部门或在工作的不同操作流程中积累经验，巩固基础培训开发效果。为保证接受过培训开发的员工在不同工作岗位上实习他们学到的技能，首要的是在每个岗位上有一个基于工作技能分析的培训开发纲要。其次，安排一个经过培训开发的主管来负责培训开发，在大的部门应当有多个全职的培训开发督导。培训开发部门也需要仔细监控培训开发的进展以确保学员按照培训开发大纲的要求完成工作，并且掌握了要求的技能和知识。

（3）最后的培训开发。接受过培训开发的员工在他们选择的部门或他们最适合的部门中安置下来，能够做组织要求的工作。通过练习保证他们能在正常工作条件下应用他们的学识和能力，并且实现与有经验的员工一样的工作步调和质量水平。

3. 办公室工作人员培训开发

办公室工作人员培训开发是最容易被疏忽的培训开发形式。因为直线经理和培训开发经理容易低估大多数办公室工作的技术内容。实际上办公室工作的无效率是降低组织整体效率的一个重要因素。

办公室培训开发分为三个阶段：

（1）基本培训开发。在基本培训开发阶段，教授办公室工作人员如何开展一项工作，接受培训开发的办公室工作人员应该获得公司的背景知识和他们需要的基本知识和技能。

（2）进一步的教育。第二阶段，应该鼓励办公室接受过基本培训开发的员工去参加可以获得专业资格认证的进一步的学习。

（3）继续培训开发。当接受培训开发的办公室工作人员已经完成了基本培训开发方案，并且成功地获得专业认证，他们的能力应该由在公司内积累更广泛的经验来获得发展。这一阶段的目标应该是保证有潜力的办公室工作人员不会在一个部门内停滞不动，并且要为承担更大的任务做准备。

### （二）管理人员培训开发

1. 管理人员培训开发的概念

管理人员培训开发是指一切通过传授知识、转变观念或提高技能来改善当前或未来管理工作绩效的活动。管理人员需要经过培训开发活动以具备担任其工作或未来可能工作的知识经验、态度和意识。同样，通过帮助员工和现任管理人员胜任更高职务，可以加强组织管理的连续性，让接受管理培训开发的员工树立为本组织工作的正确的价值观和态度。

2. 管理人员培训开发的技术

管理技能培训开发的重点总是指向在职培训开发，如有计划的工作轮换、辅导等。同时通过岗外培训开发来补充扩展知识面，填补知识差距、开发技能或者改变态度。

（1）在职培训开发

①工作轮换：工作轮换是管理人员培训开发技术之一，包括让接受培训开发的员

工到各个部门去见习，或者实际介入所在部门的工作。

利用工作轮换可以扩大接受培训开发的员工对整个组织各个环节的工作的了解，为每个人提供培训开发体验；对接受培训开发的员工进行测试，确定他们的长处和短处。定期改变工作部门还可以改善部门间的合作，使经理人员更好地理解相互间的问题。不足之处是它鼓励人们“通才化”，比较适合于对直线管理人员的培训开发，而不适合于对职能专家的培训开发。

②辅导、实习方法

这是指接受培训开发的员工直接与他将要取代的前任一起工作，前任就负责对接受培训开发的员工进行辅导。这种实习有助于保证在管理职位因退休、调动等原因出现空缺时，组织内部有训练有素的人来替代；同时有助于公司自己培养高层管理者。

这种方法的有效性依赖于现任管理者作为教练和教师辅导的质量，以及师徒之间的关系好坏。

③行动学习

行动学习指让接受培训开发的员工将全部时间用于分析和解决其他部门而非本部门问题的一种培训开发技术。接受培训开发的员工定期开会，4～5 人一组，在会上就各自的研究结果及进展情况进行讨论和辩论。行动学习通常涉及几个组织间的合作。

行动学习在管理人员开发方面具有先导性和贡献性，它用实际问题给接受培训开发的员工以真实的体验，在一定程度上能开发其分析解决问题、制订计划的技能。行动学习的主要不足是放任接受培训开发的员工去组织外从事项目工作，从某种意义上说组织损失了一位称职的管理人员的现职服务。

（2）岗外培训开发

①案例研究法

案例研究法指为参加培训开发计划的员工提供有关某个组织问题的书面描述，让他自己分析这个案例，诊断问题所在，在与其他接受培训开发的员工一起讨论时提出自己的研究结果和处理办法。案例研究旨在通过训练有素的支持人的引导，让接受培训开发的员工真实地体验分析复杂问题的过程。教师扮演着非常重要的角色。

形成有效的案例研究技术需要做以下努力：如果可能，应该从接受培训开发的员工所在组织选择案例；教师应该把自己定位在催化剂或教练的角色上，尽量让参与者陈述看法，征求他人的意见，正视不同看法。

②管理游戏

管理游戏指几组管理人员通过计算机模拟真实公司的经营并作出决策来相互竞争的一种培训开发的方法。管理游戏就像在计算机上做游戏，真实而富有挑战性，令人兴奋。它帮助接受培训开发的员工训练解决问题的技巧，帮助他们把注意力集中在制定规划上，而不是临时应付问题。同时这种游戏有利于开发领导能力、培养合作精神和团队精神。

③行为模仿

训练时首先向接受培训开发的员工展示良好的管理技术（播放录像），然后要求他们在模仿环境中扮演角色，由他们的主管提供反馈评价。包括：向接受培训开发的员工展示做某件事的正确方式（示范）；角色扮演，让每个人练习用这种正确的方式做这件事；提供关于他们实际表现的反馈；最后鼓励接受培训开发的员工回到本职工作时积极应用所学的新技能。

④组织内部开发中心

组织内部开发中心是以组织为基地让有发展前途的管理人员去做实际练习以进一步开发管理技能的办法。它通常将课堂教学与评价中心、文件筐练习、角色扮演等技术相结合来帮助培训开发管理人员。

⑤组织外部研修班和大学教育计划

许多组织和大学开设的旨在为管理人员提供技能开发的研修班和课程。大学教育计划包括许多大学和学院开设的继续教育计划，针对个人特点提供的商务、管理等领域的个别课程以及学位计划，如高级管理人员的进修计划。

## 第九节　职业生涯管理

### 一、职业生涯管理的内涵

人力资源管理活动需要保证组织能够维护员工的长期利益，特别是鼓励员工不断成长，最大限度地实现他们的潜能。从个人的角度来看，职业是一个人在他的整个工作生涯选择从事工作的一个总的行为过程。职业生涯规划是一个人制定职业目标，确定实现目标的手段的不断发展的过程。职业生涯规划的焦点是放在个人目标与现实可行的机会的配合上。员工可以在组织的帮助下沿着一条已经确定的职业道路，获得职业生涯发展。如果一个人的职业生涯计划不能在组织内实行，那么这个人迟早会离开组织。因此组织应该在职业生涯方面帮助员工，从而使双方的需要都得到满足。

职业生涯管理是组织为确保在需要时可以得到具备合适资格和经历的人员而采取的正式措施。它包括职业生涯规划和管理继任两个过程。职业生涯规划和发展对个人和组织双方都是有利的。

为理解和开展职业生涯管理，需要了解以下一些概念：

（1）职业生涯：是一系列与工作相关的职位，能帮助个人增加工作技能事业成功和满足感。

（2）职业生涯发展：是贯穿一生的系列活动，有助于个人探索和确立职业生涯，并最终获得成功。

（3）职业生涯规划：是一个深思熟虑的计划过程，通过这个过程员工个人能够意识到其技能、兴趣、知识、动机和其他特征，获得各种机会的信息并作出选择；确定职业生涯发展的各种目标，并确定行动计划来实现这些目标。它是根据组织的需要和对员工个人的工作业绩、潜力和偏好的评价，塑造个人在组织内职业进步的过程。

（4）管理继任规划：用于保证组织有满足将来的经营业务需要所要求的管理者。

（5）职业生涯的动态分析：描述职业生涯发展是如何发生的。

### 二、职业生涯管理程序

职业生涯管理要达成以下三个目标：

（1）保证继任者满足公司管理层职位的要求；

（2）承诺为员工提供一系列培训开发和积累经验的机会，使他们有条件承担他们有能力达到的工作职责水平；

（3）如果员工希望实现他们的潜力，并希望在组织中获得成功，则对他们的潜能发展予以指导和鼓励。

为了达到这个目标，必须有一个完整的职业生涯管理程序，如图 8－8 所示。

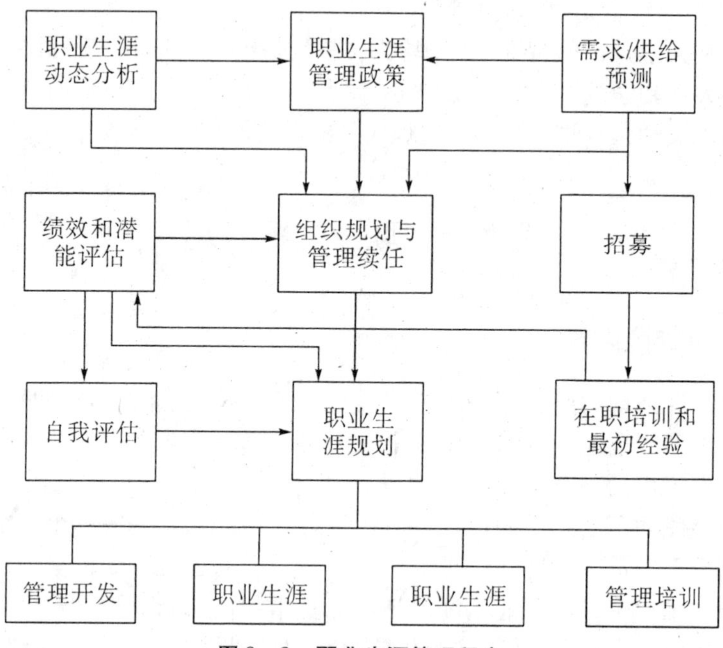


**图 8－8　职业生涯管理程序**

职业生涯管理程序的主要概念和技术讨论如下：

1. 职业生涯的动态分析

职业生涯的动态分析主要描述职业生涯发展是如何发生的。通过提拔而向上升，或通过扩大、丰富他们的工作职责使其承担更大的责任、更充分地利用他们的技巧和能力，通过这样的方式人们不断推进其职业生涯。

职业生涯的动态分析是制定职业生涯管理政策和准备管理职位继任计划的必要前提和步骤。职业生涯的动态分析主要是对工作梯队和工作族的特征加以分析，沿着员工在组织中每一个职务展开，并与绩效评价相联系。

（1）职业生涯发展阶段

①展开阶段。这是职业生涯的起点。这时需要获得新的技术，员工能力发展迅速，职业意向和偏好都得到明显的分化。

②确立阶段。这是职业生涯的发展途径。这时在展开阶段获得的技能和知识得到应用、检验、修正，经验得到强化，已具备了全方位的胜任能力，意向更坚定或加以必要的修正。

③成熟阶段。这时个体已经完全确立好职业生涯发展路线，依据他们的动机、能力和机会向前推进。

每个阶段发展和推进的速度不同，这意味着在成熟期他们或继续成长、上升，达到稳定水平，或停滞和衰退。

（2）工作梯队和工作族

工作梯队，是由个体在工作族中推进他们的职业生涯所能采取的步骤构成。工作族，是由那些尽管任务不同，并且在承担责任的水平上有显著不同，但是在工作的本质上却基本相同的工作组成，例如科学家、工程师、助理工程师等可归为一个工作族。

工作族分析的步骤如下：

①把工作总体中基本相似的全部工作分成工作族，同时明确需要个别特殊处理的工作。

②分析每个工作族，明确在不同水平上开展该项工作的程度。

③分析每个工作族中的不同水平，并且能用术语清晰地做出区分。由此建立一个工作梯队。

从分析中所获得的信息能够用于职业生涯规划目的以及用于确立各个水平的工作所要求的态度和能力，这些信息也能用于工作评价和薪酬结构的设计与开发。

2. 职业生涯管理政策

（1）培养政策与引进政策

组织在考虑其管理人才的配备时有两种选择：①培养和发展自己的经理人（组织内提拔）；②招聘或有意从外部引进管理人才（给组织带来“新鲜血液”）。权衡这两种政策主要依据供需预测的结果，如结果指出将来可用的经理人才短缺，就必须从外部引进人才。

（2）短期政策与长期政策

①短期绩效政策。组织有意或无意地采用着眼于“当前和当时”的政策。组织招聘和培训开发主要指向那些在目前工作上表现良好的高绩效者，并相应予以奖励。如果他们的表现已经很好了，他们将得以提升，而公司也将得到他们想要的人。在这种政策指导下，组织会认为用心良苦地培训开发管理职位的未来人选，完全是一种时间上的浪费，更何况在将来发生职位空缺时得以继任的情况可能不会发生。

②长期规划政策。信任长期职业生涯规划政策的组织往往开发高度结构化的职业生涯管理方法。他们赞成对员工的绩效和潜力进行精细的评价和考核，由评价中心鉴别、确认人才，或实行证实“有抱负者”的计划，检验按照计划的工作进展与预定的方案是否一致。

③长期灵活性政策。这种方式避免了短期绩效政策可能有的短视行为和过于死板的缺点，也避免了长期规划政策过于结构化、缺乏现实性的缺点。在快速发展变化的条件下，长期职业生涯规划在实际上能够规划的时间段是相当受限制的。

普遍而言，在小规模、快速增长和具有流动性和灵活性的组织中，短期政策系统是更为通用的方式。长期政策系统在更大型、多层级、机械型的组织中更流行。

（3）专家政策与通才政策

组织在确立职业生涯管理政策时应当考虑在多大程度上发展专家，在多大程度上发展能够从事全面管理的通才。所有组织的政策都采用这两种思路的混合形式，这就需要考虑这两类人数量上的适当比例，考虑是否赋予通才同等的重要性，甚至是更多的重要性。但对于纯专业人员来说，可能涉及的政策问题是以独立的职业生涯发展道路来发展，还是创建双职业生涯结构。纯专业人士应该依据技术贡献而不是依据他们在管理级别中的位置来给予报酬。

（4）应付处于“停滞”中的管理者

管理者中最大的一部分将不可避免地最终在组织中处于职业生涯的停滞状态，这种情况更可能发生在扁平型的、阶层少的组织中。这样的组织中，往往经过组织结构重组和业务流程再造将中层的管理工作剥离出来，可能造成人浮于事，相当于用其他的问题替代了人员无法向上提升而将走向死胡同的问题。可能的不良后果是，留下的一些人会感到厌烦和沮丧，士气大挫，工作效率再也不能提高，绩效受到干扰。这时必须采取相应措施：①重塑他们的职业生涯道路。这些重塑不一定是提拔，但能使他们在同一水平上做具有挑战性的工作。②对其他人加以鼓励，使他们能在新的地方开始新的职业生涯。在这种情况下国外的组织会提供必要的职业生涯咨询建议，可以通过外部的咨询顾问来提供咨询服务。

3. 需求和供给预测

需求和供给预测用人力资源规划和模型技术来完成。在较大的组织中模型技术是最有效的方法，因为它可以以不同假设对未来的影响力作敏感性分析。在供给和需求关系中有很多影响因素和不可预测的变化。如果要分析预测以后 4 ~5 年中的人员供需状况时，可能只能做一个年度的回顾调查来估计。如果这样的比较结果已经指出存在严重的供需不平衡，那么需要采取措施来缩短或排除供需差距，或对那些不太可能向上晋升的人考虑其他类型的工作安置。

4. 管理层继任规划

管理层继任规划的目标是保证获得用于填补由于提拔、退休、死亡、离职或调离而造成的职位空缺的合适的管理人才。其目标也指向保证候选人能够有效地承担将来可能的新的任命。

组织评价和供需预测提供制定管理层继任规划的信息。管理层继任规划将受组织的职业生涯动态分析的影响，也受绩效和潜力评价的影响。这些评价提供了关于谁现在已经准备好，并且将在未来去填补空缺的目标职位的信息，但是这些信息的效度常常是有限的。组织需要记录这些信息以便作出晋升和安置的决定，以及安排培训开发或为那些有潜力或已经被计划用于提升的人安排额外的积累经验的工作机会。

5. 绩效和潜力评价

绩效和潜力评价的目标是明确培训开发的需要，对个体的职业生涯发展的方向提供指导，并指出谁有晋升的可能性。这些信息可以通过绩效管理部分的工作而获得。

潜力评价可以由管理者在进行绩效考核之后正式展开。潜力评价要求管理者去识别出有非常高潜力、有一些潜力和没有潜力这三类人。甚至要求他们指出：什么时候这些人可以做好晋升的准备和他们可以提升到多高的位置。组织确实需要了解关于有潜力的人才的信息，并且鼓励评价者在他们的评价部分至少要指出那些不仅在现任工作中能做出好绩效，而且能在更高水平的工作中做出好绩效的人。根据这一信息可以帮助识别那些评价中心或开发中心的人员，用于确立他们的潜力规划和职业生涯规划。

6. 招募

组织将不可避免地需要招募新的管理人员。新进人员将在获得最初知识经验后，在培训开发以及当前的工作中证明他们的能力，并不断地成熟。如果有足够的时间，他们可以展示出他们能做什么和可以走到何处，组织可以对他们的业绩和潜力进行评价，吸收他们进入整个职业生涯管理系统。

7. 职业生涯规划

（1）职业生涯规划的过程

职业生涯规划是职业生涯管理中关键的过程。它运用由组织对培训开发需求的评价、绩效和潜力评价以及管理继任规划所提供的全部信息，将它们转化为个人职业生涯发展方案的形式，安排管理开发、职业生涯咨询、导师指导和管理培训开发。

（2）职业生涯发展——能力组合方法

职业生涯的进步可以依据个人在更高的工作责任或职业贡献水平上开展工作所必需的能力来定义。这些责任与贡献水平要求新的能力组合。能力可以定义为：在一个工作族中的不连续的水平上有效完成工作所需要的个人特性和行为特征。工作族的水平数量根据在特定工作族中需要的能力范围的差异而变化。针对每一个能力组合，达到所要求的能力水平所需要的经验和培训开发必须同时加以界定。

这样的界定结合个人的目标点就形成职业生涯图，如图 8 -9 所示。个人要意识到为获得职业生涯的进步他们必须达到的能力水平。如果个别雇员希望在组织中得到晋升的话，通过职业生涯图他们将知道需要做怎样的知识和经验准备，这将帮助他们规划自己的职业生涯。部门经理、人力资源专家、管理开发顾问或导师都会提供支持和指导，在适当时候可以安排提供获得新的工作经验和培训开发的机会。

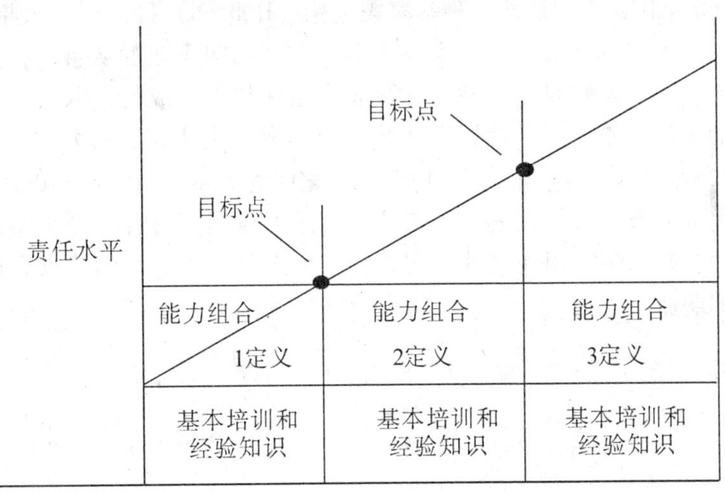


**图 8 -9 能力组合职业生涯发展系统**

（3）用于个人和组织的职业生涯规划

职业生涯规划程序总是基于组织的需要而制定。然而，如果个人的需要被忽略，那么组织的需要将不会得到满足。职业生涯规划必须是多样化的管理，因此职业生涯规划必须确认以下内容：

①组织应认识到每个员工都有个人的需要、愿望和不同的能力特点；

②组织对员工个人的追求和需要作出合适的反应能使其受到更大激励并提高工作动机；

③如果个人得到了适当的机会、鼓励和指导，他们会成长和寻求新的发展方向。

（4）职业生涯规划技术

职业生涯规划运用由继任规划、绩效和潜力评价和自我评价所得到的全部信息来形成方案，设计项目和程序来执行职业生涯管理政策，达到继任规划的目标，并且广泛改善激励效果、提高员工的认同感和绩效水平。使用的程序可以围绕以下方面展开：①管理培训开发；②导师指导训练；③职业生涯咨询。

（5）职业生涯咨询

培训开发中心能够提供有价值的职业咨询手段和规划。然而职业生涯咨询是一种技术性工作，虽然所有管理者应当在相关技术上得到培训开发，但离员工最近的管理者并不总是做咨询的最好人选。一些大公司的做法是委任专家来做咨询。专家的唯一工作是提供职业生涯咨询服务来支持员工的直线管理人员的努力，并提供关于需要为个人做些什么的建议，或更广泛地建议组织作为一个整体应为员工做些什么。

## 三、职业人格

职业辅导在国外发达国家非常普遍。许多学者提出在职业辅导方面应建立不同的理论。最早的是美国的弗兰克·帕森斯，他在 1909 年提出了职业三原则：了解自己，了解环境，了解两者的关系。第二次世界大战以后，心理学的原理和方法被广泛用于研究职业问题，形成了众多的职业辅导理论派别。

20 世纪 60 年代，美国职业心理学家霍兰德（Holland）提出了“人格类型论”。理论的基本原则包括，职业选择为个人人格的延伸。相同职业的从事者，有相似的人格和相似的发展史。个人的职业满意度、职业稳定性与职业成就，取决于个人的人格和环境特性间的匹配。霍兰德认为职业人格分为六种：现实型、研究型、艺术型、社会型、管理型和常规型。这些职业人格以及相互之间的关系可用图 8－10 表示。

这个六角形不但可以用来表示人格类型，还可以用来解释职业类型。六角形上离得越近的类型拥有越多的相同之处。例如，一个人具有现实型的特点有可能具备常规型和研究型的职业兴趣。

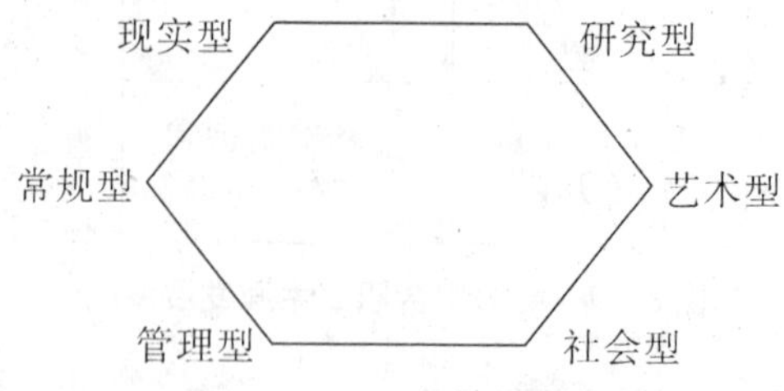


图 8－10　人格类型的六角模型理论

有关各种类型的特点请见表 8－5。尽管霍兰德的理论有助于职业辅导过程的分析、解释和诊断，但个人的人格特征并非是职业选择的决定性因素，也并非职业成功的决定因素。在职业辅导中除了考虑人格因素，还要考虑社会背景和发展因素。

表8－5 职业人格类型的特点

| 现实型 | 研究型 | 艺术型 | 社会型 | 管理型 | 常规型 |
|---|---|---|---|---|---|
| 有运动或机械操作能力，喜欢机械、工具、植物或动物，偏好户外活动 | 喜欢观察、学习、研究、分析、评估和解决问题 | 有艺术、直觉、创造的能力，喜欢运用想象力和创造力，喜欢在自由的环境中工作 | 善于和人相处，喜欢教导、帮助、启发或训练别人 | 喜欢和人互动，自信，有支配能力，追求权力和地位 | 喜欢从事资料工作，有数理分析的能力，能够听从指示完成细琐的工作 |

## 思考题

1. 什么是培训？
2. 培训与正规教育相比有什么特点？
3. 开展人员培训有什么重要意义？
4. 人员培训应遵循哪些原则？
5. 人员培训有哪些方法与技术？
6. 人员培训系统模型包括哪些主要内容？
7. 如何进行培训效果的评价？
8. 能力开发的基本含义及其必要性是什么？
9. 能力开发系统应包括哪些主要内容？
10. 组织内教育形式与内容是什么？
11. 何谓职务轮换制度？这种轮换制度对开发员工能力有哪些作用？还存在哪些缺陷？
12. 何谓“自我审告”制度？“自我审告”制度的主要作用有哪些？
13. “小组活动”与提案制度的主要作用是什么？

## 案例阅读

### 之一：海尔的员工培训

海尔培训工作的原则是“干什么学什么，缺什么补什么，急用先学，立竿见影”。在此前提下首先是价值观的培训，“什么是对的，什么是错的，什么该干，什么不该干”这是每个员工在工作中必须首先明确的内容，这就是企业文化的内容。对于企业文化的培训，除了通过海尔的新闻机构《海尔人》进行大力宣传以及通过上下灌输、上级的表率作用之外，重要的是由员工互动培训。

目前，海尔在员工文化培训方面进行了丰富多彩的、形式多样的培训及文化氛围建设，如通过“画与话”、灯谜、文艺表演、找案例等用员工自己的画、话、人物、案例来诠释海尔理念，从而达成理念的共识。

“下级素质低不是你的责任，但不能提高下级的素质就是你的责任！”对于集团内各级管理人员，培训下级是其职责范围内必需的项目，这就要求每位领导——上到集团总裁、下到班组长都必须为提高部下素质而搭建培训平台、提供培训资源，并按期对部下进行培训。特别是集团中高层人员，必须定期到海尔大学授课或接受海尔大学培训部的安排，不授课则要被索赔，同样也不能参与职务升迁。每月进行的各级人员的动态考核、升迁轮岗，就是很好的体现：部下的升迁，反映出部门经理的工作效果，部门经理也可据此续任或升迁、轮岗；反之，部门经理就是不称职的。

为调动各级人员参与培训的积极性，海尔集团将培训工作与激励紧密结合。海尔大学每月对各单位的培训效果进行动态考核、划分等级，等级升迁与单位负责人的个人月度考核结合在一起，促使单位负责人关心培训、重视培训。

技能培训也是海尔培训工作的重点。海尔在进行技能培训时，重点是通过案例、到现场进行“即时培训”。具体说，是抓住实际工作中随时出现的案例（最优事迹或最劣事迹），当日利用下班后的时间立即（不再是原来的停下来集中式的培训）在现场进行案例剖析，针对案例中反映出的问题或模式，统一人员的动作、观念、技能，然后利用现场看板的形式在区域内进行培训学习，并通过提炼在集团内部的报纸《海尔人》上进行公开发表、讨论，达成共识。员工能从案例中学到分析问题、解决问题的思路及观念，提高员工的技能，这种培训方式已在集团内全面实施。

资料来源：夏世洪．培训兵法［M］．汕头：汕头人民出版社，2005：451－462.

### 之二：加利公司的人员培养

加利公司是一家生产经营计算机的公司。该公司追求卓越，特别是在人才培训、造就销售人才方面取得了成功的经验。具体地说，加利公司决不让一名未经培训或未经全面培训的人到销售第一线去，销售人员们说些什么、做些什么以及怎样说和做，都对公司的形象和信用影响极大。如果准备不足就仓促上阵，会使一个很有潜力的销售人员夭折。因此该公司用于培训的资金充足、计划严密、结构合理。一到培训结束，学员就可以有足够的技能，满怀信心地同用户打交道。不合格的培训几乎总是导致频繁地更换销售人员，其费用远远超过了高质量培训过程所需要的费用。

这种人员的频繁更换，将会使公司的信誉蒙受损失。同时，也会使依靠这些销售人员提供服务和咨询的用户受到损害。近年来，该公司更换的第一线销售人员低于3%，所以从公司的角度看，招工和培训工作是成功的。

加利公司的销售人员和系统工程师要接受为期12个月的初步培训，主要采取现场实习和课堂讲授相结合的教学方法。其中75%的时间是在各地分公司中度过的；25%的时间是在公司的中心学习的。分公司负责培训工作的管理人员将检查该公司学员的教学大纲。教材大纲包括从学员的素养、价值观念、信念原则到整个生产过程的基本知识等方面的内容。学员们利用一定的时间与市场营销人员一起访问用户，从实际工作中得到体会。

此外，还经常让新学员在分公司的会议上，在经验丰富的市场营销代表面前，进行他们的第一次成果演习。有时，有些批评可能十分尖锐，但学员们却因此增强了信心，并赢得同事们的尊敬。

销售培训的第一期课程包括加利公司经营方针的很多内容，如销售政策、市场营销实践以及计算机概念和加利公司的产品介绍。第二期课程主要是学习如何销售。在课堂上，该公司的学员了解了公司有关的后勤系统以及怎样应用这个系统。他们研究竞争和发展及业务的技能。学员们在逐渐成为一个合格的销售代表或系统工程师的过程中，始终坚持理论联系实际的学习方法。学员们在分公司可以看到他们在课堂上学到的知识的实际部分。

现场实习之后，再进行一段长时间的理论学习。紧张的学习每天从早晨8点开始到晚上6点，而附加的课外作业常常要使学员熬到半夜。经过这一段时间的学习之后，考试便增加了主观因素，学员们还要进行销售演习，这是一项具有很高价值和收益的活动。一个用户判断一名销售人员的能力时，只能从他如何表达自己的知识来鉴别其能力的高低。

加利公司市场营销的一个基本组成部分是模拟销售角色。在公司第一年的全部培训课程中，没有一天不涉及这个问题，并始终强调要保证演习或介绍的客观性，包括为什么要到某处推销和希望达到的目的。同时，对产品的特点、性能以及可能带来的效益要进行清楚的说明和演习，学员们要学习问和听的技巧，以及如何达到目的和寻求订货等。假若用户认为产品的价钱太高的话，就必须先看看是否是一个有意义的项目，如果其他因素并不适合这个项目的话，单靠合理价格的建议并不能使你得到订货。

该公司采取的模拟销售角色的方法是，学员们在课堂上经常扮演销售角色，教员扮演用户，向学员提出各种问题，以检查他们接受问题的能力。这种上课接近于一种测验，可以对每个学员的优点和缺点两个方面进行评判。

# 第九章　劳动关系管理

## 本章学习要点

- ▶劳动关系的含义及处理原则
- ▶劳动用工制度
- ▶劳动合同制
- ▶劳动纪律
- ▶劳动争议及处理
- ▶国外劳动关系模式借鉴

### 引导案例：　　“厂规厂纪”不得与法律相悖

张君是某快餐连锁店的领班。这家快餐连锁店规章细密、管理严格，懂得用规章制度约束员工的行为，效益一直很好。其《员工守则》规定：“迟到、早退者，通报批评；连续旷工三天者，予以除名。”张君因为母亲病故请假3天，但一周后才来上班。连锁店遂依据《员工守则》将其除名。张君不服，认为连锁店不问青红皂白将其除名，是不公正的。快餐连锁店的除名决定是否有效？

《劳动法》第八十九条明确规定：“用人单位制定的劳动规章制度违反法律、法规规定的，由劳动行政部门给予警告，责令改正；对劳动者造成损害的，应当承担赔偿责任。”快餐连锁店关于“连续旷工三天者，予以除名”的规定，与我国现行法规关于除名的规定不符。《企业职工奖惩条例》第十八条规定：“职工无正当理由经常旷工，经批评教育无效，连续旷工时间超过15天，或者一年内累计旷工时间超过30天的，企业有权予以除名。”这是目前我国在处理旷工问题上的法律规范和原则，而快餐连锁店却规定旷工3天即予除名，而且对张君进行除名时，既未考虑其旷工原因，也没有对其履行批评教育义务，显然与法律法规相违背，因而是无效的。本案启示我们：“厂规厂纪”作为“小法”，一定要遵守国家的大法规定，不得与现行法律、法规相悖。

资料来源：程延园．劳动关系［M］．北京：中国人民大学出版社，2002：200.

劳动关系的调整始终关系到组织的成长与发展，只有拥有和谐的、发展型的劳动关系才能使组织得到快速稳步的发展。因此，在实践中组织必须将员工看做合伙人，将员工的发展与组织的发展一样放在首位，建立具有建设性的组织劳动关系。

# 第一节　劳动关系

## 一、组织劳动关系的含义

所谓劳动关系是指组织在劳动法律法规指导和调整下形成的一种权利义务的关系。

组织劳动（法律）关系是由三个要素构成的：①主体。主体是组织劳动关系的当事人，组织劳动（法律）关系的当事人包括组织所有者（或其代表）、组织经营管理人员、员工及其工会组织。②内容。组织劳动关系的内容就是劳动者与组织之间的权利义务。③客体。组织劳动关系的客体是权利义务指向的对象或者称为权利义务的承担物。客体可以是实物，如一定的劳动保护条件、一定数量的劳动报酬等；也可以是某种行为，如员工参与组织管理等。

## 二、组织劳动关系的内容

由于组织所有者、经营者、一般员工提供的生产要素不同，在组织中所处地位及发挥作用不同，从而形成具有不同责任、权力和利益的社会主体，组织要处理的劳动关系主要就是这些社会主体之间的关系。其包括：①所有者（业主）与全体员工（包括被雇佣的经营管理人员）的关系；②经营管理者（业主代理）与一般员工（指基层主管以下的人员）的关系；③组织管理当局（所有者与经营管理者）与工会的关系；④一般员工与工会的关系。

组织劳动关系的内容，按员工与组织结合的不同阶段分类，主要包括：

1. 组织与员工结合时的劳动关系

这部分内容有的教科书也称为就业制度，主要是指组织（主）与员工的互择权，组织主能在多大程度上自由选择经营管理人员，管理人员能在多大程度上自由选择自己的就业机构。组织各方的利益能否受到法律保护及互择权受何法律保护等。

2. 组织与员工结合后双方的劳动关系

在市场经济条件下，员工受业主及经营者支配，因此，如何保障员工合法权益是这一关系中的主要主面，包括员工的正当收益权、劳动保护权、社会保障权、民主参与权、公正待遇权、个人尊严权等。当然，所有者与经营管理人员享有的正当收益权、人身安全权等也应依法得到保障。在现实生活中，组织内部员工合法权益更有可能受到侵害，如组织过分压低工资、生产条件恶劣、管理人员行为粗暴、对提意见的下属打击报复、对下属进行性骚扰等。这些应成为处理好劳动关系的主要方面。

3. 员工与组织分离时及分离后的劳动关系

这是指员工被辞退或员工辞职时双方应有的责任和权利，包括事先得到通知权、申诉权、补偿权等。在社会保障体系尚不健全的情况下，特别要依法保护员工这方面的合法权益。

组织劳动关系的内容非常丰富，不同类型、不同规模和不同所有制组织之间的差异也较大，我们这里讨论的是从组织一般人力资源管理这一角度来说的组织劳动关系。而且，在组织劳动关系中，如何处理好与工会组织的关系是个非常迫切而又非常敏感的问题。

## 三、处理劳动关系的基本原则

### （一）兼顾各方利益

要使组织内部各方面保持和谐的合作关系，首先就必须兼顾各方利益而不是偏顾一方，损害另一方。为此，各方都要实事求是，以组织兴旺和员工满意为己任，多站在对方角度着想。例如在处理组织效益分配时，既要考虑组织的发展需要，也要考虑员工收益的增长。过分强调组织长远发展而忽视员工收益的增加，会挫伤员工积极性，而片面强调增加员工收入而不去考虑组织的发展，则容易使组织缺乏发展后劲，削弱竞争力，对双方均不利。

### （二）协商为主，解决争议

当组织内部劳动关系紧张而发生劳动争议时，应尽量采取协商的办法解决，不应轻易采取极端行动，如罢工、怠工、开除、上街游行等，以免形成尖锐对立，造成更大的损失。在处理劳动争议时，应尽量遵循协商解决问题的原则，凡能不诉诸法律的就不上法庭。这样既节省费用，又不容易伤感情，且双方有较大的回旋余地。即使像美国这样私有制为主的国家，发生劳动争议，也是先和工会谈判，不行再找律师或请求仲裁，一般不轻易上法庭。

### （三）以法律为准绳

正确处理组织内劳动关系一定不能随心所欲，而要以国家有关法律、法规为依据。为此，我国组织各方都要认真学习《中华人民共和国劳动法》及相关的法律法规，依法办事，凡是涉及组织各方责权利关系的应尽量订立契约、合同或规章制度、章程，出现问题应及时找法律专家咨询。以法律规定协调各方关系，可以减少许多因不合理要求而造成的争端。

### （四）劳动争议以预防为主

组织经营管理人员除了要关心组织生产经营活动外，还应花相当一部分精力搞好人力资源的开发与管理，协调好各方面的关系，化解组织内部已经发生和将要发生的矛盾。一个称职的管理人员应经常分析劳动关系形势，了解员工的情绪，预见可能发生的问题，及时沟通，及时采取有效措施，使矛盾得到及时解决，而不应等到矛盾激化了再去处理。

### （五）明确管理责任

处理劳动关系是组织经营管理中一项重要实务，应当明确各层次管理人员改善劳动关系的责任，有条件的组织应在工会之外再设立必要的正式或非正式机构来处理劳动关系，并配备专职或兼职人员。如美国大中型组织中都有工业关系（Industrial Relations）部负责处理有关劳动关系问题。

## 四、改善劳动关系的基本途径

根据国内外管理实践经验，改善劳动关系的基本途径有：

（一）立法

劳动关系的不和谐和劳动争议的产生，一个很重要的原因是组织各方往往强调自身利益而相互对立，并因为相关法律不健全而难以有效地解决。如果通过立法，在调查研究的基础上界定组织各方的利益，就能避免许多完全凭单方面意志而引起的矛盾，有了相关法律，一旦出现劳动争议也有客观依据予以圆满解决。例如德国立法要求组织成立有职工代表参加的监事会，保证公司许多涉及员工切身利益的决策有职工代表参与，因而大大缓解了劳资矛盾，有利于员工自觉参与管理，调动员工积极性。我国《劳动法》、《公司法》等一系列相关法律的制定，为从根本上保障组织和员工的利益，协调组织内部劳动关系提供了法律保障。

（二）发挥工会作用

有些业主及管理人员不欢迎工会，认为工会只能给组织增负担、添麻烦，他们往往只看到工会对管理人员制约的一面，看不到对管理工作支持的一面。美国学者舒乐（Randall Schuler）认为成立工会对雇主、雇员都很重要。对雇主来说，工会对雇主管理人力资源的能力有很大影响；对雇员来说，工会能帮助他们从雇主那里获得必要的东西（例如高工资及职业保障）。舒乐分析了工会的存在对组织的正反两方面的影响，从积极的方面看，工会可以与管理当局合作，在开展质量圈（Quality Circle）、斯坎隆计划等方面发挥作用，使雇主度过特殊困难时期，甚至使组织更富赢利性及挑战性。工会还能帮助雇主识别工作场所的危险因素，改善雇员的工作生活质量。

在我国的国有组织中，工会的作用被局限在非常有限的范围内，所起作用甚微。但随着社会主义市场经济的深入发展，工会的作用逐步得到了发挥。尤其是在三资企业中，工会对维护员工的合法权益更具有不可替代的作用。

（三）培训主管人员

组织劳动关系的紧张或劳动争议的产生，大量地产生了不合理的报酬、不正当的处罚和解职、侵犯隐私或自尊、不公正的评价提升、不安全的工作环境等，这些都与各部门主管人员的思想作风、业务知识、法律意识有关。因此，改善劳动关系的重要前提就是对主管人员进行培训，使他们增强改善劳动关系的意识，掌握处理劳动关系的原则和技巧。

（四）提高职业生活质量

不断努力提高员工职业生活质量，是从根本上改善劳动关系的途径。国外学者对此已作出诸多论述。国内学者马洪、孙尚清等则强调加强管理当局与员工的沟通，加强劳动保护，开展员工援助，实行相互合作。在沟通方面，应全面开通各种正式渠道和非正式渠道，经常互相对话，开讨论会；印发宣传组织理念、目标、政策、程序的《员工手册》，使所有员工熟悉组织运行的关键信息；回答员工有关福利方面的问题，保证管理人员处事的公正、客观及一致性；还可广泛开展合理化运动，定期进行员工态度调查等。在劳动保护方面，包括重新设计工作，清除危险的工作条件，进行安全训练计划，奖励保持有良好安全记录的员工和单位。在员工援助方面，当员工遇到个人困难或婚姻、家庭、法律、人际关系、健康等已影响到其工作时，主管人员应及时找员工面谈，表达感情上的理解及集体的关心，鼓励其尽快改善绩效；当员工存在心理障碍时，可以请专业人员咨询帮助。在相互合作方面，成立员工与管理人员委员会，经常针对共同关心的问题进行磋商等。

## 第二节　劳动合同制

### 一、劳动用工制度

#### （一）劳动用工制度的含义

劳动用工制度是指用人单位与劳动者之间建立、变更、终止和解除劳动关系的劳动法律制度，实质上是采用什么手段、形式和途径，使劳动者和生产资料结合的制度。劳动用工制度是劳动制度的一个重要组成部分，它是组织劳动关系中极其重要的内容。组织劳动用工制度是否合理，决定着一个国家、一个组织人力资源能否得到充分利用，决定着一个国家、一个组织生产要素之间能否实现最佳配置，因而决定组织员工队伍的素质和国家就业的质量。

#### （二）合理的劳动用工制度的要求

根据当代经济逻辑和管理哲学，合理的劳动用工制度应符合以下要求：①独立自主。组织和员工作为法人均享有独立性，组织在录用员工，员工在选择组织时均应保证有独立自主的权利，充分尊重双方意志。②公平竞争。组织选择员工，员工选择组织都应遵循市场法则，实行公平竞争、择优录用、择优就业，反对不公正的、带有特权色彩的就业政策。③动态组合。组织可以根据生产经营需要调整人员编制及组织结构，员工也应有机会根据自己的能力、兴趣及归属需要，重新选择工作单位。④相对稳定。组织拥有一支相对稳定的业务骨干队伍以支撑其生产经营活动，员工有相对稳定的职业保障。⑤法律保证。组织和员工行使互择权应有统一规定和法律依据，尤其要依据《劳动法》及相关法律调整相互关系。

#### （三）劳动用工制度的模式

劳动用工制度的本质特点是人员在组织内外的流动性。根据人员流动性，劳动用工制度有以下几种典型模式（如图 9－1 所示）。

1. 外高内低模式

该模式以美国组织为代表。在美国，人员在组织间流动性很大。据有关资料介绍，20 世纪 70 年代和 80 年代，美国组织每年的离积率曾高达 40%，日本组织才 2% ~ 3%。另外，美国员工部门间流动性较小，按威廉·大卫的归纳，美国人走的是专业化道路，一个学会计的，一生中基本上是在会计部门工作，不过他可能在组织不同层次担任会计，或在不同组织担任会计。这种模式的优点在于组织在人力资源利用方面有较大的回旋余地，随时可根据市场需求调整人力结构，根据员工表现决定去留。员工就业压力大，劳动纪律较好，个人生产率高，员工也有较多机会寻找发挥自己才干的工作岗位，因而员工进修欲望强烈，但这种模式的缺点是员工与组织缺乏感情上的联

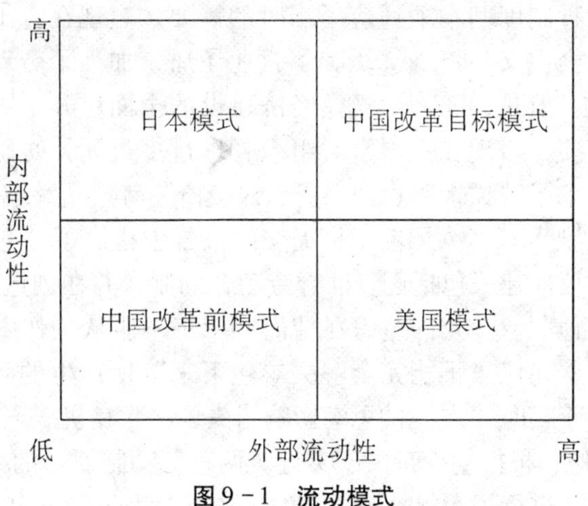


**图9－1　流动模式**

系，主人翁责任感较差。同时，员工较多流动使组织成本上升：一是为了争夺优秀人才，公司间竞相提高待遇；二是熟练员工重置成本很高。另外，员工流动性大，所造成的劳动纠纷也较多。

2. 内高外低模式

这种模式以日本大组织为代表。员工一旦进了公司，只要他不违法、不严重违反公司规定，只要公司不破产，就基本上能在本公司或关联公司一直干到退休。为了使员工具有调整产业结构及技术结构的适应能力，为了消化经济波动时的富余人员，员工在组织内部流动性较大，每隔一段时期，要从一个部门调动到别的部门。因此，一个专业管理人员，在一二十年内很可能在销售、财务、生产等几个部门工作过。这种模式的优点是员工有安全感、归属感，因此主人翁责任感较强。日本职工的工作热情是世人公认的，日本组织的质量圈及合理化建议活动也是世界上开展较好的。组织内的流动性培养了员工的全局观念，因此各部门协作也较好。但是，这种模式在人力资源利用方面缺乏必要的弹性，当组织经营遇到困难时，无法调节劳动力的数量及构成；由于员工无失业压力，也容易滋长熬年头、不求进取的情绪。因此，现在日本大组织已在考虑“终身雇佣制”的合理性问题。

3. 低流动的模式

这种模式以我国改革前国有组织的劳动就业制度作代表，国外许多国有组织也采用这种模式。我国国有组织在改革前很长一段时期内，对职工基本上采用“包下来”的政策，职工进入组织后，除非政府要组建新组织下令调动，或犯了严重政治错误，一般就能干到退休。在组织内部流动性也不大。这种模式从实践经验来看，弊大于利。“铁饭碗”使职工劳动积极性下降、工作效率低下，人才部门所有制造成人力资源巨大浪费。

### （四）中国劳动就业制度的改革历程

我国劳动就业制度经历了几个发展时期，经历了长期的波折和探索，一直在寻找比较合理的模式。

新中国成立初期，在我国国营组织中，采用的是以固定工为主，临时工、合同工为辅的用工制度。这种制度基本上适应了当时的需要，表现在：①巩固新生的人民政权，恢复和发展了社会主义经济。②缓和了就业矛盾，加强了劳动力管理。③激发了劳动者的巨大积极性。但是，随着大规模经济建设的全面展开，固定工的某些方面逐渐不再适应形势的需要，表现在：国家对组织管理过多过死，妨碍了组织应有的主动性和灵活性，由此带来了“铁饭碗、铁工资、铁交椅”等严重弊端。

1957 年，劳动部赴苏联考察团向中央提交的报告中指出了“包下来”的弊端，提出改进这种制度的建议。建议包括逐步推行劳动合同制，并在创造必要条件的前提下，允许职工辞职另谋其他职业，允许组织在精简或职工不服从工作安排或不能胜任工作的时候辞退职工。这些建议虽不能完全解决“包下来”所产生的问题，但将有利于用工制度的改善。但由于当时“左”的思潮影响错失了一次良机。

20 世纪 60 年代初，根据刘少奇关于实行“两种劳动制度”的精神，再次进行了用工制度改革的试验，并进行了大量精减职工的工作。“两种劳动制度”即老的不动，新招职工要少用固定工、多用临时工（合同工）。这种制度在当时虽未触及固定工制度的根本弊病，但对组织人浮于事的现象有所克服。微观劳动力管理出现了新的活力。“文革”中“两种劳动制度”受到批评，又回复到单一的固定工制度。

改革开放以来，要求解决以固定工为代表的用工制度问题又被提到议事日程上来。1981 年开始试行合同工、临时工、固定工等多种用工制度。这时的合同工性质与以前的合同工不同。其是与商品经济相适应的改革的产物，与固定工在政治上、经济上一视同仁，但采取与组织签订合同形式，明确其在组织生产中的劳动权利和义务。合同到期，双方均有权决定是否续订或解除劳动合同。

根据社会主义市经济体制的要求，我国组织劳动用工制度的改革目标是全面推行劳动合同制。即根据生产经营需要及就业人员的意愿，本着自愿的原则，用劳动合同这种契约的形式规定用工期限，规定组织及员工双方的义务权利。《中华人民共和国劳动法》颁布后，当时的国家劳动部要求全国组织务必在 1995—1996 年间全面实行劳动合同制。

## 二、劳动合同

劳动合同又叫“劳动契约”或“劳动协议”，是劳动者与用人单位确立劳动关系、明确双方权利和义务的协议。《中华人民共和国劳动法》和《中华人民共和国劳动合同法》规定，建立劳动关系应当订立劳动合同。

1. 劳动合同的法律依据

劳动合同订立的法律依据是《中华人民共和国劳动法》和《中华人民共和国劳动合同法》。

（1）《中华人民共和国劳动法》

《中华人民共和国劳动法》（以下简称《劳动法》），是调整劳动关系以及与劳动关系密切联系的社会关系的法律规范总称。《劳动法》是国家为了保护劳动者的合法权益，调整劳动关系，建立和维护适应社会主义市场经济的劳动制度，促进经济发展和社会进步，根据《中华人民共和国宪法》而制定颁布的法律。其内容主要包括：劳动者的主要权利和义务；劳动就业方针政策及录用职工的规定；劳动合同的订立、变更与解除程序的规定；集体合同的签订与执行办法；工作时间与休息时间制度；劳动报酬制度；劳动卫生和安全技术规程；女职工与未成年工的特殊保护办法；职业培训制度；社会保险与福利制度；劳动争议的解决程序；对执行劳动法的监督、检查制度以及违反劳动法的法律责任等。此外，还包括工会参加协调劳动关系的职权的规定。以上内容，在有些国家是以各种单行法规的形式出现的，在有些国家是以劳动法典的形式颁布的。

(2)《中华人民共和国劳动合同法》

《中华人民共和国劳动合同法》（以下简称《劳动合同法》）已由中华人民共和国第十届全国人民代表大会常务委员会第二十八次会议于2007年6月29日通过，并以中华人民共和国主席第六十五号令形式自2008年1月1日起施行。

《劳动合同法》是规范劳动关系的一部重要法律，在中国特色社会主义法律体系中属于社会法。劳动合同在明确劳动合同双方当事人的权利和义务的前提下，重在对劳动者合法权益的保护，被誉为劳动者的“保护伞”，为构建与发展和谐稳定的劳动关系提供法律保障。作为我国劳动保障法制建设进程中的一个重要里程碑，劳动合同法的颁布实施有着深远的意义。

这部重要法律在制定过程中经过广泛听取、认真吸收社会各方面的意见，合理地规范了劳动关系，是民主立法、科学立法的又一典范，为构建与发展和谐稳定的劳动关系提供了法律保障，必将对我国经济社会生活产生深远影响。

立法宗旨目的是完善劳动合同制度，明确劳动合同双方当事人的权利和义务，保护劳动者的合法权益，构建和发展和谐稳定的劳动关系。

首先，改革开放以后，随着计划经济向市场经济的转变，我国开始对计划经济下的固定工制度进行改革。1986年国务院发布了《国营企业实行劳动合同制暂行规定》，决定在国营企业中新招收的职工中实行劳动合同制，开始打破劳动用工制度上的“铁饭碗”。1994年通过的《劳动法》将劳动合同制度作为法定的用工制度，规定适用不同所有制的用人单位，劳动者也从新招用的职工扩大到所有的劳动者。随着我国市场经济的建立和发展，劳动用工情况多样化，劳动关系发生了巨大的变化，出现一些新型的劳动关系，如非全日制用工、劳务派遣工、家庭用工、个人用工等等。同时，在实行劳动合同制的过程中出现一些问题，如用人单位不签订劳动合同、劳动合同短期化、滥用试用期、用人单位随意解除劳动合同、将正常的劳动用工变为劳务派遣等，侵害了劳动者的合法权益，破坏了劳动关系的和谐稳定，也给整个社会的稳定带来隐患。因此，有必要根据现实存在的问题对劳动合同制度做进一步的完善。制定劳动合同法，就是要规范劳动合同的订立、履行、变更、解除或者终止行为，明确劳动合同中双方当事人的权利和义务，促使稳定的劳动关系的建立，预防和减少劳动争议的发生。

其次，《劳动合同法》的立法宗旨是保护劳动者的合法权益，还是保护劳动者和用人单位的合法权益，也就是说是“单保护”还是“双保护”是劳动合同立法中争论的一个“焦点”的问题。在公开征求意见和审议中，一种观点认为劳动合同法应当“双保护”，既要保护劳动者的合法权益，也要保护用人单位的合法权益。因为劳动合同也是一种合同，是在平等自愿、协商一致的基础上达成的，理应平等保护合同双方当事人的权利。只提保护劳动者的合法权益，偏袒了劳动者，加大了用人单位的责任，束缚了用人单位的用人自主权，加重了用人单位的经济负担，损害了用人单位的利益，将会使劳动关系失去平衡，最后也必然损害劳动者的利益。有的甚至还认为，如果劳动合同法过分保护劳动者，不顾及用人单位的利益，将会误导境内外投资者，认为中国的法律不保护投资者的合法利益，甚至伤害他们的感情，不利于我国吸引外资的政策。但是多数意见认为应当旗帜鲜明地保护劳动者地合法权益。因为我国目前的现实状况是劳动力相对过剩，资本处于强势，劳动力处于弱势，劳动者与用人单位力量对比严重不平衡，实践中侵害劳动者合法权益的现象比较普遍。《劳动合同法》作为一部规范劳动关系的法律，其立法价值在于追求劳资双方关系的平衡。实践中由于用人单位太强势，而劳动者过于弱势，如果对用人单位和劳动者进行同等保护，必然导致劳资双方关系不平衡，背离劳动合同法应有的价值取向。规定平等自愿订立劳动合同的原则并不能改变劳动关系实际上不平等的状况，要使劳动合同制度真正在保持我国劳动关系的和谐稳定方面发挥更积极的作用，就要向劳动者倾斜。同时也考虑到劳动合同法是一部社会法，劳动合同立法应着眼于解决现实劳动关系中用人单位不签订劳动合同、拖欠工资、劳动合同短期化等诸多侵害劳动者利益的问题，所以从构建和谐稳定的劳动关系的目标出发，立法还是定位于向劳动者倾斜。

同时，《劳动合同法》是实现劳动力资源的市场配置，促进劳动关系和谐稳定的重要法律制度。构建和发展和谐稳定的劳动关系是劳动合同法的最终价值目标。法律是社会关系和社会利益的调整器，任何立法都是对权利义务的分配和社会利益的配置，立法必须在多元利益主体之间寻找结合点，努力寻求各种利益主体之间特别是同一矛盾体中相对方之间的利益平衡。在劳动关系中，应当承认劳动者一方是弱势，但是，如果立法过分扩大劳动者的权益，加大企业责任，就会使企业用人自主权受到束缚，难以实行优胜劣汰的灵活管理，影响人力资源的优化配置，最终影响企业的市场竞争力。如果劳动者权益保护不到位，对企业责任要求过少，就会影响劳动力供给，不利于高素质的健康的职工队伍的形成，最终企业利益也会受到损害。因此，劳动合同立法要在公民的劳动权和用人单位的企业责任之间找到适当的平衡点，确保劳动关系和谐。目前我国劳动用工中普遍实行劳动合同制度，将劳动合同制度化、法律化，明确劳动合同双方当事人的权利和义务，有利于建立稳定的劳动关系，减少劳动争议的发生，有利于保护劳动者和用人单位双方的合法权益。因此，劳动合同法从构建和谐社会的大局出发，确立了构建和发展和谐稳定的劳动关系的最终目标。

2. 劳动合同的基本内容

根据《劳动法》和《劳动合同法》的规定，有关劳动合同的内容有：

（1）订立和变更劳动关系的原则。订立和变更劳动合同，应当遵循平等自愿、协商一致的原则，不得违反法律、行政法规的规定。

（2）劳动合同的基本条款。①劳动合同期限。可分为固定期限、无固定期限和以完成一定的工作为期限。劳动合同还可约定试用期。②工作内容。这首先就要确定工种和岗位，再规定在生产上应达到的数量、质量指标或应当完成的任务，这些大多数是通过工会与组织行政签订集体合同来规定的。③劳动保护和劳动条件。④劳动报酬。⑤劳动纪律。⑥劳动合同终止的条件。⑦违反劳动合同的责任。此外，当事人还可以协商约定其他内容。

（3）集体合同。组织员工一方与组织就劳动报酬、工作时间、休假休息、劳动安全卫生、保险福利等事项签订集体合同，集体合同草案应当提交职工代表大会或者全体职工讨论通过。集体合同一般由工会代表员工与组织签订。

## 三、劳动合同制的执行

实行劳动合同制是促使劳动关系走上法制化轨道的核心，在实行过程中应抓好以下几个环节的内容：

### （一）劳动合同制的规划设计

劳动合同制是一种帮助实现组织战略目标的制度，因此，劳动合同制的规划设计从制定组织战略开始，根据组织发展所需人力资源计算出各个时期对不同类别人员的要求，以便确定不同合同期员工的人数。

劳动合同制规划设计的重点是制定适当的政策，引导员工按组织战略意图选择适当的合同期。因为关于合同期的考虑，组织与员工往往并不一致，最突出的问题是组织希望高素质员工订立长期合同，以稳定骨干队伍；希望专业技术水平较低，思想觉悟不高的员工订立短期合同，以便今后有吞吐调节的余地。作为员工则恰恰相反，高素质员工希望有更多的择业机会，在我国人才短缺的情况下，不难找到较满意的工作，因而宁可订中短期合同；相反，能力觉悟较低的员工则依恋“铁饭碗”，希望订长期合同，以获得职业保障。另外，在经济景气时期，人手短缺，组织希望职工队伍稳定；在经济不景气时期，任务不足，希望精简人员。与此相反，员工在经济景气时期，就业机会多，希望有较大择业余地；经济不景气，就业困难，希望有稳定的工作，从而构成一对矛盾。

在签订劳动合同之前，组织总要为吸引高素质人才制定一些优惠政策，主要包括：①工资优惠政策，如有的组织加大组织工龄工资比重，不同合同期享受不同的浮动工资水平；②福利优惠政策，如有的组织对在组织工作期限长的员工给予较高的住房补贴；③人事优惠政策，为中长期合同签订者提供培训、出国进修、脱产学习等机会，有的组织规定只有长期合同工才能进入中层以上管理岗位；④民主权利，规定只有中期合同以上员工才能当选为职代会代表。

在签订劳动合同之前，组织也总要制定办法引导能力和觉悟较低的员工签订短期合同：一是规定选择合同的条件，二是实行合理劳动组合（优化劳动组合），未被组合的人员一律只签短期合同。

为了消除不同合同期员工之间的矛盾，鼓励那些素质不高的人员上进，应制定合同期可调的政策。如杭州某厂规定，根据员工表现、能力及贡献，临时工可升为合同工，短期合同可改签长期合同，有特殊贡献的甚至可以当“终身职工”。相反，若表现不好，长期可以变短期，合同工可变临时工。

### （二）劳动合同制实行前的准备

实行劳动合同制，对我国组织尤其是国有组织是一场变革，为使这一规范劳动关系的制度起到应有作用，减轻对社会的震荡，必须作好充分的准备，包括摸清情况、思想教育及制定富余人员的安置措施。

(三) 劳动合同的订立

劳动合同的订立是指劳动者与组织行政之间，就劳动合同的条款经过协商一致，达成协议，并以书面形式明确双方的权利义务的法律行为。

任何一种合同的订立一般都要经过要约和承诺两个程序阶段，劳动合同的订立也不例外，但又有它的特殊形式。订立劳动合同的要约和承诺程序，是由法律规定的，包括以下几个阶段：

(1) 公布招聘简章。招聘简章由用人单位公布，内容有两部分：一是招聘的条件，主要指招收的工种、岗位、名额、男女比例、招工对象及条件、招工地区范围等；二是录用后的权利和义务，主要是指工资、福利、劳动保护、保险和遵守的规章制度等。组织公布的招聘简章也具有要约的法律效力，组织是要约人，符合招工条件的劳动者都可以成为受要约人。在这个阶段，招工对象即受要约人是不确定的，在公布招工简章阶段，组织已不能再随意更改招收的名额、对象、条件的待遇，凡通过全面考核，被组织选定为受约人的应招人员，组织一般不能再随意异动。

(2) 自愿报名。凡符合招工条件的应招人员，都可以结合自身的情况和志愿，有选择地报名，报名时应提交有关的证明文件。

(3) 全面考核。组织根据不同的岗位和职位要求，对应招人员进行考核。在报名和考核阶段，可以视为应招人员的“承诺”，但由于劳动合同的签订要在招收录用阶段以后进行，所以，应招人员的报名或应试，只是对招工简章中的招工条件的承诺，表明同意组织的招工条件，愿意就签订劳动合同进行协商。

(4) 择优录用。组织对考核合格的应招人员，必须张榜公布，公开录用。这个阶段可以视为组织对受约人（应招人员）的选定。

(5) 签订劳动合同。由组织行政一方提出劳动合同草案经双方当事人平等自愿，协商一致后，正式签订劳动合同。在这个阶段，如果应招人员对组织提出的合同条款没有异议，全部接受，即视为正式承诺。如果提出修改意见，应视为向组织提出新的要约，然后双方再通过协商一致，直到新的承诺。承诺一般表现为签订劳动合同，劳动合同从签订之时起即告成立。

订立劳动合同要注意遵守以下国家有关法规：①劳动合同的当事人必须具备法定的资格。劳动者必须是年满 18 岁以上具有劳动权利能力和劳动行为能力的公民，组织一方不仅要具有法人资格，而且是经国家有关部门批准具有招收工人、订立劳动合同资格的组织。②劳动合同的内容必须合法，即当事人双方约定的劳动权利义务，不得违反国家的有关法律、政策。③订立劳动合同的程序必须合法。即要符合面向社会、公开招收、自愿报名、全面考核、择优录用的具体原则。④劳动合同的形式必须合法。根据《中华人民共和国劳动法》规定，签订劳动合同，必须采取书面形式。

订立劳动合同必须坚持平等自愿和协商一致。劳动合同的订立是当事人双方意思表示一致的法律行为，当事人的意思表示必须真实、自愿。为了确保当事人意思表示的真实性，当事人双方在劳动合同关系中的法律地位是平等的，政治上、经济上不存在任何依附关系。在签订合同时，也不存在谁命令谁，谁服从谁的问题。至于协商一致，那是指当事人双方就劳动合同所发生的一切都应协商，最后取得一致意见。

(四) 劳动合同的执行

劳动合同依法签订后，即具有法律效力，当事人双方都必须遵照执行。在执行过程中可能会发生诸如变更、解除劳动合同，追究违约责任以及劳动合同的终止与续订的问题。

1. 劳动合同的变更

劳动合同的变更，是指已经存在的合同关系，通过当事人双方再次协商，对原订条款作部分修改、补充或废除，重新调整权利义务关系，使合同适应发展变化了的新情况，从而保证合同的继续履行。因此，劳动合同的变更，是原有合同关系的派生，是原来已存在的权利义务关系的发展。劳动合同变更有以下几种情况：组织经上级主管部门批准转产；组织调整生产任务；组织或员工一方情况变化。

劳动合同的变更，涉及当事人双方的利益，因而与合同的订立一样，当事人双方必须平等自愿、协商一致，单方不得擅自变更合同。劳动合同变更时，当事人双方应再签订一份变更协议书，在变更协议书未签订之前，原合同条款继续有效。在变更协议书中，应指明对哪一份合同、哪些条款变更，并应注明生效日期。

2. 劳动合同的解除

劳动合同的解除是当事人一方或双方对已经生效的劳动合同，在期限届满以前终止其法律效力的法律行为。

劳动合同的解除可以是当事人单方的行为，也可以是当事人双方的行为。这与订立、变更劳动合同不同，后者必须双方协商一致才能成立，而合同的解除可以是当事人一方提出，也可以由双方协商一致而解除。无论是一方或双方提出解除合同，都必须符合一定的条件。根据《劳动法》的规定，组织一方可以解除合同的条件有：在试用期间被证明不符合录用条件的；严重违反劳动纪律或其用人单位规章制度的；严重失职、营私舞弊，对用人单位利益造成重大损害的，被依法追究刑事责任的。用人单位可以解除劳动合同但必须提前三十日以书面形式通知劳动者本人的有：劳动者患病或非因工负伤，医疗期满后，不能从事原工作也不能从事由用人单位另行安排的工作；劳动者不能胜任工作，经过培训或者调整工作岗位，仍不能胜任工作的；劳动合同订立时所依据的客观情况发生重大变化，致使原劳动合同无法履行，经当事人协商不能就变更劳动合同达成协议的；组织濒临破产进行法定整顿期间或者生产经营状况发生严重困难确需裁减人员的。劳动者一方可以解除劳动合同应提前三十日以书面形式通知用人单位，但有下列情形之一，劳动者可随时通知用人单位解除劳动合同：在试用期间的；用人单位以暴力、威胁或者非法限制人身自由的手段强迫劳动的；用人单位未按照劳动合同约定支付劳动报酬或提供劳动条件的。

符合上述条件可以协商解除劳动合同，但在以下条件下则不得解除劳动合同：患有职业病或者因工负伤并被确认丧失或者部分丧失劳动能力的；患病或者负伤，在规定的医疗期间的；女职工在孕期、产期、哺乳期内的；法律、行政法规规定的其他情形。

在劳动合同解除过程中，应充分听取和尊重工会的意见，如组织濒临破产需裁员的应提前三十日向工会或全体员工说明，听取工会的意见。用人单位解除劳动合同，工会认为不适当的，有权提出意见。如果用人单位违反法律、法规或者劳动合同，工会有权要求重新处理；劳动者申请仲裁或者提起诉讼的，工会应当依法给予支持和帮助。

3. 劳动合同的终止与续订

通常情况下，当事人双方按照劳动合同规定的条款全面履行权利义务，期限届满，合同即告终止，当事人双方依据劳动合同确立的权利义务关系即行结束，该劳动合同也不再具有法律效力。但由于组织生产、工作需要，当事人双方在完全同意的条件下，可以继续签订劳动合同，这便是劳动合同的续订。

续订是以原签劳动合同为前提，如果没有原来签订的劳动合同，那就是新订立劳动合同，而不是劳动合同的续订。续订可以全部按照原有合同条款再行签订，也可以在原来合同条款的基础上经双方协商同意作部分修改后再签订。根据规定，除某些轮换工的劳动合同在期限届满后三年必须终止不能续订外，其他劳动合同都允许其合同期满后续订。

聘任书

兹聘请__________先生（小姐）为本公司__________部的__________职务，在聘期间自________年____月____日起至________年____月____日止。

1. 报到时间________年____月____日　上　下午______时______分

2. 报到地点______________________________

3. 报到时请携带如下资料：

□聘任书　□身份证　□学位学历证明　□市级以上医院体检证明

□其他：

4. 报到时请携带如下物品：

□行李　□自备有关方面劳动保护用品

□其他：

此 聘

联系人及电话：李小姐 0411 - ××××××××

总经理：

×××公司（签章）

________年____月____日

## 二、试用阶段

一般公司不单独签订试用期合同，而是在标准劳动合同中就包括对试用期的相关规定，因此，在这里只将试用期甲乙双方的权利和义务明确如下。

试用合同

根据国家和本地劳动管理规定和本企业员工聘用办法，按照甲方关于公司新进各类人员均需试用的精神，双方在平等、自愿的基础上，经协商一致同意签订本试用合同。

（一）试用合同期限：自　　年　　月　　日至　　年　　月　　日止，有效期为　个月。

（二）试用岗位根据甲方的工作安排，聘请乙方在　工作岗位。

（三）试用岗位根据双方事先之约定，甲方聘用乙方的月薪为　　元，该项报酬包括所有补贴在内。

（四）甲方的基本权利与义务：

1. 甲方的权利

（1）有权要求乙方遵守国家法律和公司各项规章制度。

（2）有权对乙方违法乱纪和违反公司规定的行为进行处罚。

（3）对试用员工不能胜任工作或不符合录用条件，有权提前解除本合同。

2. 甲方的义务

（1）为乙方创造良好的工作环境和条件。

（2）按本合同支付给乙方薪金。

（3）对试用期乙方因工伤亡，由甲方负担赔偿。

（五）乙方的基本权利和义务：

1. 乙方的权利

（1）享有国家法律法规赋予的一切公民权利。

（2）享有当地政府规定的就业保障的权利。

（3）享有公司规章制度规定可以享有的福利待遇的权利。

（4）对试用状况不满意，请求辞职的权利。

2. 乙方的义务

（1）遵守国家法律法规、当地政府规定的公民义务。

（2）遵守公司各项规章制度、员工手册、行为规范的义务。

（3）维护公司的声誉、利益的义务。

（六）甲方的其他权利、义务：

1. 试用期满，如乙方不符合录用条件，甲方有权不再签订正式劳动合同；

2. 如乙方有突出表现，甲方可提前结束试用，与乙方签订正式劳动合同；

3. 试用期乙方的医疗费用由甲方承担90%，乙方承担10%；

4. 试用期甲方一般不为乙方办理各项保险手续，如乙方被正式录用，可补办有关险种，从试用期起算；

5. 试用期，乙方请长病假10天、事假累计超过7天者，试用合同自行解除。

（七）乙方的其他权利、义务：

1. 试用期满，有权决定是否签订正式劳动合同；

2. 乙方有突出表现，可以要求甲方奖励；

3. 具有参与公司民主管理、提出合理化建议的权利；

4. 反对和投诉对乙方试用身份不公平的歧视。

（八）一般情况下，试用期间乙方岗位不得变更。若需变更，须事先征求乙方的同意。

（九）本合同如有未尽事宜，双方本着友好协商原则处理。

（十）本合同一式两份，甲、乙双方各执一份，具同等效力，经甲乙双方签章生效。

甲方（盖章）____________________乙方（盖章）____________________

__________年____月____日　　　　　　__________年____月____日

## 三、劳动合同签订阶段

此阶段是人力资源管理的最重要阶段，前面的两个阶段是为此阶段打基础，而后面的几个阶段都是围绕此阶段而展开的。鉴于各个省市对劳动合同书的格式与顺序要求不同，现将劳动合同范本介绍如下，而各地的劳动合同书与此范本大致相同。

**劳动合同范本**

甲方：____________________________________

地 址：________________邮码：________________电话：____________

法定代表人或委托代表人：________________________ 职务：____________

乙 方：____________________________________

性 别：________________年龄：____________

居民身份证号码：________________________________

____ 年____月____日

根据《中华人民共和国劳动法》，甲乙双方经平等协商同意，自愿签订本合同，共同遵守本合同所列条款。

一、劳动合同期限

第一条 本合同为________ 期合同。

本合同生效日期____ 年____ 月____ 日，其中试用期________

本合同________ 终止。

二、工作内容

第二条 乙方同意根据甲方工作需要，担任________ 岗位（工种）工作。

第三条 乙方应按照甲方的要求，按时完成规定的工作数量，达到规定的质量标准。

三、劳动保护和劳动条件

1. 执行定时工作制的，甲方安排乙方每日工作时间不超过 8 小时，平均每周不超过 40 小时。甲方保证乙方每周至少休息一日，甲方由于工作需要，经与工会和乙方协商后可以延长工作时间，一般每日不得超过 1 小时，因特殊原因需要延长工作时间的，在保障乙方身体健康的条件下延长工作时间每日不得超过 3 小时，每月不得超过 36 小时。

2. 执行综合计算工时工作制的，平均日和平均周工作时间不超过法定标准工作时间。

3. 执行不定时工作制的，工作和休息休假乙方自行安排。

第五条 甲方延长乙方工作时间，应安排乙方同等时间倒休或依法支付加班工资。

第六条 甲方为乙方提供必要的劳动条件和劳动工具，建立健全生产工艺流程，制定操作规程、工作规范和劳动安全卫生制度及其标准。

甲方应按照国家或市有关部门的规定组织安排乙方进行健康检查。

第七条 甲方负责对乙方进行政治思想、职业道德、业务技术、劳动安全卫生及有关规章制度的教育和培训。

四、劳动报酬

第八条 甲方的工资分配应遵循按劳分配原则，实行同工同酬。

第九条 执行定时工作制或综合计算工时工作制的，乙方完成规定的工作任务，甲方每月________ 日以货币形式足额支付乙方工资，工资不低于 ________ 元，其中试用期间工资________ 元。

执行不定时工作制的工资________元。

第十条 甲方安排乙方加班或延长工作时间超过本合同第四条第 2 款规定的，按《劳动法》第四十四条支付工资报酬。

第十一条 由于甲方生产任务不足，使乙方下岗待工的，甲方保证乙方的月生活费不低于________元。

五、保险福利待遇

第十二条 甲乙双方应按国家和市社会保险的有关规定交纳职工养老、失业和大病医疗统筹及其他社会保险费用。

甲方应为乙方填写《职工养老保险手册》。双方解除、终止劳动合同，《职工养老保险手册》按有关规定转移。

第十三条 乙方患病或非因工负伤，其病假工资、疾病救济费和医疗待遇按照国家有关规定执行。

第十四条 乙方患职业病或因工负伤的工资和医疗保险待遇按国家有关规定执行。

第十五条 甲方为乙方提供以下福利待遇：________________________________

六、劳动纪律

第十六条 乙方应遵守甲方依法规定的规章制度；严格遵守劳动安全卫生、生产工艺、操作规程和工作规范；爱护甲方的财产，遵守职业道德；积极参加甲方组织的培训，提高思想觉悟和职业技能。

第十七条 乙方违反劳动纪律，甲方可依据本单位规章制度，给予纪律处分，直至解除本合同。

七、劳动合同的变更、解除、终止、续订

第十八条 订立本合同所依据的法律、行政法规、规章制度发生变化，本合同应变更相关内容。

第十九条 订立本合同所依据的客观情况发生重大变化，致使本合同无法履行的，经甲乙双方协商同意，可以变更本合同相关内容。

第二十条 经甲乙双方协商一致，本合同可以解除。

第二十一条 乙方有下列情形之一，甲方可以解除本合同：

1. 在试用期间，被证明不符合录用条件的；
2. 严重违反劳动纪律或甲方规章制度的；
3. 严重失职、营私舞弊，对甲方利益造成重大损害的；
4. 被依法追究刑事责任的。

第二十二条 下列情形之一，甲方可解除本合同，但应提前30日以书面形式通知乙方：

1. 乙方患病或非因工负伤，医疗期满后，不能从事原工作也不能从事甲方另行安排的工作的；
2. 乙方不能胜任工作，经过培训或者调整工作岗位，仍不能胜任工作的；
3. 双方不能依据本合同第十九条规定就变更合同达成协议的。

第二十三条 甲方濒临破产进行法定整顿期间或者生产经营发生严重困难，经向工会或者全体职工说明情况，听取工会或者职工的意见，并向劳动行政部门报告后，可以解除本合同。

第二十四条 乙方有下列情形之一，甲方不得依据本合同第二十二条、第二十三条终止、解除本合同：

1. 患病或非因工负伤，在规定的医疗期内的；
2. 女职工在孕期、产期、哺乳期内的；
3. 复员退伍义务兵和建设征地农转工人员初次参加工作未满3年的；
4. 义务服兵役期间的。

第二十五条 乙方患职业病或因工负伤，医疗终结，经县以上劳动鉴定委员会确认完全或部分丧失劳动能力的，按____________办理，不得依据本合同第二十二条、第二十三条解除劳动合同。

第二十六条 乙方解除劳动合同，应当提前30日以书面形式通知甲方。

第二十七条 有下列情形之一，乙方可以随时通知甲方解除合同：

1. 在试用期内的；

2. 甲方以暴力、威胁、监禁或者非法限制人身自由的手段强迫劳动的；

3. 甲方不能按照本合同规定支付劳动报酬或者提供劳动条件的。

第二十八条 本合同期限届满，劳动合同即终止。双方当事人在本合同期满前____天向对方表示续订意向。甲乙双方经协商同意，可以续订劳动合同。

第二十九条 订立无固定期限劳动合同的，乙方达到法定退休年龄或甲乙双方约定的终止条件出现，本合同终止。

八、经济补偿与赔偿

第三十条 下列情形之一，甲方违反和解除乙方劳动合同的，应按下列标准支付乙方经济补偿金：

1. 甲方克扣或者无故拖欠乙方工资的，以及拒不支付乙方延长工作时间工资报酬的，除在规定的时间内全额支付乙方工资报酬外，还需加发相当于工资报酬25%的经济补偿金；

2. 甲方支付乙方的工资报酬低于本市最低工资标准的，要在补足低于标准部分的同时，另外支付相当于低于部分25%的经济补偿金。

第三十一条 下列情形之一，甲方应根据乙方在甲方工作年限，每满一年发给相当于乙方解除本合同前12个月平均工资一个月的经济补偿金，最多不超过12个月：

1. 经与乙方协商一致，甲方解除劳动合同的；

2. 乙方不能胜任工作，经过培训或者调整工作仍不能胜任工作，由甲方解除劳动合同的。

第三十二条 下列情形之一，甲方应根据乙方在甲方工作年限，每满一年发给相当于本单位上年月平均工资一个月的经济补偿金：

1. 乙方患病或者非因工负伤，经劳动鉴定委员会确认不能从事原工作，也不能从事甲方另行安排的工作而解除本合同的；

2. 劳动合同订立时所依据的客观情况发生重大变化，致使本合同无法履行，经当事人协商不能就变更劳动合同达成协议，由甲方解除劳动合同的；

3. 甲方濒临破产进行法定整顿期间或者生产经营状况发生严重困难，必须裁减人员的。

以上三种情况，如果乙方被解除本合同前12个月的月平均工资高于本单位上年月平均工资的，按本人月平均工资计发。

第三十三条 甲方解除本合同后，未能按规定给予乙方经济补偿的，除全额发给经济补偿金外，还须按该经济补偿金数额的50%支付额外经济补偿金。

第三十四条 支付乙方经济补偿时，乙方在甲方工作时间不满一年的按一年的标准发给经补偿金。

第三十五条 乙方患病或者非因工负伤，经劳动鉴定委员会确认不能从事原工作，也不能从事甲方另行安排的工作而解除本合同的，甲方还应发给乙方不低于企业上年月人均工资6个月医疗补助费。患重病和绝症的还应增加医疗补偿费，患重病的增加部分不低于医疗补助费的50%，患绝症的增加部分不低于医疗补助费的100%。

第三十六条 甲方违反本合同约定的条件解除劳动合同或由于甲方原因订立的无效劳动合同，给乙方造成损害的，应按损失程度承担赔偿责任。

第三十七条 乙方违反本合同约定的条件解除劳动合同或违反合同约定的保守商业秘密事项，对甲方造成经济损失的，应按损失的程度依法承担赔偿责任。

第三十八条 乙方解除本合同的，凡由甲方出资培训和招接收的人员，应向甲方偿付培训和招接收费。其标准为：服务（工作）每满一年按培训费和招接收费总额的20%递减；服务（工作）满5年不再偿付。

九、劳动争议处理

第三十九条 因履行本合同发生的劳动争议，当事人可以向本单位劳动争议调解委员会申请调解；调解不成，当事人一方要求仲裁的，应当自劳动争议发生之日起六十日内向________劳动争议仲裁委员会申请仲裁。当事人一方也可以直接向劳动争议仲裁委员会申请仲裁。对裁决不服的，可以向人民法院提起诉讼。

十、其他约定

第四十条 甲方以下规章制度____________________________作为本合同附件。

第四十一条 本合同未尽事宜，或与国家有关规定相悖的，按有关规定执行。

第四十二条 本合同一式两份，甲乙双方各执一份。

甲方（盖章）________________ 乙方（盖章）________________

代表人：________________ 代表人：________________

___ 年___月___日 ___ 年___月___日

附：《劳动合同书》大连市劳动和社会保障局监制

劳动合同书

甲方　　乙方

用人单位名称　　劳动者姓名：

法定代表人（章）　　身份证号码：

法人代表委托代理人（章）　　签字（章）

签订日期　　年　月　日

鉴证机关：（公章）　　鉴证人：（印章）

鉴证日期　　年　月　日

××市劳动和社会保障局监制

## 第三节　劳动纪律与违纪处理

劳动纪律是组织依照国家有关法规而建立的员工工作行为规范。它是员工在劳动过程中必须遵循的劳动规则和秩序，是保证员工按照规定的时间、质量、程序和方法完成自己所承担的工作任务的行为准则。

### 一、纪律处分的方式

在对员工进行惩罚时，不仅要严格遵守国家的有关法规政策，而且要注意工作方法。纪律处分如果使用不当，会给员工和组织都造成伤害。另外，公正合理的纪律处分具有多种正面功能：①整合功能。纪律处分可以使员工的行为与组织的规章制度保持一致，促进员工之间的相互配合，有利于提高组织的凝聚力，帮助组织更好地实现自己的目标。②纠偏功能。公平合理的处分会使被处分的员工认识到自己的错误或缺点，更自觉地约束自己的行为，改进工作方法，提高工作效率。③激励功能。对工作表现不佳或违法乱纪的员工实行惩罚，在某种程度上是对遵纪守法、工作努力、认真负责的好员工的奖励。相反，如果组织中纪律松懈，对不良行为没有约束，就会挫伤好员工的工作积极性。

纪律处分要做到公平，一个重要的前提条件是依照合理的处分决策程序。一般来说，纪律处分的决策程序包括以下步骤：①明确组织目标，并建立有助于实现组织目标的组织规章制度。②向员工说明规章制度的具体内容，使员工清楚地了解什么样的行为会受到惩罚以及惩罚的方式等。③观察员工的表现，并将其表现与规章制度相比较，当发现员工行为偏离组织规章时，就可以考虑实行处分。应该注意的是，对员工表现的评价一定要以组织规章制度为参照标准，不能以组织领导者的个人好恶为标准。④实施恰当的纪律处分，并再次向员工说明组织的规章制度。在进行纪律处分决策时，要严格遵循有关的规则，较严重的纪律处分，应该在开会讨论之后再作决定。

在西方组织中，常用的纪律处分方式有以下三种：

（1）热火炉方式：实施处分就像让人去触摸热火炉。这种方式有三个特点：一是及时性，在发现员工的偏离行为时立即给予处分，使员工明白处分的原因；二是预警性，即对不能接受的行为事先提出警告，就像火炉的热量本身提醒人们不要去触摸一样；三是一致性，即对事不对人，不管是谁，只要犯同样的错误，就给予同样的惩罚，就像热火炉会给予同等程度触摸它的人以同样的烧伤一样。热火炉方式的纪律处分简单明了，容易操作，但是它也有一定的局限性。例如，对于两个犯同样错误的员工，如果他们的资历与平时表现很不相同，那么对他们实施同样的处分反而会让一些人觉得不公平。

（2）渐进式：在决定采取什么样的处分时，遵循由轻到重的渐进原则，确保对所犯错误施以最轻的惩罚。首先考虑是不是要给予处分，如果需要，再考虑口头警告是不是已经足够，如果回答是“否”，再考虑书面警告，其余依此类推。

（3）无惩罚的纪律处分：这种方式强调员工的自觉性和反省意识。具体方法是，如果曾经违反规章制度的员工，在给予口头警告和书面警告之后，仍然再次违章，那么就令其带薪休假，离开岗位几天时间去自我反省，考虑自己是否愿意遵守规章制度，是否愿意继续留在组织工作。此后再要求他与组织达成一个协议，保证不再犯同样错误，否则就自动离职。需要注意的是，这种纪律处分方式是一些西方组织的做法，与我国的现行法规有所不同。

## 二、纪律处分的实施

作出对员工进行纪律处分的决策之后，关键是如何实施。此时，应该注意以下事项：

### （一）要克服实施纪律处分时的能力障碍和心理障碍

不少主管不愿意去处分自己的下属，觉得实施处分是一种很困难的事情。其原因可能在于主管对于处分存在双重障碍。一是能力障碍。很多主管没有接受过如何实施纪律处分的培训，不具备相关的知识和技能。二是心理障碍。主管对处分下属有很多担忧：害怕把关系搞僵，失去与下属的友谊；害怕其他人不支持自己的处分决定；害怕被处分者以后寻机报复；害怕实施处分会牵扯太多的时间和精力；等等。要解决这

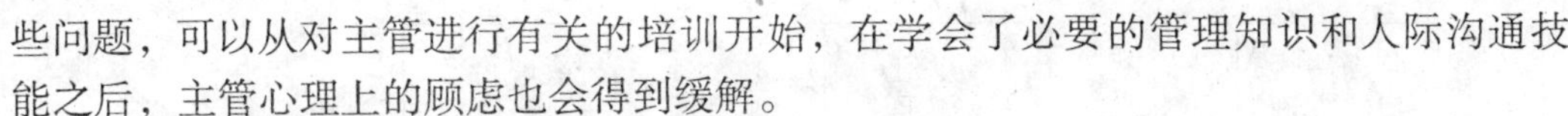

些问题，可以从对主管进行有关的培训开始，在学会了必要的管理知识和人际沟通技能之后，主管心理上的顾虑也会得到缓解。

（二）执行处分时要选择适当的时间和地点

一方面，尽量不要当着其他员工的面批评员工。这样做会使被批评者感到在同事面前丢了面子，引发较大的负面情绪，难以产生好的效果。另一方面，尽量等到员工心平气和的时候才进行批评。一些员工在犯错之后可能会产生较强烈的情绪反应，如果批评的时机不对，就可能事倍功半。

（三）执行纪律处分应该保持一致性，避免时宽时严

一些主管在处分过程的开始过于宽容，到后来又过于严厉。这样做难以让员工认识到与某一偏离行为相对应的处分到底是什么。主管必须坚持以组织规章制度作为决定是否处分或给予何种处分的标准，尽量避免个人主观因素的干扰。

（四）采用规范化的处分程序

对处分过程本身要进行规范化的管理，规定有关的工作步骤和内容，以避免主观随意性的影响。一些人力资源管理专家建议，可以采用以下纪律处分程序：①编制本组织处分程序的规章制度手册，并将它发给所有员工。该程序应该明确列出处分的类型及其适应范围，以及处分的实施方法。②告诉员工他们犯了什么错误，并允许他们申诉。③在决定处分之前必须进行充分的调查。一些较严重的纪律处分，如辞退员工，必须报经有关管理部门批准。④实施纪律处分时，必须作出合理的解释，并保证员工有依据特定程序上诉的权利。⑤除当场辞退外，当需要进行处分时，主管应对轻微违纪者给予正式口头警告，对严重违纪者提出书面警告。

## 第四节　劳动争议及处理

### 一、劳动争议产生的原因

劳动争议专指员工与企（事）业单位行政管理人员因劳动问题发生的纠纷。造成劳动争议的原因是多方面的，借用质量管理分析图，可将主要原因归纳下（如图 10－2 所示）。

（1）无契约、法规，因而当事人各自从自己的利益出发，引发纠纷。

（2）有契约、法规，但过于笼统，不能具体界定双方责任、义务、权利，或已不适应新的形势。

（3）契约、法规不合理，使一方或双方均不能接受，或无法执行。

（4）对契约、法规的理解不同，引起争执。

（5）不承认契约、法规的约束，一方提出无理的要求。

（6）有关管理机构工作失误。

### 二、劳动争议的特点

纠纷与争议作为一种矛盾的表现方式存在于人类社会关系的各个方面。组织劳动

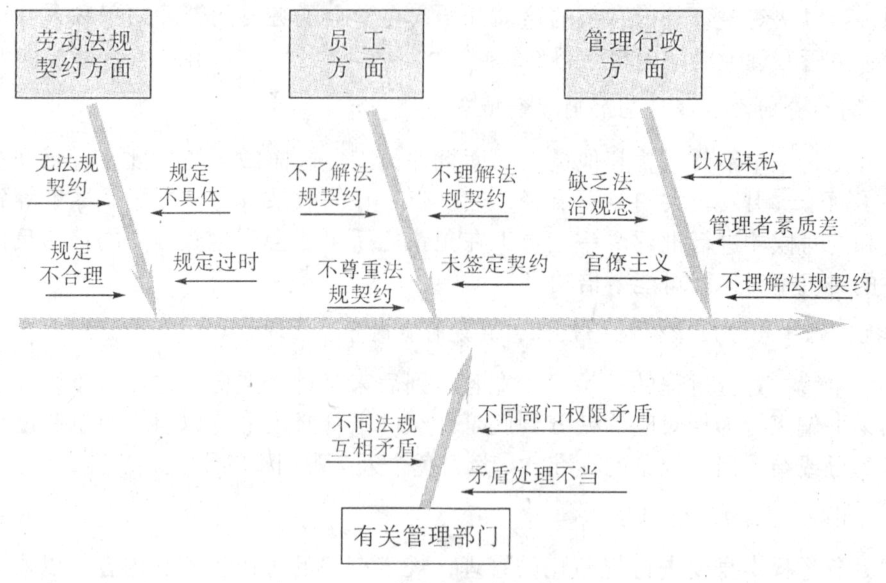


图 10－2　劳动争议产生的原因

争议作为一种特定的纠纷有着其自身的特点。

（1）劳动争议的当事人必须是组织的行政管理人员和组织内的劳动者。组织行政管理人员之间、劳动者之间的纠纷也时有发生。纠纷的内容即使涉及劳动问题也不应列入劳动争议范围内。

（2）劳动争议内容必须与劳动问题有关。具体地讲，这些问题必须涉及劳动法律规范所规定的各种权利与义务或者应该规定的内容。从这一特点也可得到这样的结论：劳动争议是劳动者与行政管理人员之间劳动权利、义务和利益的争议。

（3）劳动争议必须表现为劳动者与组织行政管理人员矛盾的明朗化。在实际管理过程中，双方的矛盾有时处于隐蔽的状态，这类未明朗化的矛盾不能称为劳动争议。

## 三、中国劳动争议的内容

在研究中国劳动争议问题时，应该看到，凡是涉及劳动法所规定的权利和义务以及应该规定的问题，都有可能产生劳动争议，而且劳动争议的内容要随着社会条件与经济条件的变化而变化，带有明显的时代特征。现阶段我国劳动争议主要有以下几类：

1. 录用争议

这类争议数量大，但内容单一。多为就业者认为组织行政管理人员在招工中营私舞弊，使自己受到不公正待遇，招收了一些不符合条件的人，这些人大多认为自己符合条件而未被录用。在市场经济条件下，用人单位和劳动者有了互择权，在那些工作条件好、报酬水平高的企（事）业单位招工时竞争激烈，容易发生这些争执。在美国，少数民族、妇女对这个问题尤为敏感，为此美国国会有专门法律保障就业方面的公平机会。

2. 流动争议

这是发生在劳动者流动工作时的争议。流动争议一般有三种类型：一是招聘条件不兑现争议。在组织急需有关方面人才时，在招聘时有的组织往往许诺各种优惠条件招揽人才，如果条件不兑现，则容易产生因招聘条件不落实而引起的争议。二是强留人员争议。此争议多发生于组织行政与技术骨干之间，组织因其是业务骨干，掌握着生产工作中的一些关键技术或生产经营秘密，他们的流动对组织是一种损失而不准许，并提出退房、赔偿培训费等要求，或扣压档案等办法“强留”。一方要求调走，一方强留不放，当然会引发争议。三是不辞而别引起的争议。有的员工或在本单位不顺心，或因找到更好的工作后而不辞而别，甚至带走了技术秘密或商业机密，也会引起争议。在美国，尽管人员流动性大，但对不同人员的辞职或辞退，规定了不同的提前通知的时间要求。

3. 劳动合同争议

这类争议数量有增加的趋势，在已有争议中，又以解除劳动合同的争议占较大比重。按照《中华人民共和国劳动法》规定，劳动合同一方当事人解除劳动合同必须符合法定条件并且事先通知对方。解除劳动合同争议的内容正是涉及解除劳动合同的条件是否合法且是否提前通知的问题。争议的当事人往往认为对方解除合同不符合法定条件或未能提前通知对方而提出申诉，要求赔偿所造成的损失。

4. 劳动报酬争议

劳动报酬主要有工资、奖金、津贴三种形式，其中以工资所占比重最大，因而相对其他两种形式，工资争议的数量也较多。工资争议又有三种：一是工资偏低争议，部分劳动者认为自己所得工资与从事同种工作、工龄相同、业务水平相当的人之间存在工资差距而产生争议。二是工资升级争议。一些员工没有与其他人一样提薪，认为受到不公平待遇从而引发的争议。三是工资拖欠争议。有的组织拖欠、克扣员工的工资，引发员工的不满。这种争议极易引发集体劳动争议，应引起注意。

5. 劳动保护争议

该类劳动争议近年数量逐渐增加，主要内容包括：一是工作条件争议。多发生在生产条件差或有害有毒物较高的组织，员工往往在改善工作条件、发放劳保用品及有害作业津贴等方面与管理人员有不同意见。这类争议常附带有改善生产条件的建议并常导致怠工。二是女工保护争议。这类争议内容较多，如拒绝从事有害健康的工作，要求在月经期间、怀孕期、生育期、哺乳期、更年期获得特殊照顾，提供必要的卫生设备等。三是职业病认定争议。多发生于职业病多发组织，表现在员工将自己所患疾病与职业病联系起来，要求组织按法律规定给予照顾，而组织认为不符合有关规定而引起争议。劳动保护争议因涉及一部分劳动者的共同利益，所以极易以集体劳动争议的形式出现。

6. 劳动保险争议

劳动保险争议在我国劳动争议中占最大的比重，具有数量多，内容复杂的特点。劳动保险争议主要内容有：一是工龄争议。工龄不但是员工工资升级、享受休假等待遇的评定依据，而且也是员工享受何种劳动保险待遇的依据。工龄争议虽然数量较大，但矛盾冲突并不激烈，因为员工们大多也认为组织在无规定的条件下是无法为其增加工龄的。二是退休、离休争议。在中国多发生于年老体弱的员工与组织行政之间，内容多为提高退休离休待遇等。三是因工与非因工认定争议。多发生于患病、负伤、致残的员工和死亡者家属与组织行政之间。根据国家有关规定，在因工和非因工患病、负伤、致残、死亡之间的待遇上存在较大的差别。由于存在这些待遇上的差别，员工与其家属在病、伤、残、死时总是希望能够按因工认定处理。但因工认定常会使组织负担过重或导致其他问题，组织行政有时拒绝劳动者或其家属的要求，以致造成争议。这种争议矛盾激烈，持续时间长，处理难度大。

7. 处罚争议

处罚争议发生在组织行政采用惩罚手段整顿劳动纪律的时候。近年

这类争议数量有增无减。其内容包括：一是处罚过重争议。劳动者认为自己所受处罚过重，要求减轻。二是不应处罚争议。劳动者根本不承认自己犯有错误，认为给予的处罚没有道理，应该马上撤销。三是处理不公争议。多发生在数名员工与同一错误事实有关，但受到不同处理时。四是打击报复争议。劳动者认为单位行政对自己的处罚是出于某些领导人的打击报复的目的，要求撤销处罚，恢复名誉。

8. 辞退争议

该类争议发生在组织行政辞退员工之时，劳动者认为自己没有过错以致遭到组织辞退引起争议，或劳动者认为组织行政辞退自己违反了劳动法规而引起争议；等等。

## 四、劳动争议处理

### （一）劳动争议的处理程序

根据《中华人民共和国劳动法》规定，劳动争议处理分为调解、仲裁、提起诉讼三个程序。解决劳动争议，应当根据合法、公正及时处理的原则，依法维护劳动争议当事人的合法权益。

劳动争议发生后，当事人可以向本单位劳动争议调解委员会申请调解；调解不成，当事人一方要求仲裁的，可以向劳动争议仲裁委员会申请仲裁，当事人一方也可以直接向劳动争议仲裁委员会申请仲裁；对仲裁裁决不服的，可以向人民法院提起诉讼。

### （二）劳动争议的调解

劳动争议的调解是在劳动争议发生后，当事人一方或双方申请，经审核受理后，在查明事实、分清是非的基础上，由劳动争议调解委员会进行调解，推动当事人双方进行协商，从而解决劳动争议的一种活动。我国劳动争议在司法诉讼程序外的调解实际上主要有两种：一是由设在组织内的劳动调解委员会主持进行调解，主要受理因履行劳动合同而发生的争议；另一种由劳动争议仲裁委员会在作出仲裁决定前对当事人双方先调解。

组织可以设立劳动争议调解委员会，成员由员工代表、组织代表、组织工会代表等组成，具体人数由职代会（或股东会）提出并与组织行政协商确定，但组织代表人数不得超过总数的三分之一。调解委员会主任由组织工会代表担任，办事机构设在工会。

调解委员会调解劳动争议应当遵循当事人双方自愿原则，经调解达成协议的，制作调解协议书，双方当事人应当自觉履行；调解不成的，当事人在规定的期限内，可以向劳动争议仲裁委员会申请仲裁。

劳动争议调解共分三个阶段：

（1）申请阶段，又可分为劳动争议当事人提出申请和调解委员会受理申请两个方面。申请调解的形式有两种，即口头申请和书面申请。调解委员会接到申请后，应进行研究和审核以决定是否受理，并尽快以书面形式通知当事人。

（2）调查阶段。只有调查清楚，才能分清是非，明确责任，才能得出客观正确的结论。调查的主要内容包括：劳动争议产生的原因、发展、经过和争议问题的焦点，劳动争议所引起的后果；双方当事人各有什么意见和要求；争议涉及的人员及与争议有关的其他情况；组织员工对争议的看法等。调查了解的对象包括：劳动争议的双方当事人；劳动争议事项的知情人；组织内部有关的职能处（室）；与劳动争议有关的其他员工。

（3）调解阶段。当经过一系列准备认为调解时机成熟时，应及时通知双方当事人参加调解会议。调解会议由调解委员会主任主持。首先听取双方当事人对该争议案件的陈述，然后，调解委员会将调查认定的事实、是非责任和劳动争议调解委员会的调解意见予以公布，并听取当事人对所公布的案件的调查情况和调解意见的看法之后，再在此基础上进行协商。经过劳动争议调解委员会主持调解的案件，无论能否达成一致协议，都是调解终结，劳动争议调解委员会不能再强迫双方调解。

### （三）劳动争议仲裁

劳动争议是对所规定受理范围内的劳动争议案件，是以第三者身份出现的仲裁委员会，对劳动争议双方，依照一定的法律程序，按照劳动法和相关法规、政策，在事实上作出判断，在劳动权利和义务上作出裁决，从而解决劳动争议的一项法律制度。

劳动争议仲裁程序分为四个阶段：

（1）案件的申诉和受理阶段。仲裁申诉是指劳动争议的一方或双方当事人，向仲裁机关申请要求依法裁决，保护自己劳动方面的合法权益的行为。提出申诉应符合以下条件：申诉人必须是与本案有直接利害关系的个人或法人；必须有明确的被诉人；有具体的申诉请求和事实根据；申诉的案件必须归受诉劳动争议仲裁机关主管和管辖。此外，提出仲裁申请必须递交书面申诉书，并在争议发生后60日内向劳动争议仲裁机关申诉。仲裁机关在收到书面材料并认真审查后，对符合条件的案件，应作出决定立案审理。

（2）调查取证阶段。调查研究和收集证据是仲裁活动的重要阶段是弄清事实真相、明确案例性质、正确处理争议案件的前提和基础。调查主要是弄清争议的时间、地点、原因、经过、双方争议的焦点、证据和证据的来源。

（3）调解阶段。劳动争议仲裁委员会受理劳动争议案件必须坚持先调解后裁决的原则，促使当事人相互谅解，达成协议。先行调解是劳动争议仲裁的原则，也是一种仲裁诉讼行为。

（4）仲裁阶段。经过调解未达成协议或者调解书送达前一方或双方反悔的，仲裁机关应召开仲裁会议进行仲裁。仲裁会议进行仲裁的程序是：宣布仲裁员、书记员名单；宣布仲裁会议纪律；会审调查；会审辩论；仲裁。仲裁裁决应在收到仲裁申请的60日内作出。对仲裁裁决无异议的，当事人必须履行。

(四) 劳动争议司法

劳动争议当事人一方或双方对仲裁不服的，可以自收到仲裁裁决书之日起15日内向人民法院起诉。

劳动争议司法是我国司法制度的一个重要组成部分，是国家司法机关以劳动法为准绳，按照法律规定的程序，对劳动争议案件进行审理的活动。它包括劳动争议案件的审判和劳动争议案件的检察。

我国劳动争议司法工作的基本任务是：人民法院负责审理不服劳动争议仲裁委员会裁决的劳动争议案件和依法执行发生法律效力的劳动争议仲裁机关的调解书和仲裁书。对于当事人干扰调解、仲裁活动，扰乱工作、生产秩序或者拒绝、阻碍国家机关工作人员执行公务，情节严重的，由公安机关按有关规定处理；对于当事人干扰调解、仲裁活动和处理劳动争议的，和工作人员违反《中华人民共和国劳动法》及有关规定的，构成犯罪的，由司法机关依法追究刑事责任；教育公民自觉遵守劳动法规，从而起到预防纠纷、减少诉讼的作用。

劳动争议仲裁机关与人民法院在处理劳动争议中是各有分工、互相配合的关系。各有分工就是说二者处理劳动争议有各自特定的任务，不能互相代替或互相推诿。互相配合，即劳动争议仲裁机构和人民法院在处理劳动争议中要注意互相配合、互相支持。

劳动争议仲裁机关发生法律效力的裁决和裁定，必须要有人民法院协助强制执行；人民法院受理的劳动争议案件，必须是经过劳动争议仲裁机关仲裁不服而起诉的案件，否则人民法院可拒绝受理。

## 第五节　中国劳动关系的变迁及发展

### 一、我国劳动关系的变迁

劳动关系是经济体制的一个组成部分，不同的经济体制包含着不同的劳动关系。

(一) 计划经济体制下的劳动关系

计划经济体制的权利结构是一种行政权结构，劳动者没有完全意义上的产权，与组织之间是一种典型的行政隶属关系。此时，组织的劳动关系具有如下特点：

(1) 组织劳动关系的主体是国家主体。在计划经济体制下，国家是唯一的产权主体和唯一的社会利益代表者，组织与个人只能作为社会的一分子参与利益分享，即它们均不具有独立的产权身份。

在这种产权结构的安排下，组织只不过是行政体系中的一个中介机构，并不具有自由的用人权与资源的支配权；而个体劳动者也不过是行政体系中的一个组成要素，在职业流动和就业选择上并没有一份自由或自由支配的权利，组织劳动关系的主体被异化为国家主体。

(2) 组织劳动关系的确立是行政手段。组织作为政府的一个生产单位不具有独立的法人资格，组织人力资源的配置通过行政手段来实现。组织与劳动者之间的劳动关系也是通过行政手段来确立。

(3) 组织劳动关系的运作机制是国家调控。在计划经济体制下，组织一旦出现劳动纠纷，其调解的机构也以政府机关所设的专门部门为主，利用行政手段加以调控。

### (二) 市场经济体制下的劳动关系的变化

市场经济承认个人或机构（法人）对他所拥有的财产的完全的独占权、自由支配权、排他的使用权和建立在此基础上的收益权。也就是说，在产权结构中，每个参与经济活动的当事人都是一个独立的产权主体，他们之间的关系是平等的交易关系。因此市场经济体制下的劳动关系，本质上是一种不同产权主体间的交易关系，与计划经济体制下的劳动关系相比发生了变化：

1. 组织劳动关系内部经营者与劳动者之间的地位差别在逐步拉大

随着现代组织制度的建立，组织经营者在劳动用工、人事调整和工资分配等方面的权力越来越大；而与此同时，由于受到转型期就业岗位减少和失业人口增多的压力，劳动者在组织内部的地位却有所下降。一升一降的结果必然导致组织内部经营者和劳动者地位差别的拉大。

2. 组织劳动关系的主体正在由国家主体变为组织管理者和劳动者双方主体

首先，组织管理者作为组织劳动关系一方主体的身份或资格已逐步得到确立。其次，对于劳动者一方来说，劳动者的切身利益经常遭到冲击，这就促使劳动者比以往任何时候都更加关心切身的利益，劳动者及其工会组织不断采取各种手段维护自身的权益；同时，劳动者在职业流动和就业选择上也获得了一份自由支配的权利，组织的劳动者作为组织劳动关系另一方主体的身份也正在得到确立。

3. 组织劳动关系的确立正在由行政手段变为契约手段

组织及其管理者逐步取得了独立法人的资格，并在劳动用工、工资分配等方面逐步有了相对独立的自主权；劳动者也获得了一份就业选择的自主权，组织管理者与劳动者之间要建立彼此之间的劳动关系，在双方自愿的前提下通过签订组织劳动合同和个体合同来实现，这就是说，契约手段逐步成为确立组织劳动关系的基本手段。

4. 以组织为单位的组织劳动关系运作机制逐步得到确立

组织管理者由于自身利益的考虑，不得不面向市场，并逐步运用市场手段调控组织劳动关系的运作。

5. 组织劳动关系的发展正在步入法制化轨道

目前，对组织有关劳动争议问题的处理已逐步步入法制化轨道，调解、仲裁、诉讼等手段已在组织中广泛施行，并取得了良好的效果。

尽管上述变化趋向日益明显，但就目前我国组织劳动关系的基本状况而言，与高规范化、市场化、契约化和法制化的要求还有一段距离。

## 二、我国劳动关系的发展

### (一) 国外劳动关系的借鉴

近年来，国内有学者认为我国的劳动关系的建立可以更多地借鉴家庭关系的劳动关系，以此来发展一种和谐的、高效率的新型劳动关系。但纵观世界劳动关系的发展，家庭式劳动关系亦已显露山其固有的弊端。

众所周知，当今世界上运用家庭式劳动关系制度最为成功的是日本的组织，它是典型的组织家族主义，在这里我们称之为“日本模式”。还有一种就是以注重劳动力资源的市场配置、实行任意就业政策、实施有明确职业分工的制度化的管理、对抗性的劳资关系等为特征的模式，称为“美国模式”。这两者均为各自国家的经济腾飞做出了贡献，但随着经济的发展，也日益显现出其弊端，因而逐步走向融合。

1. 日本模式

“日本模式”强调家族主义，具有强烈的集体意识，分工不很明确，是一种强调组织与员工密切合作的劳动关系。这种体制在20世纪60年代到80年代初促进了日本组织的高成长。但到20世纪90年代以后逐步显现出不适应性：一方面，这种体制减少了组织同外部的信息沟通，抑制了机动灵活构想的产生，不利于组织的创新；另一方面，这种体制不重视市场对人力资源的配置，人力资源的流动性差。这就使组织在新产品、新技术开发速度加快，所需人才多样化的背景下无法提升自身的竞争力。此外，随着员工的劳动价值观的多元化、劳动者自我意识高涨和解雇现象增加等雇佣关系的调整，日本组织原拥有的员工与组织的共同感与一体化逐渐消失。

2. 美国模式

“美国模式”与“日本模式”恰恰相反，强调劳动力资源的市场配置，对员工实施制度化的管理，以对抗性的劳资关系为特征。这种模式随着世界的进步也凸现出许多的不适应。竞争的激烈化、市场形式的瞬息万变，越来越要求管理者下放决策权，要求员工有较强的责任心和自觉性，要求组织与员工建立一种合作型的劳动关系。在这一方面，具有劳资关系对抗性的美国模式存在较大的劣势。

因此，在新的经济条件下，美、日两国的模式逐步走向融合，从而产生一种新的模式：这种模式既具有美国模式的高竞争、高效率和日本模式所具有的员工安全感、责任心、归属感和优秀的员工素质，又能克服美国模式的短期行为、两极分化和日本模式的低效率和人浮于事。

3. 借鉴

我们目前要建立新型的劳动关系，既要从自身出发又要借鉴国外的经验。我们必须紧紧把握国际劳动关系的发展趋势，根据具体的行业采用相应的模式：在技术变化不大的行业，日本模式更具有竞争力；而在技术变化急剧的行业中，美国模式则更具有竞争力。

### （二）加入世界贸易组织对我国劳动关系发展的影响

我国加入世界贸易组织对组织劳动关系产生了重大影响。入世对劳动关系的影响，主要表现为外资组织特别是跨国公司的人力资源政策和劳动关系模式对国内组织的影响。

1. 劳动力成本比较优势下的劳动关系模式

至今为止，刺激外商对华投资的重要因素之一，是中国劳动力成本的比较优势，尤其对国外中小投资者和转包商来说，廉价劳动力是其在华投资的主要原因。这一点，在中国入世后并没有改变。在这种投资动机支配下，外商在投资行业的选择上，会明显倾向于一般加工业和劳动密集型项目。与这种外资投向的结构相适应，其规模结构表现为小型化。而且，由于受到国际市场日益激烈的竞争影响，这种组织发展的稳定性较差。由于外商投资结构的上述特点，随之会对组织劳动关系产生诸多影响：

首先，对相关行业外资组织的劳动力性质有影响。由于产品的技术水平较低，工作的性质以劳动密集型为主，因而劳动力主要是半熟练工人和不熟练工人，而且，不同行业的熟练工人之间的差距很小。

其次，劳动力流动程度较高。外资组织的工业制成品出口比例很高，其贸易方式主要以进料加工装配为主。这类出口加工业对世界贸易的依赖程度较高，但出口产品的附加值较低，贸易条件不断恶化，其发展缺乏稳定性。因此，劳动力市场的一个明显特征是较高程度的劳动力流动性，组织生产的季节性、竞争性使职工就业方面的波动经常发生。

最后，外资组织的规模偏小，也对劳动关系产生负面影响。组织规模越小，其组织结构和内部沟通的渠道就越不正规。组织所有权和管理部门之间的联系密切，管理职能则较少专业化。劳动立法的影响和约束力降低，员工组织工会的可能性很小。组织规模越小，就越缺乏长远的发展和利润观点，其支付高工资的能力比同行业中的大组织要小得多，而且也不关心劳动关系是否和谐稳定，会产生什么样的社会影响。

据全国总工会有关人士分析，这类组织集体劳动争议的内容主要集中在工资报酬、保险福利、安全卫生和管理方式等方面。这也反映了组织员工的主体资格得不到承认，劳资关系双方权利义务不对等，员工处于弱势的劳动关系体制。

2. 跨国公司一体化国际生产战略下的劳动关系模式

近年来，大型跨国公司陆续在华投资设厂，其投资动机与中小型组织有很大的不同。过去，外商投资的传统主导因素包括自然资源的充裕和廉价而又适应要求的劳动力，这当然还是吸引外资的必要条件。但是，市场规模和发展潜力、能够使资本有效增值的存量资金和其他物业资产、高素质劳动力、发达的交通通信等基础设施、营销网络以及高效运转的管理体制等，已变为主要的引资因素。

目前，一些跨国公司正在实施一体化国际生产战略，它使跨国公司遍布全球的附属组织通过一体化而结成跨国生产体系，而这有可能导致组织内部在生产组织、工作条件和劳工标准等方面的跨国协同。这种劳动关系新模式的特征是：一是要求职工的工作范围更广，弹性更大，更多地发挥以协作为基础的员工能力；二是生产组织灵活而非官僚化，减少中间层次，实施更紧密的职能一体化；三是劳动报酬与业绩挂钩，职工的保险福利水平一般高于同行业其他国内组织；四是与工会在组织一级开展集体谈判，同职工代表进行广泛的磋商，并注重与职工进行直接交流和沟通，强调组织管理不仅只有自上而下，也应当吸引职工自下而上参与。

形成上述人力资源政策的先决条件包括：根据以产品质量为基础的竞争性市场，强化员工培训和技能提高；实施技术变革与组织创新，有一个有效促进人力资源开发的管理政策；有一个深度一体化的公司结构；等等。组织管理部门认识到，建立和经营富有效率的现代化组织，需要将职工视为“利益相关者”。成功的组织大都具有员工和管理部门之间密切合作的特征。

从发展趋势来看，跨国公司的人力资源政策会促进内部职工的进一步分化，其中，员工自身素质将成为决定其利益实现的重要因素。组织优秀人才将从中受益，其就业条件和工作条件会得以改善，雇主会向那些经过层层筛选产生的核心层白领职工提供高水平的收入和工作保障，以保持他们最大限度的合作，同时也削弱他们加入工会的动力。另外，那些处在组织边缘的非熟练工人往往是农民工，他们呈分散、无组织和低素质状态，只能被动地接受较为苛刻的雇佣条件，其“青春打工”的就业目标又使他们的就业时间、地区和组织较不稳定，频繁的流动使之不易被组织到工会中来。

截止到2000年9月，全国外资组织等新建组织实有工会32.51万家，发展会员1 430.66万人。这些工会通过开展集体协商、签订集体合同以及建设职工之家的活动，在协调组织劳动关系、推动组织发展方面发挥了一定作用。但由于组织工会在相当程度上仍然依附于管理层，在集体协商中地位偏低，致使协商机制在相当多的组织流于形式。针对组织工会基础薄弱、整体工作水平不高的现状，一些地区尝试在新建组织较为集中的区域和行业设立相应的工会领导体制网络，并代行组织工会的部分职能。这是探索新建组织工会模式的积极尝试。但是，随着入世后跨国公司一体化国际生产战略的实施，将形成以跨国公司本身为基础的劳动关系结构，而且，职工内部的利益差别和要求将呈现多样化和复杂化的发展趋势，因此，新的工会工作模式能否发挥效用，还取决于它能否适应这种新局面。

上述两类劳动关系模式，做法不同，效果迥异。但它们都反映了中国入世和全球化背景下资本与劳动相互关系严重不对称的客观事实，其实质是跨国性生产组织向国别性劳工及其组织提出的特殊挑战。面对挑战，组织亟须加快员工组织化的进程，并根据组织结构调整和员工的需要来加强工会自身改革和建设，突出维护职能。同时，政府要通过法律手段加强对劳动关系的宏观调控。政府的政策框架在确定劳动关系的性质以及平衡跨国公司与有组织的劳工的关系方面，将始终发挥关键作用。

## 思考题

1. 简述组织劳动关系的含义及其内容。
2. 简述改善劳动关系的基本途径。
3. 试述劳动用工制度的几种模式。
4. 简述我国劳动争议的内容。
5. 试比较我国计划经济体制下和市场经济体制下劳动关系的异同。

## 案例阅读

### 之一：解除合同还是自动离职

张某于1987年11月15日到某公司工作，签订了为期10年的劳动合同。合同期满，张某继续在该公司工作。1999年1月公司更换了法定代表人，停止了张某的工作及工资的发放，让张某回家等待。张某对此不服，同年3月5日向当地劳动争议仲裁委员申请仲裁，要求被诉单位支付解除劳动合同的经济补偿金。被诉单位辩称：公司并没有辞退张某，是张某主动提出不干，是自动离职的行为；并认为张某的劳动合同早已期满，不同意申诉人的申诉请求。

双方当事人均不能举证证明是公司解除劳动合同，还是张某自动离职。仲裁委经过审理根据原劳动部《违反和解除劳动合同的经济补偿办法》有关规定，裁决被诉单位向张某支付解除劳动合同经济补偿金14 400元。

## 之二：温莎沃尔玛商场员工赢得结社权

位于多伦多省温莎的沃尔玛商场，是美国沃尔玛集团经营零售业务35年来第一家建立工会的商场。1996年5月商场员工以151票对43票的表决结果，反对成立工会。但安大略省劳动关系委员会裁决推翻了这一结果，批准在该商场建立工会，并认为沃尔玛公司对美国钢铁工人支持其雇员组建工会进行了非常隐蔽的威胁。尽管公司管理方并没有处罚或解雇任何一个工会组织者，但劳动关系委员会认为公司的行为对雇员的工作安全构成了威胁，影响了投票的公正性。

劳动关系委员会的裁决，对沃尔玛这个世界上最大的零售商来说，是一个沉重的打击。该公司自1962年由桑·沃尔顿（SanWalton）在阿肯色州创建以来，成功地破坏了每一次试图组建工会的计划，在遍布世界的近3 000家商场中，没有一家组建工会的。

温莎沃尔玛商场帮助组建工会的员工玛丽·麦克阿瑟（Mary McArthur）女士说，经理曾经给许多雇员都留下了这样的印象：如果组建工会的投票被批准，沃尔玛将关闭这个商场。

沃尔玛公司的加拿大发言人埃德·古尔德（Ed Gould）表示对这一裁定感到非常惊讶和失望，他强调劳动关系委员会作出的裁决违背了大多数沃尔玛员工的意愿，因为事实上压倒多数的投票已清楚而有力地表明，大多数雇员并不想成立工会。

具有讽刺意义的是，劳动关系委员会利用了沃尔玛企业自身的文化对它进行了回击，“以子之矛，攻子之盾”。劳动关系委员会指出：沃尔玛把它的雇员描述为就像一个大家庭的成员，所有成员都享有“要求对其提问得到及时回答”的权利。但1995年4月当钢铁工会在温莎商场组织工会时，沃尔玛的管理方对有关商场未来的提问，进行了不适当的误导。在投票前一周，商场派出了包括一个副总裁在内的四个地区经理到商场与员工就工会表决进行谈话。一些员工被告知如果组建工会，将不能得到任何福利。但经理拒绝回答如果工会成立是否会关闭商场的提问。因而劳动关系委员会认为，既然沃尔玛将其企业文化公之于众，而经理又拒绝直接回答是否会关闭商场的提问，就相当于公开威胁。“如果在工作场所，公司一直采用这种方式征求意见，就应对所有提问给出回答。在这种情况下，要么对所有的提问都给予回答，要么什么也不说。”经理的行为的确“非常隐蔽但却有效地对雇员的工作安全产生了威胁”。

塔尔博特（Talbot）先生说，加拿大许多公司已在试图裁减那些参加工会的员工，以便同他的竞争对手展开竞争，特别是沃尔玛公司。“如果沃尔玛必须受到工会的约束，那么加拿大本土的商业部门无疑将会获得巨大利益，因为它们又重新回到了同一起跑线上。”

资料来源：程延园．劳动关系［M］．北京：中国人民大学出版社，2002.

# 主要参考书目

1. 曹嘉晖，张建国．人力资源管理［M］.2 版．成都：西南财经大学出版社，2010.

2. 张建国，曹嘉晖．绩效管理［M］．成都：西南财经大学出版社，2009.

3. 曹嘉晖，张建国．人力资源管理［M］．成都：西南财经大学出版社，2009.

4. 朱永康．人力资源管理［M］．天津：天津大学出版社，2009.

5. 陈维政．人力资源管理［M］．北京：高等教育出版社，2010.

6. 王克勤．人力资源管理［M］．大连：东北财经大学出版社，2010.

7. P 罗宾斯．管理学［M］.9 版．孙健敏，译．北京：中国人民大学出版社，2010.

8. 加里·德斯勒．人力资源管理［M］．吴雯芳，刘昕，译．北京：清华人民大学出版社，2008.

9. 谌新民．人力资源管理概论［M］.3 版．北京：清华大学出版社，2006.

10. 雷蒙德·A 诺伊，约翰·霍伦拜克，等．人力资源管理赢得竞争优势［M］.5 版．刘昕，等，译．北京：中国人民大学出版社，2001.

11. 吴东晓．电子招聘：网络时代人力资源管理的新变革［J］．中国人才，2001（6）.

12. 马小龙．如何利用网上人才资源［J］．经理人，2001（6）.

13. 乔健．加入 WTO 劳动关系的影响［J］．人力资源开发与管理，2001（10）.

14. 张一弛．人力资源管理教程［M］．北京：北京大学出版社，1999.

15. 谢晋宇．组织人力资源的形成——招聘、筛选与录用［M］．北京：经济管理出版社，1999.

16. 林玳玳，叶龙．人力资源开发与管理［M］．北京：中国铁道出版社，2000.

17. 李平．与猎头过招——获得理想职业的成功法则［M］．北京：民主与建设出版社，2000.

18. 李仲生．人口经济学［M］．北京：清华大学出版社，2006.

19. 兰斯·A 伯杰．薪酬手册［M］.4 版．文跃然，周欢，等，译．北京：清华大学出版社，2006.

20. 张德．人力资源开发与管理［M］．北京：清华大学出版社，2008.

21. 吴国存．组织职业管理与雇员发展［M］．北京：经济管理出版社，1999.

22. 刘光明．现代组织家与组织文化［M］．北京：经济管理出版社，1997.

23. ［美］罗伯特·L 马希斯，约翰·H 杰克逊．人力资源管理培训教程［M］．李千，译．北京：机械工业出版社，1999.

24. 陈佳贵．人力资源管理［M］．广州：广东经济出版社，1999.

25. 王一江，孔繁敏．现代组织中的人力资源管理［M］．上海：上海人民出版社，1998.

26. 冯子标．人力资源运营论［M］．北京：经济科学出版社，2000.

27. 赵曙明．国际组织人力资源管理［M］．南京：南京大学出版社，1998.

28. 袁俊昌．人的管理科学［M］．北京：中国经济出版社，1996.

29. 卢福财．人力资源经济学［M］．北京：经济管理出版社，1997.

30. 胡宇辰，等．组织行为学［M］．北京：经济管理出版社，1998.

31. 范春林，袁辛．组织雇员心理与行为管理［M］．北京：经济管理出版社，1999.

32. 刘昕．薪酬管理［M］．北京：中国人民大学出版社，2007.

33. 许玉林．组织设计与管理［M］．上海：复旦大学出版社，2003.

34. 吴志明，孙健敏，武欣，等．人事测评理论与实证研究［M］．北京：机械工业出版社，2009.

35. 储小平．外商投资组织管理学［M］．北京：立信会计出版社，1999.

36. 程延园．劳动关系［M］．北京：中国人民大学出版社，2002.

37. ［美］R 韦恩，蒙迪，等．人力资源管理［M］．6 版．葛新权，等，译．北京：科学出版社，1998.

38. Cary Dessler. Human Resource Management［M］. New York：Prentice－Hall Internatinal，Inc，1997.

39. John M Ivancevlch. Human Resource Management［M］. McGraw－Hill，1998.

40. Lawrence S Kleiman. Human Resource Management：A Tool for Competitive Advantage［M］. Minneapolis：West Publishing Company，1997.

41. George T Milkovich，John W Boudreau. Human Resource Management［M］. Richard D Irwin，1994.